Revista de Direito Tributário

113

MALHEIROS EDITORES

Revista de Direito Tributário

Publicada sob os auspícios do
Instituto Geraldo Ataliba — IDEPE
— Instituto Internacional de Direito Público e Empresarial
Presidente: Prof. Aires Barreto

ISS 0102-7956

REVISTA DE DIREITO TRIBUTÁRIO
publicação trimestral de
MALHEIROS EDITORES LTDA.
Rua Paes de Araújo, 29, 17º andar - conj. 171
CEP: 04531-940 - São Paulo, SP
Tel. (11) 3078-7205
Fax. (11) 3168-5495
Diretor Responsável: Álvaro Malheiros
Diretora: Suzana Fleury Malheiros

Assinaturas e comercialização:
CATAVENTO DISTRIBUIDORA
DE LIVROS S.A.
Rua Conselheiro Ramalho, 928
CEP 01325-000 - São Paulo - SP
Tel. (11) 3289-0811 – Fax. (11) 3251-3756
Supervisão Gráfica: Vânia Lúcia Amato
Composição: *Scripta*
Impressão: Paym Gráfica e Editora Ltda.

SUMÁRIO

XXIV CONGRESSO BRASILEIRO DE DIREITO TRIBUTÁRIO

ABERTURA 9

CONFERÊNCIA: **EL SIGNIFICADO JURÍDICO DEL DEBER CONSTITUCIONAL DE PAGAR IMPUESTOS** 13
PROF. ÁLVARO RODRÍGUEZ BEREIJO

***MESA DE DEBATES (I)* – SISTEMA TRIBUTÁRIO – SEGURANÇA JURÍDICA** 31
PRESIDENTE DA MESA: PROF. GUSTAVO MIGUEZ DE MELLO

***Mesa Expositiva (A)* – IMPOSTOS FEDERAIS**
PRESIDENTE DA MESA: PROFA. ELIZABETH NAZAR CARRAZZA
Temas
– Destinação Jurídica e Financeira – Critérios e Limites 46
PROF. ESTEVÃO HORVATH
– Tipicidade e Praticidade Tributária – Harmonização 51
PROFA. REGINA HELENA COSTA
– IR – Restrições à Dedutibilidade 56
PROF. ROBERTO QUIROGA MOSQUERA
– Importação – Superposição de Tributos 61
PROF. ROBSON MAIA LINS

***MESA DE DEBATES (II)* – PLANEJAMENTO TRIBUTÁRIO** 66
PRESIDENTE DA MESA: PROF. JOSÉ HENRIQUE LONGO

CONFERÊNCIA: **MÉTODO E INTERPRETAÇÃO DA LINGUAGEM DO DIREITO POSITIVO** 82
PROF. PAULO DE BARROS CARVALHO

***Mesa Expositiva (B)* – PROCESSO ADMINISTRATIVO E JUDICIAL**
PRESIDENTE DA MESA: DES. FEDERAL NELTON DOS SANTOS
Temas
– Inovações Tributárias – Transação, Execução Administrativa, Protesto e Processo Eletrônico 92
PROFA. SUSY GOMES HOFFMANN
– Sanções Tributárias – Pena de Perdimento de Mercadoria 98
PROF. MARCELO SALOMÃO
– Desconsideração da Empresa e do Negócio Jurídico 104
PROF. SACHA CALMON NAVARRO COÊLHO

Mesa Expositiva (C) – **ICMS**

PRESIDENTE DA MESA: PROF. VALDIR DE OLIVEIRA ROCHA

Temas

– Substituição Tributária – Operações Internas e Interestaduais 109

PROF. TÁCIO LACERDA GAMA

– Responsabilidade dos Sócios e Administradores (Passado, Presente e Futuro) 113

PROFA. MARIA RITA FERRAGUT

– "Guerra Fiscal" – Riscos e Cautelas 117

PROF. JOSÉ EDUARDO SOARES DE MELO

– Crimes Tributários 121

DES. ESTADUAL MOACIR ANDRADE PERES

OFICINAS

PROCESSO ADMINISTRATIVO TRIBUTÁRIO 128

COORDENADOR DA MESA: PROFA. MARIA LEONOR LEITE VIEIRA

PROCESSO JUDICIAL TRIBUTÁRIO 144

COORDENADOR DA MESA: PROF. RENATO LOPES BECHO

Mesa Expositiva (D) – **TRIBUTAÇÃO SETORIAL**

PRESIDENTE DA MESA: PROFA. MARIA LEONOR LEITE VIEIRA

Temas

– Setor de Telecomunicação 158

PROFA. BETINA TREIGER GRUPENMACHER

– Setor do Agronegócio 161

PROF. LUIZ ROBERTO DOMINGO

– Setor de Comércio Eletrônico 166

PROF. CLÉLIO CHIESA

– Tributação, Reflexos Setoriais e Reforma Tributária Viável 173

PROF. EURICO MARCOS DINIZ DE SANTI

***CONFERÊNCIA:* DIREITOS FUNDAMENTAIS DO CONTRIBUINTE E A PROPALADA REFORMA TRIBUTÁRIA** 185

PROF. ROQUE ANTONIO CARRAZZA

Mesa Expositiva (E) – **ISS E CONTRIBUIÇÕES**

PRESIDENTE DA MESA: PROFA. HELGA KLUG DOIN VIEIRA

Temas

– ISS na Construção Civil 199

DES. ESTADUAL EUTÁLIO PORTO

– Contribuições – Folha de Salários – Oneração Tributária 203

PROFA. FABIANA DEL PADRE TOMÉ

– ISS – Fatos Geradores e Bases de Cálculo 207

PROF. FÁBIO SOARES DE MELO

– ISS – Consórcios Empresariais – Responsabilidades 212

PROFA. ANNA EMÍLIA CORDELLI ALVES

CONFERÊNCIA: **INTERPRETAÇÃO DA LEI TRIBUTÁRIA E SEGURANÇA JURÍDICA** 218
Ministro Eros Grau

ENCERRAMENTO 226
Prof. Aires Barreto

TESES APROVADAS NO XXIV CONGRESSO

Aspectos Materiais sobre a Responsabilidade Tributária dos Sócios e Administradores das Sociedades Limitadas 231
Antônio de Moraes Rêgo Gaspar

A Constituição do Crédito Tributário nos Processos de Glosa de Créditos de ICMS Decorrentes da "Guerra Fiscal" 247
Leandro Martinho Leite

Os Limites Quantitativos das Sanções Pecuniárias Decorrentes do Descumprimento de Deveres Instrumentais 263
Maria Ângela Lopes Paulino

O Papel do Comunicado CAT-36/2004 na Glosa Unilateral dos Créditos do ICMS: Uma Expressão do Princípio Federativo 283
Valério Pimenta de Morais

XXV CONGRESSO BRASILEIRO DE DIREITO TRIBUTÁRIO – 19 a 21 de outubro de 2011 303

INSTITUTO GERALDO ATALIBA – IDEPE

Instituto Internacional de Direito Público e Empresarial

PRESIDENTE: PROF. AIRES BARRETO

XXIV CONGRESSO BRASILEIRO DE DIREITO TRIBUTÁRIO

Tema: Tributação e (In)Segurança Jurídica "O Estado serve ao cidadão e assim deve ser-lhe leal" (Geraldo Ataliba, in *República e Constituição*)

20, 21 e 22 de outubro de 2010

PRESIDENTE DO CONGRESSO
MINISTRO EROS GRAU

PRESIDENTE DA COMISSÃO CIENTÍFICA
PROF. PAULO DE BARROS CARVALHO

PRESIDENTE DA COMISSÃO EXECUTIVA
PROFA. MARIA RITA FERRAGUT

PRESIDENTE DA COMISSÃO DE TRABALHOS
PROFA. FABIANA DEL PADRE TOMÉ

CONFERENCISTAS
PROF. ÁLVARO RODRÍGUEZ BEREIJO
PROF. PAULO DE BARROS CARVALHO
PROF. ROQUE ANTONIO CARRAZZA
MINISTRO EROS GRAU

ABERTURA

Presidente do IDEPE (Prof. Aires Barreto) – Bom dia a todos! Eu queria consignar, muito rapidamente, o seguinte. Anteriormente, dois Ministros do STF presidiram Congressos Brasileiros de Direito Tributário: foram eles os Mins. Xavier de Albuquerque, que presidiu o I Congresso, e em duas outras oportunidades o Min. Carlos Mário Velloso. Hoje, preside o *XXIV Congresso Brasileiro de Direito Tributário* o Min. Eros Grau.

Com o convite, o IDEPE prestou aos Ministros antecedentes e presta ao Min. Eros Grau – essas insignes figuras do nosso cenário jurídico – uma homenagem, a mais significativa que poderia prestar.

De outra parte, com a aceitação do convite, esses insignes Ministros homenagearam e homenageiam agora o grande fundador do IDEPE, o mestre Geraldo Ataliba, por quem nutriam e nutrem grande respeito.

Isso posto, tenho a honra, o privilégio, a satisfação, a alegria, de passar a presidência dos trabalhos ao nosso grande Min. Eros Grau.

Min. Eros Grau – Meu caro Prof. Aires Barreto, meu caro Prof. Paulo de Barros Carvalho, meu caro Prof. Bereijo, em nome de quem eu saúdo todos os que cá estão nesta Mesa.

Meus Colegas, eu quero, em primeiro lugar, agradecer imensamente essa honra. A honra de ser recebido aqui como um colega, um homem que já se foi do Tribunal, reconquistou a liberdade de ser um advogado com a garra de um menino de 20 anos.

Para mim, tem um significado maior ainda receber essa honra de presidir o Congresso, já aposentado, como um colega e no plano dos lutadores pelo Direito, e a segunda honra é porque o Geraldo está entre nós. Eu aprendi algumas coisas no curso da minha vida, mas, sobretudo, quando era mais moço, aprendia mais rápido, e aprendia mais fundo.

Numa ocasião o Min. Seabra Fagundes, de quem eu tive a honra de ser amigo, me disse: "Eros, se um dia você tiver alguma dúvida sobre algum problema jurídico, veja se não há um voto do Orozimbo Nonato sobre o assunto". Eu segui esse conselho, mas enriquecendo, e no Direito Brasileiro, se houver uma dúvida, a gente precisa consultar, como dizia o Seabra Fagundes, Orozimbo Nonato, o próprio Min. Seabra Fagundes, mas sobretudo o Geraldo. Geraldo – que eu creio que quase todos nós conhecemos – era não apenas um professor de Direito Tributário: ele era um professor de Direito. O seu livro sobre a República ainda será reconhecido como o grande livro da segunda metade do século passado, uma literatura jurídica brasileira. Ele era terrível, incisivo, ácido às vezes, quando discordava, mas ele tinha uma grande qualidade: a qualidade da lealdade. Ele era leal não apenas consigo mesmo, ao que ele pensava – e às vezes eu até desconfio que ele mudava um pouquinho de opinião –, mas ele permanecia leal a si mesmo. Nós tivemos algumas encrencas terríveis sobre regulamento, sobre o alcance dos regulamentos, ele sempre foi muito impiedoso comigo, mas ele era leal. Ele era leal não apenas a si mesmo, mas era leal aos seus amigos – e essa é uma imensa qualidade. O jurista pode ser grande, pode ser um grande jurista, como o Geraldo foi – e que eu digo que será reconhecido entre as grandes figuras que nós tivemos recentemente –, mas ele tem que ser também, para ser grande, um grande ser humano, como Geraldo era – e como Geraldo sempre será no meu e creio que no coração dos que puderam estar junto a ele.

De modo que eu agradeço multiplamente por estar aqui. E, dando rumo aos trabalhos, convido o Prof. Estevão Horvath para apresentar o conferencista que nos honra com a Conferência de Abertura, Prof. Álvaro Rodríguez Bereijo. Tenha a palavra.

PROF. ESTEVÃO HORVATH – Obrigado! Bom dia a todos! Quero saudar a todos os presentes, a essa Mesa Diretora dos Trabalhos, fazendo-o na pessoa do Min. Eros Grau, grande Professor também. E agradecer a honra que me coube e a responsabilidade de apresentar o Prof. Álvaro Rodríguez Bereijo.

Como todos os grandes nomes, o *curriculum* dele poderia ser objeto de edição, de 1ª edição, 2ª edição, de livro. Então, eu tive que pinçar alguns aspectos que achei que podiam ser mais interessantes para o conhecermos um pouco melhor; quem ainda não o conhece, passe a conhecer um pouco da sua trajetória acadêmica e da sua trajetória profissional.

Em primeiro lugar, e a razão principal de ele estar aqui em nosso Congresso é a de ser Professor Catedrático de Direito Financeiro e Tributário da Universidade Autônoma de Madri. Foi Juiz – lá se chama "Magistrado" – do Tribunal Constitucional por vários anos, quer dizer, anos em que a Constituição espanhola permite, e foi Presidente do Tribunal Constitucional por um tempo mais longo, até, do que normalmente acontece. E tanto gostaram do seu trabalho ali que ele foi nomeado Presidente Emérito do Tribunal Constitucional espanhol. É Doutor em Direito pela Universidade de Bolonha, na Itália, onde estudou com ninguém menos que Antonio Berliri, que foi o seu Orientador, e na Espanha foi discípulo de Fernando Sainz de Bujanda. Não bastasse ser a inteligência que é, teve um encaminhamento absolutamente incomum.

É Doutor *Honoris Causa* pela Universidade de Castilha La Mancha, foi Diretor e Vice-Diretor da Faculdade de Direito da Universidade Autônoma de Madri, foi representante do Governo Espanhol na Comissão encarregada de elaborar a Carta dos Direitos Fundamentais da União Europeia – ou seja, a Constituição Europeia –, que ainda não vingou, mas está em termos de se continuar estudando, talvez com algumas modificações. Ele foi o representante espanhol.

Foi Membro do Conselho de Estado Espanhol. Antes disso tudo, antes de ser do Tribunal Constitucional, foi Conselheiro do Tribunal de Contas da Espanha, Presidente do Conselho para o Debate sobre o Futuro da União Europeia.

Ele nasceu na Galícia, e lá, numa cidade chamada Serdera, em La Coruna, ele é considerado cidadão dessa cidade, que lá tem o nome mais sugestivo de "filho predileto" dela. Algumas distinções com as quais ele foi agraciado: a Grã-Cruz da Real Ordem de Carlos III; a Ordem do Mérito Constitucional; a Grã-Cruz da Ordem do Mérito Civil, a Grã-Cruz Oficial da Ordem do Mérito da República Federal da Alemanha e a Grã-Cruz da Ordem Isabel La Católica, que eu creio que é a maior que existe na Espanha.

E, entre os livros publicados – ele tem mais de 20 –, eu vou destacar só alguns, que são clássicos na Europa: *O Orçamento do Estado*; o preciosíssimo *Introdução ao*

Estudo do Direito Financeiro – estou há alguns meses tentando fazer gestões para convencer o Professor a republicá-lo, pois está absolutamente esgotado, é básico, fundamental até hoje, nas lições que ele traz; *A Lei de Orçamento na Constituição Espanhola*; *O Controle Parlamentar da Política Econômica*; *O Sistema Tributário na Constituição Espanhola*; e vários outros, em direito administrativo.

É um dos grandes especialistas europeus do direito financeiro e tributário, com bastante ênfase no direito financeiro. E, como os Srs. podem ver, nas suas atividades ele brilhou e brilha, continua brilhando, não só academicamente, mas como homem do Estado, propriamente dito, com letra maiúscula, no meu modo de ver.

Da minha parte, o mais importante de tudo é que o Prof. Álvaro Rodríguez Bereijo é, como foi o Prof. Geraldo Ataliba, como são os Profs. Paulo de Barros Carvalho e Roque Carrazza, o meu grande e querido Mestre. Ele foi até meu Orientador lá na Espanha. É uma honra e é um privilégio que ele esteja aqui e que tenham me incumbido a honra de saudá-lo. Muito obrigado, Professor!

CONFERÊNCIA

EL SIGNIFICADO JURÍDICO DEL DEBER CONSTITUCIONAL DE PAGAR IMPUESTOS

PROF. ÁLVARO RODRÍGUEZ BEREIJO
Presidente Emérito del Tribunal Constitucional
– Catedrático de la Universidad Autónoma de Madrid

§ 1. Bajo la rúbrica "Derechos y Deberes Fundamentales" las Constituciones suelen enumerar, bien en forma de declaración en su "Preámbulo", bien en sus disposiciones normativas, los derechos subjetivos y los deberes propios de los ciudadanos en el ámbito del derecho público como una exigencia derivada de su condición de miembros de la comunidad política y, en cierto modo, en sintética contrapartida a los derechos fundamentales que la Constitución reconocía y garantizaba como una suerte de "derechos", por así decir, del Estado frente al individuo, cuyo *estatuto constitucional* como ciudadano viene así definido y completado.

En el Constitucionalismo histórico del siglo XIX la enunciación de los deberes constitucionales de los ciudadanos apareció, con una indudable carga ética o moral, por demás, dentro del carácter a menudo enunciativo, programático y no vinculante que entonces se atribuía a las normas constitucionales. Hay, por tanto, una fuerte carga iusnaturalista en el origen conceptual de los deberes constitucionales.

"Deberes" de los ciudadanos que , atendiendo a su contenido, suelen clasificarse en: (a) *deberes de la personalidad* (derivados de la condición de ciudadano o miembro de la comunidad); (b) *deberes de función* (*v.g.*, el de asumir el cargo de miembro del Jurado Popular), entre los que tienen una especial relevancia los deberes políticos (cuando los correspondientes derechos, como el de voto, dado el fuerte absentismo de los ciudadanos, se han convertido por la ley precisamente en deberes); (c) *deberes de prestación*, algunos generales válidos para todos los ciudadanos (como el servicio militar o el pago de los tributos) y otros especiales, o sea, que existen sólo con respecto a algunos de ellos (como los numerosos y distintos deberes de servicio que gravan a los funcionarios públicos).

Pero también desde comienzos del Constitucionalismo liberal, de entre los "deberes" a que están llamados todos los ciudadanos por la Constitución, muchos de puro contenido ético o moral (y en ocasiones de tono moralizante, como el del art. 6º de la primera Constitución liberal española de 1812, según el cual "el amor a la Patria es una de las principales obligaciones de todos los españoles, y asimismo el ser justos y benéficos"), sin sanción alguna frente a su incumplimiento, se destacaron especialmente dos, ubicados habitualmente y de manera contigua en la parte dogmática de la Constitución, que constituyen el presupuesto de la existencia y del funcionamiento de la comunidad políticamente organizada como Estado: *el deber de prestación personal en la defensa de la Patria y el servicio militar obligatorio*; *el deber de prestación patrimonial o pecuniario del pago de los tributos para subvenir a los gastos públicos*.

La extraordinaria ampliación de las funciones del Estado tendrá su reflejo también en la enumeración de numerosos deberes de orden económico, social, cultural y familiar a lo largo del texto de la Constitución, y no sólo en su parte dogmática; muchas veces sin que se haga de manera sistemática bajo su enunciado como tales deberes.

En las Constituciones se enuncian, con distintas formulaciones, diversos deberes cívicos dirigidos imperativamente a los Poderes Públicos y a los particulares, definiéndolos y delimitando su objeto y habilitando al legislador para su regulación, configurándolos, así, como deberes constitucionales: el deber de conocer la Lengua, el deber de defensa de la Nación y de prestación del servicio militar, el deber de contribuir mediante los tributos al sostenimiento de los gastos públicos, el deber de la educación o enseñanza básica, el deber de trabajar o incluso el deber de conservar el medio ambiente etc. Algunos de los cuales presentan el carácter ambivalente de ser, a la vez, un derecho y un deber: el derecho y el deber de defender a la Patria mediante la prestación de las obligaciones militares fijadas por la ley; el deber de trabajar y el derecho al trabajo; el derecho a la educación y el deber de recibir la enseñanza básica; o el derecho a disfrutar de un medio ambiente adecuado y el deber de conservarlo.

"Mediante estas declaraciones de deberes, de tan compleja estructura y de tan variado alcance, se constitucionalizan zonas de Derecho hasta ahora exentas de la acción del poder. Tan pronto como se establece una obligación constitucional, las relaciones afectadas por ella ingresan en la órbita del Derecho fundamental del Estado" (J. de Esteban/P. J. González Trevijano).

Dados el valor normativo y la fuerza jurídica vinculante que hoy ha de atribuirse a la Constitución, a toda ella – sin que quepa distinguir entre preceptos de valor meramente declarativo u orientador y preceptos jurídicos de aplicación directa e inmediata vinculación, como enfáticamente ha subrayado el Tribunal Constitucional español desde tempranas sentencias (STC 16/1982, F.J. 1º, y STC 80/1982, F.J. 1º) –, es preciso interrogarse acerca del *significado técnico-jurídico* de estos deberes constitucionales más allá del alcance político (ético o moral) que de ellos pueda desprenderse.

Para José Casalta Nabais, en su excelente obra *O Dever Fundamental de Pagar Impostos (Contributo para a Compreensão Constitucional do Estado Fiscal Contemporáneo)*, "los deberes fundamentales constituyen *una categoría jurídico-constitucional propia* colocada al lado y correlativa de los derechos fundamentales; una categoría que, como correctivo de la libertad, traduce una movilización del hombre y del ciudadano para la realización de los objetivos del bien común". En estos términos, puede definirse a los deberes fundamentales como deberes jurídicos del hombre y del ciudadano que, al determinar la posición fundamental del individuo, tienen especial significación para la comunidad y pueden ser exigidos por ésta.

Los deberes fundamentales se nos presentan – dice Casalta Nabais – como posiciones jurídicas, autónomas, subjetivas, individuales, universales, permanentes y esenciales. Posiciones jurídicas pasivas porque los deberes fundamentales, al expresar una situación de dependencia de los individuos frente al Estado, revelan el aspecto o lado pasivo de la relación jurídica fundamental entre los individuos y el Estado o comunidad. Se trata, pues, de posiciones opuestas a los derechos fundamentales.

He de advertir que al tratar ahora de los deberes constitucionales no pretendo aludir a "la otra cara", el lado pasivo, de los derechos fundamentales; esto es la contrapartida o deber correlativo de respetar (no injerencia, no perturbar o abstenerse de obstaculizar) el ejercicio por su titular de un derecho fundamental.

Ni tampoco a aquellos deberes constitucionales que a menudo se presentan conexos con un derecho constitucional, fundamental o no (*v.g.*, el derecho a la objeción de conciencia por relación al deber de defensa de la Patria y de prestación del Servicio Militar; o el deber de conservar el medio ambiente asociado al derecho a disfrutar de un medio ambiente adecuado para el desarrollo de la persona).

Quiero referirme más bien a aquellos deberes constitucionales *autónomos* que pesan sobre todos los ciudadanos o sometidos al poder del Estado – como es el deber de contribuir al sostenimiento de los gastos públicos mediante el pago de los tributos –, que no son de carácter relacional o correlativo, y entre los cuales y los derechos fundamentales consagrados en la Constitución o las potestades y competencias que ésta atribuye no se establece una estricta correspondencia.

"Deberes constitucionales en sentido estricto – como dice Rubio Llorente – serán sólo aquellos que la Constitución impone como deberes frente al Estado como elementos del *status* general de sujeción al poder". "Son estos elementos estructurales – añade Rubio –, y no el hecho superficial de que el texto incluya, con cualquier fórmula gramatical, la idea de deber, los que han de tomarse en consideración para construir la noción de deberes constitucionales e identificar las normas que los consagran como normas que configuran el *status* básico de los ciudadanos o, más generalmente, de todos los sometidos al poder, simplemente por serlo, no por ser titulares de derechos cuyos límites, intrínsecos o extrínsecos, generan deberes u obligaciones, o por estar relacionados con otros individuos en el seno de instituciones o institutos de derecho privado constitucionalmente garantizados, cuya estructura los incluye" (*v.g.*, los deberes recíprocos de los cónyuges o los deberes de los padres de prestar asistencia a los hijos).

El deber *de todos* de pagar impuestos de acuerdo con su capacidad económica y mediante un sistema tributario justo, así como la conexión de este deber constitucional de contribuir con el sostenimiento de los gastos públicos ordenados según los criterios constitucionales de *equidad, eficiencia y economía* que para su programación y ejecución proclama el § 2º del art. 31 de la Constitución española, permite hablar, en un sentido genérico, de un "derecho" de los ciudadanos contribuyentes como límite al deber de contribuir, pero no legitima en modo alguno un supuesto derecho a no pagar impuestos si la política presupuestaria, el destino de los gastos públicos (por ejemplo, los gastos militares) o los fines de la política general del Estado (participación en acciones bélicas o de guerra) no concuerdan o son contrapuestos con las ideas o creencias del ciudadano. No existe un derecho constitucional a la *objeción fiscal* conexo con el deber de contribuir – por más que algunos, doctrinalmente, hayan intentado construir dogmáticamente o por la vía judicial hayan pretendido consagrar, partiendo del derecho a la libertad ideológica, tal derecho como un derecho fundamental.

A mi modo de ver, si la razón que "legitima" la objeción fiscal de los ciudadanos como modalidad de resistencia fiscal del individuo frente al Estado ("única salida para manifestar sus preferencias acerca de la provisión de los bienes públicos", como sostiene algún autor) es la falta de protagonismo de los individuos en la toma de las decisiones colectivas, "el exagerado paternalismo del Estado del Bienestar" o, en fin, la "superior ordenación de preferencias – metapreferencias – del individuo", resulta claro que el problema acaba por reconducirse al fallo de la democracia representativa como sistema y de sus procedimientos para defender a la minoría frente a la mayoría y para recoger y plasmar los deseos de los ciudadanos en orden a una adecuada provisión de los bienes y servicios públicos; así como al fallo del impuesto, en su origen y fundamento, como medio de financiación de los mismos.

Pues en la Hacienda Pública de un Estado Democrático la interacción Estado/

sociedad y, en concreto, la objeción o discrepancia, por razones ideológicas, de los ciudadanos respecto de la distribución del gasto público en unas u otras partidas presupuestarias tienen su propio y adecuado cauce tanto en la competencia del Parlamento, como órgano de representación del pueblo soberano, en el examen, enmienda y aprobación del Presupuesto del Estado como en el derecho de participación política de los ciudadanos en los asuntos públicos, eligiendo, libre y democráticamente, a sus representantes a través de las elecciones generales periódicas; donde mediante su voto podrán poner de manifiesto sus legítimas preferencias ideológicas y censurar o aprobar la actuación de los distintos partidos políticos en relación con la concreta asignación del gasto público en la Ley del Presupuesto de cada ejercicio económico.

¿Qué sentido jurídico cabe atribuir, en rigor, a estos mandatos constitucionales más allá de su genérica y obvia significación como principio de sujeción a la Constitución y al resto del ordenamiento jurídico que proclama, por ejemplo, el art. 9.1 de la Constitución española? ¿Se trata de conceptos vacíos o preceptos jurídicamente irrelevantes expresivos de cláusulas morales? ¿Enuncian un deber jurídico general de subordinación o sujeción de los ciudadanos hacia ciertos elementos valorativos o materiales a modo de contrapartida de sus derechos o bien, simplemente, un mandato dirigido a los Poderes Públicos y, singularmente, al legislador para vincular su actuación y limitar su libertad de configuración?

Y, más en concreto, ¿cuál es el significado jurídico que *por si misma* – esto es, independientemente de la configuración que en cada caso pueda hacer el legislador ordinario – cabe atribuir a la enunciación constitucional de que "todos contribuirán al sostenimiento de los gastos públicos de acuerdo con su capacidad económica mediante un sistema tributario justo inspirado en los principios de igualdad y progresividad que, en ningún caso, tendrá alcance confiscatorio", como reza la Constitución española en su art. 31.1? Que en la tipología de Giorgio Lombardi se sitúa entre los deberes constitucionales de solidaridad económica, pero indisolublemente ligado a la solidaridad política y social.

§ 2. El Tribunal Constitucional español, en la STC 76/1990, de 26 de abril (FF.JJ. 3º y 9º-A), ha afirmado que "la recepción constitucional del deber de contribuir configura un mandato que vincula tanto a los Poderes Públicos como a los ciudadanos e incide en la naturaleza de la relación tributaria". "Para los ciudadanos este deber constitucional implica, *más allá del genérico sometimiento* a la Constitución y al resto del ordenamiento jurídico que el art. 9.1 de la Norma Fundamental impone, una situación de sujeción y de colaboración con la Administración Tributaria en orden al sostenimiento de los gastos públicos cuyo indiscutible y esencial interés público justifica la imposición de limitaciones legales al ejercicio de los derechos individuales" (Fundamento Jurídico/F.J. 3º). Y añade el Alto Tribunal que "no cabe, en efecto, sostener que la Administración y el contribuyente se encuentran en la misma situación como si de una relación jurídico-privada se tratara. Como antes se vió, esa pretendida igualdad resulta desmentida por el art. 31.1 C.E., que, al configurar el deber tributario como deber constitucional, está autorizando al legislador para que, dentro de un sistema tributario justo, adopte las medidas que sean eficaces y atribuya a la Administración las potestades que sean necesarias para exigir y lograr el exacto cumplimiento de sus obligaciones fiscales por parte de los contribuyentes, potestades que por esencia sitúan a la Administración como *potentior persona* en una situación de superioridad sobre los contribuyentes" (Fundamento Jurídico 9º-A).

Y en la STC 195/1994,F.J. 3º, se reiterará, con mayor rotundidad, si cabe, que, "en otras palabras, las potestades de que goza la Administración Tributaria y las correlativas obligaciones que se imponen integran un Estatuto del Contribuyente, configurado por derechos y deberes, que, habida cuenta de la especial situación de sujeción que supone la configuración de la relación tributaria en el art.31.1 de la Norma Fundamental como deber constitucional (STC 76/1990, Fundamento Jurídico 3º), debe poseer unos razonables niveles de certeza normativa que contrapesen las limitaciones legales al ejercicio de derechos individuales que la Constitución autoriza".

De dichos pasajes, que han merecido la crítica prácticamente unánime de la doctrina tributaria española, parece desprenderse la idea de que del deber de contribuir nace para los ciudadanos un *status subjectionis* respecto de la Administración Tributaria que les vincula a estar o soportar las situaciones pasivas de sometimiento al ejercicio por aquélla de las potestades administrativos específicas en materia tributaria en orden a la efectividad del cumplimiento por los ciudadanos del deber constitucional de contribuir. Relación especial de sujeción que – a tenor de la idea expresada por el Tribunal Constitucional español en la STC 76/1990, que acabo de citar – se fundamentaría en la existencia de un deber jurídico general de subordinación del ciudadano al poder tributario del Estado, dadas la condición de éste de *potentior persona* y la situación de supremacía en que el Estado se encuentra.

Pero una construcción dogmática semejante – en la que parece descansar la doctrina de estas sentencias – rompe con la dogmática de la relación obligacional tributaria elaborada por la doctrina científica y por la jurisprudencia europeas a lo largo de la primera mitad del siglo XX (Nawiasky, Hensel, Blumenstein, A. D. Giannini, D. Jarach) y parece devolver la relación jurídica tributaria que une a los particulares con la Administración a una ya periclitada concepción autoritaria del tributo como una relación de poder (*Gewaltverhältnis*) derivada de su sometimiento o sujeción general al Estado, tan querida de la escuela alemana del derecho público en la segunda mitad del siglo XIX (Gerber, Otto Mayer), y no como una relación jurídica obligacional nacida de la ley, como es propio del Estado Democrático de Derecho.

En la dogmática del derecho público de finales del siglo XIX el deber tributario se fundaba en la existencia de una situación jurídica de sujeción general que ligaba al individuo con el Estado y en virtud de la cual estaba obligado a obedecer y cumplir las pretensiones de la Administración Financiera. El Estado era el verdadero fundamento del ordenamiento jurídico y la ley tributaria era ejercicio de la potestad originaria del Estado, mediante la cual éste se autolimitaba creando en el individuo (súbdito), como un efecto reflejo, una simple pretensión a la legalidad administrativa. No había lugar al reconocimiento de los derechos de libertad del individuo frente al Estado, sino a meros "derechos reflejos" a que los actos de la Administración se sujetasen a lo legalmente establecido.

Otto Mayer decía que "el deber general del sujeto de pagar impuestos *es una fórmula desprovista de sentido y de valor jurídico*". Afirmación que ha de entenderse en el contexto de su concepción autoritaria del impuesto y del poder tributario como "desprovisto de todo fundamento de derecho natural".

Para Otto Mayer el tributo es una manifestación del sometimiento del particular al poder del Estado en el que se manifiesta la supremacía del ente público. El tributo se debe porque el Estado, en virtud de su supremacía, puede imponer su voluntad a todos los que se encuentran dentro de la esfera de acción de su poder; y ello independientemente de justificaciones éticas o jurídicas – es decir, con exclusión de toda referencia a un deber general de los ciudadanos de contribuir al sostenimiento de las cargas públicas.

De donde resultaba una fundamentación de la imposición sobre bases autoritarias (el poder de supremacía del Estado ejercido sobre todas las personas a él sometidas en virtud de una relación general de sujeción o sometimiento), que propiciaba la construcción de la relación jurídica de los ciudadanos con la Administración Tributaria del Estado con ocasión del pago de los tributos como una *relación de poder*. "El crédito impositivo – había dejado escrito C. F. von Gerber, uno de los padres del derecho público alemán, en una idea que luego tomará Otto Mayer – es una obligación solamente en su aspecto exterior; en su íntima esencia, por el contrario, es únicamente una forma de manifestación del poder del Estado distinta sólo en el objeto de los demás actos estatales de imperio". Por tanto, "el cumplimiento de la deuda impositiva no es, como el pago de una deuda civil, la extinción de un vínculo individual de obligación, sino que es uno de los modos en que se cumplen los *deberes orgánicos* que cada uno tiene en cuanto miembro de la colectividad estatal".

En este esquema conceptual la relación jurídica tributaria se configuraba como una relación no paritaria en la cual los sujetos se encontraban en una posición jurídica desigual, los particulares en una posición de deber o sometimiento (*status subjectionis*) y el Estado, por el contrario, en una situación de superioridad o supremacía. Lo característico de la relación de poder o de sujeción es la asignación de un campo fijado por la ley dentro del cual el órgano estatal competente puede, a su arbitrio, dirigir exigencias al obligado. O, para decirlo con las palabras de Otto Mayer, "un estado de libertad restringida en el cual el afectado se tiene que ajustar a lo que le exija el fin de la Administración Pública".

Concepción que ha sido unánimemente criticada por la doctrina tributarista y no creemos que sirva hoy para explicar adecuadamente, según los principios del Estado Social y Democrático de Derecho, el sentido jurídico del deber constitucional de pagar impuestos.

A la concepción del tributo como una relación de poder se le reprocha, precisamente, la incomprensión del significado de la autolimitación del Estado a la ley y al ordenamiento jurídico, característica del Estado de Derecho. Nawiasky observaba, certeramente, que es preciso distinguir entre el Estado "como sujeto del ordenamiento jurídico" y el Estado "como sujeto de derechos y obligaciones". En el tributo nos hallamos ante una relación jurídica obligacional que se encuentra sometida a la ley; las pretensiones tributarias, lo mismo que las jurídico-privadas, dependen exclusivamente de la ley. "La llamada soberanía tributaria – afirmaba enérgicamente Nawiasky – no hace referencia al crédito tributario, sino únicamente a la ley tributaria, al igual que la soberanía estatal, considerada en su generalidad, sólo se manifiesta en el ordenamiento jurídico". De ahí que sea igualmente equivocado caracterizar la obligación tributaria como relación de poder cuando, sobre todo, es una relación crediticia. Como decía Nawiasky, "acreedor y deudor se encuentran en la obligación tributaria, formalmente, uno frente al otro, del mismo modo que ocurre en la obligación privada; ambos sujetos, en cuanto a sus derechos y a sus obligaciones, están determinados igualitariamente por las normas del ordenamiento jurídico (...). Este dato básico no se ve afectado en absoluto por el hecho de que el Estado no sólo sea acreedor, sujeto del crédito, sino además legislador, sujeto activo del ordenamiento jurídico. (...). Es falso considerar que el Estado como titular del crédito tributario tiene una posición superior al deudor (...) el Estado sólo puede exigir lo que el ordenamiento jurídico le ha concedido".

Esa mayor fuerza, la supremacía que caracteriza al Estado como *potentior persona*, no se exterioriza en una especial relación de poder con los contribuyentes, sino que se manifiesta únicamente en la selección y creación de normas que tipifican los hechos imponibles mediante la función legislativa. La llamada "soberanía tributaria" no hace referencia al crédito tributario, sino únicamente a la ley. Como decía Hensel, "la sujeción del deudor del impuesto al poder está simplemente en el hecho de que debe observar la norma jurídica", pero en este sentido su sometimiento es igual que el del Estado, ambos se encuentran en igualdad de posición jurídica en cuanto están sometidos al imperio de la ley, a las normas del derecho objetivo.

Ni siquiera la posición jurídica del contribuyente respecto del cumplimiento de los deberes tributarios formales que acompañan a los procedimientos de aplicación concreta de los tributos y que surgen del despliegue por la Administración de las distintas potestades (poderes-deberes) conferidas por la ley mediante los diversos procedimientos administrativos tributarios en los cuales se pone de manifiesto la posición de superioridad o supremacía de la Administración en el ejercicio de sus potestades y la correlativa situación de sujeción o sometimiento a ellas del contribuyente es reconducible al esquema de la relación de poder o de sujeción, pues, como decía Hensel "si bien en las relaciones administrativas tributarias la contraposición entre autoridad y súbditos es más acentuada que en la relación obligatoria impositiva basada en la igualdad del ordenamiento jurídico, sin embargo no corresponde a la concepción del Estado de Derecho denominar a esta relación de obligaciones tributarias del derecho administrativo 'relación de poder'; porque también las relaciones tributarias del derecho administrativo están reguladas conforme a los principios del Estado de Derecho". No existe, pues, discrecionalidad o arbitrio de la Administración Tributaria, que actúa en su propio interés fiscal, pues ésta sólo puede exigir aquello que el ordenamiento jurídico le permite, y el propio interés fiscal no puede exceder de las pretensiones que el ordenamiento jurídico concede al Estado.

§ 3. Los deberes públicos, por contraposición a los derechos, son aquellas situaciones pasivas o de sujeción que se imponen a un sujeto para tutelar intereses que no son particulares suyos sino en beneficio de intereses generales de la comunidad.

Se extendió así en la dogmática del derecho público la construcción según la cual de la situación de supremacía en que el Estado se encuentra y de la correlativa relación general de sumisión del individuo al Estado derivan los deberes públicos subjetivos. Deberes positivos (en el caso del deber de contribuir a los gastos públicos), que obligan a los particulares a realizar actos y prestaciones a favor del Estado que coadyuven al cumplimiento de sus fines. Deberes públicos de prestación que Lucifredi define como "aquellas obligaciones jurídicas de los particulares en virtud de las cuales éstos, independientemente de cualquier relación específica con un ente público mediante la que se haya colocado voluntariamente a su disposición, están coactivamente impelidos a proporcionar al Estado y a los otros entes públicos aquellos bienes patrimoniales y aquellas actividades personales que les sean necesarias para la satisfacción de las necesidades colectivas que debe proveer".

Estos deberes de prestación se caracterizan porque: tienen su base únicamente en la relación general de sujeción del individuo al Estado; son deberes jurídicos que tienen un contenido positivo (un *dare* o un *facere*) y respecto de ellos existe siempre la absoluta necesidad para el ente público de justificar la imposición del deber de prestación.

De acuerdo con su fundamento en el poder de imperio del Estado (deberes *uti cives*) y en la posición de supremacía (jurídica) de éste respecto de los particulares, los deberes de prestación, que se imponen coactivamente sin el concurso de la voluntad del sujeto llamado a satisfacerlos, han de tener su base en la ley. "Sólo podrán establecerse prestaciones *personales* o *patrimoniales* de carácter público con arreglo a la ley" – dispone el art. 31.3 de la Constitución española, que se refiere así a la necesaria cobertura legal de los deberes de prestación en sus diferentes clases, sean las prestaciones *reales* o *patrimoniales* (pecuniarias) de los particulares frente a las Administraciones Públicas forzosa o coactivamente impuestas y que tienen su manifestación en el vasto campo de los tributos en general de que se ocupa el derecho tributario; sean las prestaciones *personales* o *in natura* que encuentran su expresión, por ejemplo, en las "prestaciones personales y de transporte" reguladas en los arts. 118 a 120 de la Ley de Haciendas Locales. Prestaciones *personales* (ex art. 31.3 C.E.) que se identifican – como ya señalé en alguna ocasión – con aquellas prestaciones personales forzosas o coactivamente impuestas a los particulares cuya naturaleza es contributiva en tanto medio de aportación general, no dineraria (aunque *convertible*, por equivalente, en una suma de dinero), al sostenimiento de las cargas colectivas; y no en cambio, como sostiene un sector de la doctrina española, con los deberes tributarios formales de información y de colaboración que se imponen por la ley a los obligados tributarios en los procedimientos de liquidación de los tributos, que, a mi modo de ver, encuentran su encaje natural en el principio general de legalidad administrativa (arts. 9.3 y 103.1 C.E.) y la *vinculación positiva* de la Administración a la ley en el ejercicio de las potestades tributarias que el ordenamiento le confiere para la consecución de los fines públicos. Es ilustrativa al respecto la doctrina de la STC 233/1999, FF.JJ. 32 a 35, que sitúa a dichas prestaciones *personales* en el marco de los deberes constitucionales que la Constitución impone a los ciudadanos, señaladamente el deber de los españoles de defender a España (art. 30.1 C.E.) o las que pueden imponerse a los ciudadanos con una inequívoca finalidad de interés público y según el criterio de la solidaridad a que responden como medio de levantamiento de las cargas públicas (art. 31.3 C.E.).

Estos deberes, a diferencia de las obligaciones, tienen un carácter abstracto, inespecífico y general (desligados de cualquier situación jurídica concreta), susceptibles de concretarse (en obligaciones o en deberes concretos) merced a una intervención sucesiva del legislador y de la Administración, a la cual dan fundamento. Los gravados por un deber público "no tienen frente a sí un sujeto determinado que sea titular de un derecho subjetivo propiamente tal a exigir de ellos el comportamiento en que el deber consiste, sino, todo lo más, un poder destinado a actuar como garantía del efectivo cumplimiento del deber" (E. García de Enterría/T.-R. Fernández).

Los deberes constitucionales requieren, pues, para su completa exigibilidad, de una norma que los regule (singularmente la ley), concretando los términos en que ha de consistir el comportamiento debido que la Constitución impone, definiendo los elementos esenciales del mismo. Como constricciones que son al principio general de autonomía y libre desarrollo de la personalidad (que se manifiesta en el catálogo de derechos y libertades contenidos en la Constitución), al limitar la esfera de la libertad y la propiedad individual, sólo el legislador, por razones de la solidaridad que rige en el sistema democrático, puede hacer real o efectivo en cada caso el cumplimiento de los deberes constitucionales a través de la organización de los Poderes Públicos.

En la doctrina (S. Varela Ortega) se ha sostenido que "tales deberes – en cuanto intentos de vincular las conductas individuales – resultan ser deberes sin sanción, lo que Kelsen denomina "elementos jurídicamente irrelevantes"; esto es, normas que prescriben una conducta determinada sin que la conducta contraria sea la condición de una sanción, de manera que se trataría de simples manifestaciones de deseos del legislador sin alcance jurídico alguno.

La única sanción que comporta el incumplimiento (por el ciudadano) del deber constitucional es la imposibilidad de alegar su ignorancia como excusa para escapar a las consecuencias jurídicas derivadas de la acción del legislador para hacerlo efectivo.

"Lo que originan las normas constitucionales relativas a los deberes, como es la del precepto constitucional que establece el deber de pagar impuestos (art. 31.1 C.E.) – escribe S. Varela –, no es tanto una expectativa de comportamientos privados como una expectativa de actuación por parte de los Poderes Públicos. Mediante la proclamación de estos deberes, lo que en realidad se opera es una legitimación para la intervención del Poder Público en determinadas relaciones sociales o en ciertos ámbitos de la autonomía personal".

Los deberes constitucionales, más que crear directamente situaciones jurídicas en sentido técnico, *sirven para individualizar intereses específicos de la comunidad social a los cuales la Constitución ha querido dar particular relieve*. Y no pueden desplegar su función sino con base en una expresa previsión legislativa. De ahí que sólo después de la necesaria *interpositio legislatoris* los deberes constitucionales podrán concretarse en específicas posiciones subjetivas entendidas en el sentido tradicional. Antes de la intervención del legislador los deberes constitucionales están privados del carácter de inmediata fuerza de obligar.

El deber de contribuir proclamado en la Constitución aunque se dirige, en principio, al individuo como tal, a la persona – para el cual implica *el mero sometimiento a la norma constitucional y al resto del ordenamiento jurídico* y la genérica obligación de respeto y observancia y de no obstaculizar su cumplimiento (art. 9.1 C.E.) –, se configuraría, en su estructura normativa, como *un mandato dirigido al legislador* para que concrete dicho deber y lo dote de sanción y no como vinculación de la conducta de las personas. Son los Poderes Públicos quienes se encuentran vinculados a él y a la creación respecto de los particulares de las obligaciones correspondientes, precisamente, en las condiciones y dentro de los límites que establece la Constitución.

Fruto acaso de un defectuoso entendimiento del significado jurídico de los deberes constitucionales es la utilización equívoca de los conceptos de "deber constitucional de contribuir" y "sujeto del deber de contribuir" como equivalentes y aún sustitutivos del de "obligación tributaria", que recientemente empieza a encontrarse en la legislación y en trabajos doctrinales del derecho tributario español, donde "deber de contribuir" y "sujeto del deber de contribuir" se identifican y sustituyen con los que, tradicionalmente, la dogmática jurídico-tributaria ha acuñado de "obligación tributaria" y "sujeto pasivo de la obligación tributaria", respectivamente, como si se tratara de una misma situación jurídica.

El deber de contribuir, lo mismo que otros deberes constitucionales antes mencionados y a diferencia de los derechos y libertades fundamentales (arts. 14 a 30 de la C.E.), responde más bien a una especie de directiva constitucional que impone pautas materiales de actuación a los Poderes Públicos y orienta el contenido del resto del ordenamiento financiero y tributario.

Pero ha de advertirse que entre los deberes constitucionales y los derechos fundamentales establecidos por la Constitución no existe ninguna correlación necesaria, sino más bien – como dicen E. García de Enterría/T.-R. Fernández, siguiendo a Santi Romano (*Frammenti di un Dizionario Giuridico*) – con los Poderes Públicos y potestades administrativas, que actúan en garantía del efectivo cumplimiento de aquellos deberes. Un entendimiento diferente de esta relación como en una especie de "unidad esencial" en la que derechos y deberes fundamentales se fundirían como parte de un orden jurídico objetivo que reposaría sobre una pretendida identificación entre lo político y lo social, entre gobernantes y gobernados, entre Poderes Públicos y ciudadanos (S. Varela Ortega), no es acorde con el principio general de libertad y autonomía individual que inspira nuestro Estado Democrático de Derecho.

§ 4. El Tribunal Constitucional español ha entendido siempre, de manera reiterada y constante, que entre los derechos,

deberes y libertades del Título I de la Constitución ha de incluirse el *deber de contribuir* consagrado en el art. 31 C.E. (SSTC 6/1983, 51/1983, 182/1997). Para el Alto Tribunal la formulación constitucional de dicho deber "no es una simple declaración programática, sino la consagración de un auténtico mandato jurídico vinculante tanto para los Poderes Públicos como para los ciudadanos en tanto sujetos de ese deber constitucional" (por todas, SSTC 76/1990, F.J. 3º y 9º, y 182/1997, F.J. 6º y 7º) y que la Constitución conecta directamente con el principio de capacidad económica. Deber constitucional que se fundamenta en una contribución de solidaridad, económica y social, "cuyo cumplimiento no se encuentra desconectado del derecho de propiedad constitucionalmente protegido" (STC 182/1997, F.J. 6º).

El deber de contribuir del art. 31.1 C.E. como deber de solidaridad social se conecta, lógica e ideológicamente, con la cláusula de Estado Social y Democrático de Derecho (art. 1.1 C.E.) y con los derechos económicos y sociales que se consagran en la Constitución española, particularmente en el Capítulo III del Título I (arts. 39 a 52 C.E.), entre cuyos preceptos (normas programáticas o normas-fin) – como ya he expuesto en otras ocasiones – "existe una perfecta hilación lógica y funcional de la que se desprende una configuración institucional de la Hacienda Pública como un instrumento de transformación y emancipación económica y social, en la medida en que los Poderes Públicos, a través de los programas de ingresos y de gastos públicos, aparecen *comprometidos*, por virtud de los principios jurídicos y de los criterios rectores sancionados en la Constitución, con la consecución de un orden social más igualitario y más justo. (...). Y esto no puede lograrse dentro del sistema de economía de mercado que nuestra Constitución impone sin la intervención decisiva de la Hacienda Pública". Lo que implica, entre otras consecuencias, la configuración del Estado Social y Democrático de Derecho, al menos en sus contenidos mínimos, como un "Estado fiscal". Como escribe H. J. Papier, "el poder tributario no sólo es condición necesaria para la garantía de las libertades económicamente relevantes; constituye también un presupuesto irrenunciable del cumplimiento por el Estado del mandato constitucional de establecer un Estado Social. El poder tributario constituye una conexión básica entre Estado de Derecho y Estado Social".

Al igual que acontece con los derechos fundamentales y las libertades públicas se produce aquí la singular paradoja, tantas veces subrayada, de que la contribución al sostenimiento de los gastos públicos, como deber constitucional de solidaridad, sea presupuesto indispensable de una vida social organizada, libre y democrática y de la existencia del Estado y, al mismo tiempo, también una amenaza potencial para los derechos constitucionales. Como escribió el que fuera Presidente del Tribunal Constitucional español, Francisco Tomás y Valiente, "no se puede pensar en los derechos fundamentales sin pensar en el Estado ni fortalecer aquellos sin fortalecer el Estado. La inolvidable e ineludible paradoja consiste en que para hacer realidad esos derechos humanos declarados por y frente al Estado es necesario el Estado. El Estado crea Derecho y debe respetar y garantizar los derechos, pero sin Estado no hay Derecho ni derechos: sólo hay caos".

Pero al mismo tiempo, como advierte Paul Kirchhof, "el Estado es el garante y simultáneamente la amenaza de la libertad individual; tenemos ante nosotros el auténtico dilema sobre el que debe definirse la interpretación constitucional. En principio el Estado es el garante de la libertad (...) la libertad como derecho únicamente existe a través del Estado (...). A la vez, sin embargo, el Estado es en la comunidad el máximo poder (...) y potencialmente siempre está en situación de amenazar la libertad individual".

El Tribunal Constitucional español, en un *obiter dicta* que aquí resulta significativo, ha declarado que "el reconocimiento de los derechos de carácter económico y social – reflejados en diversos preceptos de la Constitución – conduce a la intervención del Estado para hacerlos efectivos, a la vez que dota de una trascendencia social al ejercicio de sus derechos por los ciudadanos – especialmente los de contenido patrimonial, como el de propiedad – y al cumplimiento de determinados deberes – como los tributarios" (STC 18/1984, F.J. 3º).

Para el Tribunal Constitucional el "fundamento último y autónomo de las normas fiscales, distinto del que poseen las contenidas en el art. 9.3 C.E. (cuando se refiere a las disposiciones sancionadoras no favorables o restrictivas de los derechos individuales), se encuentra en el deber constitucional de todos los ciudadanos de contribuir al sostenimiento de los gastos públicos de acuerdo con su capacidad económica" (STC 197/1992, F.J. 4º).

Como *mandato jurídico* el deber de contribuir se actúa y concreta a través de la ley a la que corresponde configurar el modo, condiciones y cuantía de esa contribución de acuerdo con la capacidad económica y dentro de los límites constitucionales de "un sistema tributario justo inspirado en los principios de igualdad y progresividad, que en ningún caso tendrá alcance confiscatorio" – como reza el art. 31.1 de la C. E. Se trata de un mandato constitucional de eficacia jurídica *sólo mediata*, al fundarse directamente en la ley ordinaria.

Para los Poderes Públicos (legislador y órganos de la Administración Tributaria) este deber constitucional comporta también vinculaciones específicas: atribución de concretas potestades administrativas para la aplicación concreta de los tributos, cuya ordenación y ejercicio por la Administración están sujetos a los límites, formales y materiales, que se derivan de la debida protección y garantía que a los derechos fundamentales presta la Constitución. Pero las potestades administrativas tributarias no constituyen una mera facultad otorgada a la Administración, sino un *poder-deber* en orden a la efectividad del cumplimiento de ese deber constitucional que a todos incumbe; esto es, constituye una exigencia inherente a "un sistema tributario justo" como el que la Constitución propugna en el art. 31.1 y cuyos principios enumera.

En tanto dirigido a los Poderes Públicos, singularmente al Poder Legislativo, la eficacia vinculante del mandato constitucional es clara y evidente. Así entendido, el deber constitucional de contribuir se disuelve en una especificación constitucional de los límites a la libertad de configuración del legislador en materia tributaria y al ejercicio de las potestades administrativas de imposición (tributaria).

Como señala certeramente Costantino Mortati, "la mención en la Constitución de los deberes tiene su razón de ser solamente cuando se hace con la finalidad de proceder a una especificación de las modalidades de su cumplimiento, disponiendo criterios especiales acerca del modo de ejercicio del correspondiente poder estatal".

El deber constitucional, en suma, no es más que la expresión de la obligación constitucional para el Poder Público de crear deberes individuales desde el respeto a determinados principios también constitucionales. Disolviéndose, en definitiva, en una técnica más de entre otras muchas posibles de instauración de unos cauces de producción de normas que imponen al Poder Público – el Tributario, en este caso – la observancia de unos límites formales (reserva de ley) y de contenido (principios materiales o de justicia de la imposición) al objeto de garantizar adecuadamente un ámbito de libertad individual (la libertad y la propiedad) inaccesible al poder del Estado.

Más difuso (y, a lo que parece, confuso), en cambio, se aprecia el significado jurídico del mandato constitucional en tanto dirigido a los ciudadanos como sujetos destinatarios del deber de contribuir. La relación jurídica tributaria no surge para el ciudadano *directamente* del precepto constitucional del art. 31 C.E., sino del ejercicio del poder tributario, esto es, de las normas, legales y reglamentarias, dirigidas a crear y regular el tributo y el comportamiento de los destinatarios de los mismos. Sin que pueda decirse que de ese mandato de la Constitución, que impone a todos el deber de contribuir, surja para los ciudadanos una "relación especial de poder o de sujeción" (STC 76/1990 *dixit*) con la Administración Tributaria de la que se derive un "Estatuto del Contribuyente" (STC 195/1994, F.J. 3º *dixit*) o situación de sometimiento al ejercicio por aquella de las potestades administrativas específicas en materia tributaria en orden a la efectividad del cumplimiento por los ciudadanos del deber constitucional de contribuir.

La construcción dogmática de una "relación especial de sujeción", fundamentada en la existencia de un supuesto deber jurídico general de subordinación o sometimiento del ciudadano al poder del Estado en virtud de la situación jurídica de supremacía de éste (*potentior persona*), como parecía sugerir la doctrina del Tribunal Constitucional español en las citadas sentencias, resulta hoy incompatible con los principios del Estado de Derecho que la Constitución consagra.

Lo que, en definitiva, significa que – contrariamente a cuanto parece desprenderse de la doctrina del Tribunal Constitucional español en la citada STC 76/1990, F.J. 3º y, sobre todo, del F.J. 9º-A – el deber constitucional de contribuir *no significa jurídicamente nada* ***más allá*** del *genérico sometimiento a la Constitución y al resto del ordenamiento jurídico que el art. 9.1 de la Norma Fundamental impone*. Ni será posible tampoco fundamentar en términos jurídicos sobre dicho deber constitucional de contribuir un pretendido principio de sujeción especial de los ciudadanos a la Constitución *más allá* del deber genérico de respeto y observancia que proclama el art. 9.1 C.E.

Como ya en su día afirmó con énfasis el Prof. Jaime García Añoveros, "no existe, se mire como se mire, un deber de contribuir que sea algo adicional a la sujeción al ordenamiento jurídico. El art. 31 C.E. no establece un deber, sino unas limitaciones al ejercicio del poder tributario del Estado, que tendrá que estar sujeto al cumplimiento de los requisitos de generalidad, capacidad, igualdad etc. El poder tributario no es otra cosa que el poder normativo en el campo tributario, cuyo ejercicio se ha de producir con sujeción a todos los límites constitucionales, y, especialmente, está condicionado por el preciso principio de legalidad tributaria del art. 31.3 C.E. (...). *El deber de los ciudadanos no es otra cosa que el deber de sujeción a las leyes y al ordenamiento, es decir, al Derecho. El ciudadano, en ésta como en las demás materias, no tiene más que obligaciones que surgen de la ley y del ordenamiento, y no deberes concretos nacidos de una genérica sumisión a la Administración Tributaria.* Y la Administración no tiene, en esta materia como en cualquier otra, más facultades que las que procedan de la ley y el ordenamiento, es decir, del Derecho, y ninguna que emane, para situaciones concretas y sujetos concretos, de unas "potestades tributarias" de los órganos administrativos, capaces de ser "fuentes de facultades" distintas de la ley, o sea, del ordenamiento".

No quisiera, sin embargo, que de todo de hasta aquí expuesto pudiera desprenderse la idea de que los preceptos de la Constitución que consagran o formulan deberes constitucionales como el aquí considerado son puramente proclamatorios, jurídicamente irrelevantes, como algo atinente a la mera retórica constitucional que tiene que ver más con la Ética o la Moral políticas que con el Derecho.

La Constitución es, ante todo, una Constitución normativa, vinculante. Toda ella es Derecho; Derecho con ambición de integrarse, ordenándola, en la vida de la comunidad, aunque esta fuerza vinculante de la Constitución tiene, sin duda, modulaciones, porque su contenido es complejo: derechos fundamentales, garantías institucionales, mandatos al legislador, preceptos que positivizan principios fundamentales o establecen fines concretos a la acción estatal... Los preceptos de la Constitución que imponen deberes constitucionales, como es el que aquí interesa, el de contribuir con el pago de los impuestos del art. 31.1 C.E., manifiestan su relevancia jurídica y efecto vinculante – y, por tanto, normativo – en el fundamento que prestan en la tarea (jurisprudencial) de determinar o delimitar el contenido declarado que ha de atribuirse a los derechos constitucionales, fundamentales o no, fijando el ámbito de los mismos frente a obligaciones o deberes legales cuando ello resulte imprescindible para asegurar el debido cumplimiento y la efectividad del deber de contribuir y su *telos* específico de "sostenimiento de los gastos públicos"; de lo que se encuentran abundantes muestras en la jurisprudencia del Tribunal Constitucional español (STC 110/1984, F.J. 3º; ATC 642/1986, F.J. 3º; STC 76/1990, FF.JJ. 3º y 10º; STC 143/1994, F.J. 6º; STC 137/1985; ATC 129/1990, FF.JJ. 3º a 7º; STC 50/1995, F.J. 6º; STC 69/1999, FF.JJ. 2º y 4º ... entre otras muchas).

La formulación constitucional del deber de contribuir cumple, pues, una triple función jurídico-política:

(a) De *legitimación del tributo*, cuyo fundamento o justificación descansa no ya en la simple fuerza o poder de supremacía del Estado (frente a la impotencia y sometimiento del súbdito), sino en el deber de solidaridad de los ciudadanos de contribuir al sostenimiento de los gastos públicos por su interés, en tanto miembros de la comunidad política, en la existencia y mantenimiento del Estado.

Como ha escrito Antonio Berliri, el deber del contribuyente de pagar los tributos no es la consecuencia, es una premisa, un *prius*; es el derecho, o, mejor, el poder del Estado a exigirlos lo que es consecuencia, el reflejo, del deber de los ciudadanos de pagarlos. Y no a la inversa. El Estado no recauda los impuestos *quia nominor leo*, sino porque el ciudadano tiene el deber de contribuir a su mantenimiento. Fundamento *causal* del tributo, por tanto, y conexión del deber de contribuir con el gasto público y su ordenación justa y equitativa, que se proclama en el § 2º del art. 31 C.E.

(b) De *límite y de garantía jurídica*, en cuanto la norma constitucional fija los límites del deber de contribuir, sin que el Estado pueda constreñir al particular a pagar más allá de tales límites o en razón o medida de criterios o cánones distintos de los fijados constitucionalmente (la capacidad económica y la igualdad tributaria). Y, al propio tiempo, de garantía a los ciudadanos, pues aunque las normas constitucionales que imponen deberes cívicos más que garantizar la libertad y la propiedad individual las constriñen (al afirmar un deber de los ciudadanos y el correlativo derecho [*rectius*, poder] del Estado), sin embargo es también una norma de garantía en cuanto indirectamente limita el derecho de supremacía del Estado, que ha de configurar en cada caso como elemento-base de la imposición supuestos de hecho que sean reveladores de capacidad económica (es significativo el F.J. 5º de la STC 193/2004).

(c) De *orientación programática* de la actuación de los Poderes Públicos, primordialmente del Legislativo, al cual se le encomienda la creación de un *sistema tributario justo* como cauce para la actuación del deber de contribuir proclamado constitucionalmente, y funcionalmente conexo, como hemos dicho, con el gasto público.

§ 5. Tomando pié en el algún pasaje aislado de la jurisprudencia del Tribunal Constitucional, un sector de la doctrina tributaria española parece ir más lejos de la idea hasta aquí expuesta sobre el entendimiento del deber de pagar tributos que impone el art. 31.1 C.E.

En efecto, en la STC 45/1989, F.J. 7º, el Tribunal Constitucional aludió al "derecho fundamental" de cada uno de los miembros de la unidad familiar, como sujetos pasivos del impuesto sobre la renta de las personas físicas, a contribuir de acuerdo con su propia capacidad económica.

"Desde una perspectiva material – se afirmó posteriormente, *obiter dicta*, en la

STC 182/1997, F.J. 6º –, el art. 31.1 C.E. consagra no sólo los principios ordenadores del sistema tributario que son, al propio tiempo, límite y garantía individual frente al ejercicio del poder, sino también derechos y deberes de los ciudadanos frente a los impuestos establecidos por el poder tributario del Estado. Existe el deber de pagar el impuesto de acuerdo con la capacidad económica, en el modo, condiciones y cuantía establecidos por la ley, pero *existe, correlativamente, un derecho* a que esa contribución de solidaridad sea configurada en cada caso por el legislador según aquella capacidad".

Y en sentencias más recientes – por todas, la STC 10/2005, F.J. 6º – el Tribunal ha declarado que "la exigencia constitucional del art.31.1 C.E. relativa al deber de todos de contribuir al sostenimiento de los gastos públicos según la capacidad económica de cada contribuyente configura un mandato que vincula no sólo a los ciudadanos, sino también a los Poderes Públicos, ya que, si los unos están obligados a contribuir de acuerdo con su capacidad económica al sostenimiento de los gastos públicos, los otros están obligados – en principio – a exigir esa contribución a todos los contribuyentes cuya situación ponga de manifiesto una capacidad económica susceptible de ser sometida a tributación" (lo mismo en la STC 96/2002, F.J. 7º; STC 193/2004, F.J. 3º; y STC 255/2004, F.J. 4º).

El deber constitucional de contribuir del art. 31.1 C.E. presenta, pues, un carácter bifronte: de un lado, la protección constitucional del "interés fiscal" del Estado en el cumplimiento de las obligaciones tributarias válidamente constituidas según la ley, y, de otro, "el interés del contribuyente" a una imposición de acuerdo con su capacidad económica.

Así, pues, parecería que de la propia Constitución y del mandato en ella contenido en el art. 31.1 (y no ya de la ley ordinaria) surgiría *directamente* para los ciudadanos una relación (jurídica), fuente de obligaciones/deberes (pagar los impuestos legalmente establecidos y cumplir los deberes tributarios formales de colaboración con la Administración fijados por la Ley – SSTC 110/1984, F.J. 3º, y 76/1990, F.J. 3º) pero también de derechos: el derecho a que el mandato constitucional dirigido al legislador tributario se cumpla dentro de los límites que la Constitución establece. La Constitución, "al obligar a todos a contribuir al sostenimiento de los gastos públicos, ciñe esa obligación en unas fronteras precisas: la de la capacidad económica de cada uno y la del establecimiento, conservación y mejora de un sistema tributario justo inspirado en los principios de igualdad y progresividad" (STC 27/1981, F.J. 4º).

Y en la doctrina española (Casado Ollero, Herrera Molina) se ha hablado, incluso, de un *verdadero derecho fundamental "en los términos del art. 53.1 C.E."* como contrapartida del deber constitucional de contribuir que impone el art. 31.1 C.E.

Sin embargo, en mi opinión, si bien se mira el contenido de tal "derecho" del particular en esa aparente relación entre los ciudadanos y el Estado, *no añade nada nuevo a cuanto se deriva de la sujeción de los Poderes Públicos a la Constitución y al resto del ordenamiento jurídico que impone el art. 9.1 C.E*: el derecho que todos tienen al pleno respeto por los Poderes Públicos de las garantías constitucionales en la imposición de los tributos, y en particular las consagradas en el art. 31 C.E. Es decir, el "derecho" a ser gravado de acuerdo con su capacidad económica y a que el Estado, en el cumplimiento de este deber de contribuir, no exija más allá de tales límites o en función de parámetros distintos de los constitucionalmente establecidos.

En mi opinión, más que un derecho subjetivo típico propiamente dicho (poder a favor de su titular con el cual puede imponer a la Administración una conducta – una prestación o una abstención o un deber), correlativo del deber de contribuir que la Constitución impone "a todos", se trata más bien de un derecho subjetivo en el sentido de *facultad o poder "reaccional"* de defensa o protección de todo sujeto al poder tributario del Estado para impugnar ante los Tribunales la aplicación de la norma, legal o reglamentaria, contraria a los principios tributarios (capacidad económica, igualdad tributaria, generalidad, progresividad, sistema tributario justo, interdicción de alcance confiscatorio) que la Constitución consagra poniendo en movimiento una norma objetiva en su propio interés.

Como dicen García de Enterría/T.-R. Fernández, antes de la infracción no existiría un derecho subjetivo propiamente tal, sino un simple deber impuesto por la ley a otro sujeto de actuar con sometimiento a la Constitución y al resto del ordenamiento jurídico (el deber de la Administración de respetar, de no interferir el ámbito vital de los ciudadanos sino legalmente). "No puede hablarse de que los ciudadanos tengan, invirtiendo la perspectiva, un derecho subjetivo a la observancia de la legalidad por la Administración fuera de los casos en que sean titulares de verdaderos derechos subjetivos singularizados. La observancia de la legalidad es para la Administración un deber puramente objetivo, derivado de su vinculación positiva que de dicha legalidad directamente resulta para ella (arts. 9.1 y 103.1 C.E.)". Sólo una vez violado ese deber surge ya un derecho subjetivo a la eliminación de esa actuación ilegal.

Esta imposibilidad de los principios jurídicos, como son los principios constitucionales tributarios, para otorgar derechos subjetivos típicos o activos se explica por la misma naturaleza y estructura normativa de los mismos (apertura, imprecisión e indeterminación de su contenido).

Aparte de que, claro está, la naturaleza de derecho *fundamental* que se propugna por ese sector de la doctrina española no se predica de todos los principios tributarios que se enuncian en el art. 31.1 C.E., sino únicamente del de capacidad económica, que es medida de la igualdad tributaria en tanto aquél se entienda (como se hizo en la STC 209/1988, FF.JJ. 6º y 7º, y STC 45/1989, F.J. 4º, y sostiene un sector de la doctrina tributarista) como una concreción o modulación en el ámbito específicamente tributario del principio general de igualdad el art. 14 C.E., que, como ha declarado el Tribunal Constitucional desde temprana jurisprudencia (STC 49/1982, F.J. 2º), es, a la vez, "principio general" que limita el Poder Legislativo y los Poderes encargados de la aplicación de las normas jurídicas (igualdad en la ley y en la aplicación de la ley) y "derecho subjetivo" a obtener de los Poderes Públicos un trato igual, dotado de las garantías reforzadas que a las libertades derechos fundamentales del Capítulo Segundo del Título Primero de la Constitución reserva el art. 53 C.E. (regulación sólo por ley, respecto a su contenido esencial y tutela jurisdiccional a través del recurso de amparo ante el Tribunal Constitucional).

La afirmación del principio de capacidad económica como un auténtico *derecho fundamental* se ha elaborado por un sector de la doctrina española en el contexto de la crítica a la jurisprudencia del Tribunal Constitucional sobre la relación entre los arts. 14 y 31.1 C.E., donde se formulan, respectivamente, el principio general de igualdad y el principio de igualdad tributaria, y en buena medida también a propósito de la admisibilidad del recurso de amparo constitucional en el ámbito tributario.

Pero no se puede pretender, sin romper las reglas de la hermenéutica de nuestro texto constitucional, que es bien explícito respecto del ámbito objetivo del recurso de amparo (art. 53.2 C.E.), y por puro mimetismo con la Constitución alemana y su doctrina y jurisprudencia, que el art. 14 C.E. y el art. 31.1 C.E., por más que ambos se refieran a la igualdad, son y dicen lo mismo; y por tanto son intercambiables sin más.

No faltan, desde luego, posiciones doctrinales (Prof. Escribano López y Prof. Juan Zornoza) que han criticado la jurisprudencia constitucional (SSTC 209/1988 y 45/1989) precisamente por el entendimiento que se hace en ellas del principio de igualdad, apartándose de su propia jurisprudencia, y en el cual la igualdad que inspira el sistema tributario del art. 31.1 C.E. se confunde o reconduce al principio general de igualdad ante la ley del art. 14 C.E.

En particular, reprocha el Prof. Zornoza a la STC 45/1989 haber transformado el deber de contribuir según la capacidad económica en "una garantía de específica relevancia individual, como un derecho de cada individuo en particular, como un derecho de 'todos', y por tanto, de cada uno, a no soportar el tributo sino en razón de la que es (y no simplemente de la que 'podría ser') su efectiva aptitud para contribuir". A juicio del Prof. Zornoza, dotar a la igualdad de trato en materia tributaria de un significado unívoco que se deduce conjuntamente de los arts. 14 y 31.1 C.E. (como hace la STC 45/1989) conduce inevitablemente "a un forma de control sobre el mérito u oportunidad de las decisiones políticas del legislador ordinario" que excede de los límites del juicio constitucional de igualdad (justificación objetiva, razonable y proporcionada de la diferenciación), con riesgo de transformar el control de constitucionalidad de la ley, que es siempre un juicio de legitimidad y no de oportunidad, en un auténtico "juicio de adecuación" (ponderación entre medios y fines, cálculo de proporcionalidad) que supone entrar, inevitablemente, en una apreciación política o de oportunidad como es la que pondera la virtualidad efectiva de una cierta disposición para constituirse en medio adecuado en pos de un determinado fin; invadiendo así la legítima libertad de configuración del legislador democrático".

Pero, al margen de la polémica suscitada en torno a la cuestión de fondo de la STC 45/1989 (inconstitucionalidad de la declaración conjunta con acumulación de rentas de todos los miembros de la unidad familiar en el impuesto sobre la renta), no comparto el reproche de que el Tribunal Constitucional en esta sentencia ha transformado el deber de contribuir según la capacidad económica en "una garantía de específica relevancia individual, como un derecho de cada individuo en particular" a soportar el tributo en razón de su efectiva capacidad.

La afirmación de Zornoza de que el principio de capacidad económica es "una garantía genérica destinada a operar respecto a la normalidad o generalidad de los casos", como una norma necesariamente desprovista de dimensión jurídica subjetiva o individual, creo que devalúa el principio constitucional (y el mismo deber constitucional de contribuir), al quebrar la articulación que debe existir en todo Estado de Derecho entre legalidad constitucional y situación jurídica de los particulares, articulación que queda difuminada cuando se considera dicha legalidad como algo abstracto, supraordenado y "objetivo", construido al margen de dicha situación subjetiva de los ciudadanos (E. García de Enterría/T.-R. Fernández).

A mi modo de ver, la naturaleza y estructura de *norma principial* del precepto constitucional que consagra la capacidad económica, que opera como límite frente a la libertad de configuración del legislador tributario, no obstan a que desde la perspectiva individual constituya también una posibilidad de *poder jurídico reaccional* o de protección (en ese sentido, un derecho subjetivo) de cada contribuyente a que su contribución de solidaridad se produzca de acuerdo con su capacidad económica. Como dice acertadamente Moschetti, "no concurre a los gastos públicos un 'hombre medio', sino cada contribuyente con sus características específicas; no existe una capacidad contributiva general y abstracta referida a 'sujetos-tipo', sino una capacidad contributiva del particular medida sobre la específica capacidad económica de cada uno".

Sin perjuicio de la dimensión general y colectiva del principio constitucional de capacidad económica, no creo, sin embargo, que pueda negarse la relevancia individual que para *cada* sujeto contribuyente tiene dicho principio como norma invocable frente a la aplicación de las leyes tributarias, al conferirle un poder jurídico de defensa o protección (derecho subjetivo) cuando el legislador o la Administración vulneran lo dispuesto en la norma constitucional. Tal es el sentido, y no otro, del *obiter dicta* de la STC 182/1997, F.J. 6º, § 2º, anteriormente citado: "desde una perspectiva material, el art. 31.1 C.E. consagra no sólo los principios ordenadores del sistema tributario, que son, al mismo tiempo, límite y garantía individual frente al ejercicio del poder, sino también derechos y deberes de los ciudadanos frente a los impuestos establecidos por los Poderes tributarios del Estado. Existe el deber de pagar el impuesto de acuerdo con la capacidad económica en el modo, condiciones y cuantía establecidos por la ley; pero existe, correlativamente, un derecho a que esa contribución de solidaridad sea configurada en cada caso por el legislador según aquélla capacidad".

Bibliografía citada

AA.VV. *El Principio de Igualdad en la Constitución Española*. vol. I. Madrid, Servicio Jurídico del Estado, 1951.

AA.VV. *Manual del Impuesto sobre la Renta*. Madrid, Instituto de Estudios Fiscales, 2005.

BLUMENSTEIN, Ernest. *Sistema del Diritto delle Imposte*. Milano, A. Giuffrè.

CASADO OLLERO, Gabriel. "Deber de contribuir e impuesto sobre la renta de las personas físicas en la jurisprudencia constitucional". In: AA.VV. *Manual del Impuesto sobre la Renta*. Madrid, Instituto de Estudios Fiscales, 2005.

CASALTA NABAIS, José. *O Dever fundamental de Pagar Impostos (Contributo para a Compreensão Constitucional do Estado Fiscal Contemporáneo)*. Coimbra, Livraria Almedina, 1998.

ESCRIBANO LÓPEZ, Francisco. "Principio de igualdad y deber de contribuir en la jurisprudencia constitucional". In: AA.VV. *El Principio de Igualdad en la Constitución Española*. vol. I. Madrid, Servicio Jurídico del Estado, 1951.

ESTEBAN, Jorge, e GONZÁLEZ TREVIJANO, Pedro J. *Curso de Derecho Constitucional Español*. vol. II. Madrid, 1997.

FERNÁNDEZ, Tomás-Ramón, y GARCÍA DE ENTERRÍA, Eduardo. *Curso de Derecho Administrativo*. t. II. Madrid, Civitas.

GARCÍA AÑOVEROS, Jaime. "Los poderes de comprobación, la actividad de liquidación y la discrecionalidad de la Administración Financiera". *Civitas. Revista Española de Derecho Financiero* 76. Octubre-diciembre/1992.

GARCÍA DE ENTERRÍA, Eduardo, y FERNÁNDEZ, Tomás-Ramón. *Curso de Derecho Administrativo*. t. II. Madrid, Civitas.

GIANNINI, Achille Donato. *Principii di Diritto Tributario*. Milano, A. Giuffrè.

GONZÁLEZ TREVIJANO, Pedro J., e ESTEBAN, Jorge. *Curso de Derecho Constitucional Español*. vol. II. Madrid, 1997.

HENSEL, Albert. *Derecho Tributario*. Ed. española de A. Báez, M. Luisa González-Cuellar e E. Ortiz Calle. Madrid, Marcial Pons, 2005.

HERRERA MOLINA, Pedro. *Capacidad Económica y Sistema Fiscal*. Madrid, Marcial Pons, 1998.

JARACH, Dino. *El Hecho Imponible*. Buenos Aires, Depalma.

KIRCHHOF, Paul. *La Garantía Constitucional de los Derechos Fundamentales*. A. López Pina (Editor), Madrid, Civitas, 1991.

LOMBARDI, Giorgio. *Contributo allo Studio dei Doveri Costituzionali*. Milano, A. Giuffrè, 1967.

MORTATI, Costantino. *Istituzioni di Diritto Pubblico*. vol. II. Padova, CEDAM, 1967.

MOSCHETTI, Francesco. "La capacità contributiva". In: AMATUCCI, A. (dir.). *Trattato di Diritto Tributario*. t. I, vol. I ("Il Diritto Tributario e le Sue Fonti").Padova, CEDAM, 1994.

NAWIASKY, Hans. *Cuestiones Fundamentales del Derecho Tributario*. Ed. española del Prof. Juan Ramallo. Madrid, Instituto de Estudios Fiscales, 1982.

RUBIO LLORENTE, Francisco. "Los deberes constitucionales". *Revista Española de Derecho Constitucional* 62. Mayo-agosto/ 2001.

TOMÁS Y VALIENTE, Francisco. "Escritos sobre y desde el Tribunal Constitucional". In: *Obras Completas*. t. III. Madrid, Centro de Estudios Constitucionales, 1992.

VARELA ORTEGA, Santiago. "La idea del deber constitucional". *Revista Española de Derecho Constitucional* 4. Enero-abril/1982.

von GERBER, Carl Friedrich. *Gundzüge des Deustschen Staatsrecht*, 1865, y *Über öffentliche Rechte*, 1852, trad. italiana de Pier Luigi Luchini. Milano, A. Giuffrè.

ZORNOZA PÉREZ, Juan. "Aspectos constitucionales de la tributación conjunta en el IRPF (comentario a la STC 45/1989)". *Revista Española de Derecho Constitucional* 27. 1989.

MESA DE DEBATES (I)

SISTEMA TRIBUTÁRIO – SEGURANÇA JURÍDICA

PRESIDENTE DA MESA: PROF. GUSTAVO MIGUEZ DE MELLO
MEMBROS DA MESA: PROF. ALCIDES JORGE COSTA, PROFA. MISABEL DERZI,
PROF. PAULO AYRES BARRETO

PROF. ALCIDES JORGE COSTA – Vamos falar de segurança, e de segurança jurídica. E, para falar de segurança, a primeira pergunta que surge é a seguinte: O que é segurança? E aí começa o problema. Se nós vamos, por exemplo, ao *Dicionário* do Houaiss, que é excelente, vemos que a palavra "segurança" tem 14 acepções diferentes, inclusive uma surpreendente: "prenhez de fêmea de quadrúpede".

Prometo que não é disso que vou falar. [*Risos na plateia*] Vejam que definir "segurança" é um certo problema. Acho que me sinto seguro quando posso prever o que vai acontecer. Se ando nesta cidade de São Paulo, em certos lugares, à noite, já não vou, porque existe a previsibilidade de que pode me acontecer algo não muito agradável. De modo que a segurança é isto: poder ter aquela previsibilidade, calculabilidade e até confiabilidade. Se a segurança é isto, o que será "segurança jurídica"?

Podemos encarar a segurança jurídica sob três ângulos. A segurança jurídica é *fato*, a segurança jurídica é *norma*, a segurança jurídica é *valor*. A segurança é *norma*. Primeiro, segurança está consagrada na Constituição, que refere "segurança" mas, obviamente, abrange a *segurança jurídica*. Segundo, há vários dispositivos constitucionais que são feitos no intuito de criar segurança para o contribuinte. Por exemplo, os princípios da legalidade, da anterioridade, e mais uma série de coisas que estão na Constituição para garantir a segurança do contribuinte, a previsibilidade e tudo o mais.

A segurança é *norma*, como vimos. A segurança é um *valor*, e obviamente é um valor extremamente importante. Por exemplo, Radbruch diz que "a segurança é um elemento absolutamente inseparável do Direito". Bobbio diz mais ou menos a mesma coisa: a segurança é ínsita ao Direito. Eu diria – sem querer me meter nem com o Radbruch nem com o Bobbio –, que a segurança é um produto de um Estado Democrático de Direito; a segurança é um valor absolutamente indispensável, porque sem ela o que vamos fazer, para quê o Direito?

Se, por exemplo, na Alemanha Nazista, aquela lei de adaptação fiscal disse que as normas seriam interpretadas de acordo como os princípios do Nacional-Socialismo, os princípios do Nacional-Socialismo eram mais ou menos o que a autoridade de plantão queria – de modo que a segurança desaparecia, só havia segurança para quem andasse direitinho. E aí começa todo um problema. Há quem negue, por exemplo – como aquele autor americano, Jerome Frank –, a existência da segurança no Direito. Ele nega, pura e simplesmente, porque se não – diz ele –, o Direito estaria engessado, nunca haveria progresso, nunca haveria mudança das normas.

E é claro que a segurança também é um *fato* – e aí temos que passar a ver qual é o estado atual da segurança. Mas vamos ficar um pouco na segurança jurídica e explorar um pouco mais esse tema.

A segurança jurídica é encontrada onde? Ela, é claro, é a calculabilidade, a previsibilidade; tenho que poder calcular e poder prever qual é o resultado das minhas ações, das ações que vou tomar em relação à lei tributária. Eu sei que se ganhar dinheiro tenho que pagar o imposto de renda, sei que se fabricar alguma coisa tenho que pagar o IPI, sei que se for comerciante tenho que pagar o ICMS – e assim por diante. Mas também a segurança não é alcançada só *pelo* Direito, é alcançada *no* Direito. E aqui entramos pelo caminho da aplicação do Direito. E isto vai depender, no direito tributário, das autoridades e vai depender também do Judiciário, e isto seria ver como é que elas agem; será tratada, depois, a segurança na aplicação. A segurança *pelo* Direito depende, obviamente, de um bom ordenamento jurídico. Um bom ordenamento jurídico vai depender de leis razoavelmente bem-feitas, vai depender de uma série de coisas. E mesmo – repito – não existe segurança jurídica absoluta. A segurança jurídica é sempre relativa, porque o Direito tem que atender às necessidades sociais e a uma natural evolução. Então, neste caso, com esta evolução, criam-se novas expectativas, e mesmo porque na interpretação do Direito há vários problemas. Podemos ter uma interpretação – vamos dizer – unívoca, uma determinada regra tem determinado sentido possível, e só aquele. Isso, por exemplo, está na raiz desta tipicidade fechada que se quer atribuir ao direito tributário. Isto é, a tipicidade fechada em nome de uma interpretação unívoca, mas uma interpretação unívoca quer dizer aquilo ser construído de tal forma que não daria margem a outra interpretação.

Mas o Direito não é bem isto. E nós sabemos que uma norma sempre vai admitir, possivelmente, mais de uma interpretação. E nós cairíamos muito mais num problema de conceitos determinados ou indeterminados, ou com um certo grau de indeterminação. E cairíamos também na tipificação. O tipo cerrado – e isto a Profa. Misabel já demonstrou com grande eficiência – não existe. Agora vou sair um pouco do campo do Direito. Falo de um tipo "grisalho". Tudo muito bem. Como meu cabelo é inteiramente branco, não tem a menor dúvida de que sou grisalho. Agora, a pessoa é grisalha a partir de quando? Do primeiro fio de cabelo branco, do segundo, do terceiro, do quarto, do quinto? Quando é que ela fica grisalha? Quando é que se pode chamar uma pessoa de "grisalha"? O tipo pega umas certas características principais e ponto, e depois, é claro que cabe a um intérprete ver se existem aquelas características e dizer se existe no caso concreto, ou não, mas é sempre alguma coisa mais aberta; este exemplo pode ser reproduzido com muitas coisas. E vejam, então, que já na interpretação vamos ter esses tipos de problema. Por exemplo, a Constituição fala em "imposto sobre operações relativas à circulação de mercadorias". É precisa? Está longe, a quilômetros de distância, de ser precisa. Primeiro, o que é a "operação"? É claro que aqui vamos excluir operações cirúrgicas e operações de Bolsa, e outros tipos de operação do gênero. Agora, o que é "operação"? O que é "circulação"? E, por fim, o que é "mercadoria"? Isto já deu margem a vasta jurisprudência. Agora, estes conceitos estão mais ou menos fixados, embora tenha achado, pessoalmente, que estão fixados de uma maneira tendendo para o direito civil. Por exemplo, se a Constituição fala no imposto sobre servi ços de qualquer natureza, definidos em lei complementar, o que são "serviços de qualquer natureza"? A jurisprudência tem feito isto, como contrato de prestação de serviços previsto no Código Civil, mas posso encarar também – porque a Constituição não se prende necessariamente ao direito civil quando é elaborada – a prestação de serviços como o Setor Terciário da economia, onde há uma gama enorme de serviços – aliás, é o Setor que mais cresce hoje em dia, e o leque de serviços aumenta sempre. Isso está na raiz de todas essas discussões a respeito, nós sabemos que esse imposto sobre operações relativas à circulação de mercadorias – depois acrescentaram "serviços", ICMS – foi instituído pela reforma de 1965. A pacificação jurisprudencial do significado de tudo isso não é tão antiga assim – quer dizer, levaram-se uns 20 anos, ou mais, discutindo o que é isso, até chegar a uma certa pacificação. Se está de acordo, ou não, é outra coisa, mas a jurisprudência se pacificou nesse sentido. "Serviço" parece que se está encaminhando para ser considerado o contrato de prestação de serviços previsto no Código Civil – o que deixa de fora um campo enorme do Setor Terciário. Se isto é bom, ou não, é outra história.

Então, vejam a interpretação na aplicação do Direito. No ordenamento jurídico vamos encontrar este tipo de problema, e isto, obviamente, vai concorrer em certo grau para a insegurança ou para a falta de segurança. Imaginem: como havia certa falta de segurança na aplicação do velho ICM, ao ser introduzido, os Fiscos Estaduais sustentando que cada vez que saísse alguma coisa seria pago um imposto, quer dizer, a operação era a mesma operação de pôr no caminhão e sair. Isto foi logo vencido, mas dá a ideia da gama de interpretações que houve a respeito disto. Não vou me estender nisto, estou tomando apenas a título de exemplo, mas o conceito de "mercadoria" também deu margem a discussões.

Isto se transfere, depois, para a lei tributária, até com o imposto de renda: o imposto sobre a renda e proventos de qualquer natureza. Bom, o que é "renda"? O que são "proventos de qualquer natureza"? Aí recorremos ao Código Tributário Nacional, que, bem ou mal, fixou um conceito. "Renda" é o produto do trabalho, do capital ou dos dois combinados. E "proventos de qualquer natureza" são os ganhos de capital. O Código resolveu este problema, deu a sua interpretação, isto está no Código Tributário, e tudo gira em torno disto.

Mesmo assim, há um número enorme de problemas daí resultantes. Então, tudo isso tem a ver com a segurança jurídica. A segurança jurídica, como disse, está no Direito, no ordenamento jurídico, em leis bem-feitas. Infelizmente o Brasil tem se caracterizado ultimamente por uma série de leis que estão longe, longe, longe, anos luz, de serem claras. Por exemplo, aquela que trata da COFINS não cumulativa. Meu Deus do céu, aquilo lá é um bom exercício de enigmas e causa dificuldades até para o Fisco! Há outras leis do mesmo gênero, e a própria Constituição tem sofrido emendas que eu diria com uma redação de quinta categoria, impensadas! Isto tudo causa insegurança.

Mas a segurança jurídica não resulta só do ordenamento, mas também da aplicação – e, no caso do direito tributário, pelas autoridades tributárias e também pelo Judiciário. Não vou me estender sobre como tem sido feita esta aplicação, e naturalmente depende também do número de normas, que decididamente é excessivo entre nós. O CONFAZ – o famoso CONFAZ – tem mais ou menos uma média de 150 convênios por ano, com uma redação às vezes meio cabalística, que obriga o freguês a recorrer a outros convênios, lá para trás, e para trás, e para trás. Muito bem, eu tenho que voltar ao convênio tal, depois aquele remete a outro, e assim por diante. Afora os protocolos para certas operações interestaduais.

Além disso, por exemplo, inventou-se a tal substituição tributária para frente e para trás. Eu sempre me perguntei por que não também para cima e para baixo [*Risos na plateia*], para completar, para fazer todos os quadrantes, não é? Porque isso, do ponto de vista técnico, da estrutura, desse tipo de imposto, não deixa de ser uma gloriosa tolice. É preciso dizer que o rei está nu. Esse imposto foi transformado num imposto monofásico com todas as consequências que daí derivam, com uma base de cálculo que o Fisco estima. Na LC 87 o parágrafo que trata da base de cálculo no caso da tal substituição tributária para frente, com certo tom de voz, perde completamente o sentido, perde totalmente o sentido. Aquilo parece coisa de programa cômico de televisão, não é? Não tem sentido. E acaba sendo o Fisco que fixa lá os limites etc. Não vou me estender também sobre isto, porque isso seria a segurança jurídica como fato.

E a segurança jurídica, também, no caso, como eu disse, é *valor*, é *norma*, é *fato*. No caso do *fato*, outros certamente nesta Mesa falarão do assunto com muito mais eficiência que eu, porque aí acontece o que nós estamos vendo. Mesmo porque – vejam como é complexo – vai depender das autoridades e do Judiciário. E aqui estou falando da segurança jurídica pela aplicação do Direito, e não no Direito. A aplicação de tudo isto é complicada, pode ter um certo grau de complicação, mas não um grau desnecessário de insegurança, como existe hoje. De qualquer forma, é um valor a preservar, porque sem a segurança jurídica, pelo menos um mínimo de segurança, a vida fica insuportável. E vejam, por exemplo, no plano do direito tributário, há o problema da segurança jurídica quando falamos nesse famoso *planejamento tributário*. Aí é uma complicação, mas entra em outro campo do direito tributário, que é sempre o desejo do contribuinte de procurar vias que lhe eliminem o encargo, que ele tem, de pagar impostos. Aí fica uma confusão muito grande, porque tenho a convicção de que é impossível fixar essa história de planejamento por uma norma. Uma norma vai abrir as portas para o Fisco impugnar o que quer que lhe dê na cabeça, ou vai proteger o contribuinte, que vai lançar mão de meios os mais variados para deixar de pagar imposto. Mas aí é também um problema de segurança. Quando o contribuinte adota determinadas ações, precisa ter uma previsibilidade, uma calculabilidade, daquilo que vai acontecer. E neste caso, pelo menos no momento, é quase impossível prever ou calcular o que vai acontecer, mesmo porque a lei veio, alterou o art. 116 do Código, não falou em simulação, falou em dissimulação, e pode ser que sejam coisas diferentes; já li que "simular" é pretender fingir o que não é. Eu faço um contrato, eu faço uma doação para um filho, e simulo uma compra e venda. Isso é uma simulação. Agora, "dissimular" seria pretender não fingir o que é. Eu tenho aquilo, e adoto vários meios para dizer que não estou fingindo, que é aquilo mesmo, mas adoto outros meios para pagar menos imposto; não tem nenhum ato simulado ali no meio. Então, tem tudo isto por trás, e vejam como isto chega longe no problema da segurança ou insegurança na aplicação do Direito.

Creio que com essas considerações vou encerrando aqui, porque restaria falar da segurança como *fato*, que é o que está acontecendo atualmente em matéria de segurança. Repito, segurança absoluta não existe.

Recentemente me foi submetido um caso que é o seguinte: alguém mudou a residência para o Exterior, para um "paraíso fiscal", mudou mesmo, comprou casa lá etc., etc. Mas a maior parte dos bens ficou no Brasil. A lei não exigia, àquela altura, que a mudança para o Exterior se caracterizasse por essas condições, a lei fala em País de tributação favorecida, se a maior parte dos bens estivesse lá também. Agora alterou-se a lei. É preciso que a maior parte dos bens esteja também nesse País de legislação favorecida. O que é a "maior parte dos bens" é outra história. É 50 vírgula qualquer coisa por cento, é 60%, sei lá. Então, já é um problema que coopera para uma certa insegurança. E quem tinha transferido residência antes, como é que fica? Bom, começa que ninguém tem – e aí é evolução natural do Direito –direito adquirido a determinado regime jurídico: mudou o regime jurídico, vai atingir quem já mudou, não vai atingir o fato da mudança, que é um ato perfeito e acabado, mas vai atingir as consequências atuais; a lei vai atingir as consequências daquela mudança, quer dizer, quem não tem a maior parte dos bens lá, quem tem a maior parte dos bens aqui, não receberá o tratamento que tinha anteriormente. Então, vejam, este problema da segurança é realmente um problema bastante complexo e cheio de meandros, que passa, como eu disse, pela apreciação do valor, que é um valor realmente inestimável e que é protegido não só por uma norma específica, é um valor protegido por uma norma específica e também por várias normas que estão na Constituição, que todas tendem a isto. Por exemplo – só para citar mais um –, a ação dos Tribunais Superiores que uniformizam a jurisprudência em nome da segurança, porque se não seria um "Deus nos acuda", aliás, com eles fazendo isso já é um "Deus nos acuda", mas agora imaginem se não houvesse esta uniformização, vou fazer o quê? Como é que eu vou agir? Seria muito complicado, então. Esta uniformização da jurisprudência pelos Tribunais Superiores, pelo STJ e STF, é uma norma que contribui para a segurança jurídica. Não vou citar também todas as normas constitucionais que dizem respeito a isto, porque elas existem, citei algumas, estão aí, tudo para que haja a segurança do contribuinte.

E aqui encerro essas considerações, que se podem dizer preliminares, a respeito da segurança jurídica e sobre a segurança jurídica, como fato do que acontece atualmente. Certamente outros falarão melhor que eu, porque ontem recebi de um aluno um levantamento muito curioso, vou dizer só a primeira frase: "No Brasil, uma empresa que não faz negócios com os demais Estados do País deve cumprir, à risca, pelo menos 3.400 normas tributárias. Isso equivale aproximadamente a seguir 38.400 artigos ou 89.500 parágrafos, ou, ainda, 286.200 incisos" – e vai por aí afora.

Quer dizer, tudo isso... Mas aqui é o fato, e não vou entrar na segurança jurídica como fato.

E aqui eu encerro essas considerações preliminares sobre o problema da segurança jurídica. Muito obrigado! [*Palmas*]

PRESIDENTE DA MESA (PROF. GUSTAVO MIGUEZ DE MELLO) – Profa. Misabel Derzi, também muito conhecida, tratadista, comentarista do Código, atualizadora, uma figura proeminente na ciência que examina questões tributárias.

PROFA. MISABEL DERZI – Muito obrigada ao Prof. Miguez! Quero saudar a todos que compõem esta Mesa, nosso Presidente, ao caríssimo Prof. Paulo Ayres e ao Mestre de todos os Mestres, o nosso querido Prof. Alcides, e a todos que aqui se encontram presentes, os participantes deste *XXIV Congresso Brasileiro de Direito Tributário*. É uma grande honra falar em um Congresso promovido pelo IDEPE/Instituto Geraldo Ataliba, que foi, na verdade, o inspirador de todos nós. Não é bom estar com mais idade, especialmente quando se olha para os muito jovens que estão aqui. Mas, ao mesmo tempo, eu sinto uma pena desses jovens que não conheceram o nosso mestre Geraldo Ataliba, um homem que construiu o direito tributário, o direito tributário constitucional.

Se estamos discutindo, em todos os congressos brasileiros, não só do IDEPE, normas da Constituição, grandes valores e grandes princípios, embora estejamos falando de direito tributário, isso se deve a Geraldo Ataliba. Não me canso, não vou me cansar nunca, de homenagear esse grande Jurista, paulista, que o Brasil inteiro adotou. Muito obrigada por este convite!

Bom, nós estamos aqui reunidos para falar sobre "Segurança Jurídica", e eu vou prosseguir com as lições do Prof. Alcides. Os Srs. vão me perdoar o déficit natural nesse prosseguimento, mas eu tentarei fazer isso. O Prof. Alcides já colocou o seguinte...

PRESIDENTE DA MESA (PROF. GUSTAVO MIGUEZ DE MELLO) – Esse pedido de perdão, pelo déficit dos seus conhecimentos, não pode ser conhecido, por falta de objeto. [*Risos na plateia*]

PROFA. MISABEL DERZI – Indeferido?

PRESIDENTE DA MESA (PROF. GUSTAVO MIGUEZ DE MELLO) – Não conhecido.

Profa. Misabel Derzi – Muito bem, disse o Prof. Alcides, com toda razão, que a segurança é produto do Estado de Direito. Estamos no Estado de Direito, decisão que os constituintes de 1988 já tomaram. Nós, operadores jurídicos do Brasil inteiro, temos que decidir implementar totalmente o Estado de Direito.

Marcelo Neves contestou a Niklas Luhmann, afirmando que o sistema nacional, o sistema jurídico brasileiro, não seria ainda autopoiético, sendo ainda, e muito, alopoiético. Isso significa algo grave. Significa que o sistema jurídico não se fechou dentro de si mesmo, e que ele sofre determinações externas: econômicas e políticas. Só tem um sistema e um Estado de Direito quem implementou de fato a sua Constituição e tem um conjunto de normas, e que formam um sistema que, na verdade, pode operar, de dentro do próprio sistema. Norma jurídica produzindo norma jurídica. Então, os Srs. veem que há, sobre esse aspecto, dissensões doutrinárias. O fato de se ter uma Constituição não significa que o Estado esteja, efetivamente, dentro, de um Estado de Direito. Sobre isso temos dissensões profundas entre os juristas nacionais.

Eu não apoio a posição do Prof. Marcelo Neves. Acredito que nós temos um sistema jurídico, uma Constituição, e que estamos em um Estado de Direito, embora isso não signifique convivermos com segurança absoluta, com um mínimo de segurança, um mínimo de aspiração... Se eu acreditasse que todos nós estivéssemos aqui e que todos os juízes do Brasil recebessem normas e ordens e comandos do ambiente, econômicos e políticos, e aí prevalecesse a lei do mais forte, sem o aparato jurídico, eu não estaria a conversar com os Srs. Só estou aqui porque ainda acredito que, embora existam erros – e eu vou lhes falar sobre um deles, exatamente foi o tema que eu escolhi –, nosso sistema possa ser aperfeiçoado e deva sê-lo, pois acredito que estejamos implantando o Estado Democrático de Direito entre nós.

O pressuposto do qual nós vamos partir é a Constituição. Não conheço – e aí pode haver um déficit qualquer de informação, pois não conheço as Constituições africanas, a não ser algum pouco da Constituição da África do Sul –, dentre todas aquelas Constituições que eu conheço, uma como a Constituição da República Federativa do Brasil. Nossa Constituição contém o conjunto mais rígido existente de normas que são efetivamente garantia e fortalecimento da segurança. Não conheço uma Constituição como a nossa, que tenha expressamente o princípio da legalidade estrita, o da conceituação determinada fechada, da anterioridade, da não surpresa nonagesimal, da vedação do confisco e o da irretroatividade doentiamente, obsessivamente, consagrada para o Direito em geral, para o direito penal especificamente e para o direito tributário de forma expressa. Não conheço uma Constituição como a nossa, com esse teor.

Isso prossegue na lei complementar de normas gerais. Ali se veda expressamente o uso da analogia para criar tributo novo, instituir tributo ainda não existente, e se consagra a observância obrigatória dos conceitos, dos institutos e das categorias do direito privado, quando são utilizadas pela Constituição, para distribuir competência tributária. E mais: vedam-se a interpretação econômica e a cláusula geral antielisiva. Única ressalva é que o nosso Código Tributário Nacional aceita a cláusula geral específica, porque o legislador pode atribuir outros efeitos, se ele quiser, expressamente aos institutos do direito privado.

Trata-se, portanto, de um sistema jurídico que pretende ser Direito. A forma é essencial para qualquer sistema jurídico. Se nós rompermos as barreiras, nós miscigenamos Direito com Economia, Política – e aí as regras são outras, totalmente diferentes.

Sobre isso nos vai falar o Prof. Paulo Ayres. Eu não pretendo falar sobre planejamento tributário no seio da segurança jurídica. Só queria lembrar aos Srs. que essa história de cláusula geral antielisiva, sobre a qual nos vai falar o Prof. Paulo Ayres, tem relação direta com o tema de que estamos tratando, exatamente porque cláusula geral antielisiva não se presume, mesmo naqueles sistemas jurídicos que a consagram expressamente, ela não é presumida, nenhuma cláusula geral, nem no nosso direito civil. As cláusulas gerais contidas hoje no Código Civil para o preenchimento de lacunas, como boa-fé, proibição do abuso do Direito ou a consagração da fraude à lei, vieram expressamente consagradas pelo legislador do direito civil.

Algumas ordens jurídicas vedam o uso da analogia, como é o caso da nossa. Nós não temos uma cláusula geral antielisiva. O que se dá entre nós, no art. 116 do CTN, é a referência à dissimulação e à simulação relativa – mas não se esqueçam de que o legislador brasileiro mandou buscar o fato gerador ocorrido e as circunstâncias do fato gerador. Cabe à autoridade administrativa demonstrar que aquele fato gerador ocorreu; portanto, que de fato ocorreu dissimulação. A simulação absoluta é uma fraude total. Nesses casos não existe nada, apenas um contrato falso, seja ele de compra e venda, de serviços odontológicos com recibos falsos, em que não houve tratamento odontológico. Nesses casos a simulação é factível. No caso da dissimulação o que nós temos é um contrato de fachada, uma sociedade de fachada, um negócio de fachada. Nesses casos, o que manda o legislador? Verificar a ocorrência do fato gerador! Não fala em "causa", não fala em "causa final", como a lei espanhola. De modo que eu me sinto perplexa ao identificar na nossa dogmática, na doutrina brasileira, quem esteja estudando profundamente fraude à lei. Por acaso estamos na Espanha? Vamos pedir ao Prof. Bereijo para falar sobre esse assunto. Falam em "abuso de forma": por acaso estamos na Alemanha, em que o legislador expressamente consagrou o abuso de forma? Por acaso estamos na França, para falarmos de abuso de direito? Cláusula geral é norma de competência. É atribuição a outro Poder para decidir, segundo a cláusula geral antielisiva; e isso não temos no direito positivo brasileiro.

Eu vou aproveitar a oportunidade para dar os meus parabéns ao Conselho de Contribuintes Federal, hoje CARF. Aliás, eu gostava do outro nome geral, muito mais bonito, mas tudo bem. O tal CARF! Eu li um livro muito interessante, coordenado pelo Prof. Schoueri, que aplica uma metodologia, explicada pelo Prof. Eurico de Santi, em que o estudo das várias questões analisadas pelo CARF nos leva à conclusão de que o Conselho de Contribuintes, na verdade, lidou com simulação. Mesmo nas raras ocasiões em que se refere à fraude à lei, na verdade ele está falando sobre simulação. Com tanta confusão dogmática, com tanta confusão doutrinária, eu acho um milagre que um Conselho de Contribuintes se mantenha dentro do rumo. Como? Não vou falar todas as decisões, mas há um grosso delas que são razoáveis em matéria de prova, em matéria de demonstração de que houve uma simulação, uma dissimulação. O Poder Judiciário está fazendo também. Para que nós não percamos a esperança, o próprio Poder Judiciário – e muitas vezes o CARF – está distinguindo, como faz a lei civil, entre simulação ou dissimulação inocente e dolosa. Assim, quando ela é caracterizada como inocente – no sentido de que houve um erro do contribuinte, uma interpretação equivocada, mas a transparência absoluta, a intenção não foi sonegar –, retiram a penalidade mais grave, que configuraria concomitantemente um crime tributário de sonegação.

Nós temos decisão do STJ nesse sentido. Há claramente ali uma ilicitude para eles, mas ilicitude que permanece dentro do campo do direito tributário, sem avocar aquelas penalidades mais graves para ações dolosas e fraudulentas.

Muito bem – e fazendo, então, uma conexão com tudo aquilo que disse ou que disseram os professores –, eu quero, a partir de um caso prático, porque nós não temos tempo, dizer como é que isso se faz.

Não adianta falar sobre princípio da legalidade, não preenchimento de lacunas, interpretação, teoricamente, sem examinarmos mais de perto a Constituição e verificarmos como é que a Constituição estruturou, primeiro, o princípio da separação de Poderes e como essa relação, tão importante, separação de Poderes, é tão estrutural e tão básica, para que nós, daí, possamos falar sobre segurança, funções do Poder Legislativo e do Poder Judiciário. Nada melhor que lembrar da Lei Complementar 118/2005. Os Srs. sabem que durante 10 anos o STJ consolidou um determinado entendimento interpretando o Código Tributário Nacional. De acordo com esse entendimento, o contribuinte teria 10 anos para repetir o que pagou a título de tributo mas que não era devido. Não nos cabe analisar as sutilezas desse entendimento.

Houve um recurso especial de 1995 em que esse entendimento ficou consolidado. Depois de 10 anos, veio a Lei Complementar 118/e 2005, que expressamente se declarou "interpretativa", e, em última análise, o que ela estabeleceu é que o prazo para repetir seria de cinco anos, contado a partir do pagamento indevido. Não sendo meramente interpretativa, ela, portanto, não poderia retroagir, e estabelecer prazos para aplicação da lei nova. A questão chegou ao STF, e os Ministros se dividiram. Confesso aos Srs. que aí eu me lembrei do Prof. Marcelo Neves, mas não vou falar por que, porque eu esperava unanimidade no STF, repetindo a decisão do STJ, e não foi o que ocorreu. Os Ministros se dividiram em dois grandes grupos.

O primeiro grupo liderado pela Min. Ellen Gracie, que era Relatora, e que não viu na matéria ofensa ao princípio da separação de Poderes, não viu também ofensa ao princípio da irretroatividade das leis, mas viu ofensa a um princípio, no caso, implícito, o da proteção da confiança legítima no sistema, e com base nessa ofensa da confiança legítima declarou a inconstitucionalidade da lei para um período pretérito e estabeleceu outros marcos, que não interessam aqui.

O outro grupo, liderado pelo Min. Marco Aurélio no STF, não viu nenhuma inconstitucionalidade nesta lei para trás. O que o Min. Marco Aurélio disse é que era uma boa ocasião para que o STJ corrigisse uma interpretação equivocada que durou 10 anos. O julgamento ainda não se encerrou, os Srs. sabem disso.

Então, para isso, o STF mergulhou no CTN, nos arts. 150 e 168, e disse que a interpretação correta é essa aqui, é cinco anos, erraram todos eles. Então vamos fazer para frente, para trás, como disse o Prof. Alcides, para o lado, para cima e para baixo, está tudo muito bem. E não vão se impressionar os nossos Ministros, depois de uma decisão como esta do STF, a respeito de qualquer conceito constitucional, chegue uma emenda à Constituição, reinterprete o que a Constituição já tinha interpretado, e corrija tudo para trás, e se diga, a tal emenda, expressamente interpretativa. Quando isso ocorrer, o que nós teremos para falar? O que é separação de Poder? Qual é o limite de um Poder? E muito brevemente, porque os Srs. sabem que o nosso tempo é limitado.

A primeira pergunta que nós temos que fazer é a seguinte: O Poder Judiciário é um Poder? Para que tenhamos separação de Poderes, nós temos que ter no mínimo três Poderes, e o Poder Judiciário ser um Poder. E o que caracteriza o Poder Judiciário como Poder? Eu me baseio no filósofo Jean-Claude Milner, que estudou esse tema. Ele distingue – porque na França é necessário distinguir – "autoridade" de "poder". A Polícia Federal é autoridade, mas não é poder. Ela não se destaca do Poder Executivo, por quê? Porque todo Poder, além de ser Poder, tem que ter um mínimo de autonomia e um mínimo de independência em relação a outros, e se harmonizar. Então, um Poder não aplica as normas que outro Poder cria. Por isso que um Poder legisla, outro interpreta e executa. A autoridade não, ela não tem menor parcela criativa, e ela aplica a norma que outro Poder cria. Eu lhes pergunto de novo: O Poder Judiciário é um Poder? Claro que é. Porque o Poder Judiciário aplica a lei mas também cria a norma do caso. O que significa isso? Foi o que o Prof. Alcides ponderou. As leis emitem conceitos, categorias e institutos que, na verdade, são muitas vezes – e isso acontece sempre –, em determinados casos, ambíguos, vagos e polissêmicos. A liberdade do Poder Judiciário está exatamente em decidir. O que é "decidir"? É separar e escolher. O único sentido, a alternativa correta, possível, naquela situação, para aqueles casos. É isso, e aí é que está o sentido da criação do Poder Judiciário. Depois que o Poder Judiciário atua, a lei se modifica. Nós tínhamos uma lei posta pelo Poder Legislativo, ampla e ambígua. Agora, nós temos a mesma lei dotada de univocidade, ou seja, de um sentido unívoco. O Poder Judiciário, por isso mesmo, decide para o passado, ele decide à vista de um caso concreto que já ocorreu, com base numa lei anterior vigente, à época da ocorrência do caso. Ele interpreta. O Poder Judiciário, dentro do sistema jurídico, está voltado para o passado, para a lei, para a Constituição, para os precedentes judiciais, para o caso concreto. O juiz vê o futuro? Vê. O juiz vê o futuro já filtrado pelo legislador. Ele vê a finalidade? Vê. Mas a finalidade que o legislador já escolheu, que está posta na lei. O Poder Judiciário vê o futuro passado. O futuro passado eleito pelo legislador. E o Poder Legislativo? O Poder Legislativo não. O legislador é um político que está na periferia do sistema, ele legisla para o futuro, só para o futuro. Ele vê o passado? Vê. Ele tem limites, tem a Constituição, tem os precedentes e tem os limites políticos e econômicos do ambiente que viabilizam, ou não, o que ele quer colocar na lei.

O Poder Legislativo vê o passado, mas proeminentemente o futuro, porque ele quer mudar a realidade, quer impor regra de comportamento, por isso que muitas Constituições não contêm o princípio da irretroatividade das leis, não porque ele não exista, porque ele é óbvio, ele decorre da lógica das coisas. Só por isto que muitas Constituições, como a alemã, não trazem a irretroatividade, pois para eles não é necessário o princípio da irretroatividade das leis na Constituição. Não é o caso da nossa Constituição, que é obsessiva com o princípio da irretroatividade. Não é porque ele não exista, mas porque ele é lógico. Decorre da natureza das coisas.

Muito bem, e como é que se faz o jogo dos conceitos? Como é que esses Poderes se relacionam? Ora, o Poder Legislativo transforma interesses, pois ele lida com interesses. O legislador lida com interesse econômico, político, social,e põe para dentro do sistema através das leis, usando um instrumental, que são os conceitos já consagrados pela Dogmática. Se ele fizer de outra forma, quando o conceito entrar no sistema, nós vamos interpretar tudo diferente do que ele quer, porque nós somos codificados. Ele entra com os conceitos, com os institutos e com os princípios dentro do sistema, e o juiz vai se fechar nessas formas, nos conceitos, nos princípios, nas regras e nas normas de um modo geral – vamos dizer assim.

Então, nós temos que buscar os conceitos, sejam eles determinados, tipológicos ou não, sejam eles indeterminados. A teoria dos conceitos evoluiu, e por isso é que há essa dissensão no STF. O Min. Marco Aurélio tem um conceito de "conceito" que é clássico, *à la* Aristóteles. *Conceito* é a essência das coisas. De modo que o conceito não varia, ele é único, só pode ser aquele. Porque no conceito se apreende a essência das coisas. É o conceito clássico, mas desde aquela época, desde os antigos gregos, isso estava já posto em questão. Com a Hermenêutica moderna, Filosofia da Linguagem, há mais de 60 anos, nós descobrimos, a essência se transformou em significado, em sentido, o objeto de referência do qual nós buscamos a essência no conceito transformou-se em palavra. Então, a palavra é signo, e das palavras os signos têm uma cadeia infinita de significados, que nós buscamos ali, no sistema, na norma, naquela norma de um sistema como um todo, e nas circunstâncias históricas, por isso que nós evoluímos na cadeia. Qual será o sentido que a Constituição adota? O sentido de "conceito" tradicional, como essência das coisas que, uma vez captada, é imutável, ou o sentido de "conceito" como uma cadeia de signos que admite alternativas de significado e de significação, com as mesmas palavras e as mesmas frases?

Eu entendo que a Constituição, sabiamente, não adotou a primeira posição, mas admitiu a possibilidade de conceitos e significados alternativos. Por quê isso? Por que eu acho? Primeiro, porque o Poder Judiciário é concebido obrigatoriamente com várias instâncias. É obrigatório o recurso. Segundo, porque existe o contraditório, obrigatório, exatamente para que o juiz tenha todos os sentidos, toda defesa, toda visão, da interpretação das leis. E, mais, essa cadeia pode se prolongar por tanto tempo, na nossa disputa, que a Constituição pôs um basta: "Aqui não tem mais discussão, não; acabou, pode mudar amanhã, mas agora chega". Isso é a coisa julgada. Assim que nós operamos. É a guerra entre os conceitos.

Muito bem, o que fez o STF? Segundo a Min. Ellen Gracie, não há ofensa à separação de Poderes, mas, naquele momento, o legislador complementar voltou-se para o passado, ele reinterpretou a interpretação. Eu entendo que isso não é função do legislador no Direito Brasileiro. No sistema constitucional brasileiro não é função do legislador rejeitar o nosso modelo. Leis interpretativas retroativas, isso não existe, não pode existir entre nós, só se for para beneficiar. Há um dispositivo expresso na Constituição dispondo que a lei pode conceder remissão, anistia, essas leis são todas voltadas para o passado; se ela pode conceder diretamente, ela pode reinterpretar apenas beneficiando.

Segundo, após a decisão judicial a escolha já tinha sido feita. Se o CTN, conjugando o art. 150 mais o art. 168, podia dar ensejo a duas ou três interpretações, o STJ, que é o único Poder competente para examinar a lei complementar federal e interpretá-la, tinha decidido que o conceito certo era de 10 anos, ponto final: leia-se o Código Tributário Nacional, agora, com 10 anos. Isto passou despercebido; então, nós estamos falando de retroatividade das leis, mesmo.

Terceiro, o STF declarou implicitamente que o Poder Judiciário, até o STJ, não é um Poder, é uma autoridade. Salvo, claro, o próprio Supremo, porque faltou, aí, uma emenda interpretativa e retroativa à Constituição. Declarou que o Poder Judiciário não interpreta e não cria norma. Este é o problema sério que abala o princípio da separação de Poderes.

E a irretroatividade? O que há de peculiaridade nesta irretroatividade é que a Constituição só fala em irretroatividade das leis. Ela não fala em irretroatividade da lei em relação a outro Poder. Irretroatividade das leis em relação às próprias leis. Na verdade, alguns dos Srs. conhecem a minha posição. Eu creio que o princípio da irretroatividade das leis – e nesse ponto eu sou germânica – é algo muito limitado que existe em decorrência do Estado de Direito. Deve-se falar em princípio da irretroatividade do Direito. Então, o Poder Executivo não pode editar normas e atos retroativos em relação aos seus próprios atos anteriormente, e o Poder Judiciário também não pode editar, mudar uma jurisprudência já consolidada, uma súmula, de surpresa, sem respeitar a irretroatividade.

Agora, aqui, era Poder Legislativo *versus* Poder Judiciário. O problema é que o conceito das leis é definido por meio de interpretação pelo próprio Poder Judiciário. O Código Tributário Nacional tinha a seguinte redação: "O prazo prescricional para buscar repetir o indébito é de 10 anos". Ponto. Então, quando vem uma lei nova, por parte do Poder Legislativo, o que se tem é o velho princípio da irretroatividade das leis.

O que quero lhes dizer, com tudo isso, é que, se nós não pensarmos naquilo que são propriamente os conceitos e se não buscarmos a teoria dos conceitos, e quais são os mecanismos constitucionais de separação de Poderes, e de irretroatividade, nós vamos fragilizar tudo o que temos na Constituição. A Constituição fez as suas escolhas.

É verdade que a cadeia de signos é infinita – graças a Deus, não é, Professor? Porque dizem os psicanalistas que os psicóticos são aqueles que se firmam em um único significado, e não têm estrutura ou recursos pessoais para ultrapassar o único significado que os incomoda e persegue profundamente. A maioria não é psicótica, nós não temos que cristalizar um único sentido. Para os psicanalistas, o ser humano, o sujeito, nem é o significado "a" nem é o significado "b". Sabem onde que nós estamos? No meio. Na capacidade de descobrirmos analogias, de descobrirmos sentidos novos. Nós temos – como o Prof. Alcides disse –, para não desesperarmos na insegurança, várias técnicas constitucionais que nos prendem. Temos a separação de Poderes, Poder Judiciário de várias instâncias, recursos obrigatórios, contraditório obrigatório... Por que vamos divergir mesmo, nas nossas interpretações, até que basta, coisa julgada!

Muito obrigada, Srs.! [*Palmas*]

PROF. PAULO AYRES BARRETO – Bom dia a todos! Quero registrar inicialmente a minha satisfação de compor essa Mesa presidida pelo Prof. Gustavo Miguez de Mello, na companhia dos ilustres Profs. Alcides Jorge Costa e Misabel Derzi.

O momento é de extrema insegurança jurídica. Se olharmos para o final dos anos 90, podemos verificar que havia no Conselho de Contribuintes uma tendência de validação de planejamento tributário documentalmente bem constituído, independentemente de outras considerações. Nada era simulado. Deste extremo passamos para um outro, radicalmente oposto, no qual praticamente tudo que tem chegado ao Conselho Administrativo de Recursos Fiscais/CARF é tido por simulado.

As duas situações parecem problemáticas.

Em uma dissertação de Mestrado de um orientando do Prof. Eurico na FGV foram examinados 50 casos emblemáticos de planejamento tributário, cujos principais temas eram: "operação *casa-e-separa*", "ganhos de capital", "incorporação às avessas", "pessoa física *versus* pessoa jurídica", "planejamento tributário internacional", "operações com interpostas pessoas" etc. Dentre estes casos foram identificados dois em que incorporações às avessas tinham sido validadas pelo Conselho. A pesquisa, feita de 2006 a 2008, não teria encontrado mais nenhum caso se fosse feita hoje.

Todos os casos são julgados desfavoravelmente ao contribuinte. Muitos deles merecidamente, outros provavelmente não. Mas o que mais nos incomoda é a fundamentação (ou a falta dela). Há uma série de menção a institutos, conceitos ou critérios que distam do que está verdadeiramente positivado no nosso sistema jurídico.

Ao tratar desse assunto, é importante ressaltar o que mudou no direito positivo, na doutrina, o que há no direito comparado e quais são, efetivamente, os limites normativos existentes no Brasil em relação ao planejamento tributário.

Se olharmos as decisões ou discursos que se têm travado em torno da matéria de planejamento tributário, o que sobressai como fundamentação de decisões são aspectos ou argumentações da seguinte natureza: (i) o princípio da capacidade contributiva não teria apenas um sentido negativo; teria também uma eficácia positiva – vale dizer, a autoridade administrativa poderia buscar algo que está um pouco além do fato para, em homenagem a essa eficácia positiva, tributar algo a mais, revelador também de certa capacidade contributiva; e (ii) o princípio da solidariedade.

Se tomarmos o princípio da solidariedade e o associarmos ao da supremacia do interesse público sobre o privado, todas as discussões tributárias serão solucionadas a favor do Fisco. Se tomados esses princípios isoladamente, sem as contenções, circunscrições, regras, conceitos positivados, a interpretação poderá chegar a qualquer resultado, de acordo com as conveniências do intérprete. Vem desses princípios a exigência de um propósito negocial diferente do objetivo de economizar tributos para validar qualquer planejamento tributário.

Segundo parcela da doutrina, sem o propósito negocial o planejamento tributário não seria válido. O fundamento da necessidade deste propósito negocial no ordenamento jurídico não está no Código Tributário Nacional ou em lei específica. Estaria, segundo defensores dessa postura, no princípio da solidariedade. É evidente que assim é possível trilhar qualquer caminho. No entanto, pode se estar criando sérios problemas em relação ao princípio republicano, segurança jurídica, certeza do direito, separação dos Poderes, legalidade estrita etc.

A prevalência da substância sobre a forma é, também, algo muito citado quando se discutem as anomalias do planejamento tributário. As formas jurídicas são decisivamente importantes, parecendo-nos um exagero essa tendência de ignorá-las para buscar uma eventual substância, notadamente quando as formas foram postas pelo legislador dotado dos poderes para tanto, com consentimento popular, nos termos do princípio republicano, tão prestigiado pelo Prof. Geraldo Ataliba.

Abuso de forma e de direito, impossibilidade de se realizar a operação com o único propósito de reduzir a carga tributária, são afirmações espraiadas ao longo de vários votos, notadamente no CARF, que é o órgão que mais se tem dedicado a estudar esse assunto.

O tema é decisivamente importante, porque há, nesse momento, um grande esforço em Brasília para se trabalhar essa matéria e estabelecer o procedimento previsto no parágrafo único do art. 116 do CTN em torno do tema "planejamento tributário".

O que diz o nosso direito positivo? Quais são as "regras do jogo"? O que o nosso legislador, exercendo este poder conferido pelo povo, positivou em matéria de planejamento tributário, de limites ao planejamento tributário? Não se pode tomar como positivado, no lugar do enunciado prescritivo veiculado pela norma, a sua Exposição de Motivos. Em eventual conflito interpretativo, é o enunciado prescritivo que deve prevalecer. E o art. 116, parágrafo único, do CTN faz menção à "dissimulação". Nada mais.

Ao se tratar de planejamento tributário invoca-se sempre o Código Civil de 2002. No entanto, não se pode pretender aplicar princípios como os da eticidade, socialidade, boa-fé, para resolver problemas tributários. São distintos os cenários e os critérios para a apreciação jurídica de relação de cunho privado, onde as partes estão em situação de paridade, em relação ao exame de uma lide de direito público, em que se tem de um lado o Estado, com toda sua força, e de outro o contribuinte, em situação em que a paridade, o equilíbrio, não existe. É por isso que em matéria tributária aplicamos as garantias constitucionalmente estabelecidas para assegurar direitos aos contribuintes: os *princípios tributários*.

Parte da doutrina tem procurado nominar de "corrente tradicional" aquela mais afeita à legalidade e à segurança jurídica e "corrente moderna" aquela que postula pela eficácia positiva dos princípios da capacidade contributiva, da solidariedade social etc.

Temos sempre muita resistência a essas nomenclaturas de batismo "corrente tradicional" e "corrente moderna", que parecem mais formas de tentar, retoricamente, vender algo como melhor e mais bonito, independentemente da própria substância que esse algo possa eventualmente ter.

Nas duas oportunidades em que se tentou dar maior espaço à atuação do Fisco o Congresso Nacional foi contra. Na edição do Código Tributário Nacional, o art. 74 do Projeto contemplava uma redação bastante permissiva nessa matéria. Não foi incorporada ao texto aprovado. Quando veio a Medida Provisória 66/2002 não constou da conversão em lei a disposição referente ao planejamento tributário.

Portanto, tendo o legislador dito "não" por duas vezes, questiona-se a razão pela qual todos os conceitos tratados na Medida Provisória 66/2002 – vale dizer, "abuso de forma", "abuso de direito", "propósito negocial", "ato anormal de gestão", "impossibilidade de se criar negócio com o único propósito de reduzir a carga tributaria" – vêm sendo trabalhados e adotados pelo CARF.

Invoca-se muito o direito comparado, a jurisprudência americana de 1935, notadamente no que se refere ao chamado "propósito negocial". Em caso mais recente, de 2001, "Gitlitz *versus* Commissioner", o Fisco americano decidiu, diante de uma situação em que certa empresa teve um prejuízo fiscal sem o respectivo prejuízo societário, que, se há uma regra jurídica que leva a este caminho, o planejamento deve ser aceito. Não se pode negar a aplicação da regra posta pelo legislador. Se esta regra cria uma distorção, tal distorção está no sistema, e poderá ser corrigida pela supressão desta regra. Mas enquanto ela existir deverá ser eficaz. Portanto, talvez estejamos, aqui, festejando "novidades" de 1935, e esquecendo as mais recentes.

A Espanha também é sempre citada nesse contexto. Naquele País há dois artigos sobre o tema: o art. 15, que fala dos conflitos normativos, e o art. 16, que trata da simulação. Recentemente, um professor espanhol disse que, verdadeiramente, lá também não funciona. No entanto, talvez seja possível utilizarmos a noção de "conflito normativo" espanhola para trabalhar o tema da dissimulação no nosso ordenamento jurídico.

Aqui faremos, então, um fechamento de nossa visão sobre o tema, dos efetivos limites ao planejamento tributário, e de como esse assunto deveria ser trabalhado doutrinariamente e pelos nossos tribunais.

A Constituição Federal estabelece que direitos e garantias individuais são cláusulas pétreas. Esse nos parece um primeiro ponto de partida. Há uma rígida demarcação de competência impositiva. A capacidade contributiva é garantia individual.

Cabe ao legislador estabelecer a chamada legalidade isonômica. Foi atribuído a ele o papel de estabelecer regras jurídicas procurando tratar desigualmente os desiguais na razão direta de suas desigualdades. No entanto, muitas vezes ele não o faz. O sistema está cheio de normas e políticas que captam uma mesma capacidade contributiva e atribuem a ela tributações distintas.

Estas situações só podem ser solucionadas pelo legislador. Foi ele quem determinou que se pagasse 27,5% de imposto sobre o rendimento do trabalho assalariado e 15% para a aplicação financeira de longo prazo. No entanto, a capacidade contributiva, aqui, é a mesma. Por isso, se continuarmos nesse caminho, chegaremos ao limite em que a autoridade administrativa irá tributar tudo a 27,5%, independentemente do que disser a lei, porque a capacidade contributiva é a mesma.

As regras servem a esse propósito: reduzir, eliminar ou, pelo menos, mitigar a necessidade de se buscar os princípios que a informavam em seu processo de elaboração. Permitem, assim, uma aplicação mais direta. Evidentemente, a regra pode apresentar problemas em sua aplicação. Chama-se de subincludente a regra que alcança menos do que deveria alcançar, e de sobreincludente a regra que alcança mais do que deveria alcançar. Em ambas as situações cabe exclusivamente ao legislador corrigir as distorções.

No direito tributário é criada uma série de reduções, como se fizéssemos círculos concêntricos de limitação do poder, partindo do texto constitucional, chegando à atuação da autoridade administrativa, estando essa autoridade administrativa sob o limite deste menor círculo concêntrico. Cabe a ela aplicar o direito tributário posto, com suas virtudes e com seus defeitos. Quando esta autoridade administrativa não puder alcançar uma capacidade contributiva, porque a regra assim não permite, não há o que fazer senão se submeter a esta circunstância.

Fica uma questão a ser respondida: Qual a função do parágrafo único do art. 116 do CTN? Talvez se justifique pela ausência de uma eficácia social do próprio art. 149 do CTN. Há 10 anos havia uma aceitação bastante efetiva de estruturas formais, muitas das quais desprovidas de um suporte fático adequado. Seria aquilo que o Prof. Paulo de Barros Carvalho chamaria de "ato perlocucionário de fala". Traremos a regulamentação legislativa para motivar a conduta das autoridades administrativas em torno das hipóteses de dissimulação.

Entretanto, talvez seja possível identificar uma razão ainda maior para inserção do parágrafo único do art. 116 do CTN, ou seja: o reconhecimento de que na dissimulação há duas manifestações de linguagem: a manifestação do contribuinte, que entende que realizou um determinado negócio jurídico ou estruturou operações numa certa conformidade que ele pretende provar, e a manifestação do Fisco, que, em um caminho diferente, dirá se o negócio jurídico praticado é outro, com base em provas que apontam neste sentido. É a verdade das provas.

Na obra *Direito Tributário, Linguagem e Método* o Prof. Paulo de Barros Carvalho mostra, com alguma clareza, que há certas normas jurídicas que incidem sobre diversos eventos 1, 2, 3, terminologia do autor, dando ensejo a fatos jurídicos 1, 2 e 3. Ocorre que por vezes temos um único evento que pode ser subsumido a duas normas jurídicas diferentes, dando ensejo ao fato jurídico 4 e ao fato jurídico 5. Na dissimulação é isso que temos: qual fato jurídico prevalece, o 4 ou o 5? É isso que cabe aos tribunais decidir, mediante a avaliação de provas. É para isso o procedimento previsto no parágrafo único do art. 116 do CTN.

Tem-se dissimulação se os fatos relatados aparentarem conferir ou transmitir direitos a pessoas diversas daquelas às quais realmente se conferem ou transmitem, contiverem declaração ou confissão, condição ou prova não verdadeira, estiverem suportados por instrumentos particulares tanto pré-datados como pós-datados.

Na dissimulação há dois fatos vertidos em linguagem: o simulado, construído por aqueles que tentaram o ato/negócio jurídico, e o fato que se pretendeu ocultar, a ser construído por aquele que deseja comprovar a simulação. Tal comprovação haverá de diligenciar a ocorrência desse segundo fato que se buscou ocultar e a inocorrência do primeiro, meramente aparente.

A diferença semântica entre "simulação" e "dissimulação" é que justifica a inserção do art. 116 do CTN. Há essas duas manifestações de linguagem. Cabe ao Fisco provar a ocorrência do fato jurídico, e ao contribuinte demonstrar que nada foi dissimulado. Este é o limite, o estabelecimento da verdade lógica a partir do relato linguístico das provas em Direito admitidas.

Não há enunciado prescritivo que proíba direta ou indiretamente a elisão, operação tributária com o único propósito de reduzir ou, mesmo, não pagar tributos. Não há regra específica que dê suporte a tal procedimento, nem qualquer princípio que possa servir de fundamento para impedir tal comportamento.

O ordenamento jurídico brasileiro não positivou a regra do propósito negocial. Enquanto leis não disciplinarem o procedimento de avaliação dos negócios jurídicos realizados com a finalidade de dissimular a ocorrência do fato gerador, será inaplicável o art. 116 do CTN.

Estamos em vias de ver esse regramento, ou esta lei, vir a ser aprovado pelo Congresso Nacional. Mas, como anteriormente dito, não há espaço neste regramento, nesta disciplina do parágrafo único do art. 116 do CTN, para estabelecer novos critérios.

No entanto, é, provavelmente, o que virá no bojo desta nova legislação. A propósito de regrar procedimento, teremos, verdadeiramente, a volta de algo similar ao que era a Medida Provisória 66.

Mas voltamos a dizer que os limites positivos nos parecem muito mais estritos que aqueles trabalhados por parte da doutrina e pelos tribunais administrativos. O que nos incomoda é muito menos o resultado final da maioria das decisões destes tribunais, mas, fundamentalmente, a sua fundamentação. Estamos em cenário de grande insegurança sobre o tema "planejamento tributário", o que implica o afastamento de novos negócios e novos investidores para o País.

Mesa Expositiva (A)

IMPOSTOS FEDERAIS

PRESIDENTE DA MESA: PROFA. ELIZABETH NAZAR CARRAZZA
MEMBROS DA MESA: PROF. ESTEVÃO HORVATH, PROFA. REGINA HELENA COSTA,
PROF. ROBERTO QUIROGA MOSQUERA, PROF. ROBSON MAIA LINS

Destinação Jurídica e Financeira – Critérios e Limites

PROF. ESTEVÃO HORVATH – O tema sobre o qual vou me debruçar nos próximos minutos diz respeito à questão da tredestinação dos recursos arrecadados com a cobrança de contribuições. O destino legal de uma contribuição a determinada finalidade já é ponto pacífico, ou seja, já se consente que a lei criadora de uma contribuição tem de prever o seu destino para a finalidade para a qual foi instituída. A questão que remanesce é: se, apesar de constar a devida destinação na lei respectiva, o dinheiro não é encaminhado, *de fato*, à finalidade prevista. Na verdade, ainda nesta última hipótese a destinação continua sendo a mesma, aquela a que a lei obrigou, aquela a que a Constituição, ou a legislação, obrigou. Quando surge este problema também entra em cogitação o art. 4º do CTN, que, como sabemos, diz que são irrelevantes para dizer da natureza jurídica específica de um tributo o nome que se lhe dê e a destinação legal do produto da sua arrecadação. Por razões históricas, ficou muito oportunamente plasmado expressamente no nosso Código Tributário que não é pela circunstância de se saber para onde vai o recurso público arrecadado por meio de um tributo que esta figura vai ser, ou deixar de ser, um tributo. Pode haver outro tipo de implicação, mas não é a destinação que vai dizer se aquela figura é tributo ou não é tributo. Por exemplo, no empréstimo compulsório. O produto arrecadado é devolvido – ou deveria, deve ser devolvido – em algum momento para aquele que efetuou o pagamento desse empréstimo compulsório. Dizia-se numa determinada época, algumas décadas atrás: como que se pode falar que é um tributo se o dinheiro volta para quem pagou aquilo? Isso daí não pode ser tributo. Até que a melhor doutrina, me parece, foi a que prevaleceu, que disse: "Não, não importa, ele é uma prestação pecuniária, compulsória, que não constitui sanção por ato ilícito e é coativa; portanto, então, ele é um tributo". O que vai ser feito com o destino do produto da sua arrecadação é outra coisa, que não vai dizer se é, ou não, se tem a ver, ou não tem a ver, com o fato de ser tributo.

Agora, o que eu diria, sim, é que é importante a destinação da arrecadação hoje em dia, clarissimamente, depois da Constituição de 1988, para se saber diante de que espécie tributária nós estamos, ou seja, será tributo ou não tributo, independentemente da destinação do produto da arrecadação. No entanto, sendo tributo, hoje em dia, pela Constituição de 1988, a destinação da arrecadação vai influir, sim, no tipo tributário, na espécie de tributo de que se trata.

Eu estou me referindo – como acho que já é fácil de perceber – aos empréstimos compulsórios e às contribuições, aquelas contribuições do art. 149 da CF, contribuições sociais, contribuições de intervenção no domínio econômico, contribuições de interesse de categorias profissionais ou econômicas. Por quê? Tanto o empréstimo compulsório quanto essas contribuições são o que talvez nós pudéssemos chamar, dentre outras denominações, de "tributos causais" – ou seja: eles existem, podem ser cobrados, porque acontece algum determinado pressuposto, ou de fato ou estritamente jurídico, que a legislação impõe; a legislação, no caso aqui, a própria Constituição da República.

No caso dos empréstimos compulsórios, o que diz a CF, no art. 148? O produto da arrecadação de um empréstimo compulsório deve ir obrigatoriamente para custear a atividade que deu ensejo à cobrança desse empréstimo compulsório, ou para custear a situação. Quais são essas situações? O art. 148 diz, com todas as letras: calamidade pública, guerra externa ou iminência de guerra externa e também necessidade de investimento público, de caráter urgente e relevante interesse nacional – ou seja: nestas situações excepcionais – e somente diante delas – o legislador da União, por meio de lei complementar, pode criar uma figura tributária chamada "empréstimo compulsório". E já diz o parágrafo único do art. 148, expressamente – isso seria óbvio, seria natural de se imaginar –, com todas as letras: o produto da arrecadação deve ir para situação que motivou a sua cobrança, isto é, ele só pode ser cobrado diante de uma situação de calamidade pública e a sua arrecadação deve ir para aquela finalidade, ou um fundo ou qualquer coisa que o valha, para fazer frente às despesas, para custear as despesas com aquela situação provocada pela calamidade pública, por exemplo.

A mesma coisa acontece com as contribuições, sociais, interventivas, corporativas. Elas existem devido a uma determinada finalidade, finalidade constitucionalmente prevista – finalidades, portanto, que se referem à ordem social, à ordem econômica, e aquelas que podemos dizer quase que uma excrescência, que são as corporativas, que são o resquício de um passado cartorial brasileiro. Mas, em suma, do mesmo jeito que o empréstimo compulsório somente pode ser cogitado de ser instituído caso se esteja diante de uma situação de calamidade pública, uma contribuição do art. 149 da CF somente pode existir, o legislador somente pode cogitar de criar, caso exista esta finalidade constitucionalmente prevista. Entre as contribuições sociais para a seguridade social temos o PIS, a COFINS e outras contribuições, como o FGTS. Todas essas contribuições têm finalidades que estão previstas na Constituição dentro da chamada "ordem social". Isto é mais visível no caso das contribuições de intervenção no domínio econômico. Intervenções no domínio econômico podem existir desde que o Estado entenda necessário interferir na atividade econômica. Portanto, ele interfere numa atividade que em princípio não é sua, e, para ajudar no custeio desta intervenção, ele cobra um tributo chamado de contribuição de intervenção no domínio econômico. Ressaltemos que o único motivo que possibilita a cobrança dessa contribuição é exatamente a existência da necessidade de intervenção no domínio econômico – ou seja: precisa haver necessidade, esse é um primeiro problema, politicamente se decide que há essa necessidade, e para se cobrar a contribuição é preciso que haja intervenção no "domínio econômico". Agora, o que é "domínio econômico" é uma questão de certa complexidade – eu diria, até, de bastante complexidade – e demanda um estudo um pouco mais aprofundado, que não é o caso, aqui, de desenvolver. Mas se entende que "domínio econômico" é aquilo que na nossa Constituição está dentro do título denominado "Da Ordem Econômica".

Por exemplo, intervir numa atividade que se refere a combustíveis. Antes havia contribuição para o Instituto do Açúcar e do Álcool, contribuição do café, eram contribuições de intervenção no domínio econômico. Mas, do mesmo jeito que a existência de uma finalidade constitucionalmente prevista é o motivo necessário, imprescindível, para cobrança de uma contribuição, isto implica também que o produto da arrecadação com a cobrança desta contribuição tem que ser destinado para aquela finalidade, até por uma questão de lógica. Não haveria sentido o legislador propiciar a cobrança de uma contribuição, por exemplo, de intervenção e destinar esses recursos para quaisquer outras coisas que nada tivessem a ver com a intervenção no domínio econômico.

E há exemplos disso nessa própria contribuição de intervenção mais conhecida, a mais corriqueira, que é chamada CIDE-Combustíveis, que eu também não vou adentrar aqui, porque não seria o caso de aprofundar.

Mas todos sabem – pelo menos de terem ouvido falar e terem lido na imprensa – que há, sim, desvio de recursos para outras finalidades que nada têm a ver com esta a finalidade deste tipo de intervenção de domínio econômico.

Isso já foi reconhecido pelo próprio TCU, pelo menos com referência a certos exercícios, por exemplo o de 2002. Quer dizer, não seria nem uma questão de prova e simplesmente notícias de jornais, de falatório, de questões de perseguição política, não: o dinheiro arrecadado não vai para aquela finalidade. Então, é disso que trata essa questão. A destinação jurídica é para a finalidade para a qual a contribuição foi criada; e a destinação financeira, consequentemente, deve ser a mesma, porque elas se confundem, ela é jurídico-financeira. É financeira porque vai para os cofres públicos daquela situação que vai ser objeto de financiamento. O problema é que, de fato, muitas vezes, a destinação financeira é diferente da destinação jurídica.

E essa é exatamente a questão jurídica que se coloca. Acontecendo isso, o que se pode fazer, do ponto de vista jurídico? A saída que eu não admito é a que diz que não se pode fazer nada, é uma questão política, é uma opção política, houve outras prioridades e os recursos foram destinados, por exemplo – como também acontece, comprovadamente –, para manter o superávit primário das finanças brasileiras. A contribuição não existe para isso. A contribuição existe, é como se fosse, nesse sentido, um tributo especial, para financiar aquela determinada finalidade. E eu exemplifico com o art. 195 da CF. Embora ele se refira simplesmente às contribuições sociais para a seguridade social, parece-me extremamente revelador do propósito do constituinte originário ao conceber as contribuições. O art. 195 diz mais ou menos o seguinte: a seguridade social será financiada por toda a sociedade, pelo Estado e por toda a sociedade. Mediante o quê? Dinheiro provindo do orçamento da União, dos Estados, dos Municípios e das seguintes contribuições – e aí estabelece sobre faturamento, folha de salário, aquelas coisas todas, que todo mundo sabe.

Então, é como se o próprio legislador constituinte originário tivesse reconhecido: "Eu, Estado, tenho que atuar nesta situação, nesse serviço, nessa atividade, mas eu já reconheço que com o meu orçamento normal, corrente, ordinário, não vai haver recursos suficientes" – isto quando, por exemplo, a União coloca a sua parte obrigatória de recursos. "Por isso, permito que, tratando-se de financiar, por exemplo, a seguridade social, sejam cobrados recursos a mais" – ao que ele deu o nome de "contribuição para a seguridade social". Vejam, não há como não imbricar umbilicalmente a finalidade com a destinação da arrecadação. A destinação do produto da arrecadação destes tributos que são causais – vamos chamar assim –, nesse sentido, tem que ser a mesma, a arrecadação ir para aquela determinada finalidade.

Do mesmo jeito que nos referimos ao art. 4º do CTN, que diz que a destinação legal do produto de arrecadação nada tem a ver com a natureza específica do tributo, nós temos o art. 167, IV (da CF, também), que proíbe a destinação do produto da arrecadação de impostos a qualquer órgão, fundo ou despesa. E há várias exceções. Se vocês lerem o inciso IV, vamos dizer, são vedados: a vinculação de receitas de impostos a órgão, fundo ou despesa, ressalvadas a repartição do produto da arrecadação dos impostos a que se referem os arts. 158 e 159; a destinação dos recursos para as ações e serviços públicos de saúde; para manutenção e desenvolvimento de ensino (isso já está desde a Constituição originária de 1988); para realização de atividade de administração tributária, como determinado pelos artigos tais e quais; para prestação de garantia das operações de crédito, inclusive por antecipação de receita; bem como o disposto no § 4º desse artigo. E esse § 4º, por sua vez, diz que é permitida a vinculação de receitas próprias geradas pelos impostos a que se referem os arts. 155 e 156 (ou seja, os impostos estaduais e municipais, bem como dos recursos dos arts. 157 e 158, que são as receitas transferidas), para prestação de garantia ou contragarantia à União e para o pagamento de débitos para com esta. Isso foi incluído pela Emenda 3/1993. Ou seja, as exceções, na verdade, representam um espectro tão grande, que quase ultrapassam a regra. Não obstante, a regra seria a do denominado, orçamentariamente, "princípio da não afetação": os recursos dos impostos não podem ser previamente afetados a nenhum órgão, fundo ou despesa. Exatamente o contrário do que acontece com as contribuições e os empréstimos compulsórios. Estes são, por obrigação constitucional, necessariamente afetados àquela despesa. Então, é uma afetação que, além de ser jurídica, é, portanto, uma destinação jurídica que deveria ser também destinação financeira; ou seja, a destinação financeira deveria também coincidir com a destinação jurídica: os recursos irem exatamente para a situação que propiciou a cobrança desse tributo.

Se eu puder esquematizar, do ponto de vista teórico-jurídico, eu diria assim: para os impostos poderem ser cobrados basta a Constituição outorgar competência para a entidade competente, para que entidade for: União, Estado, Municípios. Basta a lei de cada uma dessas pessoas aceitar essa competência e criar aquele imposto – e, obviamente, acontecer o fato na vida real que dê ensejo e complete a hipótese de incidência daquele imposto. E está, aí, criado o imposto. Se tiver obedecido a outros princípios constitucionais o imposto será perfeitamente lícito, cobrável, e não se tem muito que falar com relação a isso.

E vão dizer: "Mas as contribuições normalmente têm a materialidade de um imposto". O empréstimo compulsório normalmente terá a materialidade de um imposto. Isso é verdade. Por quê? Porque é mais fácil. Naquela classificação, trazida pelo Prof. Geraldo Ataliba, em tributos vinculados e não vinculados realmente não existe uma terceira possibilidade. Ou o tributo é ligado a uma atuação do Estado, ou ele não é ligado a uma atuação do Estado. E é muito mais fácil o legislador escolher uma situação praticada pelo contribuinte, pelo particular, que escolher uma situação praticada pelo Estado para fazer como hipótese de incidência do empréstimo compulsório ou da contribuição.

Então, talvez por isso alguns juristas dizem também, até hoje, exemplificando, que as contribuições são "impostos com destinação específica". Para nós explicarmos isso para um leigo acho que está muito bom, está perfeito, vai dar para ele entender, se ele entender um pouquinho do que é "destinação específica", vai entender. Agora, para nós juristas, no direito positivo brasileiro, isso é falso. Por quê? Porque não pode ser imposto, porquanto imposto tem sua destinação proibida de ser feita antes da lei orçamentária, ou seja, quem vai destinar a receita de impostos a qualquer coisa é a lei orçamentária, e não a lei tributária. Assim, neste ponto já não se confundem. Então, para onde vai a arrecadação de impostos? Para o Tesouro, para o Caixa Único da União, para o Caixa Único do Estado, para o Caixa Único do Município. Para onde vai o dinheiro das contribuições sociais? Deveria sempre ir para aquele fundo, para aquela autarquia, para aquela entidade que cuida, por exemplo, da seguridade social, para aquela situação que motivou a intervenção no domínio econômico, por exemplo, por meio de um fundo qualquer – e daí por diante.

E isso tudo sem contar o que foi feito desde 1994! A Constituição faz todo o arcabouço de repartição de receitas, de forma *direta* mediante a cobrança de cada um dos seus tributos pelos vários entes federados e de forma *indireta* por meio de transferências, e, no entanto, veio uma Emenda Constitucional em 1994 – foi a primeira – que criou, talvez alguém se lembre, o Fundo Social de Emergência. Ela vigeria por tempo determinado, mas, claro, como sói acontecer na nossa legislação, principalmente a tributária, o "temporário" passa a ser permanente.

Primeiro foi o Fundo Social de Emergência, depois foi o Fundo de Estabilização Fiscal, e agora é – até reduziram o nome, a sigla DRU – a Desvinculação de Receitas da União. Por esta última Emenda, que está vigorando até agora, até 2011, final de 2011, pode ter certeza, seja quem for que ganhe as eleições, provavelmente será prorrogada – talvez com um nome mais pomposo, mais palatável, mas provavelmente será prorrogada –, "é desvinculado de órgão, fundo ou despesa, até 31 de dezembro de 2011, 20% (vinte por cento) da arrecadação da União, de impostos, contribuições sociais e de intervenção de domínio econômico, já instituídos ou que vierem a ser criados até a referida data, seus adicionais e respectivos acréscimos legais". Ou seja, todo arcabouço, perfeitamente cercado, que a Constituição fez ela meio que acabou estourando nessa parte. Com relação a 20% da arrecadação dos tributos, pode-se fazer praticamente o que se quiser, desvirtuando, por exemplo, a autorização que a Constituição originária deu de que os recursos arrecadados para as contribuições (falando-se em contribuição) somente poderiam ser destinados àquelas finalidades para as quais elas foram criadas. Isso me traz dúvidas quanto a constitucionalidade dessas emendas. E é por esta razão que eu faço questão de me reportar sempre à Constituição originária. Nós estamos tão acostumados com tantas emendas constitucionais, tantas emendas constitucionais em matéria tributária especialmente, que alteram tão substancialmente certas situações, que às vezes esquecemos de pensar se aquela emenda poderia ter feito aquilo. Por isso que eu sempre sugiro: quando forem examinar um problema constitucional, tenham sempre de um lado a Constituição originária de 1988 e de outro a Constituição da semana. O constituinte originário pode tudo, ele pode qualquer coisa. Dizem alguns que, se ele tiver juízo, vai respeitar as regras internacionais, mas fora isso ele pode tudo. O derivado, já não; por isso mesmo que alguns o chamam de poder constituinte derivado. Então, nós temos que ver se essas desvinculações de receitas são possíveis no nosso ordenamento jurídico.

Vou citar aqui uma frase da Profa. Misabel Derzi que me parece muito importante, e resume com muita proficiência o assunto aqui tratado. "Se inexiste o órgão, a despesa ou a pessoa que necessariamente devem financiar, falece competência à União para criar contribuições ou empréstimos compulsórios; e mais, inexistindo o fundamento constitucional legitimador do exercício da faculdade legislativa, o contribuinte pode opor-se à cobrança, pois indevido o tributo que nasce de norma sem validade". E claro que esta frase tem uma implicação que importaria também mais uns três dias de exposição. Pense-se na possibilidade de se insurgir contra a própria lei que não deu a destinação devida e mais na repetição do indébito, no caso, de uma contribuição paga quando os recursos de fato deixaram de ir para esse fundo.

Em última análise, parece-me que se cuida de um problema de direitos fundamentais. Os critérios e limites de destinação dos tributos são de ordem constitucional e fazem parte do que alguns chamam de Estatuto do Contribuinte. Do mesmo jeito que ele tem o direito de somente pagar um imposto se estiver previsto na Constituição, dentro da competência que a

Constituição outorgou para aquela determinada pessoa política, e desde que o fato aconteça exatamente subsumido à lei ordinária que o crie, no caso das contribuições e dos empréstimos compulsórios ele tem o direito de pagar somente se ocorre aquele pressuposto de fato do empréstimo compulsório e aquela finalidade das contribuições. Mais ainda: só deve continuar pagando, ou tem o direito de pedir o dinheiro de volta, se o destino não for aquele que a Constituição previu expressamente.

Creio que nós devemos pensar, meditar um pouco mais, e insistir, cada um da sua maneira, para coibir essas situações, porque isto, além de não ser um problema que pode ser individualizado para cada pessoa, física ou jurídica evidentemente, é um problema de cidadania – ou seja: sempre se procurou encontrar formas de coibir o poder incontrastável, até um certo tempo, do Estado, o autoritarismo do Estado. Esta situação configura, a meu ver, uma forma de autoritarismo do Estado, que se deve combater. E nós todos temos a responsabilidade de, pouco a pouco, tentar fazer isso diante dos nossos Tribunais.

Obrigado pela [*Palmas*]

Tipicidade e Praticidade Tributária – Harmonização

PROFA. REGINA HELENA COSTA – Bom dia a todos! Antes de mais nada, quero agradecer à organização do evento por mais esta oportunidade para estar aqui, nesse prestigioso evento científico.

O tema que me foi proposto lida com dois conceitos aparentemente antagônicos: *tipicidade* e *praticidade*.

Falarei de ambos rapidamente e, após, farei algumas poucas considerações.

Começarei com o conceito de *tipicidade*. Típico é aquilo que corresponde, que se amolda, à descrição legislativa. Então, tem-se crime, em princípio, quando a conduta que foi praticada corresponde à descrição contida na lei penal. Tem-se ato administrativo quando o administrador pratica uma conduta que se amolda à descrição de um ato administrativo. E terei *tipo*, quer dizer, *tipo tributário*, justamente no sentido de que, se uma conduta se amoldar à descrição contida na lei, à hipótese de incidência, teremos o nascimento da obrigação tributária.

Então, a noção de tipicidade é uma noção própria do direito público. Pode-se falar em tipicidade no direito penal, administrativo e processual também. Poderíamos ficar falando de tipicidade sem fim. A ideia é mostrar que é uma noção comum ao direito público, é uma noção muito forte no campo do direito público, e, como não poderia deixar de ser, também no âmbito do direito tributário.

A tipicidade tributária significa exatamente a situação de nós termos o conteúdo das leis tributárias, esse conteúdo material; e, evidentemente, só se pode ter o surgimento de relações nesse campo se essas situações se amoldarem exatamente à descrição legislativa.

Muito bem. Não há novidade alguma no que estou dizendo, e partirei logo para o segundo conceito, que é o conceito de *praticabilidade*. Este, sim, como mencionei, é um conceito ainda pouco explorado, pouco estudado, e merece, por isso, um pouco mais de consideração neste momento. Quando falo em *praticabilidade*, muitos podem achar estranho – "Ah!, mas não seria *praticidade*?". Também "praticabilidade" é um termo admissível, "praticabilidade", "praticidade", "pragmatismo", "factibilidade". Uma noção que também não é exclusiva do direito tributário, nem é exclusiva do Direito.

Em verdade, quando digo isso, quando uso essa ideia, quero significar a possibilidade de sistemas que o homem cria para reduzir a complexidade das relações, do mundo, a complexidade das relações de todas as naturezas. A Economia é um sistema redutor de complexidade, o Direito é outro sistema redutor de complexidade, a Administração é outro; claro que vamos nos cingir, aqui, ao nosso mundo jurídico, e mais especialmente ao mundo jurídico-tributário.

Fala-se em praticidade ou praticabilidade tributária. Devo dizer, porque é sempre importante dizer, quem são os pensadores pioneiros da nossa área – e vocês tiveram, aqui, a felicidade de ouvir essa manhã a Professora que introduziu esse assunto, que trouxe esse assunto para o Brasil, a Profa. Misabel Derzi, que, estudando o Direito Alemão, onde floresceu a noção de *praticabilidade tributária*, fez várias considerações a respeito na sua tese de Doutorado, *Direito Tributário, Direito Penal e Tipo*, que foi publicada em 1988. Antes disso não havia nenhuma obra publicada de maior conhecimento sobre esse tema, e a Profa. Misabel introduziu entre nós essa noção.

Desse modo, *praticável* ou *prático* é aquilo que é exequível, não é? A ideia é a de que o sistema jurídico – e no caso, aqui, o sistema tributário – tem que funcionar, tem que atingir os fins para os quais se destina. Qual é o instrumento básico, o instrumento por excelência, de praticidade? A lei. A lei deve conter mecanismos que propiciem seja ela executável, que ela possa atingir a realidade, produzindo os efeitos que foram concebidos na sua elaboração. É disso que estamos falando. Portanto, não é, evidentemente, uma ideia tão simples assim, mas precisamos começar a olhar para o sistema jurídico com essa visão também, ao lado de outras visões que são fundamentais. Evidentemente que consiste num princípio técnico, mas é um princípio – penso eu – importante, porque sem ele muitas coisas ficarão apenas no plano das ideias e nunca poderão, efetivamente, atingir a realidade, que é o que se quer com o ordenamento jurídico.

A lei, então, é o instrumento por excelência da praticabilidade ou da praticidade, inclusive da praticabilidade tributária. Daí por que podemos tentar definir, muito simplesmente também, qual o conteúdo do que se pode chamar de *princípio técnico de praticabilidade ou de praticidade tributária*: segundo esse princípio, as leis tributárias devem ser exequíveis, ou seja, elas devem atingir os objetivos a que se destinam – quais sejam: fazer com que os contribuintes cumpram essas leis, paguem devidamente os seus tributos, respeitados os seus direitos; de outro lado, que o Fisco consiga fazer a arrecadação desses tributos, que é um direito seu, também. Essa a noção de *praticidade tributária*.

Pois bem. Nós temos uma noção primeira de *tipicidade*, que corresponde à legalidade material, ao conteúdo que a lei impõe. De outro lado, temos uma noção de *praticidade*, que é justamente um princípio técnico que impõe que as leis tributárias funcionem, que elas atinjam os seus objetivos.

A pergunta é: Como é que isso será feito, quer dizer, como é que a lei tributária, que contém tipicidade, vai ser prática? Como é que eu vou combinar essas duas coisas? Porque, vejam, a tipicidade dá a ideia de que a lei tem que fazer absolutamente tudo. A tipicidade também corresponde àquela noção de especificidade conceitual, de determinabilidade, pela qual a lei tem que exaurir todos os comandos, tem que dizer tudo absolutamente, porque senão teremos uma ofensa à segurança jurídica, uma ameaça à segurança jurídica. Já, a praticabilidade vem e diz: "Não, espere aí, é preciso que a lei conte com mecanismos que façam com que ela possa ser operacional, ou seja, que ela possa realmente produzir efeitos". A lei precisará usar de certas técnicas para fazer isso, e técnicas, vejam bem – é nessas que eu vou me concentrar –, que ensejarão uma certa autonomia ao aplicador da lei.

Eis aí um contraponto entre as duas ideias. Ora, tipicidade será algo absoluto? É preciso que a lei tributária descreva tudo, 100% da situação, porque senão teremos uma ofensa à segurança jurídica? Essa é uma lição clássica, mas, de outro lado, será que a lei consegue dizer tudo e absolutamente tudo? Será que a lei consegue ser exaustiva? A linguagem jurídica permite que a lei seja absolutamente exaustiva e que nunca remanesça nenhuma liberdade ao aplicador da lei tributária? Esse é o problema. Algumas considerações sobre isso.

Quando falamos em praticabilidade ou praticidade, se a lei é um instrumento de praticabilidade por excelência e se a lei deve conter mecanismos que possibilitem sua adequada execução, que mecanismos são esses? Claro que não irei, aqui, falar de todos esses mecanismos, vou citá-los e depois dar alguns exemplos. Os mecanismos mais fortes para isso são as chamadas "abstrações generalizantes". Alguém vai dizer: "Nossa, o que é isso?". Coisas que todo mundo vê todo dia, talvez não com esse nome, as abstrações generalizantes são modos pelos quais a lei se expressa, e modos, esses, que ensejam uma certa autonomia ao aplicador da lei. Então, o aplicador da lei tem uma certa autonomia que a lei lhe entrega, e, assim, essa ideia choca-se, em princípio, com aquela outra de exaustividade própria da tipicidade – ou, como alguns preferem, da tipicidade fechada.

Bem, as abstrações generalizantes mais conhecidas são as presunções, ficções, indícios, conceitos jurídicos indeterminados, cláusulas gerais, normas em branco, normas de simplificação, dentre outras. Vejam só, todas as leis empregam essas técnicas. Todas as leis contêm esses mecanismos, inclusive as leis tributárias. E por que é assim? Porque não pode ser de outro jeito. Porque esses mecanismos são próprios da linguagem jurídica, e a linguagem jurídica não tem como eliminar essas abstrações. Primeiramente porque a lei é abstrata, e em segundo lugar porque não há como, mesmo, o legislador prever absolutamente tudo, sob pena de incorrer em casuísmo. Um casuísmo que não é desejável e que nunca seria exaustivo, porque a situação vai mudando, e a vida é mais dinâmica que a lei.

Percebam que a lei tributária vai usar – vou lembrar alguns exemplo daqui a pouco – *conceitos indeterminados*. Se formos olhar a doutrina mais antiga no direito tributário, isso é um absurdo... Como a lei tributária vai usar conceito jurídico indeterminado? Como a lei tributária vai usar uma cláusula geral? Isso foi absolutamente banido da concepção clássica de tipicidade fechada, mas o fato é que essa situação acontece todo o tempo... Começa da Constituição, e nas leis vamos encontrar uma porção de exemplos também, porque é próprio da linguagem jurídica um certo grau de indeterminação.

Além das abstrações generalizantes, essa praticabilidade conta com outros expedientes, mas destes não vou tratar mesmo, só mencionando a própria noção de analogia, que também encontra um certo espaço no direito tributário. Claro, ninguém vai dizer que analogia cabe para criar obrigação, mas é possível usá-la para o direito tributário formal, para as questões procedimentais, sim. A analogia é um outro expediente de praticabilidade, assim como os meios alternativos de solução de conflitos fiscais e também as próprias técnicas de privatização da gestão tributária – mas desses expedientes realmente não cuidarei aqui, pois vou me concentrar nas tais *abstrações generalizantes* que são próprias da linguagem jurídica.

Temos leis tributárias que consignam conceitos jurídicos indeterminados, aqueles conceitos que são chamados conceitos elásticos ou conceitos plásticos, vale dizer, não que sejam eles totalmente indeterminados. Como nós sabemos, eles têm um núcleo conceitual, mas também uma zona de penumbra, e nessa zona de penumbra muitas vezes vamos ter discricionariedade oportunizada ao aplicador da lei; isto acontece também nas leis tributárias, porque é impossível eliminar o emprego desse tipo de conceitos.

As *cláusulas gerais* aproximam-se muito dos conceitos jurídicos indeterminados; é uma questão de grau. Elas são ainda mais abertas, também existem várias aplicações de cláusulas gerais no direito tributário, e a própria discricionariedade – querem maior tabu que falar em discricionariedade no campo tributário? Porque alguém dirá: "Não, se tudo é legalidade absoluta, é reserva absoluta, é tipicidade fechada, como pode? Que discricionariedade? Evidentemente que sim, não é?". Quando estamos falando em matéria da Administração Fiscal, por exemplo, claro que é possível, porque todas as leis, e as leis administrativas também, podem ensejar discricionariedade. Trata-se de uma técnica legislativa outorgar discricionariedade ao aplicador da lei ou ao administrador tributário.Discricionariedade entendida como a margem de liberdade que a lei confere ao administrador para que ele, segundo critérios de oportunidade e conveniência, possa escolher, dentre várias alternativas, qual é a solução que melhor atende ao interesse público.

Quer dizer, isso não é ilegalidade, não é arbitrariedade, não é abuso, não, isso é legítimo. A lei trabalha com essa técnica, embora não se possa negar que no âmbito do direito tributário é muito maior o número de condutas vinculadas que de competências discricionárias; disso não há dúvida. Aliás, no direito público em geral, no direito penal vai ser assim e em outros campos; mas não se pode, como fazia a doutrina de alguns anos atrás, banir completamente a noção de discricionariedade do âmbito tributário.

Então, teremos *conceitos indeterminados*, *cláusulas gerais*, *normas em branco* e *discricionariedade*. Portanto, olhando o direito positivo, vejo que é possível harmonizar esses dois conceitos, embora, em princípio, antagônicos. Como é possível harmonizá-los? Evidentemente, se pensarmos em ficções e presunções, sabemos que essas técnicas não são técnicas que devam ser usadas como regra, especialmente no âmbito do direito tributário. Ficções e presunções somente devem ser usadas em caráter subsidiário, quando não for possível ao legislador disciplinar aquela situação de outra maneira, de uma maneira mais adequada. Por isso, tal recurso é para ser empregado com muita parcimônia, com muita cautela, jamais, por exemplo, para criar obrigação tributária, para estabelecer ônus ao contribuinte. Jamais se deve lançar mão de presunções absolutas, de ficções jurídicas; isso, evidentemente, é uma limitação que se extrai do próprio ordenamento jurídico.

Também os conceitos indeterminados são cabíveis, podem ser usados, de uma maneira subsidiária; quer dizer, se a lei puder disciplinar a situação de uma maneira exaustiva, desde que seja viável para atingir os seus objetivos – a ideia de praticidade –, deve ela usar da especificidade conceitual ou da determinabilidade. Caso não seja possível, aí, sim, pode lançar mão dessas abstrações generalizantes.

Essas abstrações têm a vantagem de eliminar o casuísmo e de permitir algo ao qual nós não estamos muito acostumados: uma renovação do conteúdo da lei. Quando a lei usa de conceitos mais abertos, está permitindo uma interpretação evolutiva, está ensejando que a mesma lei possa perdurar ao longo do tempo, ao longo da História, e que ela vá sendo relida, não é? Que ela venha a ser relida, muitas e muitas vezes, que se faça uma releitura a cada vez, inspirada por princípios distintos, e que com isso ela possa ter uma evolução para atender àquilo que o momento social demanda. Isso é muito importante. Essas técnicas têm essa vantagem. Mas não estou dizendo, aqui, que só há vantagens no emprego dessas técnicas, elas são indispensáveis, elas são inelimináveis, mas é por isso que é preciso utilizá-las sem perder de vista que são recursos subsidiários à noção de tipicidade.

Por outro lado, não se pode também dizer que a tipicidade fechada é a única noção que deve vigorar, e que não há espaço para abstrações generalizantes... Nós não podemos nem ir a um extremo nem ao outro, por isso que o desafio é justamente efetuar a tal harmonização.

Para encerrar – pois acho que eu já passei do meu tempo –, apenas alguns exemplos para ilustrar isso. E vou ficar em exemplos constitucionais.

Primeiramente, o artigo que todo mundo conhece, o art. 145, § 1º. É aquele justamente que prevê, que explicita, o *princípio da capacidade contributiva*, no seu sentido subjetivo. Não é a primeira parte que interessa especialmente no momento, mas, se me permitem ler: "Sempre que possível, os impostos terão caráter pessoal e serão graduados segundo a capacidade econômica do contribuinte (...)" – o enunciado básico do princípio. E aí vem: "(...) facultado à Administração Tributária, especialmente para conferir efetividade a esses objetivos, identificar, respeitados os direitos individuais e nos termos da lei, o patrimônio, os rendimentos e as atividades econômicas do contribuinte". Essa cláusula final, a meu ver, está limitando o emprego de ficções, o emprego de presunções, como regra, no sistema tributário. Porque se diz: a Administração Tributária, para dar efetividade ao respeito à capacidade contributiva, vai ter que identificar patrimônio, rendimentos, atividades, respeitados os direitos do contribuinte. Logo, aqui existe suporte, aqui existe fundamento constitucional, para se dizer: as técnicas de presunção, de ficção, são subsidiárias! O direito tributário não pode trabalhar com esses mecanismos, que são mecanismos de expressão legislativa, como padrão, como regra, como primeira opção, porque é preciso dar atenção a essa parte final do § 1º do art. 145 da CF. Essa observação penso seja importante.

Por exemplo, se formos ao art. 148 – e aqui o Prof. Estevão falou de empréstimo compulsório, para falar da afetação da destinação, da arrecadação desse tributo –, quando há previsão das hipóteses de cabimento de empréstimo compulsório, esse artigo usa conceitos jurídicos indeterminados quando, por exemplo, fala em "calamidade pública".Todos têm a noção essencial do que é "calamidade pública", mas, evidentemente, cuida-se de conceito que não é absolutamente identificado, que não tem seus limites absolutamente visíveis. Outro conceito que esse mesmo artigo emprega é o conceito de "investimento público de caráter urgente e de relevante interesse nacional". "Investimento público de caráter urgente e de relevante interesse nacional" – o que quer dizer isso? O que quer dizer a "urgência"? Muito bem, temos uma noção do que é "urgência", mas não é um conceito absolutamente preciso, aqui, nesse contexto. O que é "relevante interesse nacional"? O que é "relevante"? Poderia dizer: todo interesse público já é relevante, por ser interesse público. Não, mas a Constituição quer mais, ela quer um *relevante interesse nacional*... Há um certo grau de indeterminação aqui. Há mais. Vejam o art. 153, no qual a Constituição arrola os impostos de competência da União, quando menciona o imposto sobre grandes fortunas. Até hoje não vimos esse imposto ser instituído. Sem dúvida, uma das grandes dificuldades está no fato de que "grande fortuna" é um conceito que padece de alto grau de indeterminação. Já houve discussões de quanto ela seria, vamos dizer: "Bom, acima de 2 milhões já é grande fortuna"; "Não, tem que ser mais". Quer dizer, trata-se de discussão interminável, porque efetivamente é muito aberto esse conceito.

E, finalmente, um último exemplo. O § 1º do art. 153 traz o que, a meu ver, é uma hipótese de discricionariedade não outorgada pela lei, quer dizer, outorgada pela lei mas autorizada antes, porém, pela própria Constituição. Aquele dispositivo, que todos conhecem, que faculta ao Poder Executivo, atendidos as condições e os limites estabelecidos em lei, alterar as alíquotas do imposto de importação, do imposto de exportação, do IPI e do IOF. Aliás, o Executivo tem feito isso, está nas notícias de hoje, de vários dias já, essa intervenção que a União está fazendo com relação ao IOF, para aumentar a alíquota do imposto sobre investimento estrangeiro em aplicações de renda fixa no Brasil, para tentar equilibrar o Dólar, o câmbio.

O que temos aqui, a meu ver, é um instrumento de praticidade. Está-se outorgando discricionariedade ao Poder Executivo. Por quê? Porque a lei diz: "Eu dou os parâmetros, eu dou os limites e as condições, e você, Poder Executivo, pode, então, escolher, dentre as alternativas insertas nesses limites, qual é a que melhor atende ao interesse público naquele momento". Então, o Poder Executivo está autorizado a aumentar alíquota, diminuir alíquota, com relação a esses impostos. Isso é discricionariedade. É disso que se trata no art. 153, § 1º, da CF.

Mas, então, quem é que disse que não há discricionariedade no direito tributário? A própria Constituição está dizendo que há. Bom, mas alguém irá dizer: "Isso é uma norma excepcional, não é regra...". Mas está previsto aqui; então, parece-me que nós não podemos ter esse tabu de achar que a lei tributária, nesse particular de como ela se expressa, é diferente de outras leis. Não, ela também usará das mesmas técnicas legislativas, ainda que possa usar de uma maneira mais restrita. Nós vamos encontrar essas mesmas figuras de abstração generalizante que encontramos nas leis em geral. Portanto, é dessa maneira que nós precisamos pensar em tipicidade, mas tipicidade também com os olhos na praticidade.

Muito obrigada! [*Palmas*]

IR – Restrições à Dedutibilidade

Prof. Roberto Quiroga Mosquera [*Texto sem revisão do Autor*] – [*Truncado na gravação*] (...) quando na verdade, da mesma forma que a Regina, eu recebi a atribuição do meu título, eu falei assim: "Mas vou falar sobre dedutibilidade, um tema já aparentemente batido, e eu que falo sobre os assuntos vou cair nos temas normais de... Ah! Hoje nós temos dedutibilidade de instrução, pessoa jurídica" – enfim, eu fiquei um pouco preocupado. E depois, preparando realmente a palestra, eu vi como o tema viabiliza um estudo bastante adequado e bastante preciso em termos de não só questões práticas, do dia a dia, porque o tema aqui é restrito – é imposto de renda –, mas também tateando e ingressando em temas de maior envergadura, seja o tema constitucional, seja no campo legal.

Eu, então, nos 20 minutos que tenho – e prometo respeitá-los –, procurei dividir a minha exposição em duas partes. Na primeira eu vou justamente tentar dissecar essa questão do que é o tema "limites à dedutibilidade", onde ele pode aparecer nas nossas discussões, em quatro subitens, justamente procurar de uma forma analítica entender o tema.

E numa segunda parte, aí, sim, discutir, tanto no campo do IR/PF quanto no campo do IR/PJ, os temas que me parecem mais relevantes e atuais com relação a limites à dedutibilidade.

A primeira questão dos quatro primeiros subitens que eu gostaria de expor era justamente entender o que é "limite", ou em que circunstâncias podem existir limites à dedutibilidade. E, dentro dessa pesquisa, eu dividi em cinco circunstâncias ou cinco hipóteses.

Primeiro, eu posso limitar dedutibilidade, limitando tipo de dedutibilidade. Exemplo: eu não permito que se deduzam despesas com instrução que não sejam no regime oficial, fundamental, superior, pós-graduação, o curso de Inglês, posso por tipo, como eu posso, na pessoa jurídica, proibir a dedutibilidade de prejuízos no Exterior, é um tipo, uma dedução que não permito.

O segundo tipo, ou a segunda espécie de limitação à dedutibilidade, que eu poderia ter é limitar por valor ou percentual da dedução. Por exemplo: eu limito por dependente em cento e poucos Reais ou limito 30% do lucro do período com prejuízos de períodos anteriores na pessoa jurídica; portanto, seria a segunda forma de limitar dedutibilidade, não mais pelo tipo, mas pelo valor ou percentual da dedução.

A terceira técnica utilizada para limitar dedução eu estou chamando como de *comunicabilidade das deduções*. Exemplo: eu não posso compensar lucro operacional com prejuízo não operacional na pessoa jurídica, eu não posso compensar lucro que eu tive com aluguéis com custeio agropecuário na pessoa física. Ou seja, nessa terceira espécie o limite da dedutibilidade se dá pela comunicabilidade nesse sentido das deduções. Essa técnica também é muito utilizada, já foi muito utilizada no passado pelas autoridades tributárias para limitar dedutibilidade.

A quarta espécie que eu achei, talvez como uma classificação, seria limitar deduções pela temporalidade. A discussão de deduções incorridas ou deduções pagas ou deduções nesse exercício, deduções de exercícios futuros – ou seja, eu poderia limitar dedutibilidade justamente pela temporalidade dela, na medida em que o tempo vai dizer se ela é dedutível no momento ou ela é postergada para um momento posterior. Essa seria a quarta técnica de limitar uma dedutibilidade que eu tentei encontrar.

E, por fim, a quinta limitação à dedutibilidade seriam aquelas dedutibilidades por se enquadrarem eventualmente em atos simulados ou em fraude à lei. Se se pode admitir essa classificação, uma dedutibilidade que em princípio estaria adequada mas, por incorrer numa patologia de simulação ou fraude à lei, seria considerada; portanto, limitada. Seria uma tentativa, simplesmente, de classificar estas técnicas de limitação de dedutibilidade.

Então, se se admitir, dentro dessa minha classificação, esses cinco tipos ou cinco espécies ou técnicas de limitação da dedutibilidade, é nesse primeiro ponto que seria importante saber qual a relevância dessas técnicas frente a discussões constitucionais. Por exemplo, quando eu falo de intercomunicabilidade das despesas talvez eu tenha que analisar o critério da generalidade, da universalidade do imposto de renda. Quando, por exemplo, a legislação brasileira, na década de 90, proibiu compensação de prejuízos operacionais com agrícolas, ou não operacionais – enfim, renda fixa com renda variável –, claro que se estava discutindo capacidade contributiva como princípio maior, mas existiu um outro tema, talvez, que pudesse ser analisado, que é a universalidade ou a generalidade; enfim, uma discussão a respeito disso.

Quando se fala em limitar o valor da dedução, ou tipo da dedução, obviamente, além do princípio da capacidade contributiva, surge também a questão da igualdade, obviamente com a mesma importância. Por que no Brasil, hoje, nós não temos, na pessoa física, uma dedutibilidade por classe de renda, e não uma dedutibilidade *flat*, como nós temos, de 150 Reais, mais ou menos, por dependente, 2 mil e poucos Reais por instrução anual, ou seja, uma dedutibilidade *flat*, sem considerar a minha classe de renda, se eu ganho 20 mil, se eu ganho 1.000 Reais, se eu ganho 100 mil Reais.

Enfim, essas questões acabam possibilitando um estudo num campo de maior envergadura. Essas seriam as cinco espécies que, a meu ver, poderiam ser discutidas em termos de limites à dedutibilidade.

Segunda questão importante, aqui: dedutibilidade do quê? Nós estamos falando de limites à dedutibilidade do quê? Na minha cabeça, é um termo genérico. Claro que todo mundo vai pensar "de despesa", claro, disso eu não tenho dúvida, do que nós estamos falando. Mas será que não poderia também se entender isso com relação a custo? Quando eu falo de limite da dedutibilidade por óbvio é despesa, isso eu não tenho dúvida, mas também dentro do campo da ideia de redutor de lucro, não é? O redutor da famosa chamada "receita líquida", para chegar num lucro bruto, por exemplo, das pessoas jurídicas, custo, ou mesmo das pessoas físicas, quando nós temos uma venda de ganho de capital de um bem, alienação de um bem, numa tributação exclusiva, não de tabela progressiva, mas de alto recolhimento, o custo também é importante. Hoje nós temos na pessoa física redutores de custo, nós já tivemos proibição de determinados custos. Lá no passado, longínquo, um dos redutores também era a chamada "correção monetária", já inexistente desde 1995. Enfim, dedutibilidade do quê? Eu diria, primeiro, de despesa, por óbvio. Segundo, numa interpretação um pouco mais ampla, poder-se-ia pensar de custo.

Terceiro ponto, para tentar dissecar do que estamos falando. Se é de despesa ou de custo, não importa, qual é esse conceito? O que é essa dedutibilidade? De uma forma genérica, eu tentei expressá-la como um sacrifício de um ativo por intermédio do qual eu procuro obter uma receita; ou seja, todo sacrifício com o intuito de obtenção de receita estaria dentro desse conceito de dedutibilidade. Claro que eu não vou entrar, aqui, no detalhe de diferença de custo ou diferença de despesa, mas ele vai aparecer justamente no quarto ponto importante, que mostra como também a nossa legislação, seja na pessoa física, seja na pessoa jurídica, tratou isso durante muitos anos.

E se eu tenho essa ideia de que o conceito de dedutibilidade é sacrifício de ativo por intermédio do qual eu obtenho um rendimento, uma receita, o último ponto seria entender o seguinte: muitas dedutibilidades ou muitas despesas, vamos restringi-las a isso, têm também duas características importantes, que na história da legislação brasileira tiveram relevância. As chamadas *despesas incorridas* de forma direta, que hoje são chamadas deduções, principalmente na pessoa física, e aquelas despesas que não estão diretamente ligadas à obtenção da receita, mas indiretamente, que no passado, por exemplo, nas pessoas físicas eram chamadas de "abatimentos", e não de "deduções". Voltando um pouquinho à História, antes de 1988 na pessoa física eu tinha a dedução que eram as despesas diretamente relacionadas àquela minha receita – exemplo, eu tenho meu IPTU, o meu aluguel, eu tenho meu condomínio. Lá no passado uma despesa indiretamente relacionada à minha receita eram os juros do Sistema Financeiro da Habitação. A pensão alimentícia, a instrução, constituem dedutibilidades? Sim. Mas dedutibilidades de uma certa forma mais afastadas da sua possibilidade de receita ou rendimento.

Então, para justamente entender o tema proposto nós temos que passar por todas essas questões. Primeiro tentar identificar essas espécies ou técnicas de limitar a dedutibilidade, saber quais as implicações dessas técnicas com os princípios constitucionais hoje existentes, porque nem todas estarão diretamente ligadas a todos os conceitos; saber o que é dedutibilidade, dedutibilidade do quê? Se é de despesa e de custo, o conceito de sacrifício de ativo para obtenção de resultado. E, por fim, essas duas espécies de dedutibilidades, diretamente e indiretamente ligadas às receitas que eu me proponho a obter.

Bem, ingressando, então, nos temas depois dessas ideias conceituais, pelo menos para tentar homogeneizar todos, naquilo que nós estamos falando, a discussão primeira em que se entra é justamente sobre os limites à dedutibilidade, sejam eles quais forem, seja a técnica utilizada uma daquelas cinco que eu me referi, e nós chegamos à primeira questão relacionada à discussão sobre se esse tema está ligado diretamente ao conceito de "renda". Muito já se discutiu sobre isso, parte da doutrina entendendo que qualquer restrição à dedutibilidade seria algo que macularia o conceito de "renda" previsto eventualmente na Constituição, também parte da doutrina entendendo, definido o conceito de "renda" no art. 43, na medida em que você poderia ter tipos que não necessariamente estariam totalmente amplos ou genéricos, inadmitindo ou admitindo restrições nesta dedutibilidade, o conceito mais legal do que seria "renda".

Nesse particular, eu gostaria de dividir duas questões importantes, hoje debatidas. Na pessoa física nós temos fundamentalmente dois tipos de restrição. Na verdade, nós temos a restrição por tipo, ou seja, nós temos, basicamente, seis deduções possíveis, ou no máximo sete, algumas mensais, outras anuais, e duas delas com mais clareza têm limites de valor, o valor de dependente e a questão da instrução. E, salvo engano, a Regina, acho que está aqui, nós tivemos um *leading case*, acho que foi de sua sentença, onde foi discutido justamente isso: se limitar a instrução a 1.000 e poucos Reais ou a 2 mil e poucos Reais seria ofensivo ao conceito de "renda", ao conceito de "capacidade contributiva" e, mesmo, ao conceito de "igualdade", por eu poder me enquadrar numa classe de renda pior ou numa classe de renda melhor frente a um terceiro – portanto, eu poderia gastar com meu filho 1.500 Reais na escola por mês, enquanto outras pessoas, com uma renda menor, não poderiam gastar esse valor. Então, nada mais adequado que uma estipulação de dedutibilidade por capacidade contributiva, e não necessariamente, aí no caso, objetiva, e não simplesmente um *flat*, como nós temos hoje, do brasileiro médio, e, portanto, um valor desprezível para algumas classes de renda; para outras, gastar 150 Reais por dependente, por mês, é um gasto, às vezes, até excessivo.

Eu sei que a sentença foi favorável, da Regina, eu não sei como o Tribunal conduziu, se ela souber...

Profa. Regina Helena Costa – O Tribunal reformou.

Prof. Roberto Quiroga Mosquera [*Texto sem revisão do Autor*] – Foram duas sentenças, reformou por entender, justamente, que a restrição provavelmente não ofendia o conceito de "renda", por ser um conceito legal, disciplinado pelo Código Tributário Nacional. E, portanto, é dentro de uma discussão não quero dizer simplesmente acadêmica, mas uma discussão que passa, evidentemente, por esse item.

Além da questão da Constituição, do conceito constitucional, sem dúvida, técnicas de limites à dedutibilidade passam pela praticabilidade, que justamente foi o tema que a Regina expôs. Todos nós sabemos, por exemplo, que hoje, seja na pessoa física, seja na pessoa jurídica, nós temos sistemáticas de tributação que visam à praticabilidade, que limitam deduções ou que excluem totalmente deduções. Na pessoa física, a declaração simplificada coloca uma presunção de despesa de 20%, a partir dos quais joga-se fora todo tipo de despesa. Obviamente facultativa, não necessariamente obrigatória, e surge a discussão de que, se eu entrar num sistema facultativo, posso depois me arrepender e voltar para um sistema que era o obrigatório ou presumido, por intermédio qual jogam-se fora todas as despesas operacionais em benefício de uma sistemática de tributação da receita líquida por percentuais estimados, dependendo da atividade da empresa. Ou seja, a questão dos limites da dedutibilidade, hoje, está também totalmente conectada com a questão da praticabilidade. Na pessoa jurídica, de 100% das pessoas jurídicas brasileiras, praticamente 95% adotam os sistemas estimados, o Simples e o Presumido, que jogam foram todo tipo de despesa. Daí por que não se consegue mais raciocinar, em termos de limites à dedutibilidade se não se fala, obviamente, da questão da praticabilidade.

E, ainda dentro desse item, o que eu gostaria de expor é justamente quais são esses princípios constitucionais envolvidos nessas técnicas, não é? Quais são os princípios que, queira ou não queira, nós vamos ter que analisar nos casos práticos.

Fundamentalmente, a questão da capacidade contributiva, a questão da igualdade e, quando, eventualmente, for pertinente, a questão da universalidade da tributação ou da generalidade da tributação, e muitas vezes a progressividade da tributação. Esses princípios sempre vão estar envolvidos nessas discussões de que nós estamos tratando.

Nos quatro minutinhos que me faltam eu gostaria simplesmente de tecer o tema que neste momento, creio eu, tem grande importância na questão dos limites à dedutibilidade, e aproveitando, até, a legislação "mais jovem" nesse sentido, que é a legislação de subcapitalização. Na pessoa jurídica, todos nós sabemos, existe inicialmente uma regra geral de dedutibilidade que, de uma certa forma, vai obedecer àquilo que eu tentei referir anteriormente, ou seja: é dedutível toda e qualquer despesa que seja necessária para a obtenção da receita. E no caso da legislação federal nós temos a terminologia de "usual", "normal" e "necessária", portanto, regra geral ou regra de maior amplitude, e temos, dentro da pessoa jurídica, regras que vedam, impossibilitam ou limitam as dedutibilidades dentro daquelas cinco técnicas que eu tentei simplesmente classificar. Uma delas é, por exemplo, a impossibilidade de compensação de prejuízo não operacional com lucro operacional. Mas o que nós começamos a identificar? Legislações sofisticadas, modernas, que limitam a dedutibilidade em valor por percentual ou por múltiplos, caso do *transfer price*, no qual eu sou impossibilitado de deduzir juros de mútuos passivos, superiores à *Libor* mais três. Esse é um exemplo de limite de dedutibilidade.

Como agora nós tivemos a norma de subcapitalização, que limitou a dedutibilidade de juros por múltiplos de PL, múltiplos de Patrimônio Líquido. E a grande discussão que se colocou numa jurisprudência recente é que essa legislação nova utilizou uma técnica de dedutibilidade por valor ou percentual da dedução, justamente impedindo, nesse caso específico, que empresas não residentes ou estrangeiras venham ao Brasil, numa sistemática de capitalização com dívida e não com *equity*, deduzir toda essa despesa. E a lei vem e veda expressamente.

A discussão que se coloca, e de grande importância, é no sentido de que se pode interpretar que essa norma talvez seja meramente uma norma interpretativa, uma vez que já existiu uma regra dizendo que era só despesa usual necessária e normal. Isso nós tivemos, uma interpretação como essa, num caso recente do CARF, onde se entendeu o seguinte: não se precisava de uma norma nova para vedar uma dedutibilidade, uma vez que ela já não se enquadrava num critério de normalidade, usualidade e necessidade.

Um outro exemplo, muito claro, da jurisprudência administrativa, onde se entendeu que um determinado planejamento com emissão de debêntures, onde havia uma norma expressa no sentido de dedutibilidade, se aplicaria, na verdade, a regra geral de usualidade, necessidade ou normalidade; ou seja, a discussão que se coloca hoje, por exemplo, neste caso específico, é sobre se a nova norma que veda de forma expressa ou limita dedutibilidade em alguma daquelas cinco técnicas a que me referi já estaria enquadrada numa norma geral – portanto, totalmente inócua, totalmente desnecessária, ou, quando muito, uma mera norma, nessa interpretação, num critério de norma interpretativa.

Obviamente, não é essa a minha visão. Eu creio que essas técnicas de limitar a dedutibilidade existem justamente no caso do imposto de renda, muito claro, onde nós tivemos limites à dedutibilidade sempre por uma destas técnicas, como o intuito do quê? De excluí-la de uma regra geral. De retirá-la de uma regra geral. E, por óbvio, se essas novas normas trazem limitações, numa das cinco técnicas que me referi, obviamente elas estão dentro de um critério novo, de uma ideia nova de legislação, não podendo aplicar-se, nesse caso, uma interpretação como essa que foi dada recentemente num primeiro caso em que o tema da subcapitalização, por exemplo, foi analisado, só que em vários outros temas a que eu me referi nós temos essa discussão. E, portanto, creio que os limites à dedutibilidade são amplos, são vários casos e várias hipóteses que nós poderíamos analisar. Mas eu tentei, simplesmente, trazer a vocês um pouco essas formas de limites à dedutibilidade e tocar em alguns pontos práticos que vocês entendem importantes.

É isso Beth, obrigado! [*Palmas)]*

Importação – Superposição de Tributos

PROF. ROBSON MAIA LINS – O tema a mim conferido gentilmente pela organização do evento foi "Importação – Superposição de Tributos". Como o tema maior do Congresso é "Tributação e (In)Segurança Jurídica", creio que o melhor caminho nesta exposição é analisar a questão da tributação das importações a partir da sua relação com o tema "Insegurança Jurídica".

Não se pretende, aqui, realizar nenhum juízo de valor em relação à insegurança jurídica do contribuinte ou da Fazenda, mas tão somente em relação à instabilidade jurídica instaurada com a superposição de tributos na importação. Em outros termos: não tomarei a segurança jurídica como um valor específico, destinado a proteger apenas os contribuintes ou apenas a Fazenda Pública, mas, sim, como um contraponto em relação à ideia de instabilidade jurídica.

Para cumprir a tarefa que me foi proposta, parti de uma pergunta específica: qual o regime jurídico da tributação federal na importação feita por terceiros, por encomenda de adquirente interno no Brasil? Muitas são as variáveis que interferem na resposta a esta pergunta – elenquei pelo menos cinco variáveis. Portanto, a minha exposição procurará tratar da importação por conta própria; logo em seguida, da importação por pedido de terceiro (por encomenda de terceiro), antes e depois da Lei 11.286, que instituiu a figura da importação por encomenda propriamente dita.

Ao analisar as decisões do Poder Judiciário e do Conselho de Contribuintes, bem como as respostas à consulta proferidas pela Secretaria da Receita Federal – algumas delas da 4ª Região Fiscal –, verifiquei que as variáveis que interferem na resposta à pergunta que formulei são as seguintes:

(i) Data da importação – ou seja, quando essa importação foi realizada (se antes ou após a Lei 11.281/2006).

(ii) Origem dos recursos – de quem são os recursos utilizados na importação. Aqui o importante não é, propriamente, de quem são os recursos em termos de titularidade, mas por onde trafegou essa transferência até a quitação da operação internacional de aquisição.

(iii) Risco da operação comercial de importação – ou seja, da operação entre o exportador que está no Exterior e o importador, que pode ser o adquirente final da mercadoria ou apenas aquele que importa por conta e ordem de terceiros. Quem está suportando o risco da operação? É um problema muito sério, tanto para a Receita Federal quanto para os contribuintes, a análise dessa variável específica, porque é um problema de provas. Tentou-se criar – como demonstrarei ao longo da exposição – algumas presunções para restringir o campo da obrigatoriedade da produção de prova pela Fazenda, proibindo que o contribuinte produza prova em contrário, criando-se, assim, uma presunção absoluta no que se refere ao risco da operação comercial, o que é um conceito muito aberto, conforme exposto pela Profa. Regina Helena Costa.

(iv) Fechamento de câmbio – que hoje é o mais relativizado. E, por último;

(v) A forma como se dá a transferência da propriedade das mercadorias importadas – como é que ela realmente trafegou, em termos de transferência de titularidade, seguindo mais ou menos a transferência da titularidade dos recursos que cumprem a contraprestação na operação internacional.

Nessa análise procurei seguir uma regra histórica; melhor dizendo, utilizei a cronologia na minha exposição para explicar a insegurança atual pela qual passam o Fisco e os contribuintes. Afinal, a insegurança alcança tanto o agente fiscal, quando se depara com uma importação com preço ligeiramente diferente do usual, quanto o contribuinte, que se vê, aqui no Brasil, obrigado a importar determinada mercadoria sem conseguir determinar, com uma certa margem de segurança, qual o regime jurídico que vai ser adotado nessa importação.

Hoje existem duas formas de importação: a importação direta e a importação por conta própria, que é a mais antiga. Como regra, quando se precisa de uma mercadoria, a pessoa física ou jurídica simplesmente vai ao mercado internacional, escolhe a mercadoria, contrata o transporte, fecha o câmbio, contrata todo o sistema de seguro, faz o pagamento e traz a mercadoria para o Brasil, seja para consumo próprio, seja para a revenda, seja para utilização no processo industrial.

A qualificação da importação como direta ou indireta – vejam os Srs. e as Sras. – está relacionada ao grau de relacionamento do adquirente da mercadoria aqui no Brasil com o exportador no Exterior. Esse é o único juízo que interfere na qualificação como direta ou indireta: o nível de relacionamento, de aproximação comercial, entre o destinatário da mercadoria aqui no Brasil (o adquirente) e o exportador que está lá no Exterior.

Portanto, na primeira forma – importação por conta própria do importador adquirente – nós temos o exportador no Exterior realizando uma venda para o importador adquirente no Brasil. O importador, por sua vez, pode utilizar essa mercadoria como insumo na sua atividade industrial ou no seu ativo permanente, comprar essa mercadoria ou revendê-la no mercado interno.

Como se percebe, uma das características desta operação é que o adquirente figura, ele próprio, como importador. Como ressaltamos, o próprio adquirente vai ao mercado internacional e importa as mercadorias, utilizando-as como insumo na indústria ou como mercadoria para revenda no seu processo interno. Essa operação, como se percebe, permite apenas ganhos comerciais decorrentes de escala, não é? De fato, o importador, o adquirente, destinatário final da mercadoria, percebeu que não adianta simplesmente comprar passagens aéreas, ir à Itália, ir a Milão, por exemplo, escolher as mercadorias que quer, contratar um transportador, contratar um seguro internacional, tratar de toda a operação portuária ou aérea. Isso só lhe garante uma margem de ganho se realizado em grande escala.

E os ganhos tributários? É daí que decorre essa insegurança jurídica, tanto no Conselho de Contribuintes (CARF) quanto no Poder Judiciário, que não conseguem dar uma resposta satisfatória no que se refere à legalidade das alternativas encontradas pelos contribuintes para realizar operações de importação.

De fato, os adquirentes domiciliados no País perceberam que a importação por conta própria não trazia qualquer ganho, e queriam sair dessa situação específica. Eles querem a mercadoria. Eles sabem onde está a mercadoria. Sabem também quando podem adquiri-la e por quanto podem adquiri-la. Em resumo: têm total conhecimento dos dados da operação, mas não querem ir ao mercado internacional. Diante disso, recorrem a outra pessoa para realizar a importação: "Sr. importador, vá ao mercado internacional e adquira determinada mercadoria. Se você me trouxer essa mercadoria, com essas características, com essa margem de valor, eu me comprometo a adquiri-la se chegar ao País até determinada data, porque é uma mercadoria que eu preciso utilizar no final do ano (por exemplo: *video games*, roupas etc.)".

O importador, nesta operação, está sujeito ao recolhimento de IPI e ICMS, mas transfere créditos desses tributos na venda para o adquirente. Há também que se considerar possíveis incentivos fiscais e financeiros – aqui já começa a complicar um pouco –, como FUNDAP, do Espírito Santo, os benefícios do Paraná e de outras regiões.

Outro problema é o preço de venda para o adquirente. Diante dos abusos, a Receita Federal, de forma legítima, começou a dizer: "Esse adquirente aqui, que era o importador, está utilizando, agora, importadora. Mas será que esses recursos são mesmo do importador? Será que esse importador – embora o adquirente tenha apontado a mercadoria – está correndo o risco da operação internacional de compra e venda? Será que esse adquirente está simplesmente utilizando uma interposta pessoa?". A expressão "interposta pessoa" – é bom ressaltar – é definida, ou pelo menos é problematizada, a partir da análise da origem dos recursos à época da importação, bem como do risco da operação.

Com isso, abriu-se espaço não só para as fraudes nas importações, mas também para as atuações da Receita Federal e da Polícia Federal, já que se tratava, em alguns casos, de verdadeiros crimes.

Quanto ao adquirente, que era o importador na operação anterior e aqui figura como encomendante, qual a vantagem dessa suposta operação para ele? Comprava do importador, por preço similar ao da operação de importação. Esse, todavia, é um índice problemático para a Receita, especialmente porque levanta dúvidas quanto a quem está assumindo o risco da operação.

De fato, muitas vezes o preço da operação entre o importador e o adquirente é muito parecido com aquele praticado entre o exportador e o importador. Então, será que o risco da operação está sendo do importador? O problema é que muitas vezes a composição do preço é influenciada por incentivos fiscais concedidos ao importador ou ao adquirente em matéria de ICMS, que é de competência estadual. Vejam, portanto, a ligação da Receita Federal, da forma da fiscalização, da produção de provas e da importância de agir em conjunto com a Receita Estadual, para saber até que ponto esse risco da operação está sendo suportado pelo importador ou pelo adquirente. Vejam a dificuldade – e aqui se coloquem tanto na posição de contribuinte quanto na da Fazenda Pública – de produzir provas e de quantificar com precisão quem está assumindo o risco da operação.

Antes da Lei 11.281 o Fisco considera que haveria interposição fraudulenta de terceiros sempre que os recursos não fossem do importador – problema de prova –, ou o risco não fosse do importador – problema de prova também – ou o câmbio fosse fechado pelo adquirente. Afinal, como é que o adquirente fecha o câmbio numa operação dessas? Mas muitas vezes ele não fechava, mas repassava para o importador exatamente o valor do câmbio fechado no dia ou no dia seguinte, mediante depósitos em conta, assumindo, assim, o risco cambial da operação.

Esse entendimento também se aplicava nas hipóteses em que o adquirente não efetuava o pagamento do IPI – coloquei IPI, mas pode ser IPI, COFINS, contribuição ao PIS, a depender do tipo da operação – ou quando realizado o pedido da mercadoria pelo adquirente. Presente uma dessas variáveis, considera o Fisco que há interposição fraudulenta (pelo menos antes da Lei 11.281), aplicando-se, assim, a pena de perdimento prevista no art. 23, *caput* e § 1º, do Decreto 1.455/1976, ou convertendo em multa no valor total da operação.

O problema maior é que muitas vezes essas fiscalizações da Receita, pelo menos no que se refere à questão aduaneira, terminam antes mesmo da verificação, na operação interna, sobre se houve ou não houve diminuição de tributo. A Receita no entanto, não quer saber se houve diminuição de tributo na operação interna, pois entende que o dano ao erário ocorre independentemente da diminuição, ou não, do tributo – ou seja, não advém, necessariamente, da diminuição de tributo na operação interna.

Os contribuintes, em oposição, defendem que não há interposição de terceiros. Há duas operações de compra e venda: operação internacional e operação interna. Se o adquirente assume, ou não, os riscos da operação internacional, é um problema de prova. Em muitos autos de infração cuja legitimidade é questionada não está se discutindo tese jurídica, e sim questão de prova: ou o Fisco não conseguiu construir a prova adequadamente, ou o contribuinte não conseguiu desfazer a prova que foi construída pelo Fisco.

Outro grande argumento dos contribuintes consiste no seguinte: não há nenhum impedimento em ir a uma feira na Alemanha, escolher uma máquina, ver as dimensões e sugerir por escrito para o importador, no contrato – e antes da lei da encomenda –, que traga essa máquina até o mês de agosto, para que possa instalá-la até outubro, empregando-a na produção de determinado produto até o fim do ano, respeitando certa margem de preço – hipótese em que o contribuinte se compromete a comprar a máquina. Apesar de a Receita entender que há, nesta hipótese, uma encomenda, o contribuinte diz: "Eu não estou proibido de escolher uma mercadoria e sugerir ao importador que a adquira, e oferecendo as condições para que eu a adquira quando chegar ao Brasil".

Com relação à origem dos recursos há uma má compreensão da questão pelos contribuintes. A Receita Federal nunca disse que os recursos deveriam ser próprios no sentido de que o adquirente não poderia ter ido ao mercado financeiro e ter captado esses recursos. A Receita Federal, pelo que me consta, até hoje nunca disse que essa operação de ir ao mercado financeiro, de obter os recursos, era uma operação que poderia caracterizar interposição fraudulenta de terceiro. Ela disse que, se o adquirente, a todo tempo, bancou a operação com recursos próprios, ou recursos de terceiros integrantes do sistema bancário, o importador está apenas figurando de forma fraudulenta nessa operação. Aqui vai uma crítica à defesa que está sendo produzida pelos contribuintes.

Antes da Lei 11.281 importação por encomenda era a operação realizada com recursos do importador na qual ele próprio assume o risco da operação, fechando o câmbio, cabendo ao adquirente efetuar o pagamento do IPI. Mesmo que ele não seja industrial, está adquirindo produtos numa operação de importação, sendo, pois, equiparado ao importador.

Para afastar a tributação os contribuintes utilizam como argumento o fato de que a operação se dá por conta da importadora, mas a Receita defende que, faltando um dos requisitos já enunciados, a operação será considerada por conta e ordem de terceiro, desqualificando as duas operações de compra e venda, a internacional e a interna, e considerando como ocorrida uma única operação. O resultado, como já vimos, é a aplicação de pena de perdimento, se houver mercadoria; se a mercadoria já foi consumida ou vendida no mercado interno, converte-se a pena de perdimento em multa.

Em resumo, considera-se que o exportador tem uma relação direta com o adquirente, figurando o importador apenas como uma interposta pessoa. Portanto, a suposta operação de compra e venda internacional, sucedida pela compra e venda interna, não passa de uma interposição fraudulenta desse terceiro importador, e não, como deveria estar na documentação, uma operação por conta e ordem de terceiros.

E aí vem a importação por encomenda. Vejam que a importação por encomenda foi uma tentativa da Receita Federal de legalizar, de certa forma, o pedido prévio do adquirente aqui no Brasil, que precisa de uma mercadoria, que não quer ir ao mercado internacional e que pode ter ou não ter recursos próprios para a operação. Como se percebe, é possível utilizar recursos do importador ou do encomendante, desde que isso seja regularmente acompanhado pela Receita Federal no SISCOMEX.

A questão da origem dos recursos, de fato, tem sido flexibilizada pela Receita; o que é importante para o Fisco é que a origem dos recursos, se do encomendante ou do importador, esteja devidamente registrada.

Pois bem. Na importação por encomenda há duas operações de compra e venda: compra e venda internacional e compra e venda interna. A operação de encomenda entre encomendante e importador deve ser prévia – a questão temporal é relevantíssima –, e a Receita consegue acompanhar isso de forma objetiva, de forma correta. O importador, para ir ao mercado internacional, precisa registrar devidamente o contrato de encomenda aqui no Brasil. O importador age por conta própria e adquire a propriedade das mercadorias lá fora, de forma que a propriedade das mercadorias é transferida para o encomendante só depois que é adquirida pelo importador no mercado internacional. Outra questão relevante é que ambos – importador e encomendante – devem estar registrados no SISCOMEX.

De posse desses conceitos, podemos, finalmente, voltar à questão proposta no início da exposição: qual é o regime jurídico da tributação federal na importação feita por conta e ordem de terceiros, por encomenda de adquirente no Brasil? E a resposta é: *depende*.

Antes da Lei 11.281, se os recursos fossem do adquirente, a importação será considerada por conta e ordem. E aqui eu acrescentaria o seguinte: se os recursos não fossem do adquirente, se o risco não fosse assumido pelo adquirente, se não transitasse a propriedade das mercadorias pelo importador e se o câmbio fosse fechado pelo importador, a Receita Federal considerava a operação como por conta e ordem de terceiro, descaracterizando as duas compras e vendas e aplicando a pena de perdimento ou a conversão em multa.

Divirjo da Receita Federal, todavia, no que se refere à aplicação das penalidades mencionadas. Além dessa questão da origem dos recursos, parece-me que se tem que provar o dano ao erário para se aplicar aquelas sanções. A pena de perdimento tem como pressuposto dano ao erário, e o dano ao erário, parece-me, teria que ser provado de forma objetiva e ser quantificado. E esse dano ao erário, parece-me, que não é um simples descumprimento de uma obrigação acessória; é a diminuição, sim, de operações tributadas na operação interna no Brasil.

Se os recursos fossem do importador, considerava-se como simples compra e venda, mesmo que a encomenda seja do adquirente. Após a Lei 11.281 a existência de encomenda e a utilização de recursos do adquirente caracterizam "importação por encomenda". Assim, estaria legitimado aquele tipo de operação anterior, aquelas duas compras e vendas, porém aqui com a documentação, com o registro legal da operação interna entre o encomendante e o importador. É isso que a Receita quer saber, e é para isso que os contribuintes precisam atentar: que todo esse procedimento de importação precisa estar muito bem documentado, muito bem registrado, porque, ainda hoje, se ausentes um ou mais dos requisitos que mencionei, a insegurança jurídica passa a reinar, porque a Receita vai entender, sim, que é uma operação com interposição de terceiro, de forma fraudulenta. A interposição do terceiro nem sempre é fraudulenta, mas faltando um daqueles requisitos há a presunção de que houve uma interposição fraudulenta.

Creio que esse cenário não contribui em nada para a segurança que precisamos no mercado internacional. Tem sido recorrente, tanto por parte da Receita quanto por parte dos contribuintes, o clamor por segurança nessas operações internacionais, que tendem, com o sucesso do Brasil no mercado externo, a aumentar cada vez mais.

Eu agradeço a atenção de todos. Vou deixar o *Power Point* à disposição do evento para quem quiser, eventualmente, fazer alguma referência à pesquisa feita. Muito obrigado! [*Palmas*]

MESA DE DEBATES (II)

PLANEJAMENTO TRIBUTÁRIO

PRESIDENTE DA MESA: PROF. JOSÉ HENRIQUE LONGO
MEMBROS DA MESA: PROF. MARCOS VINICIUS NEDER, PROF. RICARDO MARIZ DE OLIVEIRA, PROF. LUÍS EDUARDO SCHOUERI

PROF. MARCOS VINICIUS NEDER – Bom dia a todos! Este ano me pediram para falar de um tema que tem sido muito discutido nos últimos tempos: "Planejamento Tributário".

De fato, a possibilidade da desconsideração de negócios jurídicos pelas autoridades fiscais tem sido muito debatida nos últimos anos, certamente pela sua importância na solução dos litígios tributários, tanto nas vias judiciais como nos tribunais administrativos. Nesse sentido, questionam-se os elementos probatórios hábeis a convencer julgadores administrativos sobre a necessidade da cobrança dos tributos no contexto do que se costuma intitular de *planejamento tributário abusivo*.

Com efeito, é possível identificar o surgimento de um novo entendimento com respeito à validade dos planejamentos tributários. Num primeiro momento os julgamentos transcorriam segundo premissas bem claras, emprestando caráter quase absoluto à estrita legalidade, à liberdade de contratar, à vedação à analogia em matéria tributária. Sob essa ótica, as lacunas normativas são vistas como um espaço de liberdade para organização dos particulares, não havendo possibilidade de o intérprete elaborar juízo de inadequação axiológica e apresentar solução buscando compreender a regra tributária coerentemente com a sua finalidade.

Nos julgamentos administrativos essa situação começou a se alterar, passou-se a empregar a racionalidade econômica do negócio jurídico, no contexto dos princípios gerais de Direito, como critério para verificar a consistência do conjunto probatório. Dessa forma, os documentos oferecidos pelo particular para comprovação do fato jurídico-tributário são submetidos a um teste de consistência, em que a racionalidade econômica passou a ser adotada como critério para se verificar a validade do negócio realizado perante o Fisco.

Assim, cada vez mais as discussões nos tribunais administrativos se deslocam para uma abordagem fática dos planejamentos e passa a ganhar maior relevância o debate sobre a qualificação jurídica atribuída aos atos e negócios jurídicos que servem de pressuposto à ocorrência do fato jurídico- tributário. Os efeitos tributários de determinada reorganização societária passaram a depender muito da avaliação dos negócios jurídicos realizados pelas partes. A qualificação jurídica dos fatos pressupõe a realização de um juízo de valor sobre as provas apresentadas pelo contribuinte e pelo Fisco.

É claro que sempre é possível reduzir a discricionariedade dessa avaliação, mas é preciso definir melhor as regras que regulam a competência das autoridades fiscais e os critérios admitidos para desconsideração de atos ou negócios jurídicos. Há uma grande variedade de situações. Os vícios e irregularidades podem se relacionar com casos de fraude ou de simulações grosseiras, em que o tratamento previsto pelo direito tributário é bem conhecido por todos e os limites de atuação do Fisco estão consolidados pela jurisprudência. De outro lado, temos os casos em que o contribuinte aproveita de regimes mais favoráveis (economias por opção), que são claramente autorizadas pela legislação. Entre essas duas posições há situações intermediárias que se situam numa zona limítrofe entre legalidade e ilegalidade. Nessa zona cinzenta o Fisco tem entendido que, embora não haja ofensa direta à lei, o contribuinte atuou abusivamente, e deve pagar o tributo. Daí surgem análises subjetivas por parte das autoridades fazendárias, que tanto têm preocupado os contribuintes.

Como mencionou José Henrique Longo em recente seminário na Escola Fazendária/ESAF sobre a regulamentação do art. 116 do CTN, procurou-se discutir as experiências no Brasil e no mundo no tratamento dessas questões. Pode-se verificar que, internacionalmente, são comumente empregados dois tipos de abordagem no enfrentamento dos planejamentos tributários abusivos: uma abordagem chamada de "ampla" e outra mais "específica". A específica nós tradicionalmente vínhamos aplicando no Brasil. Sempre que surgia um novo planejamento tributário que o Fisco não aceitasse como válido, as autoridades propunham ao Parlamento aprovar uma regra específica e antiabusiva para eliminar as lacunas ou imprecisões na norma jurídica de incidência tributária. A legislação ajustava-se sob medida para cada espécie de planejamento. Essa vinha sendo a prática legislativa em nosso País por muito tempo. Vamos voltar a abordá-la mais adiante.

Alternativamente, pode-se adotar uma abordagem ampla, em que a jurisprudência se utiliza de princípios constitucionais como a capacidade contributiva, a igualdade e a solidariedade para solucionar os casos difíceis. Nesse sentido, a experiência dos Países anglo-saxões é a grande e bem mais antiga. Nos Estados Unidos, por exemplo, as primeiras decisões que descaracterizam transações para fins tributários são da década de 30. Temos também a experiência canadense, que se tem utilizado de princípios como os da capacidade contributiva e da igualdade para fundamentar suas construções jurisprudenciais.

As decisões dessas Cortes estabeleceram dois testes principais para verificar a validade dos planejamentos tributários: os testes da substância econômica e do propósito negocial. A *substância econômica* é um teste objetivo, em que se compara a situação do contribuinte antes e depois. Verifica-se, após a reorganização societária, se houve alteração na situação patrimonial do contribuinte, tirante a economia do tributo. Há um segundo teste, chamado *teste de propósito negocial*. É um teste subjetivo, em que se verifica a finalidade empresarial ou negocial do conjunto de transações. Importante observar que o uso dessa abordagem ampla não se restringe ao Direito Anglo-Saxão (*Common Law*). Também é aceito em Países com cultura romano-germânica, como a Itália, em que princípios constitucionais têm sido empregados como vetores axiológicos de interpretação da validade das operações.

Além disso, nessa abordagem ampla, muitos Países decidem aprovar normas gerais antiabusivas que permitem às autoridades fiscais desconsiderar negócios jurídicos nas condições nelas previstas. Nesse sentido podemos citar as experiências espanhola, portuguesa e canadense, que têm se utilizado desse regramento geral.

Após essa breve digressão sobre a experiência mundial, vamos analisar a nossa realidade atual. Procurarei, nesta análise, trazer uma visão do passado, presente e futuro. Nós, no passado, usávamos predominantemente uma abordagem específica para o tratamento dos planejamentos tributários. Buscava-se aprovar leis que tratassem de cada caso separadamente e, com isso, assegurar a maior segurança jurídica aos contribuintes. De maneira geral, era possível conhecer com mais facilidade o comportamento admitido e o proibido pelo ordenamento jurídico.

Vê-se que a jurisprudência administrativa começou a mudar no Brasil a partir da primeira década desse século, principalmente em razão da ausência de um tratamento mais adequado aos casos extremos, em que se verificavam condutas abusivas do contribuinte. Editou-se a Lei Complementar 104/2001, que alterou o art. 116 do CTN. Logo após, a Fazenda propôs a regulamentação do procedimento do Código com a Medida Provisória 66/2002, cuja aprovação foi indeferida pelo Congresso Nacional.

Além disso, entrou em vigor o Código Civil brasileiro de 2002, que trouxe inovações consideráveis, tais como os princípios da eticidade, da moralidade, da boa-fé. Percebe-se, nessa linha, que o Código Civil de 2002 inovou substancialmente em relação ao Código Civil de 1916 ao introduzir normas de tipo aberto, caracterizadas pelo emprego de cláusulas gerais e que conferem maior liberdade ao juiz para adequar a solução normativa às especificidades das situações concretas. A atual codificação civil atribui ao magistrado interpretar conceitos jurídicos vagos a partir de elementos axiológicos ou regras de experiência subministradas pela observação do que ordinariamente acontece.

Observe-se que a atual codificação civilista, embora não regule diretamente condutas tributárias, acabou por influenciar os intérpretes na avaliação das patologias do Direito como um todo. São dignas de nota as novas hipóteses de nulidade nos negócios jurídicos trazidas no Código, como a "ilicitude de seu motivo determinante" (art. 166, III). Além disso, a configuração do abuso de direito como ilícito (art. 187), também a fraude à lei (art. 166) e a simulação (art. 167) como causas de nulidade dos negócios jurídicos e passíveis de reconhecimento de ofício pelo juiz. Tais vícios são tidos como tão ofensivos ao Direito que não convalescem pelo decurso do tempo (art. 169).

Se o direito civil passou a ser mais rigoroso na análise das patologias dos negócios jurídicos, essa nova visão passou a orientar os conselheiros ou o Fisco na apreciação dos negócios jurídicos. Falar em abuso do direito, em fraude à lei, em simulação dos negócios jurídicos, passou a ser usual nos debates travados no contencioso administrativo. A jurisprudência começou também a empregar conceitos relativos à doutrina clássica de simulação. Ou seja: para a validade de um negócio jurídico passou-se a recorrer à causa final desse negócio jurídico. *Causa final* é a finalidade prática que se deseja alcançar com o negócio.

Nos casos em que se verifica a ausência de execução material do contrato, segundo afirma Ferrara, pode-se caracterizar um negócio como simulado. Dessa forma, questionamentos sobre a utilização de negócios jurídicos típicos ou atípicos apenas para fornecer uma aparência de conformidade ao Direito se tornaram comuns quando o contexto evidencia a vontade de neutralizar o fim prático a que o negócio se destina.

Todavia, essa análise aplica-se a qualquer caso e gera muita insegurança entre os agentes econômicos, eis que seus critérios de aplicação são subjetivos. Atualmente, os próprios contribuintes desejam retomar a discussão sobre a regulamentação do art. 116 do CTN. Intenciona-se obter regras mais claras sobre a limitação da liberdade de organização e em que caso seria possível optar por estruturas mais eficientes do ponto de vista tributário. Essa regulamentação poderia nos auxiliar na solução dos problemas aqui aventados, estabelecendo critérios para a validade das transações e para a graduação de penalidades.

Essas seriam as minhas considerações sobre o tema. Obrigado a todos! [*Palmas*]

PROF. RICARDO MARIZ DE OLIVEIRA [*Texto sem revisão do Autor*] – Boa tarde a todos! [*Truncado na gravação*] (...) estar aqui para tratar deste tema, os nossos companheiros de Mesa, [*truncado na gravação*] importante como esse, um evento tão importante, embora, como outros que me antecederam, quero dizer que não aguento mais falar sobre planejamento tributário também, [*risos na plateia*] não aguento escrever, não aguento falar, não aguento mais o tema, e o Prof. Márcio colocou realmente uma coisa importante, que é um enfoque que eu vou até dar. Não vamos entrar em choque, absolutamente. Exatamente o limite que o contribuinte precisa ter, e eu me programei para falar não sobre o que é elisão fiscal, o que é evasão fiscal, como é que se está julgando, um caso ou outro, não. Eu atento ao título do evento, "Tributação e (In)Segurança Jurídica". Eu trouxe exatamente essa questão, porque no momento, no Brasil, o planejamento tributário nos deixa na insegurança, exatamente falta um limite claro, indiscutível, direito constitucional da pessoa de procurar o caminho tributariamente menos oneroso para ela. Eu não conheço ninguém que diga que planejar tributariamente é inconstitucional, é ilegal, todos estão de acordo em que o contribuinte tem direito a procurar o caminho legal para pagar menos tributo, antes de ocorrer o fato gerador, por meios lícitos. O problema é: até quando ele pode agir para se sentir seguro? Eu posso até imaginar uma imagem: eu estou de um lado de um buraco, uma vala, e do outro lado tem uma árvore frutífera, e eu estou louco para comer a fruta daquela árvore; ou, então, estou com sede e lá tem uma fonte, estou louco para beber água, eu quero chegar lá, mas eu quero com segurança, vou saber se a minha perna e a minha força dão para pular esse buraco e não vou cair lá. O planejamento tributário é isso, eu tenho certeza de que nesta sala e nesta Mesa não tem ninguém que queira pagar mais imposto. Qualquer um de nós, se quiser fazer uma aplicação financeira, vai levar em conta nossas pequenas economias, vai levar em conta, além da taxa que o banco pode oferecer, melhor ou pior que outra aplicação, um eventual regime tributário diferente, IOF, imposto de renda. Nós levamos isso em consideração, fazemos disso a nossa vida, o problema de até que ponto nós temos a segurança jurídica. Eu retranscrevi essas palavras do Prof. Geraldo Ataliba porque é dever do Estado, sim, a lealdade do Estado começa por afetar a segurança jurídica, através do seu ordenamento jurídico. E acho muito ruim o que está acontecendo hoje na jurisprudência, em que os julgamentos são feitos sem norma. E eu não estou defendendo uma legalidade exacerbada, formal, e interpretação literal, não. Também não estou defendendo práticas ilegais perante o Código Civil, muito pelo contrário, [*truncado na gravação*] muito bem colocado, o Código Civil, na sua visão, que nós temos hoje, porque estamos vivendo hoje, não estamos vivendo há 100 anos atrás, é que rege a vida do cidadão. E, aliás, a tributação começa aí, não é? Precisamos nos lembrar o seguinte, o Fisco, na verdade, não faz o fato gerador. Eu me lembro de uma passagem do Prof. Paulo de Barros Carvalho em que ele diz que o contribuinte constrói o fato gerador. Por que ele faz isso? Porque, se ele tiver um monte de dinheiro no banco e não aplicar o dinheiro, não há que se cumprir ação tributária nenhuma; se ele pegar o dinheiro e colocar numa atividade econômica ele vai pagar determinados tributos, se ele colocar em outra atividade econômica ele vai incorrer em outros tributos, e assim sucessivamente. E, se ele for discreto – não no sentido de sem vergonha, mas de inteligente e de cumprir o seu anseio natural –, e até se for uma pessoa jurídica, a obrigação do administrador, nessa escolha de alocação de recursos na vida econômica, é procurar o caminho mais barato, fiscalmente; ele está praticando uma coisa absolutamente correta. Não existe anomalia alguma. Agora, qual é o limite, esse é o grande problema.

Eu quero ressalvar, de início, que realmente creio que cabe ao Estado Brasileiro uma grande parcela da responsabilidade no sentido de resolver esse problema; não é ao Fisco, é ao Estado Brasileiro, pelos seus Poderes, especialmente pelo seu Poder Legislativo, porque nós temos realmente uma falta de definição dos limites.

O Prof. Marcos colocou a coisa certíssima, certíssima, nós começamos pelo direito privado – mais adiante eu vou trazer isto aqui à baila –, por quê? Porque é o direito privado que regula a vida econômica. Aquilo que o Fisco fica esperando que o contribuinte faça para verificar: ocorreu um fato gerador, cobro, ou ocorreu um outro fato gerador, cobro tributo, ocorre antes de tudo sob a regulação do direito civil, porque o patrimônio é a fonte de tudo, é um ser do direito civil, definido no art. 91; os patrimônios não mudam, a não ser por atos e negócios jurídicos, e 99% dos fatos geradores repousam sobre as mutações patrimoniais, portanto, regidas pelo Direito, e que precisam ser bem feitas, de acordo como o direito civil as disciplina. O grande problema é o seguinte: quando o Conselho de Contribuintes, o antigo, o CARF, atual, analisa o planejamento tributário – e eu não estou defendendo nenhum planejamento tributário específico, nenhum produto entre aspas de planejamento tributário, mas analiso um caso de planejamento tributário – e aplica o direito civil, nada a opor. O que nós vemos muitas vezes é a incapacidade de detectar qual é o vício correto, a Fiscalização começa quase sempre dizendo que é simulação e quase nunca é dissimulação. Quase sempre nós temos abuso no exercício do direito, nós temos fraude à lei e outros vícios. Só que a acusação de simulação já canaliza a discussão para esse aspecto, e muitas vezes no âmbito mesmo do órgão julgador se diz se há simulação onde não há simulação. Esses são os erros de julgamento – não vou entrar nessa discussão –, mas se tem de julgar primeiramente se algo é válido ou não é válido eventualmente [*truncado na gravação*] dentro do direito privado, é por aí que começa, mesmo, a discussão.

O grave é quando acontece o que está projetado aí, quando eu leio vários acórdãos que dizem – estas são palavras minhas, mas são tiradas de vários acórdãos – que o problema não é de licitude, ou de ilicitude dos atos e negócios jurídicos, mas sim de não oponibilidade ao Fisco de atos e negócios jurídicos válidos no direito privado. São muitos acórdãos que dizem isso. Eu fico estarrecido, não por causa de uma legalidade formal exacerbada, mas porque eu me lembro de que a Profa. Regina Helena nos destacou hoje, com muita propriedade, que no direito tributário brasileiro a legalidade tem uma luminosidade especial, e tem mesmo, é o princípio que está no inciso I do art. 150 da CF, como primeiro limite ao poder de tributar. Então, como é possível eu fazer tudo legalmente no direito privado, que é onde ocorrem os eventos econômicos que manifestam capacidade contributiva, tudo é válido, tudo é válido perante o Fisco? Como é possível isto, que legalidade é esta? E aí se recorre a princípios, queria dizer, sem contra-argumentos, mas queria dizer que os acórdãos, muitas vezes, com base em alguns doutrinadores respeitados aqui do Brasil, recorrem a princípios que foram citados aqui, capacidade contributiva, isonomia... Ora, nós todos aqui, todos os juristas sabem que princípios são dotados de um alto grau de abstração e de um pequeno grau de concretude. Nós sabemos que os princípios precisam de normas para se tornarem concretos, aplicáveis na prática, de forma que falar em capacidade contributiva... Pergunto para todos, aqui: suponhamos que eu tenha a sorte de ter 20 milhões de Reais no banco, eu vou aumentar um pouco mais, 100 Milhões de Reais: tenho capacidade contributiva? Se eu não fizer nada com esses 100 milhões, a capacidade contributiva nasce, se manifesta, pelos atos que o contribuinte faz, o titular do patrimônio faz, e que são definidos como fato gerador – definidos o quê, pelo princípio? Não, o princípio da capacidade contributiva demanda normas específicas. Se isso é assim na base, como eu posso combater o planejamento tributário baseado em princípios? E ainda há um outro tipo de coisa complicada – eu estou falando conceitualmente, não estou, aqui, falando como advogado, nem como agente do Fisco, nem como planejador tributário; estou falando em tese e conceitualmente. É muito difícil alegar que, como se diz em vários acórdãos, que lá os princípios são absolutos, claro que não há princípios absolutos. Então, combate-se aquela legalidade que se diz que é exacerbada, formal, dizem lá, é um princípio, não há princípio absoluto. Claro que não há princípio absoluto, mas é absoluto o da capacidade contributiva? É absoluto o da isonomia? Na ponderação desses princípios todos que estão atuando no sistema jurídico tributário, qual prevalece? Eu posso afastá-los da legalidade, pura e simplesmente? Tudo que conheço a respeito de solução de conflitos aparentes e princípios diz que não. E aí começa uma falsa alegação, é um falso dilema, na verdade.

Creio que essa jurisprudência no caso, mais recente, está certíssima; analisar o fato, não ficar em conceitos teóricos, como foram na época, até os anos de 95, 94, no antigo 1º Conselho de Contribuintes. Está tudo certo, isso. Agora, alegar que é válido no plano do direito privado, o Prof. Marcos estava me dizendo não há separação assim, falou muito certo, não há uma separação absoluta entre os dois ramos, [*truncado na gravação*] um todo. Como é que algo que está sendo válido, produzindo efeito perante todos, não produz perante o Fisco? Quando alguns acórdãos dizem isso, eles esquecem que a validação do planejamento tributário passa por dois momentos lógicos. O primeiro é exatamente no plano do direito privado, tudo que está sendo feito tem que estar sendo feito legalmente, basta para exemplificarmos, não pode haver simulação, claro. E um segundo momento de validação é no plano tributário, muito na linha do art. 109, lembram-se, não é? Institutos, conceitos e formas do direito privado serão interpretados de acordo com esse ramo do Direito, exceto quanto a seus efeitos tributários. Quer dizer: o direito tributário recebe os fatos econômicos regidos pelo direito privado e regula os efeitos tributários. Neste segundo momento o direito tributário pode estabelecer regras que independem de ter sido válido ou não ser válido o ato no campo do direito privado.

O Prof. Quiroga citou vários exemplos, aqui, de limites de executividade que não se questiona se têm alguma ilegalidade dentro do direito privado. Então, há a necessidade de uma norma que nós chamamos de antielisão ou antielusiva. E só para rapidamente, no limite de tempo que tenho aqui, dizer o seguinte, para chegar ao ponto em que nós estamos, [*truncado na gravação*] Prof. Marcos, faz muito tempo que essa norma está tentando entrar no Direito Brasileiro. Antes do Código Tributário Nacional o Prof. Rubens Gomes de Souza tinha seu anteprojeto influenciado pelo Direito Alemão, onde existe o famoso § 42 do Código Tributário da Alemanha, que em sua análise é uma interpretação pelos efeitos econômicos, pela substância econômica, e não pelo formalismo jurídico, não é? O Prof. Rubens Gomes de Souza no seu anteprojeto tinha [*truncado na gravação*] os arts. 129 e 134, que vocês têm aí, e que pelos grifos verificam como se aproximava do afastamento da regulação que os atos têm perante o direito privado. Conscientes de que essa norma não se encaixava no contexto do Código Tributário Nacional, exatamente por causa do princípio da legalidade, esses artigos foram substituídos no Projeto que foi para o Código Tributário Nacional pelo art. 74, que abrandou, e vejam, pelo parágrafo único, que exclui a possibilidade da prevalência dos efeitos econômicos da tributação de atos que não são bem aqueles definidos pela lei, mas que produzem resultados equivalentes, foi excluído disso, aqueles que estivessem formalmente caracterizados na conformidade do Direito aplicável segundo a sua natureza própria, leia-se direito privado, quer dizer, a Comissão de Redação do Projeto do Código Tributário Nacional até explicou que os primeiros dispositivos tinham sido afastados porque não eram compatíveis com o princípio da legalidade, substituíram pelo art. 74, que, entretanto, não passou no Congresso Nacional, e o que nós temos hoje é uma estrutura de tributação em que nós, com esses artigos que eu cito rapidamente, saímos da situação, tirando as situações de [*truncado na gravação*] que são situações raras, as situações jurídicas que configuram o fato gerador precisam estar completas de acordo com o Direito aplicável, o art. 108 veda a analogia para o preenchimento dos vazios legislativos onde se procura realizar o planejamento tributário. E o art. 118 tem lá os seus efeitos, conforme o inciso do art. 116.

Agora, aquela teoria do abuso de forma que vinha no projeto do Rubens Gomes de Souza não foi acolhida no Brasil, primeiro porque estava num projeto de lei que foi encaminhado ao Congresso e o Congresso rejeitou. A doutrina quase que unanimemente reconhece, até aqueles que defendem as normas antielisão, que no Brasil nosso sistema não aceita a teoria do abuso de forma, ou a prevalência da substância sobre a estrutura jurídica. Em três casos que eu cito rapidamente, pelos números desses recursos extraordinários, o STF ou disse expressamente que a teoria não foi admitida no Direito Brasileiro ou no contexto do julgamento não aceitou os pressupostos dessa doutrina. E mais uma razão pela qual essa doutrina não vale no Brasil é que ela entrou no ordenamento jurídico e foi escluída. A Medida Provisória 66/2002 vigorou, ela foi norma jurídica no período entre a data da sua publicação e a publicação da Lei 10.637, que foi a lei na qual, com alterações, essa medida provisória se converteu. Então, no período em que a Medida Provisória 66 esteve em vigor o abuso de forma realmente poderia permitir desconsiderar os atos jurídicos, a falta de propósito negocial, que é uma ideia trazida do direito comparado, sem a necessária adaptação ao regime tributário brasileiro, uma coisa pode ser válida na França, nos Estados Unidos, em outros Países, conforme seus regimes tributários, e ser incompatível com o nosso. Aí um exemplo já comprovado do abuso de forma foi trazido para o Brasil, salvo engano meu, pela primeira vez pelo Amílcar de Araújo Falcão, que também tinha uma instrução germânica, e que hoje vemos que não foi acolhido até por decisões do STF. Então, o que é válido lá não necessariamente é válido aqui. Precisa haver uma análise de adaptação das ideias e das normas que figurem lá ao nosso ordenamento. Esse dispositivo do art. 14 representa, na minha maneira de ver, nos termos recentes, uma coisa importantíssima, na medida em que uma lei, [*truncado na gravação*] de medida provisória esteve em vigor e permitia desconsiderar [*truncado na gravação*] jurídicos em que não houvesse falta de propósito negocial, ou em que houvesse abuso de forma, e definir abuso de forma como sendo um negócio indireto, cada implicância que o Fisco tem com o negócio jurídico indireto, impressionante, que o negócio jurídico indireto gera efeitos tributários, podem ser outros, não aqueles que o Fisco quer, ele pode gerar efeitos até numa outra competência tributária, sai da União, ir para a competência do Estado ou do Município.

Mas, de qualquer forma, o importante é extrair desse art. 14 que, no momento em que ele deixou de ter eficácia, porque foi rejeitado pelo Congresso Nacional, de acordo com o art. 62, § 3º, da CF, ele perdeu toda a eficácia. Na medida em que ele não se converteu em lei, então, a mim surpreende enormemente que depois disso, embora as ideias válidas no plano teórico da discussão, o Conselho de Contribuintes tenha emitido acórdãos dizendo que [*truncado na gravação*] negócios indiretos que representariam abuso de forma ou outras situações em que disse que havia abuso de forma, quando não podia mais alegar que alguma coisa que foi lei e deixou de ser lei.

[*Truncado na gravação*] não sei se vamos conseguir recuperar a imagem. Então, eu queria só pontuar o seguinte: há normas antielusão, que são normas que dão efeitos tributários independentemente dos efeitos do direito privado, de ser lícito, ou não, perante o direito privado. Se houver norma, esta norma, admitindo-se sua constitucionalidade – eu não vou discutir isto aqui, até porque depende muito da sua extensão –, realmente permite desconsiderar o negócio praticado licitamente no direito civil, e aí eles não vão ser menos oponíveis ao Fisco, mas só se houver norma.

Nós temos algumas normas particulares – os arts. 33 e 32 do Decreto-lei 2.349 – a respeito de transferências e prejuízos de incorporação, de compensação de prejuízos quando houver alteração de controle de ramo de atividade, e muito recentemente, na legislação da subcapitalização, o parágrafo único do art. 26 define o que se considera como efetivo beneficiário e diz que, se é aquela pessoa jurídica constituída com o único ou principal objetivo de projeto tributário, [*truncado na gravação*] como, vamos supor, alguns programas de projeto tributário, fazer uma norma que visa claramente a combater a elisão fiscal, praticada de maneira lícita, o ato pode ser licito, está no direito privado, aí nós temos uma norma particular, como o art. 33, não é? Houve uma incorporação de pessoa jurídica, foi lícito, mas o prejuízo não se transfere. Mas a "Exposição de Motivos" desse decreto-lei diz claramente que esse artigo visa a combater o planejamento tributário. Então, é uma norma antielisão, que nós devemos admitir como válida, o que não podemos admitir [*truncado na gravação*] Fisco sem norma, e não temos uma norma geral antielisão, quer dizer, aquela norma que diria que, independentemente da validade, diria ou estaria implícita, independentemente da validade.

Eu queria agora, já me encaminhando para o final, dizer o seguinte. Quanto a esta insegurança que o contribuinte tem quando ele planeja sua vida econômica, não estou falando de abusos, não estou falando de planejamentos tributários destinados exclusivamente a reduzir o tributo. Quer dizer, no fim do ano, quanto é que deu de lucro este ano? Deu tanto, já estamos até em maio ou mesmo em abril. Ah! Vamos baixar esse lucro aí – e se faz um ato com data de novembro ou dezembro. Então, vemos essas aberrações. Estou falando da procura válida de caminhos mais brandos sobre o planejamento tributário. No âmbito do CARF há aquela posição, insustentável no meu modo de ver, da inoportunidade do Fisco de ser lícito. Nós não estamos encontrando isto no Poder Judiciário, o que significa que também o Fisco não pode se sentir seguro no combate à elisão ou à evasão fiscal. Porque nós não estamos encontrando isso no Poder Judiciário, até não sabemos se o CARF vai continuar a manter essa postura que teve até agora. E eu trouxe três exemplos aqui, vou pular esses *slides*, três exemplos da [*truncado na gravação*] se alguém está curioso, é do Min. Eros Grau, nosso Presidente do Congresso, ele disse que qualquer falta de lei precisa ser corrigida, mas não cabe ao intérprete corrigir uma falta de razoabilidade que há no caso da lei; quer dizer, o Poder Judiciário não pode corrigir a lei, substituir a lei por norma criada por ele.

Mas esse é um caso concreto relativo à importação via Porto de Manaus. Todo mundo conhece do que se trata. Aliás, foi objeto, aqui, de palestra do Prof. Roque. O que assustou algumas pessoas foi a emenda dizer isto, não prevalece a forma sobre o conteúdo. Eu vi até um evento parecido com este, em outro lugar, alguém disse assim: "Está vendo, o próprio Supremo está dizendo que o regime tributário não pode se basear apenas na forma jurídica, mas se baseou nessas palavras grifadas". Quando nós vamos ao inteiro teor do acórdão, o Relator, que foi o Min. Marco Aurélio, diz que, a toda evidência, tende [*truncado na gravação*] quadro escancarado de simulação, e os outros votos todos foram... Aliás, não foi uma votação por maioria, mas toda a discussão girou em torno de haver uma dissimulação, e esse conteúdo, essa substância que prevalece sobre a forma, não é suposta substância econômica que não tenha compatibilidade com a substância jurídica, é a substância jurídica a que se refere o art. 167 do CC quando trata de simulação. Lá ele fala isso, o ato jurídico dissimulado prevalece, não é? Se for válido na substância ou na forma. Então, é o conteúdo jurídico, como já foi até mencionado aqui, que decorre da causa jurídica do ato.

O segundo caso que eu queria citar esse, com certeza, todos conhecem, foi muito divulgado pela imprensa – é uma decisão do STJ que não conheceu de recurso especial por razões processuais e que transformou, portanto, em definitiva a decisão do TRF-4ª Região. É curioso que, nesse caso como no anterior e no próximo que eu vou citar, os contribuintes são vencidos. Não é que o Tribunal deu aquilo que o CARF não está dando, mas [*truncado na gravação*] ele confirmou a decisão do CARF. E o importante é quando a gente vai ler o acórdão, nós não vamos verificar aberração nenhuma de dizer que a capacidade contributiva permite tributar sem que haja a norma prevista, ou que a isonomia exige desconsiderar o ato jurídico, ou, então, que é válido mas é inoponível ao Fisco. Nós vamos encontrar aquilo que a doutrina majoritária sempre definiu como elisão, está aí, não vou ler, está escrito, e é a síntese do que a doutrina sempre disse. Este caso foi julgado como de simulação, está escrito aí, em outro trecho do acórdão, [*truncado na gravação*] se considerou que houve simulação, é o caso da [*truncado na gravação*] incorporação invertida, não é, em que a incorporadora não existia, a incorporadora se resumia a um [*truncado na gravação*] com a conta de prejuízo fiscal e a um registro no CNPJ. E, na verdade, o que existia, e que continuou a operar, inclusive no próprio lugar, com a mesma força de trabalho etc., até que se deu por incorporada, e o Tribunal, aplicando outro vaticínio, e nenhuma teoria ou doutrina estranha, considerou que havia simulação; portanto, o contribuinte estava errado.

No caso irmão desse, porque esse caso anterior era relativo à CSLL, havia um outro processo do Laticínios LPJ, e a outra Turma da 4ª Região, aquele primeiro foi da 2ª Turma, também julgou como sendo dissimulação, e referindo-se expressamente ao art. 167 do CC, de forma que realmente não dá para fugir do direito civil. E, finalmente, esse outro recurso especial do STJ é muito importante, porque ele entra exatamente no que nós estamos falando aqui, ele diz que o Fisco tem o direito de preencher os espaços vazios legislativos ou zonas de não incidência dentro das quais se desenvolve o planejamento tributário. É aquilo que o Prof. Marcos disse, o Fisco no passado ficava procurando planejamento tributário preenchendo os espaços. Precisava dar um passo adiante, preenchendo de uma maneira mais abrangente norma geral de antielisão, se quiserem. Agora, como diz o Tribunal, deve ser feito através de edição de novas normas, observados, além disso, [*truncado na gravação*] o preenchimento [*truncado na gravação*] não pode ser feito pelo intérprete. Em 2006, neste Congresso, o Prof. Humberto Ávila proferiu uma palestra que eu reputo algo que ninguém pode perder e está reproduzida *na Revista Dialética*, em que ele sustentava exatamente isso: não pode o intérprete suprir por interpretação como fazia o Legislativo, é o que é muitas vezes o que a gente lê [*truncado na gravação*] CARF. Reconheceu no art. 33 o caráter de norma antielisão particular e declarou textualmente que não existe uma norma geral antielisão.

Agora nós chegamos, então, ao parágrafo único – e aqui, Prof. Marcos, sim, eu vou ter que divergir de algo que foi dito, ou talvez da sua visão. Eu até sei que é a tendência da Receita Federal, eu vou fazer uma divergência no sentido positivo, dizendo por que eu creio que o parágrafo único seria uma via para tentar regulamentar (entre aspas), o parágrafo único seria uma via complicada e até politicamente não recomendável. Eu, se fosse o legislador ou o autor do projeto, proporia uma norma nova, e redobraria esse parágrafo único, faz nove anos que ele está tentando, ele ficou pendurado aí, não é? Nunca se conseguiu dar aplicação a esse dispositivo, já foi dito que ele era prematuro, que tem alguns problemas; mas ele tem problemas insanáveis, dos quais o primeiro é quando ele delega à lei ordinária tratar do assunto, quando essa matéria é regida segundo o art. 146, deve ser regida por lei complementar. Por quê? Porque ele trata do crédito tributário, matéria de lei complementar; ele trata de conflitos de competência. E quando eu desconsidero o ato jurídico, no meu interesse – meu, União Federal –, eu posso estar afetando a competência tributária de um outro ente federativo. Então, ele também trata de conflitos, pode regular conflitos de competência, que só a lei complementar pode fazer. E, além disso, como ele emprega o verbo "dissimular", novamente, aqui, não vou querer me restringir à interpretação meramente literal, e nem vou entrar na discussão sobre se "dissimular" é só dissimulação relativa ou alguma coisa a mais, de acordo com a Medida Provisória 66 ela é até negócio jurídico indireto, que não se confunde, absolutamente, com dissimulação, quando se entende esse termo no sentido jurídico. Mas eu vou dizer uma coisa: creio que esse termo foi empregado com a expectativa do autor do projeto, que se converteu na Lei Complementar 104, maior que a que o termo comporta. Sei que o Prof. Schoueri está tentando se colocar, em algumas ocasiões tentando superar essa discussão, mas eu vejo que este termo tem um sentido semântico muito definido, e ele tem um sentido jurídico muito definido. Basta ver o art. 67 do CC. É claro que posso dizer [*truncado na gravação*] dessa lei, dissimular não é simulação relativa, é isso, isso, isso, isso; poderia fazer. Então, seguindo por esse caminho, se fosse só esse o problema, tudo bem, o problema está resolvido. Mas querer resolver isto, esse problema semântico, por lei ordinária é uma impossibilidade. Além do mais, eu quero lembrar que a Lei Complementar 95, que é a lei sobre o "fazimento" das leis, exige que os termos sejam utilizados com precisão, aquela colocação toda de que a gente deve entender que há termos de sentido indeterminado, claro que é assim mesmo, mas o legislador deve empregar os termos com precisão. Para o quê? O que diz a lei? [*Truncado na gravação*] para dar segurança. De forma que se nós, juristas, sabemos que dissimular é simulação relativa, deveria se tomar cuidado com esse tema. É aquilo que o STF tantas vezes já tem referido como sendo os intransponíveis limites semânticos da lei. De forma que, na minha opinião, não conviria prolongar a discussão, porque, se a questão for resolvida por lei ordinária, nós vamos continuar discutindo se é válido ou não é válido; se é para pôr um ponto final na discussão, vamos tentar fazer de uma forma correta, é mais ou menos como tentar resolver uma falta de uma lei com instrução normativa em vez de reformar a lei.

De forma que creio que realmente nós vivemos um momento em que a insegurança é dos dois lados, para o Fisco e o Contribuinte, está muito grande. O Fisco Federal tem, aparentemente, uma situação de conforto, porque o CARF lhe está sendo favorável, e eu creio que o CARF está sendo favorável porque houve tanto abuso que causou até realmente uma [*truncado na gravação*] a favor de tudo o que era o planejamento tributário deu uma passada para o outro lado, agora está para o lado do Fisco. Mas há uma tendência natural, [*truncado na gravação*] ele vai cair num caminho, num ponto razoável de equilíbrio. Então, creio que o Fisco não pode continuar contando com a benevolência do CARF, não pode contar com que o Poder Judiciário vá botar os mesmos pressupostos para julgar. Na jurisprudência nós temos três casos importantes que mostram pelo menos uma sinalização diferente. Concordo que precisamos de uma solução, por norma antielusão, e creio que [*truncado na gravação*] deveria ser uma norma por lei complementar, e muito clara. Desses especialistas que nós temos ouvido no Direito de outros Países, um deles inclusive, o Dr. [*truncado na gravação*], do Canadá, sugeriu que se fizesse uma regulamentação não em uma norma muito extensa, mas uma norma "enxuta". Concordo, mas não podemos "enxugar" demais e querer colocar num termo, "dissimular", tudo aquilo que está na cabeça do autor da redação desse parágrafo único. Então, CREIO que precisamos regular corretamente, com precisão.

Muito obrigado! [*Palmas*]

PROF. LUÍS EDUARDO SCHOUERI – Muito obrigado, meu caro amigo José Henrique Longo, Presidente da Mesa, meus amigos Marcos Vinícius Neder e Ricardo Mariz de Oliveira. Que honra participar de uma Mesa como essa! Lamento que o Prof. Paulo Ayres Barreto, que também iria compor esta turma, não esteja aqui presente – ele, que fez sua livre-docência sobre o tema do planejamento tributário e certamente deve ter agregado muito já na parte da manhã.

Eu não posso deixar de começar dizendo da minha honra de participar de um Congresso como esse. É muito bom ser convidado para um Congresso como esse, tendo uma plateia tão seleta – contando, basta dizer, na primeira fileira, com Roque Carrazza e Maria Rita Ferragut, o que já mostra em que Congresso estamos. Fico honrado e feliz por isso.

Apresentarei, então, um pouco do que talvez eu possa agregar ao tema do planejamento tributário.

Para mostrar a evolução do planejamento tributário no antigo Conselho de Contribuintes achei interessante começar com a "operação casa-e-separa". Começar com esse caso, já conhecido, que ganhou o nome de direito de família. O "casa-e-separa", como nós sabemos, é aquela operação em que existe uma compradora e uma vendedora: há a ideia de uma compra de empresas e, para fazer essa compra de empresas, é criada uma nova empresa na qual o vendedor entra com a participação societária e o comprador entra com um valor em dinheiro. Depois, ocorre a cisão de tal modo que, por acaso, após a cisão, depois que esses sócios já não se entendem mais, aquele que antes tinha uma empresa passa a ter caixa, e aquele que antes tinha caixa passa a ter uma empresa.

Situações como essas no Conselho de Contribuintes eram tradicionalmente vistas como completamente legítimas. Afinal de contas, cada uma das operações estava comprovada, todos os documentos legítimos, operações independentes, e o Fisco não poderia ignorá-las. Essa era a jurisprudência. É assim que nós conhecíamos a "operação casa-e-separa".

No entanto, o Conselho adotou outra postura, e passou a examinar operações estruturadas em sequência, dizendo que, embora, isoladamente, do ponto de vista formal, cada uma das transações ostente a legalidade, em seu conjunto, na sua sequência, não haveria legitimidade na operação. Aparece, então, a ideia de "ausência de motivação extratributária", uma expressão curiosa, que será depois traduzida por "propósito negocial". E assim vai o Conselho de Contribuintes de então, sempre a condenar essas operações. Ou seja, houve uma mudança na jurisprudência, de tal modo que, se antes o Conselho de Contribuintes se pautava na ideia da legalidade, entendendo que a simulação era vedada mas, não havendo simulação, as operações comprovadas eram legítimas, não havendo que se contestar o chamado *negócio jurídico indireto*, hoje se passa a ideia de uma tal de "essência" do negócio jurídico. Defende-se a análise da transação como um todo, e o tema do *propósito negocial* é que vem sendo referido pelo Conselho de Contribuintes. Eu chamo "Conselho de Contribuintes", e não CARF, porque sabemos que hoje é o CARF, mas a jurisprudência toda ainda era formalmente do Conselho de Contribuintes.

O que se verifica na análise da jurisprudência do antigo Conselho de Contribuintes para que se saiba se há, ou não, *business purpose*? O Conselho analisa a questão do intervalo temporal, ou seja, transações feitas em seguida, ou em um prazo maior, bem como a coerência entre a operação e a atividade empresarial envolvida – por exemplo, se eu sempre vendi chuchu, de repente faço uma transação com parafusos e depois volto a vender chuchu, algo pode ser estranho nesta minha operação. Também há a questão da independência das partes. E, de fato, vejam que interessante uma análise de acórdãos sobre a mesma "operação casa-e-separa", antes tida por legal: surge em 2004 a ideia da *simulação*; a ausência do *propósito negocial* aparece em 2005, e permanece nos acórdãos subsequentes.

Tive o prazer de coordenar um grupo de pesquisas na USP através do qual foi possível fazer uma varredura em todos os acórdãos do Conselho de Contribuintes que versassem sobre termos como "abuso", "simulação", "fraude à lei". Buscamos todas essas expressões e pesquisamos todos os acórdãos. De todos aqueles acórdãos, conseguimos chegar àqueles que versavam sobre operações de planejamento tributário. Esta pesquisa foi publicada pela Editora Quartier Latin e é muito interessante examiná-la. De um lado, é claro, para conhecer efetivamente as operações, porque os pesquisadores relatam como cada operação foi feita. Mas eu gostaria de falar um pouco sobre o resultado, sobre a parte final, em termos de números: nós identificamos três propriedades que pareciam ser constantes nos julgamentos para dar a validade ou invalidade do planejamento. A primeira pergunta era a questão da presença de "outros motivos que não tributários". Evitamos a expressão *business purpose*, porque verificamos que o termo poderia variar muito – a pergunta, então, era: "Havia algum outro motivo na operação?". Com base nessa pergunta, vimos que, nos 10 casos em que se verificava a presença de outros motivos, 9 foram considerados válidos. Ou seja, quando o julgador entrou neste mérito e verificou que havia outros motivos, em 90% dos casos, 9 de 10, houve aceitação. Existe apenas uma decisão incoerente, como é normal em uma pesquisa de jurisprudência, onde sempre há alguma incoerência em algum acórdão.

Já, nos casos em que se dizia "não há presença de motivos que não tributários", "não houve propósito negocial", ou "não há qualquer propósito negocial", verifica-se que 83% dos julgados negaram o planejamento, considerando-o inválido. Há 7 decisões incoerentes. É bom lembrar que o estudo é de 2002 em diante; então, talvez um pouco desta incoerência tenha a ver com a linha do tempo que apresentei há pouco, pois a jurisprudência evoluiu gradualmente.

A segunda propriedade – "Os fatos foram considerados existentes tais como descritos pelo contribuinte?" – é algo próximo a buscar a diferença entre aquilo que o contribuinte disse que fez e aquilo que efetivamente se constatou. O nome, para nós, é *simulação*. Quando, no caso, se dizia "você mentiu", o planejamento foi julgado inválido.

A terceira questão: "Foram observadas as regras cogentes não tributárias?". Ou seja, não se procura saber se o contribuinte fez a operação por questões tributárias, mas se houve fraude a uma lei não tributária, como, por exemplo, normas cambiais cujas restrições fizeram-no adotar certo planejamento. Verifica-se que, dos 37 casos em que as regras cogentes não tributárias foram observadas, o planejamento foi considerado válido em 22 (59%). É curioso verificar que, se o planejamento foi feito para fugir de uma lei não tributária, este elemento foi julgado relevante pelo Conselho ao considerar inválido o planejamento (9 entre 10 casos). E novamente apenas uma situação incoerente.

Vimos uma importância muito grande do propósito negocial, e, como já disse, a ideia foi saber, afinal de contas, quais foram os critérios, quais foram os argumentos trazidos, para saber se a operação teve, ou não, motivos não tributários. Quanto à questão do intervalo temporal, vejam a relevância: em 89% dos casos em que se falava "as operações foram muito seguidas" – isto é, em que não houve um adequado intervalo temporal – entendia-se não haver propósito negocial. Aprendemos que, para se fazer um planejamento que seja válido, é importante pensar em termos de tempo – que se dê um passo e depois outro passo, e não aquela sequência de documentos que leva a crer que a empresa foi constituída pela manhã e já ao meio-dia os sócios que então se amavam brigaram e não querem mais se ver. Esse intervalo curto, em 89% dos casos, é muito problemático.

Há, então, a questão das partes independentes, ou seja, a transação dentro de casa ou a transação com terceiros. Nós acreditávamos que esse tema seria extremamente relevante. Na verdade, verificamos que sim, é relevante, mas que, em termos de percentuais, não é tanto quanto outro; ou seja, houve, pelo menos, vários casos de operações dentro de casa, entre empresas do mesmo grupo, que nem por isso tiveram seu propósito negocial negado. Por fim, a questão da coerência, se o negócio é coerente com o objeto da empresa. Em 92% dos casos em que se dizia "essa operação é estranha, é anormal, não é comum que uma empresa como essa faça isto", faltava o tal do propósito negocial. Como disse, essa pesquisa está publicada, e acho que vale a pena, sob o ponto de vista acadêmico, conhecê-la.

Visto esse avanço do Conselho de Contribuintes, parece-me interessante algum comentário sobre o combate ao planejamento tributário. Foi feita referência, aqui, ao abuso do direito e à fraude à lei como sendo os grandes argumentos que poderiam ser utilizados para o combate ao planejamento tributário. Eu quero, nesse ponto, dizer que não concordo sequer com o que o Prof. Ricardo dizia, porque penso que não cabe falar em abuso do direito em matéria tributária. Abuso do direito existe quando, no exercício de um direito que é meu, acabo por afetar um direito de terceiros. Existe uma discussão relacionada à necessidade, ou não, da intenção, do ato emulativo. Mas, vejam, o meu direito termina quando começa o do outro. Portanto, o pressuposto lógico para o abuso do direito é que exista um direito de outrem ofendido pelo meu exercício do direito. Quando se toma a ideia, a definição, de planejamento tributário, e é essa a definição constante, tem-se que não houve fato gerador, porque, se houvesse fato gerador, não caberia falar em planejamento tributário. Se a premissa é que não houve fato gerador, a conclusão necessária é: não há direito do Fisco. Não é porque o Fisco faz constar um valor do seu orçamento que ele tem o direito. Não é porque eu tenho capacidade contributiva que ele tem o direito. O direito do Fisco tem nascimento certo com o fato gerador. Portanto, o instituto do abuso do direito é impróprio em matéria tributária. Invoca-se o Direito estrangeiro, sendo muito comum a referência ao Direito Francês, onde se fala em abuso do direito. Recomendo a leitura do art. 64 do Livro de Procedimentos Fiscais, na França, para ver que na França a lei tributária utiliza o signo "abuso do direito" para se referir a atos fictícios. Ou seja, existe uma redefinição – o legislador francês não tomou o instituto do abuso do direito, no direito privado, e o trouxe para o direito tributário. Ao contrário, o legislador tributário queria simplesmente uma norma antielisão ou de abuso, e deu a esse instituto, a essa norma de abuso, o nome "abuso do direito". O que alguns de nós vêm fazendo é algo completamente diverso. Não há lei tributária definindo um tal de "abuso do direito". Estão querendo buscar o abuso do direito no direito privado e dizer: isso é o instituto geral do Direito. E realmente é, mas nos seus limites, isto é, pressupõe a existência de um direito do Fisco, que não há sem o fato gerador. Portanto, eu rejeito a ideia do abuso do direito como argumento para que se combata o planejamento tributário sem que haja uma decisão legislativa a respeito.

Do mesmo modo se utiliza o instituto da fraude à lei. Também me parece errôneo. Tem-se a fraude à lei imperativa. No direito privado há leis dispositivas e leis imperativas. Lei dispositiva é a que diz: "A não ser que as partes disponham de outro modo, deverá acontecer tal coisa". A imperativa: "Acontecido aquilo, deve acontecer o outro". A fraude à lei imperativa tem lugar quando a parte, diante do pressuposto de uma lei imperativa, consegue fugir da sua consequência. A lei tributária é imperativa? Claro que a lei tributária é imperativa. E, se ocorrer o pressuposto da lei tributária, também é claro que o consequente deve ocorrer. O que não é imperativo é que ocorra o pressuposto da lei tributária, ou seja, não se é obrigado a incorrer no fato gerador. Notem a diferença: haveria fraude à lei se, acontecido o pressuposto, o agente fraudasse a lei imperativa, para que fugisse do seu consequente. No entanto, fugir do pressuposto não é caso de fraude à lei. Esta aproximação parece-me bastante criticável.

Foi referido, aqui, o parágrafo único do art. 116 do CTN. Devo dizer que, depois da lição do Dr. Ricardo, eu teria muito pouco a falar a respeito do assunto, porque, afinal de contas, também a mim parece haver um problema de dissimulação. Se a ideia era fazer uma norma antiabuso, foi malfeita. Aqui estou tratando de casos de dissimulação, estou afastando aquilo que foi dissimulado, para buscar aquilo que de fato aconteceu, aquilo que é verdadeiro. É como o legislador dizendo: "Varre, tira de lado aquilo que é dissimulado, tira a poeira e veja o fato, veja a substância que existe por baixo". É este o mandamento, na minha opinião, do art. 116.

No entanto, como o Dr. Ricardo disse, tenho feito um esforço para dizer: e caso se admitisse que isto fosse uma norma antiabuso? Sabemos que alguns doutrinadores – para citar um nome que eu respeito muito, Prof. Ricardo Lobo Torres – dizem que a expressão "dissimulação" teria um sentido mais amplo que aquele do direito privado. Insisto, não é minha opinião, mas é minha obrigação, enquanto estudioso do Direito, pensar um pouco sobre isso, ou seja, perguntar: se o termo "dissimulação" de fato fosse além do instituto do direito privado, qual seria o limite dessa norma antiabuso? Até onde ela vai, o que ela pode cobrir, ou o que ela deve cobrir? É isso que eu me proponho, agora, fazer com os Srs.

O primeiro ponto que me parece importante levantar é que não cabe cláusula geral antiabuso quando o Direito já tem as suas soluções. Por exemplo, os casos de simulação: se há simulação, ou se o problema é de simulação, não se precisa de uma norma antiabuso; afinal de contas, o art. 149 já trata do assunto, da hipótese em que não há aquela situação descrita pelo contribuinte, mas outra situação. Verdade *versus* mentira. E a ideia da simulação é muito mais ampla do que parece à primeira vista.

Foi referido, aqui, o tema da causa do negócio. Sim, todo negócio de direito privado tem uma causa – não um motivo, o "por que eu fiz", mas a causa do negócio, para quê ele serve. Ou seja, se constituo uma empresa, o Direito, quando regula a constituição de uma empresa, regula para um fim. A compra e venda, por exemplo, serve para que eu transfira um bem, eu, vendedor, para o comprador, e para que o comprador transfira o bem para mim. Ora, se digo que fiz uma compra e venda, se declaro que isto é uma compra e venda, e, no entanto, tenho um contrato em que transfiro o bem, e tenho um segundo contrato em que o comprador já transfere o bem para um terceiro, ou em que me dá uma procuração em causa própria, ou o que seja, aquele negócio não serviu para transferir a propriedade, não cumpriu sua função, porque ele foi feito para algo, ele existe para algo, e aquela causa não está presente, porque as partes trataram de impedir que aquele contrato produzisse seus efeitos. É simulação, porque as partes declararam celebrar um contrato e não celebraram. Boa parte dos casos que nós enfrentamos de planejamento tributário, que o Conselho de Contribuintes chama de "falta de propósito" ou que tais, é de casos de simulação. O "casa-e-separa", por exemplo. O "casa-e-separa" é caso de simulação. Afinal de contas, as partes não quiseram formar uma sociedade. O Direito protege a formação da sociedade para proteger aquela união de esforços com o objetivo comum. Ora, uma sociedade constituída pela manhã e com a separação à tarde não cumpriu a sua causa. Ou seja, não era necessário importar doutrina estrangeira para algo de que o nosso Direito, há muito tempo, trata.

Um segundo instrumento, pouco utilizado, é a questão da consideração econômica. O direito tributário brasileiro, os juristas brasileiros, talvez vacinados pelas más experiências que o instituto da consideração econômica teve na década de 50 na Alemanha, deixaram de estudar o que é esse instituto, hoje. A consideração econômica vem sendo aplicada, hoje, como algo diverso: uma mera interpretação teleológica, onde se pergunta para quê serve determinada lei e se questiona qual é a sua hipótese de incidência. Muitas vezes, ao se ler uma lei, verifica-se na hipótese de incidência um negócio jurídico. E se o legislador tributário exigiu na sua hipótese um negócio jurídico, e ele não existe, é claro que não há tributação. No entanto, muitas outras vezes, e especialmente no imposto de renda, o legislador tributário não se vincula a negócios jurídicos, não descreve negócios jurídicos, mas descreve fenômenos econômicos. E esses fenômenos econômicos, uma vez descritos pelo legislador, já são econômicos e jurídicos, são fatos jurídicos como qualquer outro. Ou seja: se o legislador descreve um fenômeno econômico, e se verifica que aquele fenômeno econômico aconteceu, não há ofensa a nenhum preceito de Direito: houve a subsunção, o legislador previu aquela situação, a situação aconteceu – portanto, há tributação, pouco interessa qual foi a forma. É irrelevante a forma se a hipótese tributária se vincula a uma estrutura econômica. Ou seja, voltando à questão do negócio jurídico indireto: o tema do negócio jurídico indireto só tem espaço se o legislador, na hipótese, descrever um negócio e o contribuinte praticar um outro negócio. Porém, se eu concluo, como intérprete, que o legislador não se vinculou ao negócio, mas se vinculou aos efeitos do negócio, e se esses mesmos efeitos do negócio se concretizaram pelo negócio indireto, dar-se-á a tributação. Não há qualquer problema nesse tema – desde que, claro, como intérprete, eu conclua que é esta a hipótese tributária.

Portanto, quer-me parecer que o espaço para a norma geral antiabuso é bastante restrito. É muito pouco o espaço em que se poderia, quando muito, aplicar o art. 116.

Prometi que iria falar um pouco sobre limites. Eu gostaria de deixar uma mensagem importante. Foi citado, aqui, o § 42 do Código alemão. De fato, na Alemanha existe o instituto de direito tributário que se chama "abuso de formas". Chamo a atenção: não é "abuso do direito", é "abuso de formas", instituto próprio do direito tributário. E o § 42 do Código alemão diz que, se um contribuinte pratica negócio diverso daquele descrito pelo legislador – portanto, vejam, estou em uma situação em que o legislador descreveu um negócio e o contribuinte praticou outro negócio – e se este negócio é inusual e se o contribuinte o praticou como forma de fugir à tributação que ele teria no negócio usual, então, ele será tributado como se tivesse incorrido em um negócio usual. Isto é aquilo que nós chamamos "analogia". Sim, no direito tributário alemão há analogia. A legalidade na Alemanha não é a mesma legalidade do Brasil. Nós, no Brasil, exigimos que todos os elementos da obrigação tributária, isto é, que a regra-matriz de incidência tributária seja definida pelo próprio legislador. Isto não é comum na Europa. Na Europa exige-se uma autorização do Parlamento. Essa restrição que nós temos, pela nossa história, pelo nosso sistema presidencialista, onde nós temos um Executivo e um Legislativo, ambos eleitos diretamente, assim como pela Administração vinculada ao Executivo, é uma história diversa daquela dos sistemas parlamentaristas, em que o Executivo é o braço do próprio Legislativo, em que o Executivo manifesta a opinião do próprio Legislativo. Se eu tenho um parlamentarismo, claro que posso flexibilizar a legalidade, porque, afinal de contas, aquilo que o Executivo disse é aquilo que o Legislativo teria dito. O Executivo é um braço do Legislativo. E, por isso, quando usamos o direito comparado, quando examinamos a legalidade no direito comparado, temos que tomar cuidado, já que o nosso sistema é diverso. Lá admite-se analogia, sim – e, portanto, o abuso de formas pode ser regulado desse modo. No Direito Brasileiro, não. No Direito Brasileiro a analogia é proibida. No Direito Brasileiro é necessário que o legislador descreva a regra-matriz de incidência. Não se pode dizer "se eu não incorri naquele fato, não posso ser tributado como se tivesse incorrido". Portanto, qual é o limite que me parece possível para uma norma antiabuso no Brasil? Dando uma leitura ao art. 116 de que seria o caso de dissimulação, parece-me que o máximo que eu posso ter é a desconsideração de um fato abusivo e, uma vez desconsiderado esse fato abusivo, a busca por outros fatos, também ocorridos, que darão azo à tributação.

Dou-lhes um exemplo, e com isso concluo. Um exemplo que me parece interessante. Sabemos que a lei tributária exige que, na hipótese de uma empresa transferir um bem para o seu acionista, deve fazê-lo ao valor de mercado. Se não o fizer, será tributada como se tivesse feito. É a hipótese da distribuição disfarçada de lucros. E sabemos que existe uma exceção – se essa transferência de bens se fizer por redução de capital. Situação primeira, que me parece perfeitamente legítima: tenho uma empresa, tenho um bem, aquele bem não é necessário mais à empresa, e decido que vou vendê-lo. No lugar de vendê-lo pela pessoa jurídica, primeiramente faço uma redução de capital, trago o bem a valor de custo para o meu patrimônio. Em seguida, encontro um comprador, vendo o bem, aufiro o ganho de capital como pessoa física e uso aquele dinheiro. Não há o que questionar na minha decisão: ao invés de a empresa vender, eu vendo. Tenho esta opção, que me é dada pela lei.

Agora, vamos à segunda situação. A segunda situação vai ser a seguinte: tenho um bem na empresa, e minha empresa precisa de caixa. Eu sei que, se a empresa vender o bem, ela será tributada. Eu tiro aquele bem da empresa, e a empresa que já estava precisando de caixa agora está numa situação periclitante. Eu coloquei a empresa em perigo, porque tirei um bem essencial a ela. Em seguida, eu vendo aquele bem e, do mesmo modo, consigo o dinheiro. Esse dinheiro, que consegui na venda, eu retorno para a empresa. Notem, também, que não é caso de simulação, porque quem vendeu fui eu, e o comprador jamais soube da empresa. Não é simulação, mas aqui tenho uma situação abusiva. Vejam, eu coloquei a minha empresa em perigo para ter economia tributária. O que me parece, no máximo, possível do art. 116? Seria dizer: a redução de capital foi abusiva. Eu desconsidero a redução de capital. Se eu desconsidero a redução de capital, o que sobrou? Sobrou uma alienação de um bem da pessoa jurídica para pessoa física, a valor de custo. E já sabemos que a redução de capital da pessoa jurídica e da pessoa física a valor de custo é tributável como se fosse a valor de mercado pelas regras de distribuição disfarçada de lucros.

Vejam, fui atrás do que sobrou. Eu fui atrás de um fato ocorrido. Eu não estou inventando fato. Este limite deve ser preservado para que tenhamos um mínimo de segurança jurídica.

Mais uma vez, meu caro Longo, eu quero, na sua pessoa, agradecer ao Instituto pelo convite, por ter palestrado aqui. Muito obrigado a todos! [*Palmas*]

CONFERÊNCIA

PROF. PAULO DE BARROS CARVALHO

MÉTODO E INTERPRETAÇÃO DA LINGUAGEM DO DIREITO POSITIVO

Boa tarde a todos! Sr. Presidente do IDEPE, Aires Barreto, ilustre Presidente, depois de Geraldo Ataliba veio Aires Barreto; Prof. Roque Antonio Carrazza, Titular de Direito Tributário da PUC/SP, Prof. Luís Eduardo Schoueri, Professor Titular da Faculdade de Direito da USP, Professor, sob vários títulos ilustre figura, Marcos Vinicius Neder e, aquela que me saudou, sempre com muita simpatia, com muito carinho, Maria Rita Ferragut, Srs. Congressistas.

É uma enorme satisfação estar no *XXIV Congresso Brasileiro de Direito Tributário*. Congresso que nós vimos nascer, eu – à época, assistente do Prof. Geraldo Ataliba –, Aires Barreto, Roque Carrazza, Beth Carrazza... Enfim, nós projetamos este Congresso sob a liderança incontestável de Geraldo Ataliba.

E este Congresso veio realizando-se sempre com grande entusiasmo, calor, expressiva participação. E vejo, ao analisar os papéis atinentes a esse evento, que nós estamos no XXIV Congresso. Isso representa, praticamente, um quarto de século, que no Brasil, um País não muito afeito às instituições tradicionais, é oferecido ao meio jurídico.

A experiência jurídica brasileira está aqui representada por todas essas figuras ilustres, e eu gostaria de salientar a presença de nobres Professores, de renomados Colegas, de várias Universidades, de diferentes lugares do Brasil, da Fazenda, dos contribuintes, advogados que são. Vejo a presença desta dualidade, Fazenda e contribuinte, aqui expressa de maneira muito significativa pela participação não só de Marcos Vinicius Neder como também de José Henrique Longo e do Prof. Schoueri, nesta Mesa que antecedeu, presidida por José Henrique Longo.

Vou fazer reflexões, como sempre tenho feito. Penso que não caiba neste espaço uma apresentação expositiva que pudesse oferecer algum tipo de sistematização aos Srs. Congressistas. Vou fazer reflexões, ponderações, a respeito daquilo que eu chamaria uma "oscilação histórica" do direito tributário.

O direito tributário passou por muitos momentos – momentos de esplendor, eu diria, com a sistematização que Rubens Gomes de Souza ofereceu à sociedade brasileira. A sistematização do direito tributário com o Anteprojeto do Código Tributário Nacional, que veio a se tornar a Lei 5.172/1966.

Houve momentos mais obscuros, isso é normal em todas as situações, em todos os períodos da História, mas essas oscilações apresentam instantes que merecem ser registrados. Eu quero tomar um, que me parece hoje muito atual, proposto por Alfredo Augusto Becker na edição do seu livro *Teoria Geral do Direito Tributário*, em 1963. A edição publicada pela Saraiva é de 1963, se bem que ele tenha entregue os originais no ano de 1962.

Pois bem, Becker usou uma linguagem contundente. Mas ele era uma pessoa impulsiva, era uma pessoa agressiva, era uma pessoa contundente no falar, no escrever? Não. E porque, naquele instante, ele se tornou assim e apresentou-se dessa maneira, na sua entrada para a doutrina do direito tributário? Exatamente porque o direito tributário vivia um momento crítico, um momento em que várias ciências se entrecruzavam para se ocupar de tributo.

Havia um nome para essa ciência. Chamava-se "Ciência das Finanças", no meu curso, quando eu ingressei na Faculdade, no 2º ano, nós tínhamos "Ciências das Finanças e Direito Financeiro". E o professor, o ilustre Prof. Rui Barbosa Nogueira, que foi meu professor, na PUC/SP, apresentava o curso falando dos propósitos da Ciência das Finanças. Ela almejava descrever o fenômeno jurídico-tributário de várias maneiras diferentes, ou, melhor, de todas as maneiras possíveis: visto sob o ângulo da Ciência Política, visto sob o ângulo econômico, visto sob o ângulo histórico, visto sob o ângulo ético, visto sob o ângulo sociológico em sentido estrito, visto pelo ângulo psicológico social, visto pelo ângulo jurídico... Visto por todos os ângulos.

E a Ciência das Finanças – quem sabe, sem perceber – estava misturando não só ciências, como os métodos que elas utilizam para se aproximar do objeto investigado. Isto dava uma miscelânea de métodos, a que Alfredo Augusto Becker chamou de "mancebia irregular". Era um momento, portanto, agudo. Onde é que estavam os juristas, os economistas, os cientistas políticos, os historiadores? Estavam todos misturados, observando o fenômeno tributário. Que eles tivessem legitimidade para tanto, eu não discuto. Mas aquilo que Becker salientava é que cada um desses enfoques pressupõe um método. A cada ciência, um método.

Pois bem, se nós misturarmos estes métodos, nós chegaremos àquilo que o Prof. Geraldo Ataliba dizia ser "o samba do crioulo doido". É a expressão que ele usava. É o "samba do crioulo doido": ninguém entende. Isso porque o economista tem um modo de tratar o fenômeno que ele observa. A estatística, por exemplo, para ele é importantíssima. O jurista tem o seu peculiar modo de se aproximar também do objeto, então usa, por exemplo, as ficções, as presunções absolutas e relativas...

Não há um livro mais de Ciência das Finanças editado depois daqueles clássicos, de Alberto Deodato, Aliomar Baleeiro, todos aqueles autores que se ocuparam com o assunto. Houve a falência da Ciência das Finanças. E ela faliu por quê? Porque não tinha um modo próprio de descrever o objeto, e se servia de muitos métodos.

Bom, que fez Alfredo Augusto Becker? Com toda a emoção – eu explicarei porque emprego "com toda a emoção" –, ele escreveu *Teoria Geral do Direito Tributário*. Não foi para ensinar direito tributário a ninguém, não foi para dizer como era a doutrina, como era o direito tributário positivo. Não se tratava de um trabalho crítico, explicativo, do direito positivo, a não ser em alguns momentos. Era para lavrar um veemente protesto contra essa noção que é básica para o conhecimento, em todos os setores, não só no Direito, mas em todos os setores. A cada ciência, um – e somente um – método. Agora, esse método pode comportar "n" técnicas.

Muito bem, ele trata na primeira parte da situação do direito tributário e usa, insistentemente, termos da Medicina. Por quê? Depois ele me revelou: porque os termos médicos mexem com a nossa atenção. Chamam, convocam a nossa atenção. São contundentes, são, como se diz hoje, impactantes. E, em termos retóricos, pareceu-lhe conveniente utilizar esses termos para fazer menção àquilo que se passava e que o chocava.

Primeira parte, *diagnóstico*. Ele disse haver um "manicômio jurídico-tributário". Pessoas desencontradas. Imaginem se nós fossemos visitar um manicômio, o que encontraríamos, como descreveríamos a convivência daquelas pessoas ali. Assim ele via o direito tributário.

Depois da primeira parte, ele trata do diagnóstico da demência. *Diagnostico da demência*. Em seguida, terapêutica da atitude mental jurídica tributária, e ali descreve o fato em rebelião no direito tributário. É a segunda parte de seu livro.

Escreveu um capítulo vibrante, chamado "O Sistema dos Fundamentos Óbvios", em que dizia simplesmente o seguinte: nós temos a tendência de ouvir certas asserções, e se elas tiverem alguma aparência de logicidade, algum cabimento, o que nós vemos logo no exame do primeiro instante, nós já incorporamos e passamos a trabalhar com elas. E depois vamos ver uma definição até muito bonita, bem apresentada em termos linguísticos, todavia sem conteúdo, sem sentido que possa ser aprendido numa análise mais aturada. E ele dava exemplos. Ele tinha um respeito muito grande, uma admiração muito grande, pelo Amílcar de Araújo Falcão – aliás, ele era amicíssimo de Rubens Gomes de Souza, e lamentava muito o desaparecimento prematuro de Amílcar de Araújo Falcão. Mas ele dizia, e fazia questão de insistir nisso: nós incorporamos essas frases, essas expressões, e saímos usando, combinando com outras, para chegar a conclusões.

Citava, então, Amílcar de Araújo Falcão – a expressão não é do Direito Brasileiro, é uma importação: "O fato gerador é um fato jurídico de conteúdo econômico". Todos ouviam, ou ouvem atentamente, e passam a trabalhar: então, o fato gerador é um fato jurídico, mas de conteúdo econômico. E, se nós formos pensar um pouquinho e gastar três minutos para pensar no que representa isso, perceberemos que representa um verdadeiro absurdo, porque, se o conteúdo é econômico, nós todos – a não ser os economistas – estamos afastados da possibilidade de falar sobre o conteúdo dos fatos geradores; imaginem que redução drástica, que perda inestimável para o nosso campo de investigações.

Mas ele dizia, não é só essa, há outra: "O fato gerador é um fato econômico de relevância jurídica". Só que o Direito não sai pedindo emprestado fatos às relações civis, às relações do trabalho, aos outros campos, ao campo comercial; não, o Direito constrói sua própria realidade. Nós vimos agora, com o horário de verão: o Presidente da República, no uso das suas atribuições, resolveu, por questões econômicas, naturalmente, aumentar o giro do relógio em uma hora; então, neste dia não tivemos nem meia-noite e quinze, meia-noite e meia: de meia-noite passou para uma hora da manhã. Agora, como é que foi feito isso? "Isso é absurdo!" Alguém vai dizer: "Mas como é que alguém mexe no tempo?!". O Direito é senhor do tempo e senhor dos espaços também. O Direito cria espaços ali, onde eles não existem, e cria o tempo, manipulando-o como bem lhe aprouver.

Ora, uma série de outras considerações ficariam dispersas quando nós pensamos que o Direito não precisa pedir emprestado fato algum à Economia, nem à Ciências Contábeis, nem à Ciência Política; o Direito vai criando suas realidades. Às vezes coincidem, outras vezes não coincidem. Essa do avião, por exemplo, não coincide, a do navio não coincide também. Às vezes há pessoas físicas que passam a ser consideradas, para certos fins, pessoas jurídicas. Tudo isso é criação do Direito. Um belo dia o legislador cansa-se disso, e acaba com essa equiparação.

São afirmações apressadas, e, se nós estamos começando a travar contato com o direito tributário, então, vamos conhecer a categoria "fato gerador". E já começamos assim: onde é que a ciência, chamada a ciência do direito tributário, poderá parar? É um problema do direito tributário, só? Não. É um problema também do direito constitucional, com relação à Ciência Política. A Ciência Política vive inserindo no campo de indagação dos constitucionalistas uma série de propostas, que podem ser muito válidas – eu não conheço Ciência Política, mas podem ser muito válidas para a Ciência Política –, no entanto para o Direito não têm nenhuma representação.

Querem ver uma reflexão bem simples e sugestiva sobre isso que estou dizendo? Nós temos aqui a chamada "interpretação conforme a Constituição": "Vamos aplicar a tese da interpretação conforme a

Constituição" – e as pessoas, com todo um ar de gravidade, de respeito: "Vamos sim, vamos aplicar a tese". Mas é possível? Alguém pode admitir, em sã consciência, que está lavrando uma interpretação sem conformidade com o texto constitucional? É negar a hierarquia do Direito, é negar supremacia do Texto Supremo. No entanto, os constitucionalistas dizem isso com a voz impostada e com toda solenidade, falam da interpretação conforme o Direito.

Querem ver outra que nós encontramos a todo instante? Declaração de inconstitucionalidade sem redução de texto. O que é isso? O STF, apreciando uma causa, declara a inconstitucionalidade de um sentido que se está atribuindo a uma palavra do texto constitucional, mas sem mexer no texto. Primeiro, não pode haver forma sem fundo, nem fundo sem forma. Se eu quiser mexer no fundo, tenho de tratar da forma, "a forma é o fundo aparecendo" – como proclamou José Veríssimo. Como é que pode aparecer uma ideia? Ou, se eu escrever, se eu falar, se eu fizer gestos, eu tenho que encontrar um suporte físico, um suporte material, para transmitir a ideia. Então, não pode haver forma sem conteúdo, nem conteúdo sem forma. E vem uma doutrina alemã que dá prioridade ao conteúdo em relação à forma... Como é que posso dar prioridade ao mundo do corpo em relação ao mundo do espírito? São entidades, mundos diferentes, horizontes distintos.

O sentido nós atribuímos, e hoje eu atribuo um e amanhã posso atribuir outro. Basta ler notícias no jornal, conversar com colegas... Aquela interpretação, aquele sentido, que eu outorguei a uma expressão do texto legal eu posso substituir por outro. "Mas ela – a norma – não tem um sentido? Ela não vem com um sentido?" Não. O sentido somos nós que lhe atribuímos. Então, como pode haver um descompasso entre o conteúdo e a forma? O que pode haver é a mesma forma mas com atribuições de sentidos diferentes. Fulano *A* atribui o sentido *X*, *B* atribui o sentido *Y*. É o que pode haver, mas preeminência do conteúdo em relação à forma simplesmente não dá para existir, são mundos diferentes.

Eu me lembro quando o Prof. Luiz Antônio Marcuschi nos ensinou isto, na Universidade Federal de Pernambuco. Luiz Antônio Marcuschi é considerado um dos maiores entendedores em interpretação de textos do mundo. É consultor oficial das grandes Universidades do mundo, da Inglaterra, Estados Unidos, França, Itália. Então, ele vive circulando nesse mundo, e estava em Recife quando o Prof. Lourival Villanova o convidou. Como era sobre interpretação – eu já relatei isso em outras oportunidades, mas eu faço questão de repetir –, ele tinha pedido um livro que expressasse o modo como juristas interpretavam o Direito, e o Prof. Lourival Villanova cedeu o clássico de Carlos Maximiliano. Ali ele leu: "Interpretar é extrair o conteúdo, sentido, o alcance de produto legislado". Veio, no outro dia, nos dar a aula, e ficou muito constrangido. Disse que era a primeira vez que ele falava a advogados, a bacharéis do Direito, e que – me relatou – havia pedido emprestado ao Prof. Lourival para saber como os juristas trabalhavam com isso. E ficou impressionado de no Direito nós imaginarmos que existe um conteúdo ali onde está a forma; quer dizer, basta mexer na forma, mediante técnicas de modificação, que eu extraio o conteúdo. Ele disse: "Isso é um absurdo, os Srs. vão me desculpar, eu vou ser bem franco aos Srs., é como... [*ele estava com uma garrafa de água na mão*] *se eu dissesse: agora eu vou tirar a tampa dessa garrafa, e depois tirar um pensamento aqui de dentro*". E seguiu: "Isso não pode ser, isso é um absurdo, imagine tirar um pensamento de uma garrafa, tirar algo imaterial de algo material". No entanto é o que nós, às vezes, fazemos quando interpretamos o Direito. Nós esquecemos que aquilo é uma atribuição de sentido, o Direito é construído. E hoje pode ser construído de uma forma, e amanhã de outra. De modo que nós ficamos com isso na cabeça. Nunca tínhamos ouvido falar nisso. Nunca. Isso foi nos idos de 1970 e poucos. É bem verdade que o Direito vai um pouco atrás das outras Ciências Sociais, e é normal que haja esse descompasso: a realidade social vem antes, reclamando, postulando medidas, e aí vem o Direito, procurando atender a essas reivindicações sociais.

Mas, de qualquer maneira, é um preconceito que, desde que eu comecei a estudar Direito, tinha, e até hoje eu vejo que as pessoas têm. Imaginar que há um sentido ali, bom, isso nos fez, primeiro, respeitar muito mais a opinião dos outros. Que eu estou construindo um sentido, o outro pode construir outro, vários, e quantos são possíveis? "N". "N" sentidos.

Depois, isso me dá uma noção mais exata de que eu devo apresentar fundamentações, devo apresentar argumentações para sustentar as ideias, mas que essas ideias são suscetíveis de modificação a qualquer momento, desde que eu tenha notícias, desde que eu tenha conversas, desde que eu leia, desde que estude etc.

Então, vejam, como é que fica – voltando ao nosso tema – a declaração de inconstitucionalidade sem redução do texto? A chave para a solução disso é pensar no fenômeno, *o que acontece*? Acontece que existe um texto da Constituição e que uma palavra, por exemplo, tem cinco acepções, e na prática as pessoas estão usando essa palavra ora numa, ora noutra, dessas acepções. Aí o STF manifesta-se dizendo o seguinte: das cinco acepções, essas duas são incompatíveis com o texto constitucional, essas duas. As compatíveis são apenas as três primeiras.

Não houve redução do texto originário, mas como onde há texto há, necessariamente, um contexto, os textos estão numa relação – que, aliás, é uma premissa, em teoria da comunicação – de intertextualidade. Intertextualidade interna, textos jurídicos com outros textos jurídicos; e intertextualidade extrassistêmica, textos jurídicos com outros textos.

O que houve? O texto continuou assim como ele era, texto constitucional, com aquela palavra, e a palavra continuou com todas as acepções, só que eu devo analisar, agora, o texto constitucional com a adição do texto expedido pelo STF. Melhor seria dizer: declaração de inconstitucionalidade sem redução do texto, não é declaração de inconstitucionalidade *com adição de texto*, porque esse texto constitucional que ficou o mesmo tem que ser entendido agora, ou deve ser entendido, com a leitura do acórdão que acaba de sair.

São questões desse tipo que nos levarão a meditações que podem colaborar com o progresso do Direito – e do direito tributário, que nos interessa mais aqui.

Esses são apenas alguns exemplos, porque o grande exemplo para nós é o da chamada "interpretação econômica". Sobre Economia nós damos os nossos palpites, falamos um pouquinho sobre inflação numa reunião social, falamos sobre a lucratividade das empresas, dos bancos etc., sobre os níveis de emprego, desemprego; agora, falamos sem compromisso científico nenhum, absolutamente nenhum. Assim como os economistas falam, também, de problema jurídico, "que é isso, essa lei é inconstitucional", "eu achei inadequada aquela decisão do STF", eles falam. Agora, vamos tomar outra ciência sobre a qual nós não possamos falar com mais desenvoltura, sobre Botânica, por exemplo. E vamos imaginar a interpretação: "O fato gerador é o fato jurídico com conteúdo botânico" – e aí? Aí nós vamos ter que chamar um botânico, pedir um parecer, porque sobre isso eu não posso falar uma palavra. Sobre Geologia também não dá para falar duas ou três palavras. Agora, sobre a Economia, não. Aí eu falo, eu posso dar os meus palpites, eu diria até que posso, na gíria, "dar uns chutes", e que as pessoas diriam: "não, é mais ou menos isso", aliás está em moda essa expressão, "é mais ou menos isso", é "mais ou menos por aí". Está na moda por quê? Porque isso faz parte da superficialidade da comunicação. Agora, na comunicação científica isso não se admite. A comunicação científica tem que procurar ir às causas primeiras, às causas fundamentais. Esse é o caminho inapelável da construção científica.

Interpretação econômica. Quando dizem o fato gerador é um fato econômico, de relevância jurídica. Vamos voltar a esta asserção. Em teoria do conhecimento, em Epistemologia, está sedimentado que não existe fato puro, não existe fato que seja econômico, fato que seja jurídico, que seja político, por natureza, por essência. Não, ele é jurídico quando ele é reportado pelo jurista, com a linguagem do jurista. Ele é econômico quando ele é contemplado pelo economista. Ele é um fato sociológico quando visto pelos olhos, pela lente, do sociólogo – e assim ele pode ser objeto de "n" aproximações, como aliás, pretendeu fazer a Ciência das Finanças. Só que a Ciência das Finanças entrou com tudo, entrou sem pensar nessas afirmações, e acabou misturando os métodos, e isso deu aquela "mancebia irregular" a que se referiu Becker.

Interpretação econômica do direito tributário nós não temos condições de fazer: o jurista não tem condição de fazer. Agora, o que ele pode fazer é uma interpretação jurídica. "Ah bom! Mas o Direito aqui se ocupa de fato econômico?" Não, esse fato não é econômico, esse fato é econômico para o economista, é um fato político para o político. Porque que nós vamos ter um fato econômico, e não um fato que pode pertencer a qualquer ângulo de conhecimento, dependendo do corte, do recorte, que for empreendido. Por quê? Por que tem que ser econômico? Não sei, isso fica sem explicação. Por que não dizem que é um fato político? A Ciência das Finanças não estudava o fenômeno tributário sob o ângulo político? Pode ser estudado. No entanto, com os recursos da Ciência da Política, da Ciência Política, com os recursos da Ciência Contábil.

Esteve comigo um professor que ia defender uma tese na USP sobre Ciências Contábeis – acho que a tese era para livre-docência – e queria falar um pouco sobre as possibilidades de se falar numa linguagem contábil. Existem todas as possibilidades: existe uma linguagem das Ciências Contábeis. É o modo que, para esses cientistas, existe em termos de apresentação de um fenômeno concreto, ao lado do corte que o jurista faz, ao lado do corte que o economista faz – não quero dizer também que o economista não tem acesso, ele tem todo o acesso do mundo, desde que utilize os seus métodos, os seus critérios.

Agora, vejam, que representa estatística para o Direito? Absolutamente nada, é zero. Se disser "é proibido pisar a grama" numa tabuleta, referindo-se ali a lei municipal, e todo mundo, desrespeitando o preceito, sai pisando a grama naquela praça? Continua sendo proibido pisar a grama. E se na semana subsequente for revogada essa lei? Não é mais proibido pisar a grama. Pronto, as pessoas continuam pisando ou não pisando, pouco interessa. O Direito quer saber se a norma existe no sistema, em termos kelsenianos, se ela é válida ou não é válida, só isso. Depois, se ela é vigente ou não vigente. Depois os termos da eficácia – mas aí já é um desdobramento maior.

Quanto à interpretação econômica, isso me sugere o seguinte: é mais uma saída que se usa hoje para politizar a Ciência do Direito. A Ciência do Direito é muito técnica, e se nós nos apegarmos aos rigores da forma científica isso nos custa energia mental, isso nos custa modos de raciocínio, que dão um certo desgaste. Por comodidade, nós, então, abreviamos, pulamos – "não, é tudo a mesma coisa", alguns diziam. A diferença que Becker apontou entre a crítica que ele fez à expressão "fato gerador", ele dizia: "Fato gerador só gera confusão mental". O que existe é o seguinte: é uma descrição em termos linguísticos que o legislador faz, e depois um acontecimento concreto do mundo real. Então, eu tenho que chamar por nomes diferentes, já que são dois mundos – dizia ele. Hipótese de incidência e hipótese de incidência realizada.

Vejam que ele estava distinguindo. Esse é um passo importante. Depois o Prof. Geraldo Ataliba deu um avanço, chamando "hipótese de incidência" e "fato imponível". Na primeira aula do curso da Faculdade de Direito no tempo que eu comecei como assistente do Prof. Geraldo Ataliba nós distribuímos para os alunos aquele artigo do Código Tributário Nacional sobre o fato gerador. Uma parte dizia que era hipótese, que era a descrição normativa. Outra parte dizia que era o fato concreto, que acontece aqui e agora. E outra parte dizia que tanto uma como outra. Então, vejam que era exatamente aquilo que Alfredo Augusto Becker preconizava ao afirmar que o fato gerador gerava confusão mental.

Não há dúvida: dá para trabalhar assim? Dá. Dá para conversar assim? Dá. Mas com sacrifício, com perda para o rigor científico. Nós podemos manter uma conversação longa com uma pessoa que não conheça Gramática, que não conheça bem a Semântica da Língua Portuguesa etc.; nós podemos conversar uma tarde inteira, se a pessoa for interessante. Ter uma conversa com um operário, com um lavrador, com um jardineiro, se for uma pessoa interessante a conversa flui. Agora, o que não dá é para levar esse tipo de despreocupação, lógico-semântica, para o âmago de uma ciência. Aí vêm os detrimentos.

Então, a interpretação econômica vem sendo usada hoje como um canal de fuga. Uma porta aberta para construções que eu diria de ordem política, assim como os políticos no horário reservado para a campanha eleitoral falam em moralidade pública, falam em democracia, todos dizem-se democratas, todos dizem-se favoráveis à ordem pública, à segurança das instituições – todos, todos, todos. E agora, como é que vou escolher, se todos se manifestam nesse sentido? Agora, é um discurso político, ninguém se amarra com nada. Vamos pedir a um político que fixe o valor liberdade, tente aprisionar, os valores são inaprisionáveis. Vamos fixar, ao menos numa certa medida, numa certa porção, o valor liberdade, e pedir ao político que continue o seu discurso; ele vai ficar incomodado. Por quê? Porque ele não vai poder manipular a liberdade de acordo com os seus interesses. Então, no Direito isso ocorre também, isso ocorre entre os constitucionalistas, tendo em vista as influências, principalmente, da Ciência Política; isso ocorre com os tributaristas, tendo em vista a influência da Economia... Eu tenho um grande respeito pela Economia, e não quero que os economistas achem que eu tenha qualquer preconceito. Pelo contrário, acho uma ciência bem construída, uma ciência do mundo cultural das mais interessantes. Agora, uma coisa é Economia, outra coisa é Direito.

E depois eu procurei incessantemente – venho procurando e peço que, quando vocês encontrarem, me passem um *e-mail*, me encaminhem – um julgado, uma decisão, em que foi aplicada a interpretação econômica. Isto é, eu não raciocinei juridicamente, eu não usei os elementos que eu uso, quais são os elementos que eu uso? É hipótese tributária, base de cálculo, o critério espacial, critério temporal da norma, as alíquotas, o lançamento – eu peço que me indiquem uma em que foi feito um raciocínio econômico. Primeiro, é difícil trabalhar num campo como esse. Nós temos que ter todo o respeito pela Economia. E desse modo não temos por que usar a interpretação econômica. O que é usar a interpretação econômica? É cada um sair construindo no escuro, porque são pessoas que não estão legitimadas para se manifestar sobre esse assunto, e trocando ideias num campo totalmente alheio. Vamos falar de base cálculo? Vamos. Quais são os padrões da base de cálculo? Em que lei está fixada, em que norma, qual a combinação, qual a relação sintática dessa norma com outras normas da lei? Aí, sim, nós teremos que fundamentar o raciocínio jurídico.

Alguém pode imaginar: "Mas, então, eu não posso sair do Direito", eu não posso... O Direito regula tudo, ou, melhor, tudo em termos de condutas intersubjetivas, tudo, todas as condutas intersubjetivas ou são obrigatórias ou proibidas ou permitidas.

Sendo assim, eu teria que conhecer todo esse mundo regulado pelo Direito, que é tudo. Eu posso ir para essas regiões, eu posso entrar no campo da Psicologia, eu posso entrar no campo da Economia, da Política, da História? Pode. Atrás dos traços semânticos que as palavras têm.

Agora, vejam bem a diferença: uma coisa é utilizar esses conhecimentos, que são utilíssimos, outra coisa é empregar esses conhecimentos no raciocínio jurídico – aí que está o grande problema, é fazer uma interpretação econômica. Interpretar é construir o sentido e o alcance de um texto legislado, seja a Constituição, seja uma lei qualquer.

Eu quero dizer que vi com grande simpatia, com grande entusiasmo, a iniciativa que a Receita Federal teve de realizar estudos exatamente sobre o problema da chamada "norma antielisiva" – e aqui faço essa homenagem à iniciativa de Marcos Vinicius Neder, que aqui está, de José Henrique Longo, também, estão outras pessoas aqui presentes, Robson Maia, Prof. Schoueri e vários outros advogados, juristas, professores – no sentido de estudar, ouvindo a sociedade sobre tudo isso, para perceber os anseios sociais nesse sentido e estabelecer uma regulação de conduta que seja que dê segurança para o contribuinte e dê segurança para o Fisco também. Porque a insegurança do contribuinte, na mesma medida, é insegurança do Fisco. E essa insegurança dos dois lados pode causar problemas terríveis, principalmente num campo como esse que é o campo tributário.

Agora, sobre isso eu quero dizer apenas mais poucas palavras. E eu sempre entendi que isso vem em benefício dos dois, mas primeiro em benefício do contribuinte, porque no momento que houver um procedimento, bem regulamentado, de como se desqualificar atos praticados pelo contribuinte, em que ele puder expressar a sua insurgência etc., isso vai tirar certas porções de discricionariedade que o Fisco tem, por exemplo, sempre, todos nós sabemos disso, *sempre*, o fiscal vai fiscalizar uma empresa e diz: "Não, esse documento não me interessa, porque isso não acresce em nada, minha interpretação é no sentido de que houve a incidência etc., e essa operação que o Sr. realizou não vou considerar; aliás, faça o seguinte: levante esses argumentos em artigos de impugnação. Quando for fazer a impugnação, registre, e aí vamos discutir e vamos ver, se o Sr. acha que tem razão...". Quer dizer: é bem diferente de nós termos um dispositivo em torno dessas questões que tenham ambiguidade, que possam ser discutidas, venham a ser amplamente debatidas – quando eu digo "amplamente", se vierem a ser debatidas já está ótimo. Se houver um procedimento, uma sequência procedimental, que garanta a apreciação de certas operações, pronto. Agora, isso eu acho que beneficia em primeiro lugar o contribuinte, que fica livre daqueles atos abusivos – digamos assim – dos funcionários do Fisco. E o Fisco vai ficar mais seguro também, porque ele vai andar em terra firme, aquilo já foi debatido de acordo com a lei, de modo que o que se fizer nesse sentido eu creio que será bem feito. A iniciativa me pareceu excelente. Eu quero cumprimentar aqui, inclusive, o Dr. Marcos Vinicius e o Dr. José Henrique Longo e a todos, enfim, Robson Maia, todos que participaram desses estudos.

Como eu disse, a minha fala é feita, aqui, de reflexões, e não pretendo que elas sejam certas, mas não pretendo que elas sejam erradas, também. As reflexões têm essa mobilidade, elas são feitas sem essa preocupação, "eu vou acertar aqui, ou não vou acertar tanto ali"; são problemas para serem pensados. O direito tributário vive um momento difícil, há uma série de valores, há uma série de afirmações, de preceitos, que, por serem intangíveis, não ficam devidamente esclarecidos. Então, não vejo propósito negocial, não há propósito negocial: a lei não fala em "propósito negocial"; no entanto, alguns exigem propósito negocial: "E o tal propósito negocial, onde é que está a intenção do agente daquele ato?". A intenção não está, ele teve essa intenção naquele momento ou não teve, quem é que vai resolver esse problema? O Direito tem uma relação de itens que ele considera hábeis para provar certos fatos.

Isso tem que ser submetido à prova – e nós temos aqui, eu vejo a Profa. Fabiana Tomé, com o seu livro magistral, um livro que marca tempo, que marca época, sobre provas. Vamos examinar à luz das provas em Direito admitidas. Então, ali, se houve intenção vai ficar provado, se não houve intenção não vão aparecer essas provas. "Ah! Mas às vezes a pessoa tem e não dá para surpreender". Nós sabemos que as coisas são assim. Quantas vezes a pessoa tem uma aspiração a uma situação jurídica, postula um direito que nos parece justíssimo, só que nós perguntamos: "Tem algum contrato? Tem alguma testemunha que eu possa arrolar, que possa invocar? Não? Então, eu sinto muito, acho que você tem razão, que o Direito protege a sua conduta, no entanto não podemos fazer nada, não posso ingressar com a ação". Quantas vezes não acontece isso? A pessoa tem direitos, tem aspirações justas perante a ordem jurídica, porém não consegue concretizar isso mediante a teoria das provas. É por isso que eu reputo, hoje em dia, que, em termos de aplicação do Direito, a teoria das provas é o que há de mais importante. Quem provar leva, quem não provar não leva, é muito simples. Os processo são demorados, mas, em suma, as coisas se passam assim.

Às vezes acontecem coisas terríveis: "Ah! Não dá para provar". Vejam esse campo nebuloso, em que a linguagem do Direito não é muito precisa ou algumas pessoas muito espertas aprendem a se locomover nessa área, e vai passando o tempo e elas vão aprontando, aprontando, aprontando, e nada acontece. Por quê? Porque é difícil efetuar a prova.

Eu quero lembrar sempre a figura do meu querido amigo Prof. Geraldo Ataliba, que idealizou esse Congresso, deu ânimo, deu entusiasmo, quando ele falava as paredes tremiam, às vezes ele ficava bem manso, de repente ele dava aquele pulo, e todos sentiam o impacto, alguns se emocionavam, emocionavam-se positivamente, outros negativamente, ficando com raiva, mas ele passava com seu discurso e mexia com as emoções e mexia com as decisões. Quando o Prof. Geraldo Ataliba faleceu, no seu velório compareceram seis Ministros do STF, da ativa, seis Ministros – o que significa dizer que não houve sessão, [*risos na plateia*] porque a maioria estava ali, prestando homenagem, a última homenagem ao mestre Ataliba.

Eu quero também lembrar, atualmente, entre os mortos, as figuras de Alfredo Augusto Becker, que eu já homenageei, e toda essa legião de autores citados, esses já foram, o tempo passa depressa. Mas eu também não poderia deixar de homenagear, de aplaudir, a mestria com que o nosso Presidente do Instituto, desde que desapareceu o Prof. Geraldo Ataliba, vem gerindo o IDEPE, naturalmente com uma brilhante equipe de diretores. Mas ele vem com tranquilidade, sem alarde, vem levando, e nós estamos aqui, já no *XXIV Congresso Brasileiro de Direito Tributário*. Isto é uma proeza; é uma proeza que, digamos, tem uma alta significação, na medida em que, na experiência jurídico-tributária brasileira, é uma experiência já respeitável, já rica. A experiência jurídico-tributária brasileira é de "tirar o chapéu".

Eu quero cumprimentar novamente a todos os integrantes da Mesa, o Prof. Roque Carrazza, Maria Rita Ferragut, José Henrique Longo, meu amigo Marcos Neder, meu amigo Schoueri, e a todos os que estão presentes, dizendo que espero que os resultados deste Congresso sejam fecundos – fecundos não em termos de estudo imediato, nem de resultados imediatos, mas fecundos em termos de meditação – e que todos saiam daqui e com o tempo venham a refletir, a pensar, a ver a importância do Direito e a gravidade e seriedade com que devemos encarar o momento científico. Depois nós podemos brincar, contar piada e falar sobre as instituições, de como elas deveriam ser, fazendo uma espécie de política do Direito, como o Direito deve ser para ser mais justo, para ser mais racional, para ser mais equitativo. Mas eu tenho certeza de que isto acontecerá. Agradeço imensamente a atenção de todos os Srs., e encerro por aqui a minha palestra. Muito obrigado! *(Palmas)*

Mesa Expositiva (B)

PROCESSO ADMINISTRATIVO E JUDICIAL

PRESIDENTE DA MESA: DES. FEDERAL NELTON DOS SANTOS
MEMBROS DA MESA: PROFA. SUSY GOMES HOFFMANN, PROF. MARCELO SALOMÃO, PROF. SACHA CALMON NAVARRO COÊLHO

Inovações Tributárias – Transação, Execução Administrativa, Protesto e Processo Eletrônico

PROFA. SUSY GOMES HOFFMANN – Bom dia a todos! É com muita alegria, honra e satisfação que mais uma vez estou aqui no Congresso do IDEPE. Para mim é uma alegria enorme ser convidada para falar em temas neste Congresso, que eu creio que é um dos eventos mais relevantes e importantes do cenário jurídico-tributário.

Gostaria de cumprimentar todos os meus amigos da Mesa, Des. Nelton dos Santos, Prof. Marcelo Salomão, Prof. Sacha, com quem tenho a honra de participar desta Mesa de Debates.

O tema que me foi passado é um tema de muita importância e relevância dentro da Mesa que trata, aqui, de "Processo Administrativo e Judicial", o tema "Inovações Tributárias – Transação, Execução Administrativa, Protesto e Processo Eletrônico".

Nós vivemos um sistema de muita demora na solução de conflitos entre a Fazenda Pública e os contribuintes. Então, daí começam a surgir todos os meios e formas de solucionar, de buscar solucionar, essa demora na solução dos conflitos. Quando eu analisei este tema, tinha dois caminhos a percorrer. Eu fiquei tentada, num primeiro momento, a inverter a ordem que foi colocada aqui, do tema, e falar do processo eletrônico, da minha experiência no CARF, no Conselho Administrativo de Recursos Fiscais, na implantação do sistema eletrônico, do caos que foi o primeiro momento da colocação do processo eletrônico, e colocar como isso vai trazer uma melhoria muito grande, uma eficiência muito grande, e fazer a apresentação institucional sobre o CARF.

Fiquei tentada realmente a fazer isso, estaria totalmente na minha zona de conforto. Mas, olhando com um pouco mais de vagar, de profundidade, os projetos de lei que estão em trâmite, hoje, no Congresso Nacional que tratam da transação, das alterações no Código Tributário Nacional, da execução administrativa e da possibilidade que há nestes projetos de quitação das dívidas tributárias por meio de dação em pagamento de imóveis, eu me senti na obrigação de falar desses temas e sair da minha zona de conforto, de tudo aquilo que eu já sei, para falar sobre esses projetos de lei. E resolvei falar porque eu fiquei espantada – e, mais que espantada, eu me senti temerosa – ao estudar esses projetos de lei. Temi pelo Estado de Direito, temi pelas garantias dos contribuintes, temi por tudo aquilo por que todos nós estamos lutando no Direito e estamos construindo sobre o devido processo legal; temi por essa história, porque o que eu vejo lá, o que eu vejo nesses projetos, é a modificação no Estado de Direito por um Estado ditador, totalitário, um Estado de Polícia. Então, prefiro falar sobre isso, eu creio que é o momento importante de todos nós, realmente, avaliarmos se a sociedade realmente quer esse tipo de eficiência que está sendo proposta nesses projetos.

Nas "Exposições de Motivos" de projetos de lei o que aparece são números realmente que impressionam, demonstrando que algo precisa ser feito. Bilhões de crédito tributário que não conseguem ser cobrados, milhões de execuções fiscais que não andam. Informações de que uma execução fiscal demora 14 anos, 12 anos, 16 anos – cada um diz uma coisa –, em média, para ser resolvida. É certo – creio que ninguém aqui vai discutir – que essa balbúrdia que está instaurada no cenário processual acaba, sim, por favorecer o mau pagador; ela acaba por favorecer aquele que não quer pagar o tributo devido. E nesta Mesa, que eu tenho a honra de compartilhar com juristas de mais alto conhecimento, todos eles têm experiência nessa área: Dr. Sacha, que foi Juiz por tanto tempo, agora Advogado, Parecerista, Professor; Marcelo, que tem uma das maiores bancas no Interior de São Paulo – em Ribeirão Preto? O Des. Nelton dos Santos, todo mundo conhece, tem essa experiência, todos nós sabemos, que temos experiência no contencioso, nós sabemos, o culpado da ineficiência desse sistema não é o contribuinte, ele pode se aproveitar. O mau pagador, o mau contribuinte, pode se aproveitar da ineficiência desse sistema, mas ele não é o culpado. Ou, ainda que a gente discuta que ele tem uma parcela de culpa, ele não é o único culpado. Mas, então, por que ele é julgado o grande culpado nesses projetos de lei? Por que deles, dos contribuintes, se retiram todos os direitos e garantias individuais, inclusive o direito ao devido processo legal, em nome de uma eficiência.

Os projetos que tratam da alteração do Código Tributário Nacional, da penhora administrativa, da cobrança da dívida ativa e da transação, pelo meu entendimento, eles, além de ferirem os direitos e garantias individuais, ferem, como eu disse, o Estado de Direito. Por quê? Principalmente, eu já coloco, porque um dos pilares do Estado de Direito é a legalidade. O projeto de transação, aos meus olhos, fere totalmente a legalidade. O projeto relativo à penhora administrativa retira do Poder Judiciário o dever e o direito de tratar de tudo aquilo que é ilegal de toda a oposição do cidadão contra a Administração Pública. Ora, a partir do momento em que, no Estado de Direito, a separação de Poderes não é respeitada, e o Executivo comanda, executa e realiza, e faz tudo sem que ninguém possa se opor a isso, não se pode mais falar que se está no Estado de Direito.

Antes de entrar propriamente nos projetos de lei, as "Exposições de Motivos" de todos eles falam muito da questão do caos na execução fiscal, do caos nesse sistema. Então, vou apresentar, rapidamente, um, dois, três exemplos, para que possamos ver se o caos realmente é causado pelo contribuinte. Então, por exemplo, entre nós aqui – advogados, juízes, procuradores –, quantos casos de execução fiscal há contra determinada empresa? Aí se busca citar a empresa, para que apresente bens. Procura-se a empresa, ela não está mais naquele local, pois o procurador demora para ser intimado, e depois de passados, por exemplo, seis meses se pede para a Junta Comercial um ofício para ver se realmente a empresa mudou de local ou não, e rapidamente passam-se cinco anos. E aí o procurador pensa: "Não, em vez de citar a empresa, vamos tentar citar o sócio". E, para conseguir citar o sócio, mais três ou quatro anos; e quando chega a vez do sócio realmente aconteceu a prescrição. A culpa é do contribuinte? Ou houve ineficiência de alguém, aí? Será que realmente o procurador sempre é diligente? Será que a Justiça consegue ser célere? Ora, eu entendo que não precisa criar nenhum sistema para procurar mais informações sobre aquele contribuinte. Será que se precisa de cinco anos para buscar os sócios, porque aquela empresa não existe mais, porque houve uma dissolução irregular, será que já não temos tempo suficiente no nosso sistema? Outro exemplo: aquele contribuinte que apresenta um bem imóvel, lá em Piraporinha da Serra, consegue garantir o juízo e apresenta os embargos à execução. Depois ele usa de todos os recursos possíveis, e quando ele perde, e o bem vai a leilão, ele apresenta embargos de terceiro, alega preço vil, argumenta uma série de fatos, e aí, realmente, demora 15, 20 anos. Para isso, realmente, é preciso mudar esses instrumentos processuais, não se pode admitir isso; todo mundo perde.

Ou, então, outro caso: estávamos comentando antes de entrar aqui, as Varas de Execuções Fiscais lotadas, abarrotadas de processos, em que muitos processos e muitas execuções fiscais, inclusive, não teriam razão para estar lá. Eu sou do Município de Campinas. O Município de Campinas teve muito problema com IPTU no final da década de 90, antes da emenda constitucional que permitia a progressividade das alíquotas houve uma avalancha de ações questionando o IPTU, e eu, no melhor estilo Marcelo Salomão – que adora entrar com uma "açãozinha", não é Marcelo? Você adora uma ação –, seguindo os passos do meu amigo, também questionei o IPTU num imóvel meu. Eu não sei quantas vezes já foi proposta execução fiscal contra minha pessoa. Toda vez que vou vender um imóvel ou fazer qualquer coisa eu tenho que ir lá, fazer a busca, checar na Vara da Execução Fiscal, em Campinas é assim, com milhões de processos. E quando vamos fazer andamento é preciso implorar para alguém olhar minha petição, para tirar meu nome como executada, para conseguir vender um outro imóvel. Isso acontece comigo e com todos os clientes do meu escritório que entraram com ação de IPTU e depositaram em juízo. E vamos lá falar na Prefeitura, eles alegam que não conseguem ter essa relação, o setor que faz inscrição da dívida não consegue concatenar a informação com o setor que recebeu as ações e com depósitos em juízo. Então, será que a culpa é do contribuinte? Do número grande de execuções fiscais? Será que isso só acontece em Campinas? Será que não acontece em nenhum outro lugar? Então, volto a perguntar: a culpa da morosidade é tão somente do contribuinte? Parece-me que não. Aí, me causa, como eu falei, espanto, medo, desespero, como cidadã, como estudiosa do Direito, como advogada, quando eu vejo esse conjunto de projetos de lei apresentados pelo Governo! Eu vou, então, falar um pouquinho sobre cada um deles. Há o projeto de lei que altera o Código Tributário Nacional. O que traz? Quais são as principais alterações? Eles mexem totalmente no tema "responsabilidade subsidiária". E aí, depois que olhei, pensei: eu tenho três filhos, o mais velho tem 10, o mais novo tem 5; todos vão prestar concurso e serão servidores públicos se passar essa lei, porque é a única forma de eles não correrem o risco de perder tudo, porque se for empresário pode perder tudo, se for administrador da empresa também; enfim, o caos. E, além disso, pelo que consta do projeto sobre a responsabilidade subsidiária, qualquer pessoa que não der informação sobre o paradeiro, o endereço, da pessoa jurídica ou sobre a localização de bens, se for perguntado, fica responsável subsidiário pela dívida. Então, pelo amor de Deus! É um terrorismo fiscal! O Código Tributário Nacional altera substancialmente o tema da responsabilidade, trazendo a responsabilidade subsidiária dos representantes, pessoas físicas e jurídicas, que deixarem de recolher tributos antes de satisfazer outras despesas ou débitos; ou seja, têm que pagar o tributo em primeiro lugar. Só ressalva, aí, as dívidas trabalhistas. E, também, não dá para fazer mais nada, vender bens ou direitos, distribuir lucros, dividendos, bonificações, juros sobre capital próprio, sem que antes tenham garantido os débitos tributários.

Na sequência vem o projeto de lei sobre a execução administrativa, que prevê que antes de qualquer processo judicial, uma vez que o valor tenha sido inscrito na Dívida Ativa, que seja milhões ou que o contribuinte já tenha pago aquilo, daquele momento até alguém dizer que você, o contribuinte, não deve ele estará impedido de distribuir lucros, não poderá pagar juros sobre capital próprio, não poderá distribuir dividendos, não poderá pagar nenhum tipo de bonificação, sob pena de ficar responsável subsidiário. E também tem a previsão da responsabilidade subsidiária dos sócios das pessoas jurídicas na medida em que derem causa ao inadimplemento, inclusive no caso de paralisação das atividades e dissolução irregular da sociedade.

Além disso, a alteração, porque é um conjunto, são quatro ou cinco projetos de lei que formam um quebra-cabeças, traz modificações para proporcionar execução administrativa. Dentre elas a alteração da suspensão de exigibilidade em alguns casos, alterando o 151 do CTN, e também trazendo a possibilidade da transação, no art. 171 do CTN. Aí vamos para o projeto do direito à transação. Eu sei que o projeto de direito à transação tem que ser tema de um seminário de um dia inteiro só para ele, não é? Porque ele é enorme, porque ele traz uma série de questões, enfim. Aí você fala assim: "Nossa, ainda bem, não é? O projeto de transação, você não pode transigir sobre o tributo, ufa! Pelo menos alguma coisa boa. Sobre multa, sobre juros, sobre multa de ofício, quem vai decidir é um Comitê, formado por representantes do Ministério da Fazenda. Veja, é importante registrar que eu tenho um respeito enorme por todos os servidores do Ministério da Fazenda, os auditores da Receita Federal, com quem eu convivo no CARF, e que lhes reconheço a técnica, a competência; só que, por mais técnicos, por mais competentes que sejam, a Administração Pública só pode agir naquilo que a lei determina. O nosso Estado de Direito não permite que ninguém, em nome da oportunidade e conveniência, diga que está reduzida a sua multa em 40%, para o Dr. Sacha em 50%, para Dr. Santos em 70% e para o Marcelo, de quem eu não gosto muito, em 10%. Onde é que está o limite desse juízo, dessa análise de conveniência e oportunidade? Onde é que a nossa Constituição permite que a Administração tenha esse poder para transigir sobre valor que é público? Eu não consigo enxergar na Constituição este poder.

Então, por melhor intenção que possa existir, nada pode ultrapassar a legalidade. E aqui eu não estou falando da estrita legalidade tributária, eu estou falando da legalidade da Administração Pública. Então, ou continuamos possibilitando que a lei estabeleça que todas as pessoas que estiverem nesse caso e nessa hipótese podem ter a multa reduzida em 50%, as que estão na outra hipótese em 40%, e só a lei pode determinar isso, ou, então, não consigo entender que, num Estado como o nosso, de Direito, em que a Administração é totalmente vinculada à legalidade, qualquer lei possa permitir ao administrador público juízo de conveniência e oportunidade para redução de multa, de juros ou de qualquer dos encargos de sucumbência, encargos legais.

Olhando esse projeto de lei que altera o Código Tributário Nacional, o projeto de lei sobre a transação, e depois olhando o projeto de lei que cria a figura da penhora administrativa, não há como não concluir que, realmente, tudo faz parte de um grande quebra-cabeças. Eu já tinha participado, pela FIESP, em outro grupo de estudo, de todos os comentários, e todos estavam – como posso dizer? – muito "atemorizados" com esse projeto de lei. Mas eu não tinha lido os projetos com aquela calma necessária, com aquele vagar, que eu recomendo que todos os Srs. o façam. E aí, realmente, quando fui fazer isso para essa palestra, me assustei. Por quê? Porque se atribui à Fazenda Pública toda a competência para iniciar toda cobrança administrativa do crédito tributário. Retira-se isso do Poder Judiciário e se passa para a Administração Pública. Eu pergunto: se é para ter eficiência, com todo o respeito e tudo mais, mas se é para ter eficiência, onde está demonstrado, até agora, que a Administração Pública vai ser mais eficiente que o Poder Judiciário? Ah, mas uma das críticas é no sentido de que o Poder Judiciário é um cobrador de luxo da Procuradoria. Realmente, mas daí a você trazer para a Procuradoria, que já demonstrou que não consegue fazer uma seleção adequada das CDAs, para ela própria fazer tudo antes de começar a execução, é mudar um dos problemas de lugar e trazer inúmeros problemas para todo o sistema.

Então, esse projeto de lei inicia atribuindo competência à Fazenda Pública para promover a execução fiscal, capacitando os agentes fiscais para promover, inclusive, a penhora ou arresto de bens, isto é, da inscrição já se parte para penhora. E aí também é criado um sistema nacional de informações patrimoniais do contribuinte, para que a Fazenda Pública tenha mais acesso ainda a todos os dados do contribuinte. Depois que ele recebe a notificação, o contribuinte pode até impugnar, mas não fica nada suspenso. Notificado, ele ou paga, ou parcela, ou ele presta uma garantia integral por depósito, por fiança bancária ou por seguro bancário. São só essas hipóteses (pagamento, fiança ou seguro), para não sofrer as consequências.

Se ele não fizer isso, vai sofrer inúmeras consequências. Ele tem que imediatamente informar o que ele fez com todos os bens que ele tinha nos últimos anos: para quem ele vendeu, como ele vendeu, por qual valor ele vendeu. E, se ele não informar tudo isso, ele fica responsável subsidiário pelo crédito. E aí, se ele não fizer nada, não apresentar nada, a Fazenda promoverá a penhora. E antes disso ela protesta o contribuinte. Então, vocês estão vendo que a situação do contribuinte está maravilhosa, não é? Depois que a Fazenda protestou o contribuintes e penhorou seus bens, aí, sim, começa a execução fiscal. E, além do mais, há um artigo prevendo que a Fazenda Pública poderá requisitar informações, de qualquer um para qualquer um, sobre localização dos devedores e bens. E quem não prestar informações de forma dolosa – e aí fica para todo mundo decidir o que é o "doloso" – ficará responsável subsidiário pela dívida. Então, eu pergunto: e o princípio da capacidade contributiva, que prevê que o contribuinte ou responsável tem que ter uma relação com o fato jurídico tributário? E ainda aí tem o pior dos mundos, a previsão da constrição preparatória ou provisória em dinheiro – ou seja: a Administração poderá fazer penhora *on line* do valor da dívida, que já se converte em renda. Mas olha, tem um alívio: três dias depois que ela fizer isso ela tem que entrar com a execução fiscal; se ela não entrar com a execução fiscal em três dias o dinheiro vai voltar para a sua conta. E quem vai acreditar nisso? Então, a Fazenda inscreve; se você não pagar, não depositar, não prestar fiança ou seguro, o que vai acontecer? Penhora *on line*. Alguém tem dúvida de que isso vai acontecer? Portanto, nestes casos fica claro que o Comitê de Transação vai ser um ótimo recurso para o contribuinte. Por isso temos que entender que são todas partes de um quebra-cabeças.

Depois disso tudo, como falei, vem a execução fiscal. O contribuinte pode embargar no prazo de 30 dias da citação da execução fiscal, só que os embargos não suspendem a execução. Para suspendê-la o juiz tem que dar a motivação pela qual ele está suspendendo a execução fiscal. E a execução também, ela não se suspende por nenhuma outra ação; ou seja, retira do juiz qualquer poder cautelar, poder do juiz de numa ação autônoma suspender execução, a não ser que tenha depósito, fiança ou seguro. Esse depósito já se converte em renda para a União.

Outra questão: não correrá a prescrição em favor do executado que age de forma ilícita. Se o executado agiu de forma ilícita não existe prescrição, e não informar bens à penhora é agir de forma ilícita, já está expresso. Então, aquele devedor que não tem bens, contra ele nunca vai ocorrer a prescrição.

O controle judicial sempre vai ser posterior, e, como eu disse, depois que começou a inscrição na dívida será vedado à pessoa jurídica distribuir qualquer dividendo, lucro, bonificação, juros sobre capital próprio etc.

Prezados, há mais temas nesses projetos, mas o meu tempo é curto, e eu quero dizer o seguinte: se tiver alguma coisa boa nesses projetos de lei, eu me recuso a falar. Sabe por quê? Porque eu entendo que temos de ter uma posição muito radical – eu já tinha visto outros professores e juristas terem essa posição radical, ela não é só minha – de não aceitar discutir esses projetos de lei, que não dá para negociar. Não dá para negociar, para tirar a possibilidade da penhora administrativa *on line*, e ficar toda a responsabilidade subsidiária, e ficar a possibilidade de a Fazenda Pública fazer a execução administrativa. O que vamos tirar daqui? Tudo isso, tudo isso que eu falei, acho que nenhum desses itens é passível de concessão. Se eu tirar tudo isso, tenho que fazer um novo projeto. Então, creio que é um engodo a gente entrar na discussão isolada. "Ah, eu posso discutir a questão da responsabilidade subsidiária." "Ah, eu posso discutir a questão da penhora administrativa." Não, não posso discutir nada. A gente tem que começar discutindo ideologicamente, se é possível a execução administrativa. Onde ela estaria fundamentada: na alta executoriedade dos atos da Administração? Não vou entrar, aqui, numa discussão de direito administrativo, mas me parece que não dá. Eu acho que é retirar do Poder Judiciário algo que é fundamental e está na questão na separação dos Poderes, e que é fundamento do nosso Estado de Direito.

Esta é a minha posição, e ela é radical. Não dá para discutir esses projetos. O tema, para ser discutido, tem que ter novo início. Têm que existir e têm que ser propostos outros projetos de lei, porque estes projetos de lei de que eu tratei nestas breves palavras afrontam os direitos do contribuinte e o Estado de Direito.

E os problemas todos que foram colocados nas "Exposições de Motivos" dos projetos de lei? A meu ver, estes problemas estão longe de ser resolvidos pelos projetos de lei. Como eu disse, para mim a pergunta que não cala é: qual o fundamento do mundo real que justifica que as Fazendas Públicas Federal, Estadual, Distrital e Municipal são mais eficientes que o Poder Judiciário? Não sei! Por que elas teriam mais condições de fazer todos estes atos, em detrimento do Poder Judiciário? Por que elas não se tornam eficientes para analisar sim, a inscrição na dívida e fazerem seleção, estratégia, planejamento, para só inscrever aquilo que tem que ser inscrito? E aí retirariam milhões de execuções fiscais que abarrotam as Varas de Execuções Fiscais. Por que não se tornar mais eficiente essa análise? Por que não fazer critério específico para aqueles casos maiores, e diferenciar dos menores? Por que mudar todo esse esquema?

E outra coisa são projetos de lei fadados à declaração de inconstitucionalidade. O STF causou grande discussão ao declarar a inconstitucionalidade do decreto que permitia o leilão extrajudicial pelo Sistema Financeiro da Habitação. E, se formos verificar os fundamentos do Supremo naquele caso, seriam os mesmos fundamentos que não permitiriam, aqui, a penhora administrativa. Então, para quê causar esse caos todo em algo que o Supremo já disse que não pode?

Ademais, esses projetos são parte de um todo para obrigar qualquer contribuinte que tenha uma dívida com a Fazenda Pública a não discuti-la, a pagá-la ou fazer a transação, porque, se ele não fizer isso, ele não conseguirá mais nada, pois ora ele já está protestado ou ele está com uma penhora *on line*, ele não pode distribuir dividendos, lucros, bonificações, ele está com uma responsabilidade subsidiária no pescoço. O que ele faz? Ele para. É uma maneira de obrigar que ninguém vá à Justiça discutir. Então, a Fazenda Pública comete ilegalidades, inconstitucionalidades, e não permite que o contribuinte discuta. E também não se pode esquecer de que, se o Poder Judiciário é moroso, se há um acúmulo enorme de ações, um dos motivos é porque também as Fazendas Públicas são rés. E são rés que fazem com que os processos se alonguem o máximo possível, fazem de tudo para não pagar! Este dado precisa ser colocado também na discussão, e ninguém colocou! É só o contribuinte que não paga? E a Fazenda Pública, quando ela deve, ela paga? Paga facilmente? Não! Será que podemos esquecer disso?

Creio que não dá para aceitar qualquer projeto que venha com esse tipo de proposta. Por isso, como eu disse, a minha posição é muito radical, e não permite negociação. Eu creio que existem, sim, meios eficientes – e aí o processo eletrônico para os tribunais, administrativos e judiciais, tem acelerado muito os processos. Temos que pleitear que se busque eficiência aliada à tecnologia, à tecnologia da informação, ao uso e abuso de preparar os técnicos, funcionários e toda a Fazenda para que consigam ao máximo que os créditos sejam pagos, mas dentro da legalidade.

Eu quero, como cidadã, como estudiosa do Direito, participar de um grande debate em que se busque promover as mudanças necessárias no sistema processual para cobrança de dívida tributária. Eu creio que aí, sim, vamos discutir todos, mas dentro da legalidade. Não dá para aceitar qualquer proposta que viole o devido processo legal, como é o caso da penhora administrativa, que prevê protesto e que afasta da jurisdição qualquer tentativa de se afastar de ilegalidades cometidas pela Fazenda Pública.

Srs., a República do Brasil e nós, cidadãos republicanos, merecemos uma proposta que contemple a eficiência, a legalidade, o respeito aos direitos dos contribuintes, e que assegure o tema desse Congresso, a *segurança jurídica*. O que é próprio de um Estado de Direito. Por isso não podemos aceitar que esse Estado se desmorone. Eu me lembro de uma passagem do livro *República e Constituição*, do Prof. Geraldo Ataliba, em que ele cita um provérbio chinês que diz que, quanto mais gastas as escadarias de um tribunal, mais vazias estarão as celas das prisões. Quanto mais as pessoas forem ao Poder Judiciário e acreditarem no Judiciário, mais as pessoas respeitarão a lei. Não vamos deixar que o Poder Judiciário seja diminuído, minorado. Não vamos tirar do Estado de Direito o seu pilar, que é a separação dos Poderes. E não vamos permitir que, com esse tipo de projeto de lei, esse Estado de Direito, construído com o trabalho de tantos honrosos cidadãos, se acabe.

Eu peço a todos que leiam com cuidado todos esses projetos de lei e que se mobilizem contra eles. Muito obrigada! [*Palmas*]

Sanções Tributárias – Pena de Perdimento de Mercadoria

PROF. MARCELO SALOMÃO [*Texto sem revisão do Autor*] – Bom dia a todos! Claro, preciso iniciar agradecendo o convite, a honra de participar desse evento, o *XXIV Congresso de Direito Tributário* do IDEPE/Instituto Geraldo Ataliba. Que honra poder mencionar o nome do eterno Prof. Geraldo Ataliba! Prestígio maior por estar nesta Mesa, presidida pelo Dr. Nelton, e na presença, junto com os meus queridos professores e amigos, de Sacha Calmon e Susy Hoffmann.

De verdade, na hora que eu vi que eu estava na Mesa deles, a minha preocupação aumentou muito, porque eu tenho uma gigantesca admiração e devoção pelos dois.

Mas, aí, a minha preocupação aumenta, porque me deparo com um auditório desse nível, de grandes tributaristas, e os cumprimentos, em especial em nome da minha querida Profa. Maria Leonor, que coordena com tanta eficiência esses Congressos, meu querido Prof. Minatel e aos demais professores aqui presentes.

Depois de ouvir a Susy falar... – aliás, Susy, eu troco imediatamente o meu escritório de Ribeirão pelo seu de Campinas, mesmo com tudo que você falou. Se precisar, eu ainda volto alguma coisa... [*Risos na plateia*]

Parece que realmente só se escuta falar em direito tributário de verdade, aquele de que o Geraldo Ataliba sempre falou, aquele escrito na Constituição, nos congressos de Direito. Está assustador ter que vir debater projetos como esse de que a Susy falou. Está assustador vivenciar esse momento – que momento bom, não é? Olhando para trás, na época em que se tinha que combater apenas decretos inconstitucionais, leis inconstitucionais, leis complementares inconstitucionais... O momento, hoje, é de emendas constitucionais e inconstitucionais, o momento, hoje, é de projetos que já querem destruir completamente o Sistema Tributário Nacional. Mas, mais que isso, querem destruir o devido processo legal. E por que isso tem a ver com a minha palestra? Na verdade, tem a ver com a palestra de todos que vão falar aqui. Porque se ferem a garantia e o direito de defesa do cidadão contribuinte. E isso aqui continua sendo uma República – ou seja, os que estão lá na Administração estão na condição de nossos funcionários, cuidando das nossas coisas; portanto, eles não têm poder-dever. Eles têm dever-poder, porque cuidam das nossas coisas, e os poucos poderes que têm são exatamente para cumprir com os seus deveres. Em qualquer âmbito da Administração.

Então, para falar de pena de perdimento, eu vou fazer, como aprendi com os meus professores, dois deles aqui na Mesa, e como acompanho nas decisões de desembargadores do nível do Dr. Nelton, começando pela Constituição.

Aliás, eu tenho sugerido aos meus alunos que não comprem Constituição em Brasília, que me parece que vêm faltando alguns dispositivos lá, por algumas decisões que eu tenho visto. Estou chegando à conclusão de que deve ser falha de impressão, porque é impressionante como eles têm pulado alguns artigos da Constituição... Mas, felizmente, para falar do meu tema, o primeiro artigo da Constituição já facilita; quer dizer, se forem tirar o primeiro artigo da Constituição, mesmo a falha de publicação, ou alguém que não enxergue bem, provavelmente vai querer ler o primeiro, que diz que é um dos princípios fundamentais desse País: "Art. 1º. A República Federativa do Brasil, formada pela união indissolúvel dos Estados e Municípios e do Distrito Federal, constitui-se em Estado Democrático de Direito e tem como fundamentos" – vou direto ao que interessa ao tema, os valores sociais do trabalho e da livre iniciativa. Esse é o primeiro artigo da Constituição, isso aqui é de fato e de direito, ou pelo menos é de direito, o Estado Democrático, aquele que efetivamente protege, que só retirem a minha propriedade, os meus bens, que eu só seja condenado, se eu tiver um devido processo legal, e não uma mera acusação, e não uma punição primeira, antes de qualquer processo. Bastaria dizer Estado Democrático de Direito para isso, mas a Constituição diz mais, felizmente. É engraçado, eu vejo parte da doutrina, claro, num rigor, dizendo: "Não precisava falar em princípio da legalidade, da estrita legalidade, na reserva de lei lá no tributário, porque já falava em legalidade, já falava também em igualdade, não precisava ficar repetindo essas coisas". Precisa, porque, se repete e ainda assim não é respeitado. Então, eu sou daqueles que não têm nada contra, talvez precise de uma emenda repetindo todos os princípios, umas cinco emendas repetindo de forma clara todos os princípios, e mais, tornando-os implícitos e explícitos, porque é inacreditável também a dificuldade de se admitir princípios implícitos, inacreditável, como se a norma fosse só o que estivesse escrito, e não a nossa Construção.

Mas essa Constituição, além de nos definir como Estado Democrático de Direito, preza explicitamente a propriedade. No art. 5º, então, portanto, é um direito intransponível, exceto pelas próprias exceções constitucionais. A livre iniciativa não está só no art. 1º, lá no art. 170, que fala dos princípios gerais da atividade econômica, "a ordem econômica, fundada na valorização do trabalho humano e na livre iniciativa, tem por fim assegurar a todos existência digna, conforme os ditames da justiça social, observados os seguintes princípios": propriedade privada, livre concorrência. Também diz a CF, no inciso XIII do art. 5º, o mesmo art. 5º, aquele das garantias intransponíveis do cidadão, que "é livre o exercício de qualquer trabalho, ofício ou profissão, atendidas as qualificações profissionais que a lei estabelecer".

Colocadas essas premissas, agora, sim, eu me sinto à vontade para começar a falar de pena de perdimento. Não dá para pensar em qualquer assunto em matéria tributária se não se começar pela Constituição. Então, a ideia foi jogar essa interpretação sistemática, mostrando alguns princípios constitucionais e comandos constitucionais que regulam, que disciplinam, o limite dessa matéria.

Pois bem, existem diversos tipos de sanção. Felizmente, eu leio e releio tudo que o Prof. Sacha escreve, e aprendi que existem as sanções patrimoniais, as multas, existem sanções privativas de liberdade, privativas de direitos, privativas da vida. E o Prof. Sacha chama a atenção, todos os ramos didaticamente separados do Direito punem, existem punições para as infrações administrativas, um ato pode gerar uma punição administrativa tributária como pode gerar uma punição penal. Então, não há que ficar preocupado se é direito penal ou tributário, tributário ou penal, e sim em conhecer a possibilidade e os limites das aplicações de penas no Estado Democrático de Direito e com as peculiaridades que podem haver para uma pena, sim, para uma norma que possa gerar uma pena tributária e uma sanção penal.

Dissecando essas espécies de sanções para o nosso tema, as sanções patrimoniais aqui não analisarei, porque dizem respeito efetivamente ao pagamento de multa. Mas eu vou tratar das sanções não patrimoniais, de caráter interventivo, as sanções políticas. Como é que a gente vê isso? Restrições de direito, imputação de deveres formais mais gravosos ao contribuinte, perda de benefícios, pena de perdimento. A justificativa é que a aplicação dessas sanções é para garantir o crédito, para garantir a possibilidade de as Fazendas receberem o tributo supostamente devido. Nesse tipo de sanção estão as conhecidas apreensões de mercadorias, os regimes especiais.

É possível esse tipo de sanção? Sim, é possível esse tipo de sanção. É admissível esse tipo de sanção? Sim, é admissível esse tipo de sanção. Todos nós sabemos que os entes tributantes têm o poder de polícia, têm o dever de fiscalizar, têm o dever de regular, de disciplinar, mas no sentido de orientar para o bom andamento das coisas, de fiscalizar para que as coisas funcionem, para que as coisas andem bem. Verificado que as coisas não andaram bem, cumprido o dever de fiscalização, aí, sim, vamos ver as sanções que vão decorrer dessa fiscalização. Mas aqui eu já dou um pulo para, também trazendo como premissa de interpretação, lembrar que o STF já sumulou essa questão por três vezes, não pode significar pouca coisa, há a Súmula 70 dizendo que é inadmissível a interdição de estabelecimento como meio coercitivo de cobrança de tributo. Há a Súmula 323, que diz que é inadmissível a apreensão de mercadoria como meio coercitivo de cobrança de tributo. E aqui entra a Súmula 547, no sentido de que não é lícito à autoridade proibir que o contribuinte em débito adquira estampilhas, despache mercadorias pelas alfândegas e exerça suas atividades profissionais. Portanto, a Constituição e o STF, seu guardião, têm claro, sim, que pode e deve, tem que haver o poder de polícia, tem que haver fiscalização, mas as aplicações das sanções não podem conter uma forma distorcida, disfarçada, oblíqua, de cobrança de tributo. Que essas sanções não podem ser utilizadas como única e exclusivamente forma de se obrigar, de forma disfarçada, o recolhimento do tributo. O bom é que não sou eu quem está dizendo isso, é o STF, em matéria sumulada, por três vezes.

Soma-se a isso – e o Prof. Sacha faz isso no seu livro, exatamente nessa sequência, quando aborda esse tema –, falar das sanções. Nossa Constituição também veda o confisco. Veda explicitamente a utilização de tributo com efeito de confisco. Mas, como há proteção ao direito de propriedade, efetivamente, a vedação ao confisco é regra. É uma regra geral, não se pode permitir a tomada de bens, a tomada de patrimônio, sem o devido processo legal. A multa não pode ser tão alta que perca seu caráter de punição para ser um verdadeiro confisco, uma retirada de bem de patrimônio do cidadão. Portanto, eu acrescento naquelas premissas – e deixei para fazer neste momento – a *vedação ao confisco*, acrescentem isso nessa forma de interpretação desse tema "Pena de Perdimento".

A Constituição, de forma explícita – e isso vem reforçar claramente a nossa linha de entendimento –, admite situações onde ela mesmo diz que tem que haver peremptoriamente, imediatamente, a pena de perdimento. Quando? Produção de plantas entorpecentes – art. 243 da CF. O "cultivo de plantas psicotrópicas", diz a letra da Carta Magna. E autoriza ainda, no parágrafo único, o confisco de todo e qualquer bem apreendido em decorrência do tráfico ilícito de entorpecentes. É a Constituição que está trazendo exceção, porque é ela quem trouxe o princípio maior da propriedade, da vedação ao confisco. Então, ela vem, coloca o dedo, aqui pode, diretamente.

Também o faz no art. 37, § 4º, com relação ao enriquecimento ilícito decorrente da improbidade administrativa. Ao lado dessas possibilidades, a CF, no art. 5º, XLVI, dispõe que "a lei regulará a individualização da pena e adotará, entre outras, as seguintes": privação ou restrição de liberdade, perda de bens, multa, prestação social alternativa, suspensão ou interdição de direitos. Portanto, o que o legislador constituinte fez foi definir duas situações claras, específicas, onde ele concorda imediatamente com a perda de bens, e no art. 5º dizer as formas, os modelos de penas possíveis, e colocar entre eles "a perda de bens", então, já tem que ficar claro que perda de bens, efetivamente, a Constituição autoriza – vamos ver em que termos. A própria Constituição vai trazendo esses termos, mas é obrigatório no Brasil, segundo o mesmo art. 5º, que permite perda de bens como uma das formas de sanção, que tenha que haver, quando se refira à liberdade e à propriedade, o devido processo legal. São inseparáveis, assim como eu das lições da minha Profa. Susy, que está pensando na troca de escritório... Eu estou pensando, Susy.

Mais que isso, o art. 5º, LV, na sequência, diz que "aos litigantes, em processo judicial ou administrativo, e aos acusados em geral são assegurados o contraditório e ampla defesa, com os meios e recursos a eles inerentes". Então, eu tenho o devido processo legal, agora deixa claro o inciso seguinte dizendo que isso se aplica ao processo administrativo. Precisava? Não. Acrescentou? Deixou mais claro? Ótimo. Tem que ter ampla defesa, tem que ter contraditório, que já estão inseridos no devido processo legal, mas está repetido, está deixando claro que no administrativo ou no judicial, e está dando sequência dizendo que isso é obrigatório quando? Em qualquer situação que implique restrição ou perda de liberdade ou bens.

Não há, portanto, meus caros, neste País, na nossa Constituição, autorização para pena de perdimento sem o devido processo legal. Esse é o ponto primeiro que eu tenho a passar para os Srs. Mas não tenho dúvidas sobre isso. Claro, aceito opiniões divergentes, posso pensar, mas neste momento, eu tenho convicção absoluta, pela interpretação sistemática que apresento aos Srs., de que não há possibilidade de falar em pena de perdimento sem o devido processo legal no Brasil, exceto naqueles dois casos excepcionados pela Constituição.

Além disso, além de encarar, interpretar o devido processo legal, quando se fala em aplicação de pena o STF também já vem nos direcionando, assim como toda a doutrina, sobre a aplicação do princípio da proporcionalidade. Há que se procurar analisar, para aplicação da pena, sua adequação e sua necessidade, para exatamente ela não perder a condição de multa, de pena, e virar confisco, e virar invasão do direito de propriedade. É assim que o STF vem nos guiando com relação à aplicação de penas.

Por quê? Porque essa é uma medida extrema, a causalidade tem que ser observada, junto com todos esses princípios. Nós temos que analisar o bem protegido, o bem tutelado, porque nos dois casos concretos como é que nós vamos comparar um ilícito tributário com o tráfico de drogas? Vejam, o caso que a Constituição deixou claro, que ela concorda e aceita, é o primeiro, tráfico de drogas. Como é que se equipara isso a uma infração tributária? Isso tem que ser sopesado, isso tem que ser considerado para a interpretação correta, para a aplicação possível da pena de perda de bens. Será que é qualquer infração tributária que equivale a esse crime de tráfico de drogas? É claro, o nosso direito positivo, sabemos todos aqui, traz, efetivamente, a possibilidade da pena de perda de bens quando trata de apropriação indébita, sonegação fiscal, contrabando, descaminho. O detalhe é que sempre que a legislação fizer isso e não respeitar o devido processo legal ela será, no meu modo de ver, inconstitucional.

E aqui eu abordo um ponto que realmente é fruto, e se percebe o porquê, da discussão doutrinária sobre isso. As normas que sempre definiram, que inicialmente definiram as perdas, as penas de perdas, elas estavam sob a égide da Constituição de 1946. Na verdade, na pesquisa que fiz vi que essas penas vêm lá do início do Brasil, mas pegando a maior parte delas eu vi que estavam sob a égide da Constituição de 1946. Mantidas depois, recepcionadas, mantidas via recepção pela Constituição de 1967, que, em seu art. 150, § 11, expressamente previa a possibilidade, sim, da pena de perda em função de dano ao erário. Portanto, havia na Constituição de 1967 total condição, como foi feito, de recepcionar as normas infraconstitucionais que traziam essas penas.

Mas, conforme fui passando para os Srs., Constituição de 1988, pelos motivos aqui já analisados, no nosso sentir, não recepcionou essa possibilidade, dizendo que especificamente por dano ao erário poderá haver a pena de perda de bens. Eu vejo a perda de bens como uma possibilidade, sim, que pode ser trazida, mas nos novos moldes constitucionais; não basta ser dano ao erário, tem que respeitar o devido processo legal, pode ser aplicado em qualquer área do Direito, mas tem que respeitar o devido processo legal. Portanto, o fato de haver previsão explícita de dano ao erário não existe mais no Brasil. A Constituição o fazia de forma expressa, não faz mais. Portanto, e por isso, é muito importante que se olhe a legislação, aquela legislação feita sob a égide de Constituições anteriores e a atual, para ver o que não ficou inconstitucional e verificar se as alterações legais que foram feitas já sob a égide da Constituição de 1988 respeitaram essa nova imposição constitucional do devido processo legal para aplicação das penas.

Hoje, eu até anotei toda a legislação onde encontrei essas previsões, ou pelo menos algumas delas: o art. 81 da Medida Provisória 2.158-35, de 24.8.2001, gerou a Instrução Normativa 247 – na verdade, anotei isso aqui para falar um pouco das formas de importação, se é possível, em função da falta de informação, mudar a natureza da operação de importação; se for possível, a gente veria as decorrências da imposição.

Mas, na verdade, o que eu quero abordar é a legislação que traz as penas de perdimento. A mais antiga que encontrei foi a do IPI, na Lei 4.502/1964, novembro de 1964. No art. 87 ela traz especificamente, deixa claro, quais são as situações que podem gerar pena de perdimento. E implicam clandestinidade do ingresso de mercadorias, ausência do registro regular, a hipótese de notas irregulares, circulação de mercadorias sem notas. Ou seja, a gente começa a perceber também que tem que estar mantido aquele objetivo: "Olha, tudo isso é para preservar a possibilidade do crédito, para se permitir que possa, efetivamente, a Fazenda ter acesso e cobrar esse crédito que parece ser devido". A diferença é que quando foi criado, é que parece, que ele só parece, mas mesmo só parecendo já seria tomado, o bem. Interessante, fazendo essa pesquisa nessas legislações antigas, eu vi que, nessa própria legislação de 1964, o art. 67 e o art. 68, de forma explícita, embora falassem em perda de bem, deixavam clara a função do julgador de aplicar a proporção, a proporcionalidade na aplicação das penas. Que levassem em conta os motivos determinantes da infração e a gravidade de suas consequências efetivas. Davam ao julgador a possibilidade de mensurar a quantidade da pena aplicável. Que interessante! Então, mesmo dizendo que havia a pena de perdimento, ele, na própria legislação, considerava a existência de uma autoridade julgadora para ver isso, e com extremos poderes, inclusive de sopesar a pena.

Também no Decreto-lei 37/1966, já com relação ao imposto de importação, a pena de perda de bens, também explícita, no art. 96, e sempre também vinculada a esse tipo de atitude do contribuinte: ocultação de mercadoria, ausência de documentos, irregularidade de documentos. E, atualmente, a Lei 10.637/2002 mudou. O art. 618 do Decreto 4.543, que vem e usa a expressão da antiga Constituição, "dano ao erário", agora, a norma infraconstitucional – diga-se de passagem, bem *infra* – mudou também, essa mesma lei, o Decreto-lei 1.455. Com essas alterações, ambas ficaram praticamente com a mesma letra, com as mesmas situações. Quais são? Ocultação de sujeito passivo, ocultação do real vendedor, ocultação do comprador ou do responsável pela operação. Mas, em qualquer um dos casos acima, desde que mediante fraude ou simulação, inclusive a interposição fraudulenta de terceiros. Então, vamos lá, a legislação atual, infraconstitucional, está dizendo que é possível, sim, a pena de perda de bens em casos, nessas hipóteses, de ocultações que eu mencionei, mas ela mesma diz que, em qualquer um dos casos acima, desde que mediante fraude ou simulação, inclusive interposição fraudulenta de terceiros. Além de a própria Constituição, então, definir que há o devido processo legal, eu lembro também das lições – até em Ribeirão Preto se ensina isso – no sentido de que fraude não se presume, fraude se prova. Portanto, se obrigatoriamente, para aplicar essa pena, se tem que ter a situação de fraude ou simulação, a própria interpretação da lei, do meu ponto de vista, não pode ser diferente, tem ter a verificação se houve fraude, porque fraude se prova, presunção absoluta de fraude. Então, realmente, eu vou ter que voltar para a Faculdade.

A Constituição não permite, mas a interpretação sistemática da própria lei já me dá essa convicção. A legislação atual, na sequência, prescreve as regras para que se possa presumir, de modo absoluto, a interposição fraudulenta nessas situações, nessas operações de comércio exterior. E quando? Quando se verificar a presença das seguintes situações: ocultação do comprador ou responsável pela operação. Ela está dizendo: "Só vai poder aplicar para a situação de ocultação, eu posso, sim, presumir que há, desde que tenha fraude e simulação nas situações de ocultação". Ela volta e repete, e continua caindo na mesma situação. Eu tenho me chocado muito com tribunais, cortes administrativas, que se negam a analisar matéria constitucional. Mas, então, às vezes eu brinco, quando vou fazer a sustentação: "Ignorando a existência da Constituição, eu vou brincar, de se possível falar de direito tributário, sem ela. O que a legislação infraconstitucional aqui está dizendo é que a falta de informações com relação a quem fez a operação, a quem representou, a quem comprou, a quem vendeu, poderia gerar a pena de perdimento direto". Eu gostaria de acrescentar para os Srs. que, independentemente da Constituição, o art. 148 do CTN continua vigente, e a lei complementar. E, lá, ele diz que, no caso de omissão ou de provas dadas consideradas insuficientes, a obrigação do Fisco é fazer o lançamento por arbitramento.

E o arbitramento também não foge do devido processo legal. Então, vejam que o sistema se fecha perfeitamente, não se está querendo dizer: "Ah, então não entregue informação nenhuma". Não. O sistema legal prevê essa situação. Então, isso aqui não é forma, ninguém está querendo, aqui, defender sonegador. Eu estou querendo trazer as garantias trazidas pelo sistema. Que o fato do fornecimento equivocado ou incompleto, ou do não fornecimento, jamais, com base no Código Tributário Nacional, poderia implicar a perda direta do bem. O que ele autoriza nessa situação – aliás, o que ele obriga nesta situação – é que a Fazenda, diante deste quadro, faça um arbitramento, que, por sua vez, também respeitará o devido processo legal.

Agora, voltando ao mundo real, não dá para ignorar a Constituição, eu lembro que o art. 146, III, "b", diz que compete à lei complementar cuidar de lançamento.

Bom, dentro do tempo que eu tinha para falar, o que eu quero concluir é: Realmente poderá existir pena de perdimento de bem no direito tributário? Sim. Em qualquer ramo. Quem diz? É a Constituição. Só que dentro desses moldes constitucionais. Sempre com o devido processo legal, sempre respeitando todos esses princípios da livre iniciativa, da propriedade. E desde que se demonstre efetiva fraude, efetiva simulação com relação àquela operação, ninguém quer proteger fraudador ou simulador. O que se quer é que se evidencie, que se puna apenas esses. E quem quer? A Constituição.

Eu encerro lembrando que, se o STF falou, em sua súmula, que ele não admite apreensão de mercadoria como forma oblíqua de cobrança de tributo. Vê se tem condições de admitir a perda direta de bem; na apreensão se deduz que ainda se apreende para depois se devolver, depois de resolvida... Na perda direta isso seria impossível.

Então, também a própria súmula reforça, numa interpretação, sei lá, no máximo extensiva, que o STF também está de acordo com essa posição [*truncado na gravação*].

Muito obrigado pela atenção e paciência dos Srs.! [*Palmas*]

Desconsideração da Empresa e do Negócio Jurídico

Prof. Sacha Calmon Navarro Coêlho – Meus Srs., minhas Sras. Certa feita um francês perguntou meu nome completo. Sacha Calmon Navarro Coêlho. E disse assim: "Mas não é muito nome para uma pessoa só? [*Risos na plateia*] Então, esses são muitos elogios para uma personalidade não tão excepcional; não é falsa modéstia, é realmente humildade.

Agora, os temas que me foram dados são dois oceanos, a desconsideração dos negócios jurídicos bilaterais, atos jurídicos bilaterais e a desconsideração da personalidade jurídica, o *disregard*. Não é possível tratar desse assunto em 30 minutos. Eu não vou ao parlatório, porque não quero chamar a atenção sobre a minha pessoa. Eu quero dar valor às palavras. Então, por respeito a vocês, eu fiz um ligeiro apanhado, para dizer que esses dois institutos são diferentes: um diz respeito a negócios jurídicos, a atos jurídicos bilaterais, fatos jurídicos entre pessoas, e o outro à desconsideração da pessoa jurídica, levantando o véu dela, das pessoas jurídicas, para verificar o que existe por baixo – ou seja, as pessoas, porque a pessoa jurídica é uma criação do Direito, não é? Não é uma ficção: *societas distat a singulis* – desde os romanos sabemos disso.

O que eu quero dizer primeiramente é que o sistema brasileiro, quer no direito civil, quer no direito tributário, é anticausalista. Não se discute entre nós, por exemplo, a prevalência da substância econômica sobre a forma do negócio jurídico. Tanto é que temos a existência dos contratos inominados e a autonomia da vontade na combinação dos tipos privados mistos.

Por exemplo, um negócio jurídico que está começando a crescer no Brasil é construir para outrem, sob especificação, com a finalidade de lhe alugar a obra por prazo certo. Não é somente empreitada, não é apenas locação, esse negócio gera aplicações financeiras estruturadas; e, portanto, nós não podemos pensar, em relação a isto, na aplicação pura e simples da Lei do Inquilinato, nas ações renovatórias de aluguel, porque a liberdade de contratar combinação dos tipos é expressamente permitida pelo ordenamento. Tampouco faz sentido, entre nós, desconsideração dos negócios jurídicos. Tampouco faz sentido, entre nós, a discussão do *business purpose*, a chamada "finalidade negocial", porque economizar custos econômicos – tais como juros, salários e tributos –, por si só, constitui um dever do gestor empresarial, em regime de livre concorrência, como predica a Constituição ao referendar a livre iniciativa como prevalente e a proibição de formação de cartéis, oligopólios e monopólios.

Aí esta o CADE. O que se discute no Brasil em relação à desconsideração dos negócios jurídicos? Discute-se o divérbio, o desencontro, o descompasso, entre a *intentio juris*, que é a vontade das partes, objetivada no negócio, e a *intentio facti*, que é a vontade real das partes, porém oculta. Noutras palavras, o que se discute no tema da desconsideração dos negócios jurídicos é simulação e dissimulação.

Segundo, existe no Direito Brasileiro a impossibilidade lógica e sistemática de uma norma geral antielisiva ou antielusiva, em face da proibição expressa da analogia e do princípio da legalidade em sentido formal e material, ou seja, *lex estrita* e *restrita*.

O que se discute, portanto, na desconsideração dos negócios jurídicos é o caráter antissimulatório do parágrafo único dos arts. 116 e 117 do CTN, que é lei complementar da Constituição da República. Enquanto coleção de normas gerais de direito tributário que se aplica à União, aos Estados e aos Municípios.

O art. 116 – que vocês conhecem de cor, mas eu vou repetir – diz o seguinte, porque é interessante analisarmos o conjunto: "Salvo disposição de lei em contrário, considera-se ocorrido o fato gerador [*fato jurígeno, que gera o dever de pagar tributos*] e existentes os seus efeitos: I – tratando-se de situação de fato, desde o momento em que se verifiquem as circunstâncias materiais necessárias a que produza os efeitos que normalmente lhe são próprios". Por exemplo, uma operação de *day trade*: eu compro ações de manhã, as ações sobe 3%, eu vendo à tarde, isso é um fato, embora por trás exista um contrato, é um fato. Agora, tratando-se de situação jurídica, dá-se o fato gerador desde o momento em que esteja definitivamente constituída nos termos do Direito aplicável. O parágrafo único está ligado ao *caput* e aos incisos do art. 116, eu estou tratando de fato gerador de tributo.

O parágrafo único tem a seguinte redação: "A autoridade administrativa [*um aplicador da norma aos casos concretos*] poderá desconsiderar atos ou negócios jurídicos praticados com a finalidade de dissimular a ocorrência do fato gerador do tributo ou a natureza dos elementos constitutivos da obrigação tributária, observados procedimentos a serem estabelecidos em lei ordinária". Esse parágrafo – sabemos nós – foi incluído no texto no Código Tributário Nacional pela Lei Complementar 104, de 10.1.2001, e não consta que até hoje tenha havido uma lei regulando esse assunto. Sei que ela virá, está sendo tramada a sua regulamentação.

O que eu posso dizer – quero dividir com vocês essa preocupação – é que o parágrafo único do art. 116 do CTN prevê de fato uma lei processual, *modus operandi*, que permita a prova da adequação da *intentio faciti* à *intentio juris*, no interior do negócio jurídico, pois a prova – já o disse Ferrara – é essencial na teoria da simulação dos atos e negócios jurídicos.

Vamos aos exemplos. Um contrato de *fideicomisso* para ocultar, pelo homem casado, doação à sua concubina. Nós temos um direito civil muito protetor da família. Nos Estados Unidos é diferente, você pode fazer o que quiser com o dinheiro. A Paris Hilton vai receber parece que 1% do seu pai ou seu avô. Quer dizer, nos Estados

Unidos o sujeito faz o que quiser com o dinheiro: doa, divide metade da fortuna para uma ONG, não tem problema, eles são individualistas. Nós, não. Eu, por exemplo, que sou um homem idoso, eu posso me casar, que estou protegido pela lei, a mocinha não me leva sequer um centavo, [*risos na plateia*] porque o regime é de separação absoluta de bens, estou protegido. Eu sou, afinal de contas, um incapaz. [*Risos na plateia*] Posso me casar, mas estou protegido. Isso veio do direito canônico e da experiência dos tempos imemoriais.

Muito bem. Dei o exemplo do *fideicomisso*, que é um tipo de propriedade resolúvel: eu faço a doação à ele, morro, mas ele tem a incumbência de passar a propriedade à minha concubina, claro, concubinato infiel, na medida em que eu sou casado. A venda com cláusula de retrovenda dissimulando hipoteca é outro exemplo. Eu empresto dinheiro à Susy e quero uma garantia real. Ela diz assim: "Não, eu dou a minha fazenda lá em Ribeirão Preto, que vale uma fortuna, em garantia". Eu falo: "Não, não, não, eu estou proibido pela lei e pelo Banco Central de emprestar dinheiro, eu não posso, essa hipoteca é nula. Vamos fazer uma venda com cláusula de retrovenda, eu vou fazer algumas benfeitorias, vou superfaturar, você vai aceitar, e isso vai corresponder aos juros que dentro de três anos você há de me pagar". É um abuso nas formas do Direito, que o direito privado permite, não é?

Continuemos: contrato de locação de bens móveis com cláusula de opção de compra por valor residual muito baixo. Esse exemplo é do Amílcar de Araújo Falcão, no Direito Alemão de antes da II Guerra Mundial. Havia um imposto geral sobre vendas na Alemanha, qualquer venda de qualquer coisa era sujeitada ao imposto. Então, os particulares começaram a fazer contratos de locação, que transferem o uso da coisa, com uma opção de compra no final com caixa. Era um *leasing avant la lettre*, era um contrato de locação que previa a opção de compra ao término do prazo de locação de oito anos, digamos, por um valor residual muito pequeno, que era a base de cálculo do imposto. Era uma maneira de abusar das formas de direito privado com o fito de circundar uma lei imperativa; portanto, uma fraude à lei.

Continuemos mais uma vez: um contrato de compra e venda de imóvel, ocultado por um contrato de sociedade de responsabilidade limitada. Eu quero comprar uma fazenda no Mato Grosso, do Guilherme, riquíssima, preciosa, mas temos que pagar o ITBI, 4%. Então, digo a ele: "Vamos fazer o seguinte: em vez de compra e venda, vamos fazer um contrato de sociedade. Você entra com as terras e eu entro com o dinheiro, daí a um mês nós fazemos um distrato, você sai com o dinheiro e eu fico com as terras". Perfeitamente legal, os negócios são lícitos, mas na verdade está havendo uma dissimulação de um contrato de compra e venda de bens imóveis, para gozar da imunidade que prevê que na colação de bens imóveis, na formação da sociedade, integralização do capital da sociedade, não incide o ITBI. Então, eu quero me aproveitar dessa previsão constitucional, e simulo um contrato de compra e venda.

Em todos esses exemplos está muito claro o abuso das formas de direito privado. Portanto, o que se pode fazer de fraude com os negócios jurídicos. Quer para iludir leis financeiras, civis ou tributárias.

Bom, dependendo do gosto de cada um, vejam nesses negócios prevalência do conteúdo sobre a forma, abuso de direito, abuso das formas de direito privado, fraude às leis civis ou tributárias, o denominador comum de todas elas, no Direito Espanhol, nos Direitos Inglês, Americano, Alemão, o Becker inventou uma interpretação econômica do direito tributário e que o regime nazista adotou integralmente, o que há é simulação ou dissimulação em todas essas figuras, fraude à lei, abuso de direito, abuso das formas de direito privado, o que ressumbra, o que sobra, é sempre a prova de que algo foi simulado ou dissimulado. E eu vou dar os exemplos disso.

Naquele contrato de sociedade em lugar de compra e venda pode ser que eu tenha simulado um contrato de sociedade para ocultar uma compra e venda de bem imóvel, mas eu posso ter feito um contrato de sociedade que durou 20 anos. Por que eu, que integralizei o meu capital, com terras, não posso sair com o dinheiro no momento da dissolução da sociedade? Por que não? Onde está a autonomia privada? Onde está o meu direito de eu próprio criar regras jurídicas, como criar normas ao fazer contratos, um estatuto de um clube de futebol, um contrato de mútuo? Onde está minha autonomia privada? Então, a prova é essencial.

O comodato no lugar de uma locação pode ser comodato, mesmo. Se eu tiver 100 imóveis alugados e vier para o Fisco e disser que eu tenho 100 contratos de comodato, que é aluguel gratuito, ele vai dizer: "Você é um imbecil, está querendo me iludir. Eu vou arbitrar um aluguel, eu vou lhe cobrar imposto de renda". Mas eu bem posso dar em comodato a meu filho, à minha filha, à minha afilhada que vai estudar no Rio de Janeiro, um imóvel que lá tenho em comodato. Portanto, a questão da prova, da simulação e da dissimulação, é fundamental. E o parágrafo único do art. 116 o que prevê é um processo de prova, um devido processo legal, para desconsiderar um negócio jurídico, pela autoridade administrativa. Portanto, é algo muito sério, não é uma "carta branca" que se queira dar ao administrador, uma "carta branca" que nem o juiz tem, que é também um aplicador de normas e contratos *in judicando*.

Eu posso também ter uma sociedade em conta de participação para ocultar um mútuo com anatocismo, mas se os juros são razoáveis, muito abaixo do cobrado pelos bancos, e há o risco do negócio, nada há de ilícito, não é o mútuo, não é juro que estou recebendo, é realmente um contrato em conta de participação em que eu sou sócio oculto, que entro com o capital, e o sócio ostensivo responde pelo negócio.

Existe em outros Países a possibilidade de construir para alugar sob encomenda. Eu não posso aplicar a Lei do Inquilinato. Na fase de construção do imóvel eu tenho despesas pré-operacionais perante o imposto de renda.

Então, esses exemplos mostram que o problema da desconsideração dos negócios jurídicos é um assunto muito sério, não pode ser tratado com a leviandade com que vem sendo tratado no Brasil, e com a gana antidissimulatória baseada em interpretação econômica com que o CARF está começando a tratar dessa matéria.

E não se queira ver autorizações para uma norma geral antielusiva no Código Tributário Nacional, porque não as há, as autorizações. Por exemplo, o art. 118 nos levaria a conclusões muito equívocas. Diz o art. 118: "A definição legal do fato gerador é interpretada abstraindo-se: I – da validade jurídica dos atos efetivamente praticados pelos contribuintes, responsáveis, ou terceiros, bem como da natureza do seu objeto ou dos seus efeitos; II – dos efeitos dos fatos efetivamente ocorridos". Ora, aqui o Código Tributário Nacional quis dizer que o legislador fiscal, o legislador, pode fazer abstração sendo o caso dos aspectos puramente civis e comerciais na definição do fato gerador.

Exemplifico. O charlatão que exerce a Psicanálise é fato concreto, era um autodidata, chegou a ser o mais procurado pelas senhoras com problemas psicanalíticos. O charlatão que exerce a Psicanálise sem diploma, por sinal, era argentino. [*Risos na plateia*] Civilmente perderá a autorização profissional e responderá penalmente. Seu ato de exercer a Psicanálise não foi ilícito. Ilícita foi a forma pela qual ele a exerceu. Ele tem que pagar ISS à Prefeitura e imposto de renda à União. O mesmo se dá com o falido. Proibido de comerciar por cinco anos, mas que abre um empório na Belém-Brasília e exerce a mercancia. "Ah, isso é um ato ilícito, ele não deve pagar tributos." Não, ele deve pagar tributos. O de que ele não se livra é da persecução penal. Essa interpretação que eu faço desse artigo do Código Tributário Nacional é corroborada pelo art. 126, que diz o seguinte: "A capacidade tributária passiva independe: I – da capacidade civil das pessoas naturais; II – de achar-se a pessoa natural sujeita a medidas que importem privação ou limitação do exercício de atividades civis, comerciais ou profissionais, ou da administração direta dos seus bens ou negócios; [*inclusive o interditado*] III – de estar a pessoa jurídica regularmente constituída, bastando que configure uma unidade econômica ou profissional". Aparentemente temos, aí, uma abertura imensa para a chamada "interpretação econômica" em direito tributário.

Mas não, o que se quis dizer foi o seguinte: empresas informais, exercendo a mercancia, devem ser tributadas. O prático em Odontologia, o tira-dentes estabelecido, assim como o charlatão, o rábula, estão sujeitos aos tributos, embora não escapem da persecução penal. Por que um rábula, exercendo Advocacia, o charlatão, exercendo a Medicina, o comerciante irregular, não haverão de pagar tributos? Eles exercem atividades lícitas, embora proibidos de fazê-lo. Uma coisa é burlar a proibição, outra coisa é exercer o fato gerador. E o direito civil não pode proteger essa ignomínia. Portanto, não é nenhuma autorização a interpretação econômica. Ver nesses dispositivos autorização para desconsiderar negócios jurídicos é sandice. Por isso mesmo, o art. 109 autorizou ao Estado-legislador, mas não ao Estado-Administração, ao funcionário público, conferir efeitos próprios às formas, institutos e conceitos do direito privado, menos quando utilizados para fixar competências tributárias.

Registre-se que o legislador pode; o administrador e o julgador, não. Porque ambos são aplicadores do Direito aos casos concretos. E o princípio da legalidade, em sentido formal e material, e a proibição da analogia impedem este proceder por parte da Administração, desconsiderar negócios jurídicos *à la diable*. Estou a terminar.

Quanto à desconsideração da personalidade jurídica de empresas, o Código Tributário Nacional não trata do assunto. É universal a máxima de que a sociedade se distingue dos seus partícipes. Aliás, se o direito tributário adotasse *in totum*, levianamente, a teoria da desconsideração da pessoa jurídica, estaria dando um tiro no pé. O art. 135 diz: "São pessoalmente responsáveis pelos créditos correspondentes a obrigações tributárias resultantes de atos praticados com excesso de poder ou infração de lei, contrato social e estatutos". Por quem? Pelas pessoas referidas no artigo anterior. Que são aqueles terceiros, tutor, curador, administrador de bens de terceiros. Os mandatários, prepostos e empregados. Os diretores, gerentes e representantes de pessoas jurídicas de direito privado. Quer dizer, a pessoalidade, o dolo da *persona*, excluiria imediatamente a responsabilidade da empresa. Seria fácil, muito fácil, eu construir diretores, gerentes e administradores como "homens de palha", sem bens, para praticarem ilícitos e serem responsabilizados pessoalmente, livrando as pessoas jurídicas de quaisquer ônus. O Ives Gandra organizou um seminário para discutir esse artigo.

Essa desconsideração para atribuir responsabilidade unicamente às pessoas físicas – quer dizer, levantando o véu – só poderá ocorrer em casos especialíssimos, quando tanto a empresa como o Fisco sejam vitimados por espertalhões. Não noutras hipóteses. O *disregard* só se justifica para as empresas de pura aparência, empresas-veículos, usadas para burlar a lei mediante atos dolosos e fraudulentos. São simulacros de empresas, daí a desconsideração delas. A sua não consideração como empresa em si. Ainda uma vez, a dissimulação, a que se reduzem todas as formas, abuso de direito, fraude à lei, dispersas nos ordenamentos jurídicos.

Portanto, termino dizendo: o art. 116 do CTN trata apenas disso, e não pode tratar de outra coisa, perante o nosso sistema legal, se não da simulação e da dissimulação de atos e negócios jurídicos. Nada mais, nada menos.

Muito obrigado! [*Palmas*]

Mesa Expositiva (C)

ICMS

PRESIDENTE DA MESA: PROF. VALDIR DE OLIVEIRA ROCHA
MEMBROS DA MESA: PROF. TÁCIO LACERDA GAMA, PROFA. MARIA RITA FERRAGUT, PROF. JOSÉ EDUARDO SOARES DE MELO, DES. ESTADUAL MOACIR ANDRADE PERES

Substituição Tributária – Operações Internas e Interestaduais

PROF. TÁCIO LACERDA GAMA – Boa tarde a todos! Começo minha participação felicitando os responsáveis por mais esta exitosa edição do Congresso Brasileiro de Direito Tributário do IDEPE na pessoa do seu Presidente, Prof. Aires Fernandino Barreto. Saúdo também os ilustres Palestrantes que me acompanham nesta Mesa e esta seleta audiência.

A crescente utilização da substituição tributária, os inúmeros trabalhos de elevada qualidade técnica e a difusão mesma da sua operacionalidade entre nós, que nos dedicamos ao direito tributário, me permitem superar os esclarecimentos propedêuticos sobre a fenomenologia da substituição, indo direto aos seus pontos polêmicos.

Para ilustrar a primeira polêmica, relativa ao embate teórico sobre se há, ou não, efetiva substituição de algo na chamada "substituição", usarei um filme e uma série de televisão. Cada um deles nos permitirá um meio de compreender o objeto da nossa fala, e só então teremos fundamentos mais lúcidos para tratar dos temas controvertidos que tocam nosso dia a dia.

O filme que ilustra o tema da substituição tributária é o chamado *Minority Report*. Numa tradução literal, seria algo como *O Relato da Minoria*. Estrelado por Tom Cruise, este filme *hollywoodiano* tem o seguinte enredo: num futuro, não muito distante, uma especial tecnologia permitiria pessoas com dons especiais receber treinamento para prever a ocorrência de ilícitos antes da sua efetiva prática. As previsões assim obtidas seriam captadas por um sistema e transmitidas à força policial, que atuaria antes de o crime ocorrer, impedindo danos à vida, ao patrimônio e à sociedade como um todo. Após a implementação desta tecnologia, a sociedade vivia um período de paz e segurança.

É lógico que se trata de um filme de ficção científica, cuja implementação futura é incerta e de dificílima realização concreta. Mas a ideia essencial é interessante: uma tecnologia que se projeta no futuro, "relatando" o que "ainda não é" para que este relato nunca "venha a ser". Relatando o crime que ainda não foi praticado, para que ele nunca venha a ser.

Mas, observem os Srs., o nome do filme é *O Relato da Minoria*. Sim, isso pode acontecer, pois são três "indivíduos" que relatam o que vai acontecer, e nem sempre este relato é unânime. Nestas situações, onde há divergência, como fica se a minoria faz o relato correto e a maioria erra? O que se mostrava infalível e permitiria a paz acaba por se tornar um instrumento teratológico de punir aquele que nem em pensamento imaginava praticar um crime. Nem Kafka conseguiria imaginar uma tal situação de injustiça.

Neste filme, o relato da minoria acerta ao declarar a inocência do protagonista, ao passo que a maioria o "pré-vê" cometendo um crime que ele não viria a cometer. O nosso ator principal se vê na insólita situação de ter que provar a inocência futura, demonstrando que ele não viria a praticar o fato que ele, em realidade, não praticou.

Esse primeiro filme nos remete à substituição tributária na forma como é concebida pela doutrina tradicional. Sem o mesmo aparato tecnológico, formado por um trio mediúnico, a legislação prevê o fato tributário que irá acontecer com grande probabilidade e faz com que a norma tributária incida antecipadamente sobre ele. Cobrando hoje o tributo por um fato que ainda não aconteceu e sujeitando-se ao relato equivocado da maioria, quando é obrigada a reconhecer que tem direito ao tributo recolhido no passado em relação a fato futuro que não chegou a ocorrer ou, ocorrendo, o foi em valor menor que o tributado.

Devo esclarecer, antes que alguma premonição sobrenatural me denuncie, que este exemplo é da Profa. Misabel Derzi, que o manejou, com brilhantismo, num congresso em Paris para explicar aos europeus a dinâmica de nosso inusitado instrumento arrecadatório.

É bom ressalvar, também, que a substituição pode ocorrer em pelo menos três situações, denominadas de "para trás", "para frente" e "concomitante". A primeira ocorreria nas situações denominadas também de "diferimento", onde um sujeito situado numa etapa posterior do processo produtivo recolhe tributo em face das etapas anteriores. A segunda ocorreria, nas situações descritas no nosso exemplo, em relação a fato futuro e incerto. E a última, "concomitante", nas situações em que não há antecipação nem postecipação do fato, mas eleição de sujeito distinto para proceder à arrecadação. Este seria o caso do imposto sobre a renda retido na fonte, no qual, supostamente, uma pessoa aufere a renda (beneficiário) e a outra recolhe o tributo (fonte pagadora). Em qualquer das suas modalidades, porém, existiria um dispositivo que prevê o ressarcimento daquilo que é recolhido em nome do chamado "contribuinte".

A ideia ordinária de explicação desta técnica seria algo mais ou menos assim: por conveniência de arrecadação, a lei atribui a terceira pessoa, vinculada indiretamente ao fato tributário, o dever de recolher tributo em nome de terceiros e cobrar, por meio de retenção, o valor equivalente ao pagamento do tributo. Daí a ideia de substituição. Substitui-se um fato por outro, substitui-se um sujeito passivo por outro, mas essa atividade seria apenas de recolhimento.

Algumas consequências podem ser apontadas para esta técnica de tributação. Vamos, inicialmente, às positivas. Ela proporciona grande conveniência arrecadatória; afinal, é mais simples fiscalizar uma indústria ou um distribuidor que milhares de varejistas. É muito mais fácil controlar um indivíduo que vários. É, de certa forma, simples estabelecer um mecanismo de fiscalização para apenas um contribuinte. E a consequência imediata disso é uma redução drástica nas práticas antes convencionais de mercado de não escriturar ou não emitir parte das notas fiscais de certo período. Com efeito, reduz-se, intensamente, a margem de informalidade na atividade econômica. E mais: a substituição tributária, ao recolher antecipadamente o que será vendido no futuro, estabelece o dever de recolher ICMS sobre o próprio estoque do substituído, o que adianta em muitos meses o recolhimento de tributos. Há, portanto, maior base a ser tributada, e num período mais curto de tempo.

A retórica em prol da substituição tributária não para por aí...

É possível relacionar, ainda, ganhos de competitividade entre as empresas. Sim, pois, se você tem uma parte da sociedade que contribui e outra parte que não contribui com o pagamento de impostos, sem dúvida, há um forte entrave à livre concorrência. Então, se você tributa um substituto que recolhe tributos por todo o mercado, ele paga tributo por todo mundo, a concorrência não vai ser burlada. As vantagens, também por este prisma, seriam enormes.

Mas voltemos ao nosso exemplo: o lado negativo da substituição seria, justamente, o relato da minoria. Este ocorre naquelas circunstâncias onde ou o fato tributado não se dá ou, ocorrendo, ele é quantificado num valor inferior àquele previsto por um dos métodos de "antecipação do futuro". Caberia uma resposta conceitual de que o fato que não ocorre enseja imediata devolução ou, nos locais onde há legislação que prevê isso, pronto ressarcimento do valor cobrado a maior. Mas não estamos num filme de ficção científica, e sabemos que nossa realidade, pura e dura, prevê um rol de dificuldades ao ressarcimento que entristece até o mais otimista dos contribuintes.

Para as empresas que não possuem regime especial, atender aos requisitos da Portaria CAT-17, com todos os seus formulários e procedimentos, é um caminho tortuoso, que chega a inibir sua efetiva aplicação em muitos casos. É legítimo o argumento de que este cuidado com a coisa pública é imprescindível. Porém, a manutenção de uma burocracia que inibe o exercício de direitos na esfera tributária é igualmente indesejada. Empresas com intensa emissão de documentos fiscais e que ainda não têm sistema de escrituração eletrônica, que não possuem regime especial de apuração do ICMS/Substituição tributária, se veem praticamente impedidas de operacionalizar "o relato da minoria", na forma de ressarcimentos de ICMS, em muitas situações.

Um pragmático poderia vir com o seguinte argumento: não se faz uma omelete sem quebrar os ovos. O preço a se pagar pelo aumento substancioso da arrecadação, a redução drástica da informalidade e o tratamento equânime entre os mais diversos tipos de contribuintes de um setor é, eventualmente, "ignorar o relato da minoria", mantendo nos cofres públicos créditos de ICMS que não correspondem a fatos que ocorreram ou foram feitos com valor superior ao que deveriam.

Admitir este argumento pragmático significa admitir uma flagrante ruptura com todos os pilares fundamentais da tributação, forjados ao longo dos últimos oito séculos. Sim, porque isso seria a cobrança de tributo sobre fato que não representa riqueza, sem lei que o estabeleça ou – o que é pior – contrariando frontalmente o que estabelecem a Constituição da República e o Código Tributário Nacional quando disciplinam a competência para uso desta figura tributária.

Não é por outra razão que o ressarcimento nas situações em que o fato jurídico-tributário ocorre em valor inferior ao previsto voltou a ser tema de embates na ADI 2.777, junto ao STF. Seria possível, em nome da chamada *praticabilidade tributária*, impor restrições à capacidade contributiva do sujeito passivo que suporta tributo não proporcional à riqueza tributada ou, por outra forma de explicar, se submete a tributação fictícia.

Pois bem, esta seria uma forma de ver a substituição tributária, com as lentes de um filme de ficção científica: como um sistema que prevê o que ainda não aconteceu e elege responsáveis – substitutos – para recolher tributos em nome dos "verdadeiros" contribuintes – substituídos.

Eu, por outro lado, não sou dos maiores admiradores das ficções científicas e das explicações fantasiosas. Prefiro explicações realistas, assim como realista foi a série do *Fantástico*: "A vida, como ela é", inspirada na obra de Nelson Rodrigues. Nesta série, paixões e desejos dos mais íntimos e inconfessáveis eram expostos em circunstâncias cotidianas, sobre o pretexto de explicar "a vida, como ela é".

Munidos deste espírito – e voltando nossas atenções para perceber o que acontece na substituição tributária –, seria oportuno perguntar: existe efetiva substituição? Há alguém substituindo alguém? É a previsão do futuro que desencadeia o dever de pagar um tributo?

Já me adianto para dizer que penso a "substituição tributária" como pensa Paulo de Barros Carvalho e já pensava Alfredo

Augusto Becker. Para estes autores na chamada "substituição" não há substituição alguma, o que existe é nova instituição de nova hipótese de incidência, de novo sujeito passivo e de nova base de cálculo. Noutros termos: a substituição tributária é uma nova regra-matriz de incidência tributária, com elementos da hipótese e do consequente distintos daqueles previstos na operação própria.

Para explicar esta ideia, tenhamos presente que na operação de substituição tributária há, em verdade, duas incidências. Uma é a chamada operação própria, com base de cálculo e hipótese de incidência tal qual estamos familiarizados. Na substituição tributária, por sua vez, o que temos é uma hipótese que prevê fato idêntico, presente, mas uma base de cálculo que leva em consideração o valor que será praticado no futuro, mas que já está definido à época da incidência da norma. As formas de apurar esta base quantificadora de fato futuro pode variar, adotando diferentes critérios. Há a margem de valor agregado, existe também o preço médio ao consumidor, entre outras técnicas que buscam identificar o efetivo valor deste fato que ocorrerá. Mas isso diz respeito apenas a base de cálculo, hipótese de incidência, fato sujeitos passivos não são substitutos, mas efetivas hipóteses que desencadeiam deveres jurídicos e sujeitos de direito que integram relações jurídicas.

Os que imaginam a substituição como simples normas prescritoras de deveres instrumentais não têm dificuldade em ver decretos disciplinando toda a substituição, sua hipótese, base de cálculo e sujeito passivo. Sim, pois é este o veículo introdutor de normas que disciplinam a substituição, não só aqui em São Paulo, mas em todos os demais entes federativos. Ocorre que o estabelecimento de regras-matrizes de incidência tributária não pode ser feito por decreto. É expressa a disposição constitucional no sentido de que o tributo será criado e transformado por meio de lei (art. 150, I, da CF), cujos desdobramentos são determinados pelo Código Tributário Nacional (art. 97), que prescreve cada um dos itens que deve ser estabelecido por meio de lei, e não de decreto ou convênio-CONFAZ.

Pois bem, e aqui pensando "A vida, como ela é", não espero que os Srs. concordem com isso imediatamente, mas algumas questões polêmicas podem ser extraídas desta ideia de que a substituição não substitui ninguém juridicamente, o que faz é estabelecer nova norma tributária. Não se trata, pois, de dever instrumental, é norma tributária que, em tudo e por tudo, deve respeitar os ditames constitucionais.

Meus Srs., se se trata de uma obrigação pecuniária, de nova regra-matriz de incidência, deve ser totalmente instituída por meio de lei, atender à capacidade contributiva, respeitar a anterioridade, a igualdade e tudo o mais disposto pelo art. 97 do CTN. "Ah! Poderíamos dizer que não" – afinal, existe um convênio-CONFAZ que autoriza esta instituição. Não se institui tributo por convênio-CONFAZ, por mais vantajosa que seja a arrecadação proporcionada por esta regra-matriz de incidência tributária.

Outra prática que enseja muita reclamação é o estabelecimento da margem de valor agregado em valores superiores ao que é efetivamente praticado pelo mercado. O efeito disso é a distorção do montante que efetivamente deve ser arrecado, com prejuízos para a capacidade contributiva e ensejando aumento artificial de preços. O que afirmo é facilmente comprovado pelo simples confronto entre as notas fiscais de venda de um bem e aquela nota que documenta a saída de produtos do substituto. Somando a isso as dificuldades de ressarcimento, o que ocorre, efetivamente, é a majoração indevida do ICMS a recolher.

Mais dois pontos, para encerrar.

O penúltimo ponto seria o seguinte: nas atividades interestaduais, para que você tenha substituição tributária é necessária a celebração de protocolos. Esses protocolos são muito positivos. Na medida em que eles permitem que a mercadoria saia daqui com retenção do substituto tributário e seja comercializada noutro Estado, não vejo problema nenhum quanto a isso, acho, inclusive, muito saudável, do ponto de vista arrecadatório e do ponto de vista concorrencial. Porque, uma vez mais, se as empresas todas estão submetidas à substituição tributária, e ainda por cima com nota fiscal eletrônica, a possibilidade de sonegação cai muito, e isso cria uma condição de igualdade concorrencial. Só faço a ressalva de que estes regimes e protocolos devem ser deferidos com base em critérios objetivos, e não ficar ao sabor de agentes arrecadatórios que utilizam a discricionariedade abusivamente, como forma de perseguir contribuintes.

E o último aspecto. Houve exageros em todos os Estados da Federação no estabelecimento da substituição tributária. O instrumento de atenuação destes exageros acabou sendo o regime especial. Ocorre que o estabelecimento de um ICMS "customizado", segundo as necessidades e condicionantes de cada contribuinte, é algo muito louvável se for feito de forma objetiva, mediante o atendimento de critérios claros, sem que a subjetividade dos agentes possa, de qualquer forma, limitar a concessão do benefício. Não sendo assim os valores consubstanciados nas limitações constitucionais ao poder de tributar, em especial os da segurança, certeza, igualdade e legalidade, acabam por ser afrontados. E não há facilidade arrecadatória que justifique agressões a um sistema tributário construído ao longo de séculos, com tantas garantias construídas por força de árduas batalhas e que, há mais de 60 anos, passaram a integrar o documento que dá forma à nossa República, a nossa Constituição Federal.

Agradeço muitíssimo a atenção dos Srs., estou à disposição, depois, para eventuais conversas e discussões. Muito obrigado! [*Palmas*]

Responsabilidade dos Sócios e Administradores (Passado, Presente e Futuro)

Profa. Maria Rita Ferragut – Tratarei com vocês, hoje, de responsabilidade tributária, passado, presente e futuro. Se nós pudéssemos dividir em três grandes blocos essas limitações temporais, eu diria que no passado as fortes características da responsabilidade residiam na pouca importância que era dada ao tema, em que pese a grande parte das regras vinculadas à responsabilidade dos administradores existir desde o advento do Código Tributário Nacional, de 1966. Essas regras eram dificilmente aplicadas, existia autorização legal e constitucional, mas eram incomuns autos de infração e execuções fiscais em que o administrador era demandado para pagar um débito oriundo de fatos geradores praticados pela pessoa jurídica.

Também era fato que, quando isto ocorria, muitas vezes esse administrador era chamado para pagar débitos independentemente da prática de fatos ilícitos. O mero não pagamento era fato jurídico suficiente a demandar esse redirecionamento do débito. Com o decorrer do tempo, a evolução da jurisprudência e a maior utilização dessas regras de responsabilidade, hoje nós temos a desnecessidade da prova de atos de má gestão pelo Fisco. A mera alegação, atualmente, basta. É claro que existem exceções, mas a grande quantidade de autos de infração e de execuções fiscais em que existe esse redirecionamento é fundada em alegações do Fisco ou inscrição da pessoa física na Certidão de Dívida Ativa/CDA. É desnecessária a prova efetiva de atos de má gestão. E o mero não pagamento também não gera mais a responsabilidade pessoal do administrador. Esse é o nosso presente.

Futuro. Necessidade de provas e uma necessidade imprescindível de que quem alega – ou seja, o Fisco – demonstre a ocorrência do ilícito. Atos de má gestão são fundamentais para autorizar esse redirecionamento, assim com da dissolução irregular.

Quando nós tratamos da responsabilidade do administrador, duas premissas são fundamentais. Atos lícitos não geram responsabilidade; e ilícitos, sim. Vocês conhecem, eu imagino, o art. 135 do CTN, que é o fundamento legal normalmente utilizado para o redirecionamento, e que estabelece a responsabilidade pessoal todas as vezes que o administrador agir em uma das situações contempladas no *caput* desse artigo. Então, atos de má gestão resultantes de excesso de poderes, infração da lei, contrato social ou estatutos.

Dois pontos daqui são importantes quando tratamos de presente, e especialmente de futuro. O primeiro deles é: qual a característica da responsabilidade pessoal prevista no art. 135 do CTN? Entendo que são três as possibilidades de interpretação. A primeira delas, responsabilidade pessoal; segundo, solidária; e terceiro, subsidiária. Não entendo que seja este o local para discutirmos profundamente qual seria a mais adequada. Eu adianto que, em minha visão, a responsabilidade é exclusiva, mas no Judiciário o que prevalece é a responsabilidade solidária ou subsidiária, a depender do Tribunal e da Turma. Então, é possível defender as três características, exclusiva, solidária ou subsidiária, considerando que na jurisprudência é majoritário o posicionamento de solidariedade ou de subsidiariedade. Independentemente de como nós venhamos a entender a responsabilidade, o fato é que sempre é necessária a presença do administrador no auto de infração. Seja na responsabilidade exclusiva, seja na solidária, seja na subsidiária. São dois os grandes motivos que justificam esse posicionamento. O primeiro deles é a ampla defesa. Se partirmos da premissa de que hoje, para que eu seja responsabilizada, há necessidade de atos ilícitos, e se é direito garantido pela Constituição que eu me defenda, não posso ser acusada da prática de um ato, não ter a possibilidade de defesa, em esfera administrativa, e só me defender no Judiciário. Não estou diminuindo a força do Judiciário, mas o fato é que um débito no Judiciário leva muitos anos até ser decidido, e com todas as implicações que vocês conhecem, de garantia, de dispêndio para contratação de advogados... Então, se eu sou mencionada desde a esfera administrativa, eu tenho o direito de me defender. É um ponto. E o segundo ponto é o seguinte: decadência. Se eu não sou mencionada e existe o redirecionamento, mas o meu nome, pessoa física, não consta desse auto de infração, no futuro, quando esse débito chegar ao Judiciário, existirá decadência para a pessoa física. Por quê? Porque decadência é relação jurídica, e relação jurídica pressupõe dois sujeitos e um objeto. O prazo decadencial existe para que o Fisco constitua as relações que entender adequadas dentro do tempo que o Direito impõe como sendo o adequado. Se não o faço, não posso fazê-lo depois. E muitas pessoas alegam: mas, se houver solidariedade ou subsidiariedade, não incorre a decadência. Não concordo. Uma relação jurídica é Fisco/Maria Rita. Outra relação jurídica é Fisco/Maria Rita/Tácio. São sujeitos passivos diferentes, no que diz respeito a mim coincide, ao Tácio não coincide. A relação jurídica Fisco/Maria Rita é diversa de Fisco/Tácio. Se é diversa, não existe identidade entre elas. Não existindo identidade, é necessário que essa relação jurídica seja constituída no tempo adequado. Entenda-se, cinco anos do fato gerador, com as variações da contagem do prazo decadencial.

Portanto, é necessário que o crédito seja constituído contra todos os envolvidos, independentemente de como se entendam os efeitos da responsabilidade tributária. Não o fazendo, o direito de constituir o crédito decai. Essa linha de entendimento, entretanto, eu classifico como de possibilidade de êxito futuro, não presente.

E o segundo ponto é a questão da imprescindibilidade do dolo. Se é necessário um ato de má gestão, que foge de uma gestão regular, em que o tributo deixou de ser pago, a culpa é insuficiente. É necessário que ocorra o dolo, que seja demonstrado o dolo. Agora, a grande dificuldade na prova da intenção do dolo é que o dolo é definido pela doutrina como sendo a intenção da prática de um ato. Como eu posso provar a intenção da prática? A intenção é elemento intersubjetivo. Eu normalmente não exteriorizo por que eu estou aqui, por que eu impugno auto de infração. Eu posso impugnar um auto porque eu efetivamente acredito na improcedência daquele lançamento, ou eu posso impugnar um auto porque é conveniente ao meu cliente postergar o pagamento daquele débito. O que leva as pessoas a tomarem determinadas decisões é algo muito difícil de ser provado. É claro que eu tenho indícios, dependendo daquilo que foi praticado; mas eles não conferem a certeza necessária para a demonstração do dolo. Posso, às vezes, parcelar um débito porque é mais barato fazer isso do que discutir judicialmente. Qual foi minha intenção? A intenção foi economizar, e não pagar porque reconheci a procedência do débito. Então, a prova da intenção é muito complicada, mas é requerida pelo direito positivo, seja no art. 135, seja em outras situações, tais como o art. 150, § 4º, que muda o prazo decadencial se houver dolo. Também o art. 149 do CTN, em que o dolo se encontra presente. Então, eu preciso provar, o Direito requer. Mas como, materialmente, isso é possível? Identifico duas possibilidades. A primeira é identificar a opção do administrador entre praticar ou não aquele ato. Se não existir essa opção não há que se falar em dolo, em intenção. Se existia, é possível que tenha havido dolo.

Segundo ponto. A prova deve recair não sobre a sucessão de atos, não sobre o dolo em si, mas sobre a sucessão de atos que resultarão na fraude. Trago alguns exemplos de atos que conferem, em diferentes graus, maior ou menor certeza acerca da intenção desse agente. O primeiro é a reiteração de conduta. Em que pese ao fato de o CARF, na maioria dos julgamentos, não concordar com esse elemento, eu entendo que a reiteração de conduta é um índice seguro de intenção. Uma coisa é o sujeito que erra esporadicamente – somos falíveis, podemos errar. Outra coisa é o sujeito que reiteradamente comete os mesmos equívocos. Então, para mim é um indício, sim, de dolo.

Gravidade do ato. Nós estamos diante de uma legislação de ICMS extremamente complexa, e eu errei, mas quais são a gravidade da consequência e a interpretação daquele ato? É possível que eu tenha tido uma interpretação errada, pela complexidade, ou não? Se a legislação propiciava uma interpretação muito simples, mas ainda assim eu errei, e o produto do tributo que deixou de ser pago foi investido em minha empresa, qual a consequência daquele não pagamento? É um outro ponto que tem que ser observado.

Interposta pessoa, que para mim é a forma mais fácil de identificação de dolo. Desconheço situações de interposta pessoa em que não seja fácil essa prova, porque no erro ainda pode haver dúvida – "Será que havia aquela intenção de pagar, ou não?". Agora, na interposição, se, ao invés de eu ser titular da conta, quem é titular é o Tácio, não dá para eu, "sem querer", ter colocado o nome do Tácio na importação, na titularidade da conta-corrente. Como poderiam ser meros equívocos? Se estruturo a operação e os meus negócios de forma a incluir um terceiro, então, a interposição, para mim, é uma prova muito forte de dolo.

A simulação também é uma prova. A prova da simulação em si pode ser complexa, dependendo do caso concreto. Mas, uma vez demonstrada, é evidência de dolo. Informações divergentes perante os Fiscos, é? Informo para o Fisco Federal, na minha declaração de rendimentos, que fiz uma doação para minha irmã, não informo a Fazenda do Estado e não recolho o ITCMD, seja porque esqueci, seja porque não sabia que havia essa necessidade de informação. Então, há divergência entre aquilo que informei para a Receita e aquilo que informei para o Fisco Estadual. Essa troca de informações é muito eficaz, é legal e constitucional, e serve de elemento de prova para o dolo.

Por fim, estabelecimento fictício. Se eu tenho também estabelecimento fictício, aumenta a impossibilidade de defesa da ocorrência de dolo num caso concreto. O que o Fisco tem que provar, nessas situações? Infração e autoria. Infração: são condutas que revelam excesso de poder, infração de lei, contrato social e estatuto, de acordo com o art. 135 do CTN. E aqui trago alguns exemplos, para vocês, da nota fiscal subfaturada, ocultação de alienações, aproveitamento de crédito fiscal indevido. São exemplos de infração, e exemplos de como eu devo demonstrar a autoria. A autoria não é só do sujeito que executa materialmente o ato ilícito de má gestão, mas de todos aqueles que colaboram com aquela prática. O mandante, o partícipe, todos devem ser envolvidos. Devo procurar individualizar esse sujeito. Como consigo individualizar? Intimando o contribuinte. Nas situações em que tenho ilícito, crime contra a ordem tributária, é lançamento de ofício. O fiscal vai até a empresa, se for débito declarado e não pago, o sujeito constituiu o crédito, não há que se falar em redirecionamento por essas causas, pode ser dissolução irregular, lá na frente, mas não infração de lei, contrato social. Então, existe uma fiscalização, um lançamento de ofício. Da mesma forma que o Fisco intima o contribuinte para apresentar os livros fiscais, as notas fiscais, ele pode intimar esse contribuinte para informar a autoria do ato ilícito. Se ele não fizer, talvez a probabilidade seja realmente a de que ele se cale, se ele não fizer, aí, sim, o Fisco fez tudo que lhe competia, por um silêncio do contribuinte ele não tem como identificar aquela autoria, e, então, precisa analisar, dentro do contribuinte que está sendo fiscalizado, quem é que geria a sociedade, no que diz respeito aos aspectos fiscais. Dependerá, então, da estrutura de cada contribuinte, de que nenhuma outra pessoa tinha esses poderes, e aí se constitui o crédito, seja solidariamente, seja de subsidiariamente, contra a pessoa física, mas envolvendo sempre a jurídica e a física.

Qual o posicionamento do STJ, hoje? Infelizmente, é o de que o Fisco não precisa demonstrar o ato ilícito, basta que o nome do administrador conste da CDA. Então, é como se o ilícito não precisasse ser praticado, a mera alegação seria suficiente, porque, se eu não preciso demonstrar a ocorrência do fato, eu posso somente alegar. A CDA tem essa presunção de validade. Ocorre que a CDA tem presunção de validade no que diz respeito ao procedimento de constituição daquele ato jurídico – órgão competente e procedimento. O conteúdo do ato em momento algum pode ser presumidamente válido.

Então, é necessário o quê? Que a Administração promova essa prova, para que no futuro seja verificado, efetivamente, se aquela alegação procede ou não procede, porque é uma situação muito perigosa. Imaginem um auto de infração em que diversas alegações são feitas contra a pessoa física ou não são feitas, é lavrado um auto exclusivamente contra a pessoa jurídica. O ato jurídico é "pobre" no que diz respeito ao relato da inclusão dessa pessoa física. O débito chega ao Judiciário, o procurador naquele momento não tem mais meios de investigar a prática do ilícito e detalhes dessa prática e autoria, e o juiz encontra-se desprovido de condições materiais para tomar uma decisão segura, porque não existe relato do que ocorreu. Então, o relato pobre, a dispensa de provas, pode comprometer seriamente a procedência de uma dívida no Judiciário. Eventualmente, essa dívida deveria ser mantida, mas por ausência de demonstração não é. O procurador não tem mais como retornar 5, 6, 7, 10 anos, para ir até a empresa fiscalizá-la. Nosso sistema não viabiliza essa alternativa. Ou o fiscal faz isso no momento em que lavra o auto de infração, ou a prova acaba não sendo mais produzida. E como o juiz julga após vários anos? Certamente, não o faz de forma adequada.

Um avanço que vejo, focando-me no futuro, é a Portaria 180/2010 da Procuradoria da Fazenda Nacional. É óbvio que ela é sujeita a muitas críticas, o Prof. José Eduardo já teve a oportunidade de analisar algumas situações, e realmente essas críticas são muito procedentes. Mas a ponderação que eu gostaria de fazer para vocês é a seguinte: para mim é um avanço a obrigatoriedade de o procurador e o auditor da Receita fundamentarem o redirecionamento, a inclusão do administrador, todas as vezes em que essa pessoa for incluída na CDA. Não basta mais a mera inclusão, faz-se necessário que ela seja justificada e, no art. 4º, que se apresentem documentos comprobatórios desta inclusão. Documentos comprobatórios podem ser entendidos como mero contrato social, é óbvio, mas se for assim o avanço a que me referi cai no vazio. Fundamentação significa justificativa, não mera alegação, porque apenas alegar e não apresentar prova se equiparam. Quando a portaria vem e determina que se justifique a inclusão da pessoa física e que se apresentem documentos embasando essas justificativas, até prova em contrário, acredito que esta justificativa deverá corresponder a uma real motivação do ato jurídico; e, nessa medida, vejo a portaria como um avanço muito grande que nós tivemos em nosso ordenamento positivo tributário. Mas se isso não ocorrer – ou seja, se a Portaria 180 for desrespeitada, a consequência será a invalidade da inscrição, por conta do vício do procedimento. Existe hoje um procedimento positivado, que deve ser seguido. Não o sendo, configurado o vício de procedimento e, consequentemente, da execução, porque, uma vez viciada a CDA que respalda a execução, a execução fiscal também o será.

São essas as minhas considerações. Agradeço a atenção de todos vocês. Muito obrigada! [*Palmas*]

"Guerra Fiscal" – Riscos e Cautelas

Prof. José Eduardo Soares de Melo – O tema do Congresso é "Segurança e (In) Segurança Jurídica". A questão que nos traz a vocês, que não é nova, mas ainda não apresenta conclusão definitiva, diz respeito exatamente a uma das mais delicadas matérias e questões que têm ocorrido no mundo empresarial, que é o problema da "guerra fiscal" do ICMS. A colocação do tema não será nem um pouco conceitual, nem teórica, porque não estamos em curso de Mestrado ou Doutorado. Terá conotação eminentemente prática, já adiantando a vocês que quando nós tratamos da "guerra fiscal", ou seja, a concessão de incentivos fiscais por parte de um Estado ou do Distrito Federal, sem base em convênio, e sem observar a Lei Complementar 24, verificamos quatro pessoas envolvidas. O meu objetivo será exatamente refletir com vocês sobre o posicionamento de cada uma dessas pessoas.

Primeiro, o Estado de origem que concede o incentivo. Depois, o contribuinte (empresário) que se encontra no Estado de origem e que pratica o incentivo. Num terceiro momento, a pessoa jurídica (contribuinte, empresário), no Estado destinatário, que recebe aquela mercadoria numa operação legítima. E num outro momento o Estado de destino, entendendo que houve a inobservância do preceito legal, constitucional, ou seja, um incentivo sem convênio, procedendo à glosa dos tributos.

Nós vamos considerar quais são os diplomas normativos que nos interessam, tanto do lado do Fisco como do contribuinte. Esses incentivos, que consistem na previsão da desoneração do ICMS, reduções de base de cálculo, crédito-prêmio e outras outorgas de incentivos fiscais, têm por base a Lei Complementar 24, que contém uma regra que é muito combatida – estamos aqui para examinar se ela ainda tem eficácia –, que é o art. 8º, que preceitua o seguinte: quando não há convênio, aquele empresário que recebeu aquela mercadoria, cujo incentivo foi dado na origem, perderá o direito (proporcional) daquele valor, ou seja, ocorrerá a nulidade do crédito fiscal e a exigibilidade do imposto que não foi pago. Mas por outro lado, essa lei complementar foi editada em 1975; posteriormente, com a promulgação da atual Constituição, não há reprodução desta regra (na Constituição Federal) que trata da nulidade do crédito em razão da inexistência de convênio. A Constituição, no mesmo momento em que trata da instituição do princípio da não cumulatividade, prevê apenas uma exceção: quando o contribuinte, no caso, o destinatário, que recebe uma mercadoria desonerada do ICMS, isenção ou não incidência, ou com tributação e efetua a saída daquela mercadoria, sem carga tributária, é que iria ocorrer um efeito no âmbito do ICMS na sua não cumulatividade.

Há também uma situação muito delicada, porque o Estado de origem nem sempre concede apenas incentivos fiscais, que são isenções, reduções de base de cálculo, diferimento. Muitas vezes também outorga, aos estabelecimentos que estão naquele território, incentivos de natureza financeira. Então, a empresa vai pagar o tributo num determinado período de tempo. A empresa recebe um financiamento ou, então, incentivos de infraestrutura. Aquele Estado disponibiliza um terreno, um local, para que a empresa se estabeleça, e é claro que há uma repercussão de natureza financeira, econômica, e não propriamente tributária. E o grande drama nesse assunto é saber se essa empresa, no Estado de origem, que remeteu a mercadoria numa operação legítima para a empresa do destino pode ter afetado o direito do crédito do destinatário, porque na origem teria sido dado um incentivo meramente de infraestrutura. Eu entendo que é muito difícil medir a intensidade de um incentivo a ser concedido.

O nosso grande objetivo é verificar, dessas pessoas envolvidas, os dois Estados (de origem e de destino) e as duas empresas (a que fornece mercadoria e a que recebe a mercadoria). Para, num outro ponto, apontar a questão dos riscos e das cautelas. O Estado expede uma norma – e não estou nem falando de São Paulo, Paraná ou qualquer Estado. São Paulo sempre combateu muito a "guerra fiscal", mas também concedeu muito incentivo. Então, o que acontece? O Estado edita uma norma, e o grande objetivo é fazer com que as empresas sejam atraídas por aqueles incentivos, e lá se estabeleçam. No âmbito da empresa fornecedora, que está no Estado de origem, vende-se uma mercadoria, e vamos supor que aquela legislação do incentivo trate de um crédito presumido – ou seja, dou aqui um exemplo, vendo uma mercadoria de 100, independentemente da alíquota de 12%, seria interestadual, mais um crédito presumido, uma vantagem de 10%, e aquele empresário, no momento em que efetua a venda, emite a nota, e escritura um crédito presumido, até mais porque, como está seguindo a legislação daquele Estado, poderia até ser penalizado se não estivesse observando a norma do seu Estado.

A terceira pessoa envolvida na prática desse ato mercantil é o adquirente. Ele recebe a mercadoria, escritura como crédito o ICMS destacado. E o que acontece com a quarta pessoa, que seria o Estado destinatário? Lavra um auto de infração, aplicando certamente a sua legislação, que reproduz o art. 8º da Lei Complementar 24/1975, dispondo o seguinte: "Como foi dado um incentivo na origem, proporcionalmente ou de forma direta, a empresa do Estado destinatário não pode manter esse incentivo". Aqui em São Paulo nós sabemos que há o Comunicado CAT-36/2004, que não pode ser entendido como despido de normatividade; eu não sei qual é, vamos dizer, a grande natureza jurídica desse comunicado, embora não se saiba com precisão qual a sua natureza jurídica. Também outros Estados têm editado comunicados de mesma natureza, contendo lista de incentivos concedidos pelos demais Estados, indicando o tipo de incentivo, e se tem ação direta de inconstitucionalidade. E a mensagem que existe nesse comunicado é que aquele contribuinte, do Estado de São Paulo, que faça aquisição de mercadoria de outro Estado deve verificar se há o incentivo e ter o cuidado de não apropriar o crédito integral, o que, evidentemente, em quase todos os casos, não ocorre. E deixo, assim, bem claro que nesse comunicado há uma expressão direta, objetiva, que cuida da impossibilidade de aproveitamento dos créditos.

Em razão dessa lavratura do auto de infração, a empresa adquirente – no caso, a empresa paulista, como poderia ser de outro Estado – alega o seguinte: "A minha operação foi legítima, amparada por nota fiscal que atende a todos os requisitos. Em segundo lugar, como destinatário não tenho nenhuma vinculação com o incentivo dado no Estado de origem, observo o meu cenário jurídico e não sei o incentivo que foi dado, se é de infraestrutura, se é financeiro ou tributário". Argumenta, também, como já fiz no início da minha exposição, que o art. 8º da Lei Complementar 24/1975 não teria sido recepcionado pela Constituição de 1988.

Um outro argumento utilizado é que o remédio jurídico adequado para tratar da inconstitucionalidade, pelo Estado que se sente prejudicado pela norma que concedeu o incentivo no Estado de origem, seria ação direta de inconstitucionalidade. Tanto isso é verdade, que quando vamos à Internet, ou qualquer repositório, encontramos diversas decisões do STF, em razão de ação direta de inconstitucionalidade, que, de forma reiterada, têm dado validade aos convênios e têm decretado as inconstitucionalidades das normas. Argumenta-se, ainda, que estaria havendo invasão de competência – ou seja: se o caminho adequado, previsto na Constituição Federal, é ação direta de inconstitucionalidade, não posso, por via indireta, glosar um crédito, quando o caminho certo seria provocar no STF essa declaração de inexistência.

Coloco como arremate um outro argumento, relativo ao art. 146-A da CF, estabelecendo que uma lei complementar é que tratará dos critérios especiais de tributação. Há cerca de sete ou oito anos atrás foi submetido ao Conselho Administrativo de Defesa Econômica/CADE, que não é um órgão que trata de questões tributárias, mas de natureza concorrencial, que manifestou o entendimento no sentido de que essa situação de incentivos concedidos de forma unilateral, em um regime federativo, viola a concorrência. Acontece que até hoje não temos uma lei complementar que estabeleça esse critério especial e que se harmonize com a questão relativa à "guerra fiscal".

Como é que fica o Estado de origem? Ele mantém os incentivos, porque há uma presunção da legitimidade das normas. Se não há no Estado de destino uma provocação no STF via ação direta de inconstitucionalidade, ele permanece com a sua regra. Em razão disso, a empresa fornecedora também não é afetada por um ato unilateral, do Estado de destino, com relação ao comprador daquela mercadoria. O STF, como eu referi há pouco, tradicionalmente tem prestigiado os convênios e a Lei Complementar 24/1975, embora não faça maior digressão com relação ao art. 8º.

Vou destacar a vocês – evidentemente, é uma manifestação isolada, mas talvez seja um norte para o futuro – um despacho proferido pela Min. Ellen Gracie, recentemente, em que havia uma questão de um incentivo dado pelo Estado de Goiás e que iria refletir no Estado de Minas Gerais. E este contribuinte levou a questão ao Judiciário, e a Ministra alinhou as seguintes considerações: o Estado de destino não pode restringir ou glosar os créditos do ICMS. A incidência da alíquota, imposto, faz surgir o direito à apropriação do crédito. Não é dado ao Estado de destino, mediante glosa, negar efeito aos créditos. O caminho jurídico adequado seria a ação direta de inconstitucionalidade, e não se compensam inconstitucionalidades.

Trata-se de uma decisão monocrática que não firma uma jurisprudência, mas parece que pela primeira vez há uma manifestação de um membro do STF, dando uma outra abertura.

E, concluindo a minha fala, eu indagaria: quais são os riscos e cautelas, pelo menos do meu ponto de vista, que podem ocorrer em razão desse cenário jurídico?

O Estado que concede o incentivo, quando ocorre uma decretação de inconstitucionalidade pela via de ação direta de inconstitucionalidade promovida por um Estado destinatário, pode provocar efeito *ex tunc*, desde o momento em que a norma do incentivo foi editada, ou *ex nunc*, desde o momento em que ocorre a decisão do STF; o efeito será retirar aquela norma do mundo jurídico. Se compulsarmos a jurisprudência do STF, vamos encontrar decisões muito peculiares com relação ao Amazonas e ao Estado do Pará. Então, o STF decide que aquela norma do Estado de origem é inconstitucional. Se ela produzir efeitos desde quando foi editada, então, hoje, 21 de outubro, a norma é declarada inconstitucional com efeito desde 2008, o que é que acontece? Ela não poderia projetar efeitos para frente. Desta forma, o Estado deveria até que cobrar os seus contribuintes em razão de terem praticado um incentivo, no fundo sem um grande amparo jurídico. É verdade que isso criaria uma grande balbúrdia, uma significativa insegurança jurídica naquele Estado em face dos seus contribuintes. E mais: teríamos que cogitar da aplicação do princípio da moralidade.

Muitas vezes se alega: "Ah, é o princípio da proporcionalidade, da razoabilidade". Mas penso que o princípio da moralidade que está expressamente previsto no art. 37 da CF não poderia funcionar, ou seja, deixar de ser aplicado, na medida em que o Estado concede o incentivo, ou seja, diz para os seus contribuintes: "A regra tributária é essa, é mais benéfica". E, em outro momento, passados dois anos: "Mas eu vou lhe cobrar o atrasado, inclusive com multa e tudo mais".

Mas fiquei um pouco preocupado com a decisão do STF que diz que alguns incentivos concedidos no Estado do Pará eram inconstitucionais. E há dois anos fui a um congresso no Pará e perguntei para um procurador da Fazenda o que teria havido. Respondeu-me que aquele decreto julgado inconstitucional foi objeto de novo decreto reproduzindo os incentivos. Isto parece aquela questão das medidas provisórias que tinham prazo de validade de um mês: terminado o prazo, editava-se outra medida, literalmente igual, enxertando uma matéria aduaneira, uma matéria de IOF, e tudo o mais. Então, há que se ter cuidado quando ocorre esta revogação. Já estou quase encerrando.

Havendo a decisão do STF com relação à inconstitucionalidade, pela via de ação direta de inconstitucionalidade, de uma norma do Estado concedente, aquela empresa que lá se instala, se sofrer a glosa tributária, evidentemente, vai apresentar sua defesa, dizendo que agiu rigorosamente de acordo com aquela lei, a que estava subordinada, e vai tentar obviar a questão da representação criminal.

Mas o problema é que efetuou vendas de 2008 a 2010, e depois ela pode ter um reflexo naquelas operações, que já não seriam mais incentivadas, não vai poder recuperar valores pertinentes ao tributo do destinatário por via de complemento de preço de mercadoria, ou seja, dizendo: "Sofri um encargo tributário novo, e você, destinatário, vai arcar com o respectivo ônus financeiro". E também vai ter um reflexo no futuro com relação às novas operações mercantis.

A Lei 13.918/2009 do Estado de São Paulo tem uma regra muito curiosa dispondo (nova redação ao art. 60-A da Lei 6.374/1989) que, "nas operações interestaduais destinadas a contribuinte paulista, beneficiadas ou incentivadas em desacordo com o disposto na alínea 'g' do inciso XII do § 2º do art. 155 da Constituição Federal, o Poder Executivo poderá exigir o recolhimento, no momento da entrada da mercadoria em território paulista, do imposto correspondente ao valor do benefício ou incentivo". Fico pensando: se há uma compra feita no Estado de origem para um empresário daqui de São Paulo, a mercadoria vai passando uma barreira, vai passando a fronteira, a nota fiscal é examinada e se verifica que é daquele Estado de origem e que talvez hoje, por conhecimento de Informática, se saiba que houve um incentivo. Então, nesse mesmo momento há cobrança do imposto. Mas espere um pouco, aquela Lei Complementar 24 (art. 8º) cogita da nulidade do crédito. Ora, eu estou tributando, veja, não há uma infração de operação interestadual. A nota estaria acompanhando a mercadoria, preencheria todos os requisitos e até estaria sendo aplicada a alíquota correta do Estado de origem para o Estado de destino. Eu arrisco a minha opinião no sentido de que seria totalmente inconstitucional, porque estou exigindo, estou praticando uma glosa tributária, que não houve operação mercantil nenhuma e que há legitimidade daquela documentação.

Agradeço muito a atenção de vocês, dizendo o seguinte: quem faz o brilho do Congresso são os congressistas, porque não adianta só nós ficarmos aqui, os cinco componentes da Mesa, se não tiver ninguém assistindo. Muito obrigado! [*Palmas*]

Crimes Tributários

DES. ESTADUAL MOACIR ANDRADE PERES – A primeira diferenciação que se há de fazer é entre direito tributário penal e direito penal tributário. O direito tributário e o direito penal possuem autonomia científica, ou seja, tanto o direito tributário quanto o direito penal possuem objeto próprio e princípios específicos. Quando se fala em direito tributário penal e em direito penal tributário, é a proximidade do vocábulo que vai dizer se estamos tratando das infrações tributárias no âmbito administrativo ou dos crimes e delitos cometidos contra a ordem tributária.

Então, o direito tributário penal diz respeito às infrações administrativas tributárias, e normalmente quem cuida dessas questões são advogados especializados em matéria fiscal. Ao passo que o direito penal tributário cuida dos chamados crimes fiscais, ou crimes contra a ordem tributária, questões conduzidas normalmente por um advogado criminalista.

Como se relacionam o direito tributário penal e o direito penal tributário? Até 1995 não havia nenhuma dúvida de que as instâncias eram absolutamente distintas, ou seja, era possível iniciar um processo criminal contra alguém, para apuração de eventual prática de um crime contra a ordem tributária, antes mesmo do exaurimento da discussão na esfera administrativa. Entendia-se que, a se pensar em sentido contrário, haveria uma subordinação de um Poder a outro, ou seja, uma subordinação do Poder Judiciário a uma decisão no âmbito do Poder Executivo, e que isto não seria razoável. Portanto, embora aparentemente paradoxal, era plenamente possível, dentro da visão da época, que um auto de infração pudesse ser julgado insubsistente na esfera administrativa e uma eventual ação criminal culminasse na condenação desse mesmo contribuinte ou do sujeito passivo que tivesse cometido o ilícito.

Essa antinomia poderia ser explicada em razão da apresentação de provas. Por exemplo, um caso muito comum no âmbito administrativo, e com muitas implicações penais, era o das chamadas "notas frias", a documentação fiscal inidônea. Muitas vezes a prova da inexistência da empresa emitente dessa documentação fiscal inidônea não era produzida no âmbito administrativo, de modo que o auto de infração era julgado insubsistente. Entretanto, essa mesma prova poderia ser produzida no âmbito judicial penal, e eventualmente levaria o autor a ser condenado criminalmente.

Em 1995 foi editada uma lei, a Lei 9.249, que estabeleceu que as representações só poderiam ser encaminhadas ao Ministério Público após o final da discussão na esfera administrativa. Porque, normalmente, o agente fiscal de renda, numa fiscalização, percebia a prática de um ilícito fiscal e autuava o sujeito passivo, fazendo a comunicação quando entendia que, em tese, aquele comportamento poderia configurar também um crime contra a ordem tributária.

Aqui há uma ressalva importante a ser feita. O âmbito das infrações administrativas tributárias é muito maior que o dos chamados crimes fiscais. São visualizados como dois círculos: um círculo maior, o das infrações administrativas tributárias, e um círculo menor, o dos crimes tributários. Ou seja: todo crime tributário pressupõe simultaneamente a ocorrência de uma infração administrativa tributária, mas a recíproca não é verdadeira, de modo que nem toda infração administrativa tributária vai configurar também um crime tributário; apenas aquelas mais graves, as dolosas, as intencionais, com sonegação, fraude, conluio.

Feita esta observação, eu volto à questão. O fiscal, então, antes desta lei de 1995, encaminhava a representação ao Ministério Público, que denunciava, ou não, o sujeito passivo. A partir do advento da Lei 9.249 isso não foi mais possível, e alguns estudiosos, então, entenderam, num primeiro momento, que esta lei tinha criado a chamada "condição de procedibilidade" – ou seja: só se poderia iniciar um processo criminal contra alguém, pela prática de crime contra a ordem tributária, depois do final da discussão na órbita administrativa.

Entretanto, as decisões judiciais da época não seguiram essa linha. Entenderam que, nos termos da lei, esta representação, de fato, não podia ser encaminhada, mas que, se o representante do Ministério Público tivesse acesso a outros meios de prova suficientes para embasar uma denúncia, poderia, sim, oferecer a denúncia para apuração de eventual crime fiscal. E que, então, esta Lei 9.249 não teria estabelecido condição de procedibilidade.

A maior parte das decisões foi nesse sentido, até que, no final de 2003, um *habeas corpus* foi impetrado para trancar uma ação penal por falta de justa causa sob o argumento de que o contribuinte ainda discutia na esfera administrativa sobre a subsistência ou a insubsistência de um auto de infração lavrado. E o Plenário do STF, nessa decisão de dezembro/2003, proferida no HC 81.611, relatado pelo Min. Sepúlveda Pertence, entendeu, por maioria de votos – vencidos a Min. Ellen Gracie e os Mins. Joaquim Barbosa e Carlos Britto –, que não se poderia iniciar um processo criminal para apuração de eventual prática de crime contra a ordem tributária enquanto não fosse exaurida a esfera administrativa, pois esta poderia oferecer um desfecho favorável ao sujeito passivo, o que tornaria incongruente iniciar um processo criminal.[1]

O curioso dessa decisão é a implicação na prescrição dos crimes, pois um processo administrativo muitas vezes demora muito tempo para ser encerrado; então, muito provavelmente, quando se fosse iniciar um processo criminal contra alguém, estaria tudo prescrito. E o STF entendeu

1. "*Ementa:* Crime material contra a ordem tributária (Lei n. 8.137/1990, art. 1º) – Lançamento do tributo pendente de decisão definitiva do processo administrativo – Falta de justa causa para a ação penal, suspenso, porém, o curso da prescrição enquanto obstada a sua propositura pela falta do lançamento definitivo. 1. Embora não condicionada a denúncia à representação da autoridade fiscal (ADIn/MC n. 1.571), falta justa causa para a ação penal pela prática do crime tipificado no art. 1º da Lei n. 8.137/1990 – que é material ou de resultado – enquanto não haja decisão definitiva do processo administrativo de lançamento, quer se considere o lançamento definitivo uma condição objetiva de punibilidade ou um elemento normativo de tipo. 2. Por outro lado, admitida por lei a extinção da punibilidade do crime pela satisfação do tributo devido antes do recebimento da denúncia (Lei n. 9.249/1995, art. 34), princípios e garantias constitucionais eminentes não permitem que, pela antecipada propositura da ação penal, se subtraiam do cidadão os meios que a lei mesma lhe propicia para questionar, perante o Fisco, a exatidão do lançamento provisório, ao qual se devesse submeter para fugir ao estigma e às agruras de toda sorte do processo criminal. No entanto, enquanto dure, por iniciativa do contribuinte, o processo administrativo suspende o curso da prescrição da ação penal por crime contra a ordem tributária que dependa do lançamento definitivo."

que não fluía prazo de prescrição penal enquanto se discutia a questão na esfera administrativa. Consta da própria ementa do acórdão: "Enquanto dure, por iniciativa do contribuinte, o processo administrativo suspende o curso da prescrição da ação penal por crime contra a ordem tributária, que dependa do lançamento definitivo".

É muito curioso isso, porque o STF diferiu, então, o lançamento, a constituição definitiva do débito, até o final da discussão na esfera administrativa. É interessante verificar a conciliação desse entendimento, por exemplo, com uma jurisprudência firmemente estabelecida, no âmbito tributário, entendendo que auto de infração correspondia a lançamento ou à revisão de ofício de um lançamento. Tanto que, havendo o amplo debate, à época, entre decadência e prescrição, criando-se no mínimo 10 correntes a respeito de decadência e prescrição, sobre o início e o término de uma e de outra, o STF firmou posição ao apreciar o antigo ICM, atual ICMS. Entendeu que a decadência se inicia na data do fato gerador, nos termos do art. 150, § 4º, do CTN, ou no primeiro dia do exercício seguinte, que é a regra geral do art. 173, I, se houver dolo, fraude ou simulação. E, lavrado o auto de infração e cientificado o contribuinte, não se poderia mais falar em decadência. A partir daí o prazo seria de prescrição, exatamente nos termos do art. 174 do Código, segundo o qual a prescrição começa a fluir da constituição definitiva do crédito.

Então se entendeu que auto de infração significa constituição definitiva do crédito. A partir daí o prazo seria de prescrição, que ficaria suspenso, nos termos do art. 151, III, do Código, em razão da apresentação de defesa e de recurso, suspendendo a exigibilidade do crédito.

E é muito curioso como conciliar essas duas decisões, pois, em tese, a partir dessa decisão de 2003 do STF pode-se restabelecer essa discussão a respeito de decadência e prescrição. Ora, se o lançamento definitivo só vai ocorrer com o exaurimento da esfera administrativa, então, é possível sustentar que todo prazo contado desde a data do fato gerador ou do primeiro dia do exercício seguinte até o final da esfera administrativa – a publicação da última decisão, na esfera administrativa, de que já não caiba mais nenhum recurso – seria de decadência. Como decadência não se suspende nem se interrompe, muito provavelmente uma parte significativa do que a Fazenda pretende cobrar decairia ou caducaria.

Aparentemente, não vejo como fazer a conciliação dessas duas posições.

Quando se fala no direito tributário penal é importante salientar a questão, defendida por muitos, da descriminalização dos crimes contra a ordem tributária. Argumenta-se que, mesmo na esfera administrativa, as sanções impostas às infrações tributárias administrativas têm o caráter de pena, não visam ao ressarcimento ou à reparação do dano.

O art. 136 do Código trata da responsabilidade objetiva, estipulando que a responsabilidade por infrações independe da intenção do agente. Na prática, quando o contribuinte alega boa-fé, o Fisco invoca o art. 136 do Código para afirmar que a responsabilidade é objetiva. E não há dúvida de que uma interpretação gramatical leva a esta conclusão mesmo, e mesmo uma interpretação histórica, embora esta tenha valor relativo, posto que o que interessa é a vontade objetivada na lei, e não a intenção do legislador. Mas a realidade é que a intenção foi criar, efetivamente, a responsabilidade objetiva no âmbito administrativo.

Mas o Código sofreu muitas mudanças, e uma interpretação lógica e sistemática pode, sim, conduzir à conclusão de que estas infrações e as sanções respectivas, na esfera administrativa, têm natureza de pena. O direito tributário importou do direito penal muitos dos seus princípios. Acolheu o princípio básico, o princípio da legalidade, e o seu corolário, que é o princípio da tipicidade, pois, assim como no direito penal não há crime sem lei anterior que o defina, no direito tributário é vedado instituir ou aumentar tributos sem lei que o estabeleça. Com aquelas ressalvas conhecidas, tributos extrafiscais, IOF, imposto sobre comércio exterior, que funcionam como instrumentos de política monetária ou cambial. Contudo, como regra, o princípio básico é o princípio da legalidade, tanto para o direito tributário quanto para o direito penal.

Também são relevantes outros artigos do Código, como, por exemplo, o que trata da responsabilidade do sucessor. Os arts. 131 a 133, ao cuidarem da responsabilidade tanto no caso da sucessão *causa mortis* quanto no da *inter vivos*, falam que o sucessor é responsável pelos tributos devidos, e não por parte deles. Na hipótese da *causa mortis*, o contribuinte é responsável pelos tributos mas não pelas multas, que, obviamente, não podem ser cobradas do *de cujus*. Mas que na sucessão *inter vivos* podem, sim, ser cobradas do antecessor. Está expresso que aquele que adquirir estabelecimento comercial, industrial ou profissional e continuar, enfim, a operar, sob a mesma ou sob outra razão social, responde pelos tributos devidos. Há decisões do STF em que se definiu que a penalidade tem caráter personalíssimo, só pode ser cobrada de quem praticou a conduta. No caso da sucessão *inter vivos*, só poderia ser cobrada do antecessor, portanto, embora muitas vezes o Fisco pretenda cobrar – até porque é mais fácil – da própria empresa que, ao adquirir aquele estabelecimento, sucedeu. Mas, de qualquer forma, é mais um princípio incorporado.

Assim também a retroatividade da lei mais benigna que trata de penalidade. O art. 106, II, do CTN fala que, havendo uma situação não definitivamente julgada ou concluída, se houver uma alteração na legislação, tornando a penalidade menos gravosa, essa vai se aplicar retroativamente àquela situação pendente, ainda não definitivamente julgada. A hipótese é semelhante à que ocorre no âmbito do direito penal, porém a retroatividade mais benigna restringe-se à matéria de penalidade. Evidentemente, se, no curso da discussão a respeito do tributo, for reduzida a alíquota do ICMS, por exemplo, a alteração não terá esse mesmo caráter retroativo, que é restrito à matéria de penalidade.

Outro dispositivo muito pouco mencionado é o art. 112 do CTN, que trata do princípio *in dubio pro contribuinte*, tal qual no direito penal existe o *in dubio pro reo*. Aplica-se quando há dúvida em relação à natureza da infração. E há muitas decisões judiciais[2] dizendo que esse art. 112 tempera um pouco aquela objetividade de que trata o art. 136, segundo o qual não é necessário perquirir qual foi o elemento subjetivo da conduta, nem mesmo no âmbito administrativo.

Eu tive a oportunidade de aplicar esse art. 112 nos tempos que o José Eduardo estava recordando, do Tribunal de Impostos e Taxas/TIT. Eu fiquei durante algum tempo no TIT, como representante dos contribuintes, e presidi uma Câmara durante mais de um mandato. As Câmaras eram alternadas, as ímpares eram presididas por representantes do Fisco, e as pares por representantes dos contribuintes. Na época em que eu presidia as sessões, eram três juízes de contribuintes e três juízes da Fazenda, e às vezes acontecia de empatar. O contribuinte perdia em primeira instância, recorria, eu entendia que o contribuinte não tinha razão, meus dois colegas da bancada dos contribuintes entendiam o contrá-

2. Por exemplo, o REsp 254.276-SP (rel. Min. Humberto Martins, j. 15.3.2007, v.u), que assim assentou: "Tributário – Processual civil – Violação dos arts. 112, *caput*, III, e 136 do CTN – Multa – Não ocorrência – Súmula n. 7/STJ. (...). 2. 'Apesar de prever o art. 136 do CTN que a responsabilidade do contribuinte ao cometer um ilícito é objetiva, admitem-se temperamentos na sua interpretação, diante da possibilidade de aplicação da equidade e do princípio da lei tributária *in dubio pro contribuinte* – arts. 108, IV, e 112 – Precedentes: REsp n. 494.080-RJ, rel. Min. Teori Albino Zavascki, *DJU* 16.11.2004; e REsp n. 699.700-RS, rel. Min. Francisco Falcão, *DJU* 3.10.2005' (REsp 278.324-SC, rel. Min. João Otávio de Noronha, *DJU* 13.3.2006)."

rio do meu pensamento – que ele tinha razão, sim –, e, portanto, proviam o recurso, quando eu havia improvido. Da bancada da Fazenda, dois improviam e um entendia que o contribuinte tinha razão, gerando um resultado de três a três. E eu, na condição de presidente, desempatava a votação. Entendia que o voto de qualidade é um voto diverso daquele que se dá na qualidade de juiz, e eu desempatava a votação no sentido mais favorável ao contribuinte, não por liberalidade, mas por entender que o art. 112 estabelece isso como regra. Se aquele que é um Tribunal altamente especializado, depois de uma longa discussão, chega a um resultado final de empate, há, no mínimo, uma dúvida razoável a justificar um voto de desempate no sentido favorável ao contribuinte. Então, proferia lá um voto, ainda que contrariando a minha convicção a respeito da matéria, desempatando a votação no sentido mais favorável ao contribuinte.

Vocês vão concluir que, realmente, existe uma similitude, uma natureza penal mesmo, na esfera administrativa. Mas há aí um problema, uma distinção básica que coloca por terra toda essa linha de argumentação. Não existe responsabilidade penal da pessoa jurídica. A responsabilidade penal, pelo menos em matéria tributária, continua sendo pessoal. Então, o processo crime vai correr contra uma pessoa física, de modo que, em tese, haveria uma distinção muito clara entre esfera administrativa e esfera penal.

Por enquanto é assim, mas a tendência do direito penal – e nós já começamos a visualizá-la aqui no Brasil em matéria de crimes ambientais, em que existe a possibilidade de punir criminalmente a pessoa jurídica – em matéria de crimes econômicos, crimes contra a ordem tributária, é no sentido de punir a pessoa jurídica. Não de forma a substituir a responsabilidade pessoal, mas acrescendo, agregando.

Os Países de direito comum já adotam isso há muito tempo, até porque – e principalmente o povo americano – são altamente empíricos na sua forma de resolver problemas. Num determinado momento histórico, se alguma conduta é lesiva à sociedade, então, eles a combatem, deixando que os juristas expliquem depois a solução dada – se é responsabilidade objetiva, se a pessoa jurídica tem um elemento subjetivo diverso do dos membros que a compõem, e tal. Primeiro se combate o ilícito, depois os juristas explicam. Aqui, não; enquanto não se enquadrar o fato num figurino teórico não vamos resolver o problema, porque primeiro é preciso entender o que se vai fazer. É uma leitura diferente do Direito.

A necessidade de penalizar a pessoa jurídica é particularmente visível hoje, em razão do tamanho das empresas e da consequente pulverização das funções. Muitas vezes é muito difícil apurar a autoria. Percebeu-se também que o efeito dissuasório em relação à pessoa jurídica de uma eventual punição da pessoa física é ínfimo. Uma pessoa jurídica não vai modificar sua conduta pelo fato de ter sido preso um diretor ou um presidente.

Muitas objeções são criadas em relação à responsabilidade penal da pessoa jurídica para combater crimes desta ordem. Como, por exemplo, a relativa aos minoritários, que se opõem à conduta criminosa. Argumenta-se que, se a pessoa jurídica for responsabilizada, eles vão sofrer os efeitos econômico-financeiros dessa decisão – o que seria injusto. Eu acredito que, realmente, a situação seja injusta, mas observo que isso também existe no sistema da responsabilidade pessoal. Inocentes são atingidos muitas vezes, indiretamente. Se se prende um pai de família por um crime de homicídio doloso, e ele tem uma mulher que não trabalha e um filho recém-nascido, seguramente eles vão sofrer os efeitos da condenação. Não deram causa àquele crime, e vão sofrer os efeitos. Então, essa consequência ocorre tanto no sistema da responsabilidade pessoal quanto no da responsabilização da pessoa jurídica.

Também se argumenta quanto à impossibilidade de prender uma pessoa jurídica. Sem dúvida, não existe pena privativa de liberdade ou pena corporal aplicável à pessoa jurídica, mas essas não são as únicas penas existentes no nosso sistema. Há penas restritivas de direito, como a interdição de estabelecimento. Até se poderia cogitar de uma pena de morte: a dissolução da sociedade.

Um terceiro argumento diz respeito a todas aquelas funções atribuídas à pena. Elas são inaplicáveis à pessoa jurídica, porque a pessoa jurídica não se arrepende, não quer, não pensa. Mas existe, sim, um fator de intimidação, não em função das penas, porque normalmente são penas pecuniárias que, num cálculo de custo/benefício, são repassadas para o preço do produto, ou então se monta um caixa para pagar as sanções na eventualidade de uma fiscalização futura vir a descobrir a infração. Qual é, então, o fator desestimulante dessa conduta no caso dessas empresas que atuam nesses Países que admitem a responsabilidade da pessoa jurídica? É o medo da publicidade negativa, é o receio de ser publicado na primeira página de um *New York Times* ou de um *Washington Post* que determinada empresa foi condenada pela prática de um crime.

Os efeitos econômicos dizem respeito às ações etc., e isso não dá para prever com antecedência – o que torna impossível resolver com base no critério do custo/benefício. Então, esta é uma tendência do direito penal moderno que – eu não tenho a menor dúvida – proximamente nós vamos encontrar no âmbito do direito tributário.

Apenas localizando no tempo a evolução da legislação de direito penal tributário. A lei básica era a que definia o crime de sonegação fiscal, a Lei 4.729/1965, punindo com pena de multa de 10 vezes o valor do tributo a pessoa que viesse a ser condenada. Era um período de tranquilidade para os advogados criminalistas, pois tudo prescrevia, já que a prescrição era de dois anos. Entre as datas do fato, do recebimento da denúncia, da sentença condenatória recorrível ou da publicação da sentença condenatória recorrida até a data do acórdão, em algum momento, principalmente entre a data do fato e a do recebimento da denúncia, sempre fluía prazo superior a dois anos. E ainda poderia ser utilizado o subterfúgio de imputar a sonegação a pessoas com mais de 70 anos de idade, para que o prazo prescricional corresse pela metade. [*Risos na plateia*]

Ninguém enfrentava o mérito da questão. Até que a Lei 8.137/1990, ainda vigente, estabeleceu rol de condutas, algumas delas punindo com pena mínima de dois anos de reclusão, dependendo da extensão do dano, se há circunstância agravante etc. Pena de dois anos prescreve em quatro. Se for de dois anos e um dia, o prazo de prescrição é de oito anos. Então, hoje o sonegador tem que enfrentar o mérito da acusação, é por isso que se veem notícias de pessoas que acabam sendo presas, condenadas etc. Antes todos tinham extinta a sua punibilidade ou pela ocorrência da prescrição ou por outra causa extintiva, que é o pagamento antes do recebimento da denúncia. O pagamento como forma de extinção da punibilidade durante um determinado tempo desapareceu, o que gerou um *lobby* gigantesco para sua volta. Entre os anos de 1991 e 1995 – quando foi restabelecido o benefício, através da Lei 9.249/1995 – não havia mais a possibilidade de o infrator pagar o que devia antes do recebimento da denúncia e ter extinta a sua punibilidade.

Quando foi restabelecida, através da Lei 9.249, foram publicadas manchetes indignadas. Esse aqui é um dos periódicos: [*mostra a revista*] "Roubem à vontade". É óbvio que a terminologia está equivocada; não é roubo, isso. Mas a ideia era questionar a validade de ser um bom contribuinte, já que o sonegador podia, caso fosse surpreendido delinquindo, antecipar-se e pagar antes do recebimento da denúncia. Exibo este exemplar, que mostra a indignação do veículo, não para emitir juízo de valor. Eu diria que essa é uma verdade pirandelliana, essa questão de punir mais ou punir menos, descriminalizar ou, ao contrário, punir com severidade o sonegador, isto é um pouco "assim é se lhe parece".

Eu entendo que, por exemplo, o argumento de que se deve deixar de pagar pois o dinheiro pago pode vir a ser desviado não é um argumento forte. Agora, a complexidade da legislação – de que a Maria Rita falou aqui – do ICMS, este, por exemplo, é um fator relevante, porque há determinadas situações descritas na lei, praticamente de dolo eventual, como "utilizar documento que saiba ou deva saber inexato", que podem constituir crimes punidos com dois anos de reclusão.

Tudo isso apenas para mostrar a dificuldade desta questão. A minha tarefa, aqui, foi mais levantar questões para meditação que trazer conclusões definitivas para os Srs. Teria, até, vários outros aspectos da Lei 8.137/1990 para comentar, mas, considerando que eu sou o obstáculo definitivo entre vocês e um agradável almoço, [*risos na plateia*], dou por encerrada aqui a minha exposição! [*Palmas*]

OFICINA

PROCESSO ADMINISTRATIVO TRIBUTÁRIO

COORDENADOR DA MESA: PROFA. MARIA LEONOR LEITE VIEIRA
PARTICIPANTES DA MESA: PROF. CRISTIANO CARVALHO, PROF. JOSÉ HENRIQUE LONGO, PROF. WALTER CARLOS C. HENRIQUE

COORDENADOR DA MESA (PROFA. MARIA LEONOR LEITE VIEIRA) – Vou trazer aqui um ponto que já foi sugerido por um dos congressistas, Dr. Antônio Augusto Silva Pereira de Carvalho (Vice-Presidente da Câmara Superior do TIT), que, embora o tenha feito, apenas o apresentou para discussão. O que eu gostaria de colocar na Mesa, e abrir para comentários de qualquer um dos participantes, é a respeito de decisões de processo administrativo fiscal baseadas em presunções, e não nas provas efetivamente trazidas aos autos.

PROF. CRISTIANO CARVALHO – Boa tarde a todos! Quero antes cumprimentar os meus Colegas de Mesa, Dra. Leonor, Dr. Longo, Dr. Walter. Parece-me uma questão relativamente simples, em termos ideais de dever-ser do direito, presunções não podem embasar uma decisão. É claro que na prática nós vemos isso acontecendo, vemos em autos de infração, principalmente. Mas o princípio que rege, um dos princípios que rege o processo administrativo, é o da verdade material; ou seja: se tem que chegar o mais próximo possível dos fatos – e, aliás, é nesse sentido que o processo administrativo é até mais interessante em certos pontos que o judicial, porque ele é bem mais técnico nesse aspecto, de realmente chegar aos fatos tributários, não discutir tanto a questão jurídica apenas, inclusive sequer considerar constitucionalidade, com o que eu concordo, mas averiguar se os fatos ocorreram realmente. Então, vamos averiguar, não vamos fundar uma decisão simplesmente numa presunção, parece-me absolutamente inconstitucional nesse caso.

COORDENADOR DA MESA (PROFA. MARIA LEONOR LEITE VIEIRA) – Eu quero aproveitar para colocar uma outra questão, já emendando com esta primeira, porque creio que assim a gente pode ganhar um pouco de tempo: pode a prova no processo administrativo fiscal ser apresentada até decisão final da última instância?

Como mencionou o Prof. Cristiano, as presunções não podem servir de embasamento para provas. Mas, então, se é por meio de uma presunção que consigo chegar a determinada conclusão, em que momento é que eu posso alegá-la? Muitas vezes a presunção está mascarada com uma prova, mas que não é aceita para aquela discussão, naquele processo, porque foi trazida num segundo momento. Ocorre que às vezes o que se verifica é que a decisão ficou embasada só na presunção.

PROF. JOSÉ HENRIQUE LONGO – Boa tarde! Em primeiro lugar gostaria de dizer que vou me centrar no processo administrativo federal. Então, com relação a essas duas questões, Leonor, apesar de que a primeira atinge também processo nos âmbitos estadual e municipal, inicialmente temos que entender de qual presunção estamos falando. Se presunção legal ou uma presunção simples. Para a presunção legal, por exemplo, de uma omissão de receita é necessária, sim, uma prova. A prova correspondente ao fato do qual decorre a presunção. Se dado um determinado fato, então, presume-se que ocorreu, por exemplo, omissão de receita. Se houver um depósito bancário não explicado, não justificado, então, presume-se omissão de receita. Neste caso é necessária, sim, uma prova do fato do qual decorre a presunção. Enfim, é necessária a prova.

No caso de presunção simples, às vezes nos deparamos com imprecisão terminológica, e no processo administrativo nós vemos a dificuldade de encontrar uma prova. Assim, o agente fiscal busca vários elementos, que são denominados indícios, e, se esses indícios conformam um conjunto, esse conjunto de indícios aponta para um mesmo fato, então, isso promove uma presunção que decorre de provas; não prova exatamente, no meu exemplo, da omissão de receita, mas de indícios que apontam todos para a mesma situação, que é de omissão de receitas. Mas veja, nós temos prova, sim, no processo. Não é prova individual e direta da omissão de receita, mas provas que levam ao entendimento que aconteceu a omissão de receitas. Então, com esse esclarecimento, eu gostaria só de fazer esse comentário.

Com relação à pergunta, de quando podemos levar um documento ou qualquer tipo de prova para o processo administrativo, nós temos que nos reportar, no processo administrativo fiscal federal, ao art. 16 do Decreto 70.235, cujo § 4º do art. 16 diz o seguinte: "A prova documental será apresentada na impugnação, precluindo o direito de o impugnante fazê-lo em outro momento processual, a menos que fique demonstrada a impossibilidade de sua apresentação oportuna, por motivo de força maior, refira-se a fato ou a direito superveniente ou, então, destine-se a contrapor fatos ou razões posteriormente trazidas aos autos". Ou seja: só nessas situações excepcionais é que o contribuinte poderia levar ao processo novos elementos.

Mas nós vemos na prática que os princípios da verdade material e do amplo direito de defesa acabam falando mais alto. A não ser que fique identificado o propósito de atrapalhar o andamento do processo, de um modo geral, a prova é admitida por força desse princípio. Saber se aquele lançamento de ofício está correto, ou não. Isso vai ao encontro dos interesses da própria Fazenda, porque, caso aquele contribuinte tenha razão, naquele contraditório, e seja negado seu interesse, isso será contra os interesses da própria Fazenda, que na execução fiscal sucumbirá, não só levando mais processos para o âmbito do Poder Judiciário, mas também ao ser condenada em sucumbência, no processo judicial.

Então, o que nós vemos, não obstante esse dispositivo do Decreto 70.235, é que, na realidade, é possível levar prova com a ressalva de que fique demonstrado o interesse daquele contribuinte em atingir a verdade material, e não simplesmente tumultuar o andamento processual.

Coordenador da Mesa (Profa. Maria Leonor Leite Vieira) – Eis o Prof. José Henrique Longo, que eu, propositalmente, estava esperando para, então, apresentar a Mesa. O Prof. José Henrique Longo tem uma vasta experiência, foi Conselheiro do Conselho de Contribuintes durante bastante tempo, foi Juiz do TIT e tem colaborado bastante aqui nas Mesas de discussão tanto do direito material quanto do direito processual e procedimental.

O Prof. Walter Carlos Cardoso Henrique, também bastante conhecido de todos nós, participante de nossos Congressos e que também foi Juiz do TIT durante bastante tempo – na época, inclusive, em que eu também estive lá –, que tem uma vasta experiência no assunto, também e atua como advogado perante os tribunais administrativos.

O Prof. Cristiano Carvalho, que, embora não tenha feito parte dos tribunais administrativos, é advogado, Doutor em Direito Tributário e um grande estudioso do processo e do procedimento administrativo.

Prof. Walter, gostaríamos de ouvir o que o Sr. também tem a dizer sobre essas questões já postas.

PROF. WALTER CARLOS C. HENRIQUE [*Texto sem revisão do Autor*] – A questão das provas no processo administrativo, a exemplo do que acontece com a legislação federal, a Lei 13.457, que regula o TIT, também prevê que as provas têm que ser apresentadas junto com a defesa. Contrapondo a previsão legal com o princípio da busca da verdade material, eu não vejo obstáculo algum para que a prova seja apresentada por algum motivo no momento do julgamento para o TIT, em segunda instância.

Como se busca a verdade material e como o devido processo legal na esfera administrativa é voltado para o administrado e é obrigatoriamente interesse da Fazenda Pública que esse direito fundamental seja respeitado e que a tributação se dê de maneira adequada, eu não vejo no art. 19 da Lei 13.457 um obstáculo para o Tribunal apreciar uma prova apresentada em segunda instância, seja por qual motivo for.

O fato de o julgador, em algum instante, entender que essa prova pode ser tulmutuária, ou não, tem que ser colocado, tem que ser explicado, porque quando se busca a confirmação, a resolução, de um conflito de interesses em segunda instância, num órgão administrativo, o principal interesse, interesse público legítimo, envolve a busca da verdade material, a compreensão correta dos fatos e o exame correto da lei e dos argumentos postos pelo contribuinte, porque o contribuinte, em última instância, é cidadão.

Eu queria destacar para comentar com vocês o art. 22 desta Lei 13.457, que diz que em algumas situações que envolvam infrações com documentos recebidos, emitidos ou escriturados pelo contribuinte a prova dessa infração com relação à documentação fiscal pode ser substituída por transcrição de documento eletrônico. E aí uma coisa curiosa, porque nesse art. 22 da lei estadual há o roteiro para a ampla defesa ser seguida, e é uma coisa que me surpreende, porque diz o § 1º que o sujeito passivo, nesses casos em que eu tenho a substituição da prova por uma transcrição eletrônica, o contribuinte, poderá contraditar o demonstrativo elaborado pelo Fisco, nos termos desse artigo. E aí vem a condição: fazendo-o de forma objetiva, com indicação precisa de erro ou incorreção encontrados e com apresentação da correspondente comprovação. Vejam: se eu tiver um contribuinte ou um advogado um pouco mais atrapalhado, que não escreve com clareza, eu tenho aqui, com base nesse § 1º, um roteiro a ser seguido, de modo que a autuação poderia ser confirmada. Então, vejam que interessante: não só a questão da prova que é muito importante, mas uma situação que me parece de inconstitucionalidade pura, porque a ampla defesa eu não tenho como roteirar, eu não tenho como dizer se uma citação oral foi bem feita ou malfeita, eu não tenho como graduar a qualidade de um trabalho; eu posso levar em consideração as conclusões que essa ampla defesa, que a citação oral, que a defesa, contenha, posso ver levar em consideração o sucesso dela ou não, mas eu não posso criar um roteiro para que esse demonstrativo pelo Fisco possa ser afastado. E aí eu tenho uma previsão legal no art. 22 da Lei 13.457, eu tenho um roteiro para me defender, e eu acho uma coisa um tanto quanto abusiva, eu nunca tinha visto, um engessamento, é como se fosse colocar um "X". Ou eu comprovo de maneira objetiva, não sei se é um parágrafo ou uma frase, ou se eu coloco com indicação precisa de erro ou incorreção, como é que eu vou fazer uma indicação precisa de erro e incorreção se eu não tenho juntada aos autos a prova, só uma transcrição? Então, vejam que coisa curiosa, e com base nisso é possível que algum julgador desavisado leve a efeito essa disposição e confirme o auto de infração, vejam que interessante.

E eu tenho receio, porque tudo que acontece no Estado de São Paulo acaba tendo uma propagação muito grande. Era algo que eu queria comentar com os Srs.

COORDENADOR DA MESA (PROFA. MARIA LEONOR LEITE VIEIRA) – Como é a redação inteira desse artigo, Prof. Walter?

PROF. WALTER CARLOS C. HENRIQUE – Vamos lá! "Art. 22. Em se tratando de infrações caracterizadas em documentos recebidos, emitidos ou escriturados pelo sujeito passivo, admitir-se-á como elemento de prova, em substituição aos referidos documentos, demonstrativo.".

Aí, eu vou ler o § 1º: "O sujeito passivo poderá contraditar o demonstrativo elaborado pelo Fisco nos termos deste artigo"– aí temos as condições, "fazendo de forma objetiva", não sei se é um parágrafo, uma frase ou o quê –, "com indicação precisa do erro ou incorreção encontrados e com apresentação da correspondente comprovação, sob pena de se terem por exatos os dados nele constantes". Então, eu tenho aqui um roteiro para a ampla defesa que eu não consigo imaginar ou compreender. Eu lembro, quando da discussão dessa lei na Assembleia Legislativa, que esse defeito foi apontado, mas mesmo assim passou. Interessante...

COORDENADOR DA MESA (PROFA. MARIA LEONOR LEITE VIEIRA) – O assunto a ser tratado aqui foi objeto de muita discussão no TIT, quando essa lei estava sendo elaborada. O que é "indicação precisa"? É só eu contrapor? Eu ponho os dados de um e os dados do outro, eu contraponho os dois, e essa indicação é precisa? Ou eu esclareço cada ponto no que essa indicação é precisa?

PROF. WALTER CARLOS C. HENRIQUE – É outra coisa curiosa, porque a busca pela verdade material não está entre os princípios consagrados por essa lei, no seu art. 2º: o processo administrativo tributário obedecerá, entre outros requisitos de validade, aos princípios da publicidade, economia, motivação e da celeridade, assegurados o contraditório e a ampla defesa, com os meios e recursos. A verdade material não está aqui. Então, é uma lei defeituosa.

COORDENADOR DA MESA (PROFA. MARIA LEONOR LEITE VIEIRA) – Eu colocaria a verdade material embutida ali, como algo implícito. Mas, como já disse alguém, ontem ou hoje, numa das palestras, acho que foi o Marcelo Salomão, não é? Que ainda comentou que é preciso fazer uma emenda constitucional para repetir os princípios, para dizer que os princípios devem ser obedecidos e colocar os explícitos e os implícitos ali. Talvez estivesse no meio disso, não é?

Se a indicação é precisa, então, dentro do devido processo legal, eu posso colocar o princípio da verdade material. E a verdade material permite, no processo administrativo, que você leve provas aos autos a qualquer momento. Tanto o contribuinte quanto o Fisco – e aproveitando uma frase que o Prof. Walter comentou agora há pouco – *o processo administrativo é voltado para apurar os fatos efetivamente ocorridos, não é voltado para o administrado ou para o administrador* – eu diria, até, que o processo administrativo é voltado para a apuração dos fatos e do direito, porque se está apurando o crédito tributário (até falo com meus alunos: "apurando" no sentido de fazer um doce mesmo, de apurar, chegar no ponto certo), e aí o motivo do processo administrativo permitir a prova material, não é, Prof. Cristiano?

PROF. CRISTIANO CARVALHO – E, na verdade, como nós não podemos mais alegar inconstitucionalidade no processo administrativo, que pelo menos possamos alegar fatos. Vamos provar os fatos então, já que não podemos mais apelar para princípios ou direitos fundamentais. Se tirarem até isso, não serve mais para nada o processo administrativo.

COORDENADOR DA MESA (PROFA. MARIA LEONOR LEITE VIEIRA) – Como disse a Profa. Susy, hoje, o auto de infração é lavrado, já de imediato, naquele projeto de execução administrativa, e logo em seguida já se vai para penhora de bens, e pronto! Acabou-se, resolveu-se o assunto. E não teremos mais processo administrativo mesmo, não é, Prof. José Henrique?

PROF. JOSÉ HENRIQUE LONGO – Parece-me que o ônus da prova está sendo invertido em relação à própria prova.

COORDENADOR DA MESA (PROFA. MARIA LEONOR LEITE VIEIRA) – Quando alguém quiser se pronunciar, por favor, levante a mão e coloque suas ponderações, porque aqui é realmente uma Oficina, embora as características da própria sala.

Mas se alguém quiser fazer um comentário, por favor, fique inteiramente à vontade. Se alguém tiver alguma pergunta para fazer ou algum comentário... Pois não, Dr. Gustavo Miguez de Mello – Professor reconhecido nesta Casa e que há muito estava meio afastado dos nossos Congressos e está nas lides tributárias no Rio de Janeiro. Um prazer, Professor.

PROF. GUSTAVO MIGUEZ DE MELLO – [*Longe do microfone, fala inaudível*] (...).

COORDENADOR DA MESA (PROFA. MARIA LEONOR LEITE VIEIRA) – Bem, como disse a Profa. Susy, hoje pela manhã – não é, Prof. Gustavo? –, a gente vai retirando algumas coisas desses projetos que estão sendo encaminhados, vamos retirando alguma coisa, e não está sobrando nada, como ela disse, não está sobrando nada! E, realmente, o que o Sr. comenta agora, a não ser que o fiscal tivesse absoluta certeza de que aquele crédito realmente é devido, poderia haver imediata execução. Mas como é possível ter essa absoluta certeza? Se admitirmos a sua existência, estaremos deixando de lado o contraditório, para que o contribuinte alegue os fatos e direitos, e aí vamos mitigando cada vez mais os princípios.

PROF. GUSTAVO MIGUEZ DE MELLO [*Longe do microfone, fala inaudível*] (...).

COORDENADOR DA MESA (PROFA. MARIA LEONOR LEITE VIEIRA) – Pois é, Dr. Gustavo, e aí a gente fica frustrada nessas discussões – como eu disse a um dos professores ontem –, é só nesses congressos, cursos, simpósios, que a gente está discutindo, efetivamente, o Direito. Nessas oportunidades a gente não tem nem como dar uma resposta pronta e acabada, temos que ouvir as ponderações, para provocar, para que todos pensem um pouco. E, justamente, como o Sr. comentou, e também foi comentado aqui pelo Dr. Walter, esta inconstitucionalidade que agora está na lei, que prescreve que é proibido discutir a inconstitucionalidade em sede administrativa, faz a gente não saber onde ficar, nem como agir!

Há pouco tempo eu vi uma decisão do Conselho de Contribuintes, Prof. José Henrique, em que se que dizia no acórdão que *ao Conselho não cabe julgar inconstitucionalidade, nem ilegalidade*. Eu fiquei me perguntando: o que cabe ao Conselho, então? Nem ilegalidade? Então, cabe o quê? Essas conclusões acontecem nesses debates, e a nós cabe discussão, para verificarmos como levar isto e sopesar todas essas informações.

PROF. GUSTAVO MIGUEZ DE MELLO [*Longe do microfone, fala inaudível*] (...).

COORDENADOR DA MESA (PROFA. MARIA LEONOR LEITE VIEIRA) – E aqui, na Mesa, somos todos advogados, hoje, Dr. Gustavo, mas o que a gente vê também é que aqui, neste Congresso, há várias pessoas da Secretaria da Fazenda, do Ministério da Fazenda, participando efetivamente dos debates. Todos também preocupados com esses mesmos pontos. Quando a gente diz, aqui, "advogados", "contribuintes" ou "Fisco", não estamos fazendo diferenciações, pois todos nós somos, primeiro de tudo, contribuintes, não somos? Todos nós somos contribuintes, e necessitamos ter os mesmos direitos.

Alguém quer fazer alguma outra ponderação sobre essas incertezas? Chegou uma pergunta que eu creio que se liga àquelas outras que nós tínhamos feito. A primeira, Prof. José Henrique, acho que é boa: "A impugnação administrativa, diz a legislação federal, [*mas diz a legislação estadual também*] intempestiva não instaura procedimento administrativo, está correto isso?".

Nos termos tanto do Decreto 70.235/1972 quanto da lei estadual, há uma discussão franqueada tanto no CARF (antigo Conselho) como no TIT, ou nos outros tribunais administrativos, da decisão do delegado que julga a impugnação intempestiva. Isto porque cabe recurso da decisão que julga intempestiva a impugnação administrativa – e, aí, é de se perguntar: não está instaurado o processo administrativo? Então, por que coube recurso? E, se coube recurso, vai seguir o procedimento normal da legislação. Será que não estaria, aí, reduzido o princípio do duplo grau de jurisdição, o princípio, a regra, a exigência, do art. 5º da CF, do duplo grau de jurisdição? José Henrique, ou quem quiser, tem a palavra.

PROF. JOSÉ HENRIQUE LONGO – Eu vejo aqui no PAF do Decreto 70.235 que o art. 14 diz o seguinte: a impugnação da exigência instaura fase litigiosa do procedimento. A não ser que eu esteja enganado, eu não consegui encontrar a menção da exigência da tempestividade da impugnação para se instaurar o litígio, talvez na legislação do Estado tenha. Isso porque mesmo a intempestiva carece de uma decisão para terminar o processo, uma decisão terminativa, no caso federal, da DRJ. E, uma vez que há uma decisão da DRJ, automaticamente há o direito a um recurso voluntário no prazo de 30 dias. Então, nós estamos, efetivamente, num processo administrativo. Há fase litigiosa, sem dúvida nenhuma, de modo que me parece que essa afirmação não é verdadeira. Há o processo, sim, e o processo segue adiante. Em diversos casos, se nós contarmos o prazo, ainda que nos dedos – que é o jeito correto de contar prazo, nos dedos, mas pode ser que numa determinada cidade onde foi lavrado, onde era o local do estabelecimento ou da residência, o domicílio fiscal daquele contribuinte, houvesse feriado, mas em Brasília ou em São Paulo não é feriado, pois é apenas um feriado municipal –, então, a DRJ, à distância, faz a conta do prazo e decide que a impugnação está fora do prazo. Esse equívoco é demonstrado ao longo do processo e, ao final, é reconhecido o direito de serem apreciadas as argumentações de mérito daquele contribuinte. Isso se dá no âmbito do processo administrativo, motivo pelo qual me parece que assim há litígio federal nas situações de intempestividade de impugnação.

PROF. WALTER CARLOS C. HENRIQUE – No Estado de São Paulo, com essa lei nova, a ideia foi criar um protocolo, um padrão rígido: se não cumprido o protocolo no dia marcado, no prazo do limite final, o processo administrativo não fica instaurado, e eu não tenho acesso ou como fazer qualquer tipo de manifestação, porque a preocupação que havia no momento da aprovação dessa lei – e ela está vinculada a isso – era a criação do processo eletrônico, e o processo eletrônico é incompatível com a manifestação dessa cláusula valorativa, envolvendo o devido processo legal. Se por algum motivo, mesmo fora de prazo, eu localizar um documento que comprove que a autuação é infundada, inválida, indevida etc., o contribuinte não poderá fazer nada.

No Estado de São Paulo o espírito da lei atual é esse; se eu não cumprir o prazo, no último dia, eu não tenho mais acesso ao processo administrativo. Eu não localizei o dispositivo, mas esse é o espírito da lei, é isso que se discutiu na Assembleia, mas não foi suficiente para sensibilizar as lideranças do Governo. Penso eu ser um absurdo, porque o devido processo legal na esfera administrativa é marcado pela informalidade. E a preocupação que existe na Administração Tributária não é com o fácil acesso ao processo administrativo, é com relação à eficiência, que para eles se confunde com alta produtividade. É o mesmo defeito que nós vemos no Judiciário quando alguns juízes acham muito bacana essa Lei de Execução Fiscal Administrativa, porque "deve desafogar o Judiciário". É o mesmo que se esperava com a aprovação da lei, com o novo contencioso no Estado de São Paulo. Uma das preocupações era delimitar o momento de apresentação da defesa e do recurso: não cumpriu o prazo, está extinto o ato, está extinto o acesso a isso. E a meta é essa, através do processamento eletrônico. Eu acho uma pena, mas é o que está em vigor.

Prof. Cristiano Carvalho – Só para fazer uma provocação, como um "advogado do Diabo", aqui: será que essa disposição não significa simplesmente não instaurar o processo administrativo fiscal no sentido de não examinar o mérito? Simplesmente uma questão formal da impugnação tempestiva ou não? E outra coisa: será que – sendo provocativo – existe mesmo, obrigatoriamente, duplo grau de jurisdição, sempre? Eu não vejo, pelo menos expressamente, pois não está na Constituição, isso é uma construção. Há vários casos, vários exemplos, em que só há um grau de jurisdição, e nem por isso não se pode dizer que não há devido processo legal.

Coordenador da Mesa (Profa. Maria Leonor Leite Vieira) – Mas aqui, no Estado de São Paulo, Prof. Cristiano, a legislação estabelece até 5 mil UFESPs; só há a primeira instância, mas de qualquer modo será reexaminado, há um recurso de reconsideração.

Será que o Prof. Eduardo Bottallo, que infelizmente não tem podido estar aqui conosco esses dias, quando discute justamente o inciso LV do art. 5º da CF, que diz que *o contencioso administrativo e judicial, com os meios e recursos a ela inerentes*, não está significando também esta possibilidade, esta apuração do crédito, e aí eu preciso desta outra instância, pela formação do próprio processo, de ter acesso a um órgão colegiado?

Prof. Walter Carlos C. Henrique – Vejam, eu penso que esse segundo nível, esse segundo grau, na esfera administrativa é um princípio, o fato de mesmo na esfera do Poder Judiciário eu ter decisões em última instância como instância única, nada mais são que exceções que confirmam a regra, porque a regra que está cravada no art. 5º da CF prestigia a necessidade do segundo grau, do recurso. No caso da lei do Estado de São Paulo, que estou com ela aqui, mais próxima, o fato de eu não ter o reexame de questões por um órgão colegiado de composição paritária quando a autuação for de valor pequeno, menos de 5 mil UFESPs, implica uma inconstitucionalidade, e toda vez que o contribuinte, aos meus olhos, tiver dificuldade em apresentar uma defesa, colocar um argumento, não puder comprovar perante a Administração Pública, de uma maneira amistosa, algum argumento ou documento que afaste a exigência, eu terei uma manifestação do Poder Judiciário de uma maneira fulminante, através, por exemplo, de uma exceção de pré-executividade. Basta comprovar na execução fiscal que o devido processo legal não foi atendido e eu creio que essa execução terá que ser cancelada. Então, o fato de a Administração Pública ter essa pressa em apurar, inscrever, executar, acaba sendo uma atitude contra os interesses dela.

COORDENADOR DA MESA (PROFA. MARIA LEONOR LEITE VIEIRA) – Eu afirmo que está, porque nós não teríamos esse acesso ao duplo grau de jurisdição caso fosse o contrário, Prof. José Henrique.

Se eu não pudesse fazer o recurso da decisão administrativa que reconheceu a intempestividade, a suspensão da exigibilidade do crédito teria terminado. Eu poderia, inclusive, estar discutindo o auto de infração em recurso administrativo e, ao mesmo tempo, atuando na execução fiscal sem propósito, sobre a inscrição da dívida sem propósito, o que é totalmente incoerente. Aí, dirão alguns: "Mas, claro, porque foi intempestiva a impugnação, enquanto eu não decido o recurso a impugnação foi intempestiva". Porém, eu não tenho – retirando lá do direito penal a palavra – a materialidade ainda para inscrição de dívida, porque ainda está sendo discutida administrativamente. E é um problema, realmente, que tem sido discutido e que aparece constantemente.

Existem as impugnações dos recursos nos termos das leis do processo administrativo federal, estadual, municipal. Eu penso que aí o procedimento já ficou instaurado.

PROF. CRISTIANO CARVALHO – E aquela questão do art. 151 do CTN, será que suspende a exigibilidade ou não? Porque no inciso II fala "recurso", "impugnação". Será que recebe, mas não suspende?

COORDENADOR DA MESA (PROFA. MARIA LEONOR LEITE VIEIRA) – Tem um microfone, por favor, na plateia? Pois não, qual seu nome, por favor?

DRA. GENOVA (da plateia) [*Texto sem revisão da Autora*] – Eu vou tentar esclarecer. Eu vou falar sobre processo administrativo fiscal. Realmente, como falou o José Henrique, o art. 14 fala que não instaura procedimento administrativo a impugnação intempestiva. O que acontece em relação à Receita Federal? O contribuinte que entrou com impugnação intempestiva, se ele, na sua petição, estiver questionando tempestividade, então, essa impugnação vai subir para a DRJ para analisar a tempestividade. A DRJ, que é órgão de primeira instância, se ela considerar que está intempestivo, continua o litígio para o Conselho de Contribuintes, atual CARF, para analisar a tempestividade. E o CARF, aí, vai ver se é tempestivo ou não, [*truncado na gravação*] (...). Em relação à impugnação intempestiva acontece o quê? Vai para cobrança. O contribuinte, aí, tem uma outra possibilidade, de pedir uma revisão de ofício. E essa revisão de ofício vai ficar a cargo do delegado da autoridade lançadora. Não vai para os órgãos colegiados de julgamento. A autoridade lançadora não admitindo uma revisão de ofício, o contribuinte vai entrar naquele processo normal da lei geral do procedimento administrativo. Vai seguir o trâmite daquele recurso da Lei 9.784. Então, o delegado da Receita, o superintendente, e aí só há essas duas instâncias, mas não em área colegiada.

COORDENADORA DA MESA (PROFA. MARIA LEONOR LEITE VIEIRA) – Mas aí está fora do procedimento administrativo federal, dos termos do Decreto 70.235/1972, você pode ir para a Procuradoria, verificar a inscrição da dívida e promover a exigência fiscal enquanto estou discutindo aqui, com a Superintendência, com a delegacia.

DRA. GENOVA (da plateia) [*Texto sem revisão da Autora*] – Exatamente, exatamente. Esclareceu?

COORDENADOR DA MESA (PROFA. MARIA LEONOR LEITE VIEIRA) – Dr. Munhoz.

DR. FLÁVIO MUNHOZ (da platéia) [*Texto sem revisão do Autor*] – Justamente, como já foi falado, se houver o contraditório em relação à tempestividade; enquanto não for decidido esse contraditório em relação à tempestividade fica suspensa a exigibilidade do crédito tributário, porque há um contraditório. Agora, complementando essa questão, só fazendo um comentário em relação à questão do duplo grau obrigatório, coloco o seguinte: na primeira instância administrativa não se faz propriamente o controle de legalidade do ato administrativo de julgamento. Por quê? Porque as autoridades de julgamento de primeira instância devem obrigatoriamente seguir o entendimento da Administração. Elas não fazem uma análise, um confronto, do ato administrativo com a lei. Então, negar recurso a uma segunda instância seria evitar o contraditório em relação ao controle de legalidade do ato administrativo de lançamento. Creio que a questão se resolve nesse aspecto do contraditório.

Queria aproveitar para fazer uma pergunta. Acabou o agravo no âmbito do CARF das decisões que fazem o exame de admissibilidade do recurso de divergência para a Câmara Superior. Entendo que também nesse caso, com a decisão de negar seguimento a um recurso especial, seja do contribuinte, seja da Fazenda, agora os dois só podem recorrer quando comprovada uma decisão divergente, no critério de julgamento...

Coordenadora da Mesa (Profa. Maria Leonor Leite Vieira) – Que a gente não tem como pesquisá-la, porque o *site* não existe.

Dr. Flávio Munhoz (da platéia) [*Texto sem revisão do Autor*] – Exatamente, tem mais esse problema. Aliás, a pesquisa, hoje, se dá só pelo número do recurso ou do processo, mas não mais por argumento de pesquisa. Sem contar que passados dois anos da instalação do CARF começaram agora a ser publicadas as ementas das decisões, e ainda no “sistema Saramago”, que é sem pontuação. Mas a questão que eu coloco é a seguinte: diante de um exame de admissibilidade negativo de recurso especial pela divergência, sempre cabe recurso ao Poder Judiciário, enfim, para que o órgão, eventualmente, se ficar comprovada a presença dos requisitos para o recurso, tenha que conhecer e processar aquele julgamento. Mas, como têm acontecido reiterados erros no CARF em relação a essa medida de admissibilidade, para evitar isso, será que não caberia uma ação contra o dispositivo do Regimento que impede esse agravo, justamente pelo aspecto da ausência de contraditório em relação ao próprio conhecimento do recurso, a existência, ou não, de decisão-paradigma? Seria essa a questão.

Coordenadora da Mesa (Profa. Maria Leonor Leite Vieira) – Será que não caberia uma ação, será que – só “esticando” um pouquinho isso – essa ação também não deveria ser coletiva? E aí proposta pela OAB, porque nenhum dos órgãos representantes dos contribuintes poderia fazê-lo para alcançar a todos. Também vou fazer coro à sua pergunta, e vou manter a pergunta aqui na Mesa.

Prof. José Henrique Longo [*Texto sem revisão do Autor*] – Em primeiro lugar eu queria cumprimentar o Flávio Munhoz, também que foi Conselheiro – na minha época – Conselho de Contribuintes, não do CARF, do velho Conselho.

Essa pergunta é oportuna, porque esse tema é recorrente. Nos corredores do CARF ou, então, nos escritórios que se dedicam a processo administrativo federal isso passou a ser um problema. E, se nós estamos no âmbito de um órgão colegiado e encontramos decisões monocráticas, alguma coisa está errada. E não é só nesse caso, Flávio, do art. 67, um pouco mais para a frente do Regimento, do novo Regimento, mas também no caso de embargos de declaração – que, aliás, era uma pergunta que a Leonor já estava me endereçando – o presidente pode monocraticamente dizer que aqueles embargos improcedem, e, portanto, entregar, para, se for o caso, apresentar recurso especial.

Mesma coisa num recurso especial, onde o presidente da Câmara, caso negue seguimento, não admita, melhor dizendo, o recurso, o processo vai ao presidente da Câmara Superior, e se ele também entender que não é o caso o assunto estará encerrado. Mas vejam que são decisões monocráticas num Tribunal, e o contribuinte deixou de ter, com o novo Regimento, a oportunidade de ver apreciada sua questão, não vou falar em última instância, mas, em termos técnicos, na última oportunidade, no âmbito administrativo – um tema que certamente lhe é muito caro, porque, se ele for para o Poder Judiciário, precisará garantir, em dinheiro ou com bens, que constará em certidões etc.

Então, efetivamente, parece ser em nome da celeridade, que é boa por um lado, mas prejudica efetivamente alguns direitos do contribuinte, principalmente o do devido processo legal e o direito de ampla defesa e do contraditório.

Então, eu não sei se uma ação política ou se uma ação judicial, mas efetivamente nós precisamos dessa ação, em nome do devido processo legal.

Prof. Walter Carlos C. Henrique – É interessante que a impossibilidade de acesso às decisões paradigmáticas também é uma novidade. Se eu não tenho acesso a essas informações, a esse conteúdo, para interpor um recurso – e a responsabilidade pela disponibilização é do Estado –, eu tenho aqui também uma ofensa ao devido processo legal, e poderia arguir isso perante o Poder Judiciário. Então, a responsabilidade que os órgãos de julgamento têm é muito grande, e eu creio que nosso próximo passo é revelar isso e começar a discutir esse aspecto perante o Judiciário, de modo a obrigá-lo a levar mais a sério essa importante via, não é?

Prof. José Henrique Longo – Eu queria comentar uma coisa, Flávio, desculpe, eu não sei se você esteve presente recentemente no CARF, nessa semana houve sessão da Câmara Superior e me parece que não foi conhecido o recurso especial de um contribuinte, e o advogado, na sustentação oral, falou da dificuldade de encontrar um acórdão-paradigma para o caso dele. Ele sabia que existia, mas ele não conseguia localizar. Aí veio a questão: de quem é o ônus da prova? Se o próprio Tribunal não fornece publicidade dos seus julgamentos para o contribuinte, como pode ser exigido do contribuinte que aponte quais são aqueles que julgaram em sentido contrário? Era algo semelhante com o TIT há um tempo atrás. Realmente, ficamos de mãos atadas, como contribuintes.

Prof. Flávio Munhoz [*Texto sem revisão do Autor*] – Há na Lei 9.784, salvo engano, um dispositivo que diz que quando a parte invoca um documento, como prova que está em poder da Administração, a parte pode pedir para que a Administração junte aos autos esse documento. Talvez fosse o caso disso ou até de, eventualmente, de suspender todos os prazos para recurso especial, enquanto não se regulariza...

Prof. José Henrique Longo – Então o *site* está no ar, não é?

Prof. Flávio Munhoz [*Texto sem revisão do Autor*] – Exatamente, que suspende os prazos.

Prof. Walter Carlos C. Henrique – Mesmo porque muitas vezes o contribuinte sabe que a decisão existe mas não tem os parâmetros necessários para fazer a localização, e aí pode a Administração Pública falar: “É impossível, não tenho como cumprir”, e prejudicar o contribuinte.

Coordenador da Mesa (Profa. Maria Leonor Leite Vieira) – O Prof. Walter recebeu uma questão, o Sr. poderia lê-la e responder?

Prof. Walter Carlos C. Henrique – A pergunta é a seguinte: "Qual o limite da atuação do julgador administrativo na busca da verdade material? Por exemplo, pode juntar aos autos informações obtidas nos sistemas da Receita Federal?".

Bom, em relação ao limite de busca da verdade material eu diria que a busca tem que ser incessante, não temos como padronizar a forma de busca dessa verdade material. Mas vou dar um exemplo, aqui, da época em que eu era julgador e relator no TIT, num caso muito simples de IPVA. E eu lembro que as defesas nos autos de infração de IPVA, normalmente casos de taxistas, são de em meia página, no máximo uma página e meia, e isso se a forma com que foram impressas as defesas fosse muito espaçada. Eu lembro que o argumento no caso era, mais ou menos, o seguinte: "Eu vendi este táxi há dois, três, anos, e eu não posso pagar IPVA depois que eu vendi o carro". Mas o taxista, muito simples, muito humilde, não juntou documento algum, e esses processos pequenos me chamavam a atenção, eu tinha um carinho especial por eles. Um dos princípios que norteia o devido processo legal na esfera administrativa é a informalidade em favor do administrado. Então, eu tenho que ter um caminho mais rápido, mais célere e menos cheio de dificuldades para fazer com que esse processo chegue a seu fim. E eu lembro que eu peguei o processo, eu olhei aquilo, eu desci dois andares na Fazenda na época, fui ao setor de IPVA, e de fato esse taxista, esse contribuinte, tinha vendido o carro na época que ele havia dito, o carro não estava mais no Estado de São Paulo, estava registrado no DETRAN acho que do Paraná ou de Minas Gerais. Eu peguei essa informação, juntei aos autos e coloquei em votação. Eu lembro que havia um representante da Fazenda apaixonado pela tributação e que dizia que não, o fato de o contribuinte não ter comprovado que havia vendido o carro tornava sem efeito a argumentação. Eu falei: "Não, vejam, em função da busca de verdade material, dessa informalidade em favor do administrado, está aqui a documentação, o próprio Departamento da Fazenda tem essa informação, eu estou acostando aos autos, e eu vou manter o voto". No fim, a Câmara afastou a cobrança. Então, com esse exemplo, eu quero dizer o seguinte. A busca de verdade material tem que ser incessante, eu não tenho limite, acho que o limite é a possibilidade de convencimento do julgador em função da Câmara e se essas informações obtidas pelo julgador forem favoráveis ao contribuinte, porque se for prova contrária eu tenho que ter a possibilidade de manifestação do contribuinte, eu creio que eu posso acessar e juntar, sim, mas, aí, tendo como norte, como pressuposto, esse entendimento, o fato de o processo administrativo ser voltado ao administrado, porque o auto de infração é uma peça de acusação. Sendo uma peça de acusação e em busca de verdade material, eu provo que posso procurar solucioná-lo da maneira mais adequada e correta possível. Então, com relação à verdade material, eu creio que essa busca incessante não cabe em rótulos, não há como bolar um *script* para isso. E se as informações forem favoráveis e tiverem acesso, eu creio que o julgador tem essa obrigação.

Coordenador da Mesa (Profa. Maria Leonor Leite Vieira) – Prof. Walter, estou aqui pensando, imagine isso na Receita Federal... A Medida Provisória 507, que cuida do sigilo fiscal, não é? E que diz, inclusive, que a procuração deve ser, nos termos do art. 5º, somente por instrumento público específico. Então, o contribuinte poderá conferir poderes a terceiros para, em seu nome, praticar atos perante órgão da Administração Pública que impliquem o fornecimento de dado protegido pelo sigilo fiscal. Se o dado do IPVA dele estivesse dentro do sigilo fiscal – não sei dizer isso, estou pensando, aqui, agora, em voz alta –, o Sr. não poderia juntar essa prova, porque o Sr. não estaria autorizado a responder em nome de terceiro. E aí vem o problema de ofício, se a Administração Pública não poderia fazê-lo. Ela tem o dever! De ofício, a Administração Pública tem o dever de trazer aos autos o que ela tiver de informações.

PROF. WALTER CARLOS C. HENRIQUE – Sim, tem, porque está dentro da Administração Pública, são informações pertinentes a esse contribuinte. E é interessante, porque eu fico imaginando, se essa medida provisória for convertida em lei, como é que ia ficar a Procuradoria, que tem que acessar dados do contribuinte numa execução fiscal. O procurador não vai poder procurar nada e sem autorização a execução fiscal fica parada. A Fiscalização não vai ter, a não ser em casos específicos, como fazer a investigação e fazer o trabalho dela de fiscalizar, porque, querendo ou não, a arrecadação é importante. Essa medida provisória é muito curiosa, fora que colocar um custo aproximado de 80 a 100 Reais para o cidadão, que tem acesso gratuito, pela Constituição, a informações, a requerimentos e petições, é criar um obstáculo móvel, um obstáculo móvel porque a cada situação tem que ter uma procuração específica, isso é um absurdo! E quebra de sigilo fiscal nós tivemos agora, nas eleições, recentemente, com o candidato Serra. Em 2000 fiz uma pesquisa na Internet, e acho que todos vão lembrar, comercializaram em São Paulo as declarações de renda, até do então Presidente Fernando Henrique Cardoso. De modo que não é criando dificuldades para os contribuintes que a proteção do sigilo vai melhorar, o sigilo é a favor, e não contra. A medida provisória cria um obstáculo que me parece ser inconstitucional, desarrazoado, desproporcional. Por mais que seja uma lei que procure proteger o sigilo de dados, ela está violando outros valores, outros setores constitucionais. Então, não pode ser mantida, não é?

COORDENADOR DA MESA (PROFA. MARIA LEONOR LEITE VIEIRA) – O Estatuto da OAB e vários princípios constitucionais mesmo, como o Sr. disse. Porque, se eu tenho procuração, só pode ser reconhecida e passada em cartório, tem que ser por instrumento público, o que mais nós vamos fazer?

PROF. WALTER CARLOS C. HENRIQUE – E o Estatuto é uma lei especial. Então, essa regra geral não poderia se sobrepor a uma lei específica, em especial para advogados, que exercem uma função importante em busca da Justiça. É uma situação absurda. Eu não imagino que essa medida provisória vai ser convertida. Mas, até que se faça alguma coisa...

COORDENADORA DA MESA (PROFA. MARIA LEONOR LEITE VIEIRA) – Na situação específica foi outra coisa que aconteceu, me parece, não é? Que não passar o dever para todos. Precisa ser criado de novo, Prof. José Henrique, o Ministério que existiu há algum tempo, alguns se lembram, o Ministério da Desburocratização, era o Min. Hélio Beltrão?

PROF. CRISTIANO CARVALHO – O que é uma contradição em termos, não é? Um Ministério para desburocratizar alguma coisa...

COORDENADOR DA MESA (PROFA. MARIA LEONOR LEITE VIEIRA) – Mas isso está sendo "burocratizado" tudo de novo... Por alguma situação específica, o sigilo de dados é outra coisa, não precisa desses elementos tão genéricos dessa forma.

ALGUÉM DA PLATEIA [*Longe do microfone, inaudível na gravação*] – (...) reconheci a firma, tive que juntar meu CPF, o que eu acho supercurioso, não é? Entregar o CPF autenticado em cartório para a própria Receita Federal... Mas tive que fazer. Aí, depois eu também tirei *xerox* autenticado da minha OAB, e a minha contadora, que também é certificada, para poder entregar, ela também tem que tirar o *xerox* do CRC dela e do próprio CPF dela, está tudo aqui. Aí, ontem me disseram que eu tinha que fazer isso. Eu perdi de almoçar no *Shopping* Iguatemi com meus amigos de Cuiabá para poder ir lá, retirar o processo na Justiça Federal, e depois ir até a rua Augusta, dar entrada nisso. Não deu tempo, não é? Fiquei aqui na Justiça Federal, não deu tempo. Liguei para minha contadora e falei: "Não consegui, então, amanhã, dá para a Sra. entregar?". Ela respondeu: "Não, agora é pessoalmente". Eu falei: "Mas a medida provisória não prevê procuração por instrumento público; se for o caso, para eu não precisar pegar senha e aguardar, que eu creio que vou esperar meia hora, a gente vai aqui ao cartório do lado, gasto uns 80 Reais, lhe outorgo uma procuração pública para você dar entrada na minha solicitação, já reconhecida a firma". Não pode. A informação, hoje, da Receita Federal é que o sócio da empresa deve ir pessoalmente, os sócios com poderes, a minha irmã não tem poderes de gerência, não sei, aliás, tem que ter poderes até para poder mexer na conta-corrente, que eu saiba na sociedade de advogados ambos exercem pessoalmente os serviços jurídicos, não é? Mas, enfim, só eu que tenho lá um cadastro tal, na Receita Federal, tenho que pessoalmente entregar essa documentação. Para quê, não é? Eu só pedi um favor para que eles desbloqueiem na hora, ela possa transmitir por meio eletrônico a DCTF. É um esforço do contribuinte em apurar o fato jurídico-tributário. Quer dizer, já é uma anomalia por si só, nós estarmos fazendo todo essa *via crucis* para poder formalizar o crédito tributário em nome do próprio sujeito ativo. Desculpem pelo desabafo, mas, enfim, é mais ou menos nessa linha, não é? E para alguns que ainda não tenham entregado amanhã a DCTF e estão contando com o contador, sinal de que vão ter também 250 Reais a mais para brigar numa futura execução fiscal.

Coordenador da Mesa (Profa. Maria Leonor Leite Vieira) – Vejam como é bom isso, realmente a gente ia atrás da discussão aqui na hora, na oportunidade, seu caso tem aqui mais de 100 advogados para assinar sua petição. Prof. Cristiano, o que o Sr. acha?

Dr. Cristiano Carvalho – Eu creio que, na verdade, isso não é para proteger o sigilo fiscal coisíssima nenhuma. Isso, como se diz em Teoria Econômica, é criar um custo de transação para prejudicar o acesso, para criar mais um entrave, mais uma dificuldade, para que o contribuinte possa exercer seu direito de defesa. Aliás, uma coisa incrível no Brasil é que a nossa assinatura é falsa até que se prove o contrário. Todos nós somos mentirosos, até que se prove o contrário. Precisa de um tabelião para atestar que nós estamos falando a verdade. Em um País que está em pleno desenvolvimento como o Brasil, que é a "bola da vez", existir cartório, para mim, já é uma contradição, não devia nem existir, para começar. Nos Estados Unidos o *power of attorney*, que é a procuração, é simplesmente informal, não precisa mais nada além disso. Aliás, lá só se precisa de instrumento público para pouquíssimas coisas – imóveis, dentre elas. Quanto ao resto, vale, até que se prove o contrário, a palavra da pessoa, que é o que seria natural numa sociedade de confiança. Então, a intenção, claramente, não é proteger sigilo fiscal nenhum, parece-me que cabe, sim, ação judicial quando alguém quiser, estiver com uma procuração não reconhecida, não um instrumento público, e não puder exercer seu direito de defesa através do seu advogado.

Coordenador da Mesa (Profa. Maria Leonor Leite Vieira) – Mas agora o Sr. tem um compromisso conosco: amanhã o Sr. vai nos contar como é que se resolveu o problema, já que vários de nós teremos esse problema amanhã. Assim, a gente vivencia o problema e tenta achar uma solução para ele. Você lê a norma e retira dali, constrói dali, o sentido e, depois, as várias situações que vão acontecendo na dinâmica da vida. Amanhã o Sr. traz essa resposta para a gente? Ótimo, o Sr. fica devendo essa resposta para amanhã.

O Prof. José Henrique recebeu uma questão, e eu creio que seria interessante examiná-la. Há algumas outras que estão aqui à Mesa, mas nós não teremos tempo de examinar todas. Porém, nós estamos disponíveis se os Srs. também quiserem fazer alguma outra pergunta. Por favor, vamos continuar com esta discussão. Prof. José Henrique...

Dr. José Henrique Longo [*Texto sem revisão do Autor*] – A questão diz respeito aos limites dos embargos de declaração opostos pela Delegacia da Receita Federal. Esse é um tema interessantíssimo. Aliás, no evento da FISCOSOFT que ocorreu, se não me engano, em junho ou agosto eu participei de uma Mesa em que se tratou desse tema. Na verdade, a pergunta, não sei se é essa aqui, mas lá o tema era nitidamente voltado para o caso da RPS, que saiu nos jornais, não é sigilo nenhum, porque já foi quebrado o sigilo desse contribuinte. E o que aconteceu lá? O contribuinte – era um caso de planejamento tributário contestado pelo Fisco – ganhou o processo, cancelou o lançamento, conseguiu que fosse cancelado o lançamento na Câmara Superior. A Fazenda Nacional opôs embargos de declaração, e esses embargos de declaração foram rejeitados de plano pelo Presidente da 1ª Seção. Uma vez rejeitados, os processos foram remetidos para a Delegacia da Receita Federal de Porto Alegre, e o Delegado opôs novos embargos de declaração, discutindo o mérito. O caso não teria sido apreciado [*truncado na gravação*] entendeu que houve um erro no julgamento, que não havia sido apreciada determinada prova.

Deixando de lado a questão de fundo, se foi, ou não foi, apreciada a prova, inclusive com declarações de votos falando sobre aquela prova, o fato é que o processo retornou à Câmara Superior de Recursos Fiscais, e pelo voto de qualidade foi conhecido aquele recurso de embargos de declaração, e na decisão de mérito a Fazenda "virou o jogo".

Bom, então, há discussão sobre se pode o delegado da Receita Federal opor esse tipo de embargos. Escutamos de algumas pessoas: "Sim, claro, porque existe a previsão no Regimento Interno do Conselho de que o delegado também pode". Mas, se nós lermos o art. 65 do Regimento, diz lá que o delegado pode, sim, mas para executar a decisão, não é? Não lembro exatamente os termos, mas é para dar cumprimento à decisão do Conselho.

Qual que foi a decisão do Conselho? Cancelar o lançamento. Ou seja: não gera dúvida, não é? Se é um lançamento complexo, com vários itens, aí, talvez, coubessem embargos alegando que o delegado não entendeu direito a decisão, ela está imprecisa. Mas naquele caso é "cancele-se o lançamento, não deve nada, zero", e ele opõe embargos discutindo o mérito.

Então, evidentemente que aquele dispositivo não é para esse fim, o delegado opor embargos para discutir, para devolver o assunto para o Conselho se manifestar. E digo isso por dois motivos. (1) quem tem o poder de representar a Fazenda Nacional no Conselho é o Procurador da Fazenda Nacional. Isso está desde na lei que trata das funções da Procuradoria como no próprio Regimento, que diz que quem representa a Fazenda Nacional é o Procurador da Fazenda Nacional. Portanto, o delegado da Receita Federal não tem competência, não tem interesse, não tem legitimidade de agir, para opor aqueles embargos. Primeiro motivo. E o segundo motivo, que os segundos embargos de declaração só podem ser opostos com relação à decisão que rejeitou os primeiros embargos, isso é jurisprudência pacífica no STF, não se pode tentar atingir aquela decisão, vamos dizer, dois passos processuais para trás.

Respondendo objetivamente à pergunta, o limite dos embargos de declaração da Delegacia da Receita Federal é única e exclusivamente para conseguir cumprir a decisão do Tribunal.

Prof. Cristiano Carvalho – Ou seja, não pode ter efeito modificativo, efeito infringente.

Prof. José Henrique Longo – Teria também esse aspecto, não é? O efeito infringente dos embargos de declaração que deve ser admitido em casos excepcionais, porque embargo serve para trazer luz àquela decisão que não ficou clara ou tem alguma contradição, e eventualmente pode ter o efeito infringente, ou seja, modificar a decisão. Isso é aceito excepcionalmente, mas ali o problema é maior; é ter o interesse de promover embargos nesse sentido, e apenas a Procuradoria da Fazenda Nacional tem esse poder, não o delegado.

Coordenador da Mesa (Profa. Maria Leonor Leite Vieira) – Dr. Walter, o Sr. tem mais alguma questão?

Dr. Walter Carlos C. Henrique – Só fazer um comentário com relação ao que o Prof. José Henrique Longo colocou. Eu tive um caso no STJ em que tive sucesso num julgamento de recurso especial, a Fazenda entrou com embargos de declaração, agravo regimental. Como envolvia a Lei Complementar 118, foi ao STF, voltou, houve confirmação do julgamento, embargos de declaração, e no agravo regimental modificaram o assunto – acho que para ter sucesso a qualquer custo –, e então houve um segundo julgamento do recurso especial, agora favorável ao Fisco. Por sorte o processo já transitava havia 10 anos, então, não teve repercussão econômica alguma. Quando eu li aquilo, entrei com embargos de declaração, não tive sucesso, fiz uma segunda petição de embargos de declaração, e fui a Brasília conversar com o Ministro. A minha preocupação, no caso, não era só o sucesso, porque já não tinha uma repercussão econômica, era essa atitude reiterada de você ter sucesso a qualquer custo. A minha preocupação era mostrar para o Ministro, com a cópia do processo de capa a capa, o que havia acontecido. Quando eu comecei a contar, lembro que ele entortou a cara, e pensei: "Esse Ministro vai achar que estou desacatando ele, e vai me levar preso". Quando acabei de contar a história, ele se assustou e me disse: "Creio que há um equívoco, eu vou decidir com a maior largueza possível". Aí eu disse que não havia problema, porque não havia repercussão econômica, que eu só queria mostrar como de fato o outro lado litigava. Mas é uma situação que assusta, porque nesse caso, José Henrique, eu tenho uma autoridade incompetente e tenho descumprimento e desrespeito à lei, porque não há possibilidade jurídica, aí você vai ter uma discussão judiciária com chance enorme de sucesso, pelo menos isso é muito bom.

Alguém da Plateia – Posso fazer só um comentário?

Coordenador da Mesa (Profa. Maria Leonor Leite Vieira) – Claro!

Alguém da Plateia [*Texto sem revisão do Autor*] – Essa questão que o José Henrique Longo colocou a respeito dos embargos, e no caso específico da RPS o julgamento foi público, mas.... A dúvida toda se deu justamente pela redação do artigo do Regimento que diz que as autoridades incumbidas da execução da decisão poderão opor embargos. Agora, justamente, é no limite da sua incumbência, que é de cumprir a decisão. Mas o que se entendeu, pelo voto de qualidade, que foi realmente, para o processo administrativo, uma pena, foi que essa norma só delimitava a competência, ela só indicava quem seria a autoridade ou delegado competente para opor embargos e que não havia limite em relação ao conteúdo dos embargos, não é? Eu também me alio à tese de que não poderia haver. É uma pena, é um precedente bastante perigoso no âmbito do Conselho – eu ainda não consigo chamar de CARF. Mas realmente essa redação também precisaria ser tornada mais clara, seria um ponto também para se tornar mais claro, apesar de que a interpretação já seria suficiente, porque a autoridade incumbida da execução age no limite da sua competência específica. Seria essa a consideração.

Coordenador da Mesa (Profa. Maria Leonor Leite Vieira) – Dr. Walter, o Sr. tem alguma questão?

Dr. Walter Carlos C. Henrique – Vamos lá, a segunda pergunta. Essa pergunta diz o seguinte: "Como fica o devido processo legal quando o contribuinte apresenta impugnação com uma preliminar de inexistência de relação jurídica e pontualmente combate pontos específicos do auto de infração, ocasião em que a DRJ, considera os não impugnados como incontroversos e intima o contribuinte para pagar o débito em 10 dias?".

Vejam, se eu apresentar preliminar de inexistência de relação jurídica ampla não tenho como não considerar impugnado todo o auto de infração, e tenho que levá-lo a julgamento. Então, nesse caso, essa cobrança, que no Estado de São Paulo é permitida, daquilo que não foi impugnado no prazo de 10 dias, surge aqui uma nulidade plena, ou eu faço recurso ou vou para o Poder Judiciário. Aí vem a segunda pergunta: poderia haver a segregação do auto de infração? O documento "auto de infração" tem um ato administrativo de lançamento e outro de aplicação de penalidade. Se o auto de infração possuir lançamentos e penalidades específicas, bem discriminados, e eu apenas impugnar uma parte deles, pela lei do Estado de São Paulo aquilo que não foi impugnado é segregado, e segue para inscrição em Dívida Ativa.

Aí vem a segunda pergunta: a preliminar, se aceita, acarretaria a desconsideração integral do auto de infração? Provavelmente sim. E qual o fundamento da cobrança do montante incontroverso? Há previsão legal aqui, no Estado de São Paulo: sendo impugnados todos os pontos do auto de infração; aquilo que não foi impugnado segue, é tido como válido o lançamento, a penalidade segue para inscrição em Dívida Ativa. Creio que é essa a resposta à pergunta.

OFICINA

PROCESSO JUDICIAL TRIBUTÁRIO

COORDENADOR DA MESA: PROF. RENATO LOPES BECHO
PARTICIPANTES DA MESA: PROFA. CARLA GONÇALVES, PROFA. JULIANA FURTADO, PROF. MÁRCIO SEVERO MARQUES

COORDENADOR DA MESA (PROF. RENATO LOPES BECHO) – Sras. e Srs. Congressistas, ao cumprimentá-los, declaro abertos os trabalhos desta Oficina, agradecendo aos Diretores do IGA/IDEPE o convite que me foi formulado para coordená-la. Compõem esta Mesa os Profs. Drs. Carla Gonçalves, Juliana Furtado e Márcio Severo Marques, que estarão à disposição para os debates que serão realizados.

Apenas para dar tempo para que as questões enviadas, por escrito, cheguem à Mesa, pensei em colocar temas de "Processo Judicial Tributário". Mas resolvi eleger somente um: o *princípio do devido processo legal*. Ao fazê-lo, estou me posicionando diante de outro importante tema: os *princípios*. Os Colegas sabem que hoje em dia existem poucos mas importantes juristas que não estão mais pugnando pela posição hierárquica dos princípios. Ainda assim, sigo a corrente tradicional. Fiz uma breve pesquisa, e trago à colação uma referência de Pontes de Miranda que dispensa qualquer adjetivação. Pontes de Miranda lançou o fenomenal *Comentários ao Código de Processo Civil*, em diversos volumes, no mesmo ano – ou logo no ano seguinte – à edição do Código de Processo Civil. Fiquei pensando: como ele escreveu uma obra tão vasta em tão pouco tempo? A resposta consta no "Prólogo" – isso mesmo, no "Prólogo" –, no primeiro tomo dos seus *Comentários*. Ele diz: *nós temos que estudar os princípios*. Textualmente, ensinou Pontes de Miranda:

"Estes *Comentários ao Código de Processo Civil*, que agora se promulgou, muito devem aos esforços feitos em muitos anos para as edições ao Código de Processo Civil de 1939. O que se muda nas leis não destrói, sempre, os princípios, e as alterações revelam o que se teve por fito, acertada ou erradamente. O que importa é que as obras se cinjam aos dados jurídicos atuais e à necessária atenção aos textos.

"Há grande vantagem em se estudar, tratar e expor o Direito, aprofundando-se-lhe os princípios: primeiro, porque é assim que tem progredido a Ciência, e só assim se pode ficar em dia com ela; segundo, evita-se que se tenham os problemas jurídicos como assunto sobre os quais, sem preparação, todo mundo possa discorrer. O que a experiência tem mostrado é que o povo de cada País desaprova qualquer exposição, ou discussão jurídica, de que não lhe seja dado ver elementos para a sua convicção. E o povo contém juristas, gente que lê Ciência" (Pontes de Miranda, *Comentários ao Código de Processo Civil*, t. I, Rio de Janeiro, Forense, 1973, p. XVI).

Nessa mesma linha, trazemos à lembrança o Prof. Geraldo Ataliba – que dá nome ao Instituto –, que sempre ensinou e advogou pela proeminência dos princípios. Ataliba debruçou-se longamente sobre dos princípios, sempre procurando demonstrar seu valor supremo para o entendimento do sistema jurídico. De seu *República e Constituição* citamos: "O sistema jurídico – ao contrário de ser caótico e desordenado – tem profunda harmonia interna. Esta se estabelece mediante uma hierarquia segundo a qual algumas normas descansam em outras, as quais, por sua vez, repousam em princípios que, de seu lado, se assentam em outros princípios mais importantes. Dessa hierarquia decorre que os princípios maiores fixam as diretrizes gerais do sistema e subordinam os princípios menores. Estes subordinam certas regras, que, à sua vez, submetem outras (...)" (Geraldo Ataliba, *República e Constituição*, 2ª ed., atualizada por Rosolea Miranda Folgosi, São Paulo, Malheiros Editores, 1998, p. 33).

Como tratar desse tema como devido processo legal? Ele está na CF, ninguém desconhece o art. 5º, LIV, "ninguém será privado da liberdade ou de seus bens sem o devido processo legal". E com corolários, como o inciso LV, "aos litigantes, em processo judicial ou administrativo, e aos acusados em geral são assegurados o contraditório e ampla defesa com os meios e recursos a ela inerentes".

Esse segundo inciso já nos aponta como o princípio do devido processo legal pode, de fato, ser conformado, pode ser aplicado, no nosso ordenamento jurídico. Quem tiver oportunidade, sugiro como leitura o livro do Prof. Antônio Roberto Sampaio Dória, *Direito Constitucional Tributário e Due Process of Law*. Esse livro, para mim, é uma preciosidade. O Prof. Antônio Sampaio Roberto Dória, um dos primeiros diretores do IDEPE, faz um levantamento histórico primoroso sobre o devido processo legal. Quisera eu ter tempo para apontar vários dos seus argumentos, vários dos seus pontos, nessa tarde! Não vou ter tempo para fazê-lo, mas fica aqui a indicação, e como uma referência importante, no meu modo de ver.

A Suprema Corte dos Estados Unidos da América do Norte se recusou, durante dezenas de anos, a trazer uma definição do que seja *devido processo legal*. Por que isso? Porque os Ministros da Suprema Corte dos Estados Unidos entenderam que apenas a análise de cada caso concreto permite verificar se o devido processo legal foi cumprido ou se ele não foi cumprido.

Entretanto, temos referências básicas. Por exemplo: o devido processo legal exige um direito de petição como está na nossa Carta Constitucional. De minha parte, acrescento: o direito de petição tem que ser interpretado como direito à obtenção de uma resposta. Porque, se for o direito de petição, basta o órgão ter um protocolo. A parte fez a petição e a protocolou? *Cumprido o mandamento!* Evidentemente que ele não foi cumprido! Então, o direito de petição tem que significar o direito de obtenção de uma resposta.

E mais, aqueles temas que os Colegas já sabem, por exemplo, a inafastabilidade da citação, a inafastabilidade do contraditório, o dever, principalmente do magistrado, de permitir às partes realizar as provas com as quais pretendem suportar seus argumentos, e tantos outros temas, que nós poderíamos começar desenvolvendo a nossa Mesa a partir deles.

Pois bem, provocando as Sras. e os Srs., ainda não chegou nenhuma questão para a Mesa. Entretanto, por *e-mail* nós já tínhamos recebido algumas questões. Vou apresentar a primeira delas, que foi enviada por um congressista, dentro daquelas páginas de pedido de indicação de temas que gostariam que fossem abordados. Gostaria de apresentar aos membros da Mesa o seguinte ponto: *coisa julgada baseada em lei posteriormente declarada inconstitucional*.

Vejam bem: nós não vamos, aqui, discutir se quem foi beneficiado pela primeira decisão foi o contribuinte ou se foi o Fisco. Temos nesta Mesa ilustres Representantes da Administração Tributária, como temos ilustres Representantes da Advocacia privada. Mas nós colocamos para os Colegas uma hipótese: imaginem que em 1995 uma parte obteve, com trânsito em julgado, determinada decisão. Trânsito em julgado, ou a favor ou contra uma das partes. Agora, em 2010, vem o STF e diz: "A lei é constitucional" ou "A lei é inconstitucional". Essa declaração está em contrário daquele trânsito em julgado de 1995. A pergunta que fazemos, a partir do pedido de tema indicado pelo congressista: aquela decisão ou os efeitos daquela coisa julgada podem ser reabertos? Pela ordem da publicação do nosso Congresso, inicialmente eu passo a palavra à Profa. Carla Gonçalves.

Profa. Carla Gonçalves – Em primeiro lugar, boa tarde a todos! Eu gostaria de saudar os meus ilustres Colegas de Mesa, o nosso Presidente e Coordenador, Prof. Renato Lopes Becho, a Profa. Juliana Costa, o Prof. Márcio Marques, e agradecer ao Instituto Geraldo Ataliba pelo convite, em nome de toda a sua Diretoria, para participar desse *XXIV Congresso Brasileiro de Direito Tributário*.

A questão aqui colocada é bastante interessante, e da perspectiva processual creio que poderíamos olhá-la de dois prismas distintos. O primeiro, como o próprio Prof. Renato ponderou, no nosso caso hipotético no ano de 1995 nós temos uma decisão. O que eu penso, primeiramente falando, é que o sistema estabelece um limite para que essas decisões possam ser revistas e as discussões reabertas, por qualquer motivo, processualmente falando. Desta forma, no caso em questão nós temos uma decisão transitada em julgado em consonância com o Código de Processo Civil.

Já com uma exceção ao trânsito em julgado, nós identificamos a possibilidade da ação rescisória, cujas hipóteses que lhe autorizam a interposição estão previstas no art. 485 do CPC. A mais utilizada, sempre, é a do inciso V – ofensa a literal disposição de lei –, também interpretada como aquela em desconformidade com a própria jurisprudência do STF (inconstitucionalidade).

Pois bem. Uma vez ultrapassado o prazo de dois anos para propositura da ação rescisória, eu penso que esse momento restou selado para rediscussão do tema, pois trata-se do próprio sistema de freios e contrapesos engendrado pelo ordenamento, bem como do prestígio ao propalado princípio da segurança jurídica, que o Prof. Paulo de Barros Carvalho até denomina como "sobreprincípio", o qual deve ser respeitado. Portanto, passados os dois anos da ação rescisória, entendo que não pode ser reaberta essa discussão.

Mas, indo um pouco além, qual o efeito dessa inconstitucionalidade? É dizer, se ela pode retroagir, para atingir efeitos passados. Entendo que não pode haver retroação. Primeiramente nós temos que a própria legislação – Lei 9.868/1999 – prevê que o STF pode modular os efeitos de suas decisões, em consonância com art. 27 dessa lei. Então, seria tarefa do STF já estabelecer os limites dos efeitos da decisão por ele proferida. E dentro desse estabelecimento, e uma vez que se respeitem também os prazos previstos pelo próprio ordenamento jurídico, é que essa discussão deve ser posta.

Eu lembro que há uns anos atrás, acho que em 1997, houve uma ação direta de inconstitucionalidade que declarou inconstitucional o art. 25, § 2º, da Lei 8.870, que falava que as agroindústrias deveriam recolher sua contribuição sobre o faturamento. Houve a declaração de inconstitucionalidade, e as contribuições teriam que ser recolhidas sobre folha de salários. Quando apareceu essa decisão, o que aconteceu? O INSS editou uma ordem de serviço e autuou todas as empresas que tinham seguido a lei. Havia empresas que até tinham resposta a consulta, mas, até aí, isso pouco importa; elas tinham seguido à risca a lei, e elas tiveram o seu direito malferido, verificando-se uma autuação lavrada contra elas, para cobrar diferença de faturamento e folha de salários. Em outras palavras, houve um desprestígio à própria segurança jurídica. Então, cabe, primeiramente, ao STF estabelecer os limites dessa decisão e, mais ainda, prestigiar o princípio da segurança jurídica, sempre observando-se a questão dos próprios prazos previstos pelo ordenamento, seja do trânsito em julgado, quando estou diante do trânsito julgado e a ação rescisória.

Essas são as minhas considerações iniciais sobre o tema. Os nossos Colegas de Mesa vão tecer também suas considerações sobre o mesmo assunto. Obrigada!

Coordenador da Mesa (Prof. Renato Lopes Becho) – Obrigado, Dra. Carla! Dra. Juliana, por favor...

Dra. Juliana Furtado Costa – Boa tarde a todos! Gostaria de cumprimentar o Dr. Renato Becho. Sempre admirei o seu trabalho, já tendo oportunidade de participar com ele de outros eventos em que sempre são trazidas excelentes contribuições ao direito tributário. O mesmo falo da Dra. Carla, amiga querida, com quem já participei, há dois anos atrás, desta mesma Oficina aqui no IDEPE. Saúdo, também, o Dr. Márcio Severo Marques. É um prazer enorme participar, e agradeço novamente o convite do IDEPE para estar aqui, hoje.

A questão da relativização da coisa julgada é um tema muito atual, e talvez nós não estejamos tão certos das consequências que disso podem advir para ambas as partes dentro do processo. Com a súmula vinculante, com a questão da uniformização das decisões dos nossos tribunais, repercussão geral, enfim, toda essa sistemática nova do nosso Código de Processo Civil, penso que esse foi um tema que veio à tona, com uma importância tão grande, que há uns quatro meses atrás a Procuradoria Geral da Fazenda Nacional fez uma audiência pública em Brasília, onde participaram procuradores, ministros do STJ e do STF e advogados, com a intenção de colher dados sobre o que a sociedade pensava sobre esse tema. E, realmente, eu assisti a essa videoconferência aqui de São Paulo, e as discussões me preocuparam muito. Porque, na verdade, os efeitos da relativização da coisa julgada podem ser interessantes e também danosos para ambas as partes. O contribuinte que possui uma decisão favorável cujo tema posteriormente é declarado constitucional poderá se ver diante do desejo do Fisco de querer alterar tal julgado diante desta constitucionalidade declarada. Por outro lado, podemos ter a situação inversa, o contribuinte ter uma decisão contrária a ele e eventualmente ser prolatada uma decisão do STF dizendo que aquela questão é inconstitucional – portanto, o próprio contribuinte terá possibilidade de manejar ação de repetição do indébito, alguma coisa desse tipo, para tentar reaver o que eventualmente ele pagou a mais e que não deveria ter pago. Então, esse é um problema que atinge – como bem falou o Dr. Renato – todas as partes, não importa que interesse está em jogo, é o interesse da coletividade toda, e eu vejo que, aí, corroborando o entendimento da Dra. Carla, vem a questão da segurança jurídica. Lembro muito uma discussão travada há alguns anos atrás, quando havia decisão do STF declarando algum tributo inconstitucional e se questionava se era possível renovar um pedido de repetição do indébito a contar daquela decisão, contando novamente o prazo prescricional. Lembro que num primeiro momento até saíram algumas decisões do STJ nesse sentido, que em seguida foram desconsideradas, e a jurisprudência mudou, dizendo que não se pode contar com um novo prazo que reabre tudo, de forma que o objetivo não é nem prejudicar, nem beneficiar nenhuma parte, mas manter a segurança jurídica, pois assim sabemos qual é o prazo, que está definido no Código Tributário Nacional. Assim, se tem o norte que aquele prazo é de cinco anos e quando ele começa a correr, não sendo possível reabri-lo por conta de uma decisão do STF. Eu trago, então, essa discussão para esta temática. Temos que pensar que será muito cômodo, para quem a decisão do STF beneficiar, querer se utilizar a seu favor da relativização da coisa julgada, mas vejo que isso pode se configurar em um problema grande de insegurança jurídica. E, vendo esta audiência pública, ouvindo tantos eminentes Professores comentando o tema, vi que, ao final, se tinham menos conclusões do que se poderia imaginar, porque o tema é muito complexo. Em resumo: vejo que nós temos um limite, como bem disse a Dra. Carla, que é o prazo da rescisória. Passado aquele limite, eu não tenho como alterar uma decisão judicial. Entendo, todavia, que esse papel é do Supremo. O STF deveria sempre definir os efeitos das suas decisões, o que proporcionaria uma segurança jurídica maior, ao invés de deixar a cargo das partes. Penso que isso é um problema grande.

E, por fim, só para encerrar, vejo que uma decisão vinculante do STF eventualmente poderá até atingir a Fazenda ou o contribuinte para o futuro, aí tudo bem. Dali para a frente aquela parte terá que se submeter àquela decisão vinculante, mas jamais de forma retroativa, para que seja sempre garantida a segurança jurídica.

Coordenador da Mesa (Prof. Renato Lopes Becho) – Obrigado, Dra. Juliana! Prof. Márcio Severo Marques, por favor...

Prof. Márcio Severo Marques – Boa tarde a todos! É uma grande satisfação estar participando dessa Mesa! Saúdo a todos na pessoa do Presidente da Mesa, Prof. Renato Lopes Becho, da Profa. Carla e da Profa. Juliana.

Acho que os Colegas já falaram bastante a respeito dessa matéria, e eu creio que o ponto central é, mesmo, uma questão da segurança jurídica, que é um sobreprincípio. A gente não pode, depois de passados não sei quantos anos de uma decisão transitada em julgado, formando coisa julgada material, reabrir a discussão.

A questão que eu coloco, para provocar um pouco o debate, para o Prof. Renato, é a seguinte, Professor: imagine que lá atrás a ação foi julgada improcedente sob dois fundamentos, "X" e "Y", e depois de "x" anos o STF voltou a analisar a questão e julgou em sentido contrário, com base num outro fundamento. Creio que aí a hipótese não seria nem de rescisória, que o contribuinte, nesse caso, poderia ajuizar uma nova ação sob um outro fundamento, ainda que com pedido igual. Então, gostaria de ouvir sobre essa questão.

O que faz coisa julgada material é a parte dispositiva ou é a parte da fundamentação? Se a ação foi julgada procedente ou improcedente lá atrás, isso será que não faz diferença em relação ao que haverá de ser julgado pelo STF? Ou seja, uma coisa é ele, STF, julgar constitucional algo que foi julgado inconstitucional lá atrás; outra coisa é ele julgar inconstitucional algo que foi julgado constitucional lá atrás. Será que, pela mudança de fundamento (por se tratar de fundamentos jurídicos diferentes), o contribuinte não teria direito a novo acesso? Por outro lado, no reverso da medalha, se a decisão for desfavorável ao Fisco, o procurador teria possibilidade de novamente discutir a questão?

Profa. Carla Gonçalves – Bom, interessante a pergunta do Prof. Márcio, e creio que nós temos que enfrentar quais são os efeitos de uma ação direta de inconstitucionalidade, e o que ela vincula. Uma parte da doutrina defende que a parte dispositiva da decisão de ação direta de inconstitucionalidade é que vincularia o seu próprio conteúdo, ou seja, o efeito *erga omnes* da ação direta de inconstitucionalidade estaria na parte dispositiva, e há quem entenda que seria a própria fundamentação daquela declaração de inconstitucionalidade.

Eu tenho para mim que o que deve vincular é a parte da fundamentação É óbvio que a parte dispositiva é um corolário da fundamentação, mas um exemplo que eu tenho na minha mente para dar nesse sentido é o seguinte: nós temos uma legislação sendo discutida – por hipótese, uma inconstitucionalidade de ICMS com relação ao Estado "X". E nós temos tantos outros Estados brasileiros que discutem a mesma questão em virtude de leis distintas promulgadas, com conteúdos análogos. Quando o STF, em sede de ação direta de inconstitucionalidade, com relação a um desses Estados, por hipótese, vai declarar a inconstitucionalidade do ICMS, para mim, o que vincula, aqui, é a fundamentação, e não a parte dispositiva, porque senão eu teria que ter sucessivas ações diretas de inconstitucionalidade com decisões idênticas, modificando-se apenas a parte dispositiva. Aqui aplicam-se os chamados efeitos transcendentes, e aí vai transcender para as outras decisões. Portanto, inequívoca a vinculação da fundamentação, e não da parte dispositiva somente.

Coordenador da Mesa (Prof. Renato Lopes Becho) – Márcio, você quer continuar?

Prof. Márcio Severo Marques – Não, estou de acordo com ela. Eu também creio que a fundamentação faz parte da coisa julgada material, porque senão, numa ação improcedente, você não teria coisa julgada material.

Coordenador da Mesa (Prof. Renato Lopes Becho) – Que bom... Demonstra como nós temos potencial de discussão nesta Mesa. A capacidade dos temas de processo tributário hoje, ainda mais da esfera judicial, é imensa. Eu, quando estava ouvindo os Colegas, lembrava a saudosa Profa. Lúcia Valle Figueiredo, que ouvi, estive com ela neste Congresso tantas vezes, e pensando no devido processo legal. Fiquei imaginando o que os maiores juristas do passado diriam diante do risco de uma insegurança jurídica nessa dimensão. Eu creio que, pelo devido processo legal, nós temos que respeitar a coisa julgada. E me recordo, especificamente, da Dra. Lúcia Valle Figueiredo tocando nesse assunto em um dos congressos do Direito Tributário, quando isso começou a ser aventado. Ela disse o seguinte – mais ou menos, não palavras textuais, que não vou me recordar: existem coisas na sociedade que são muito caras; por exemplo, a democracia é muito cara, é cara até no sentido econômico, qualquer ditadura vagabunda é mais econômica que uma democracia incipiente. Por que é assim? Porque gasta-se dinheiro para se discutir, gasta-se dinheiro para conhecer as ideias dos candidatos, gasta-se dinheiro para ir votar, é o custo do Estado. Eu fiquei imaginando, nesse tema da coisa julgada: é o custo da segurança jurídica. Então, eu creio que nesse tema, principalmente, o STF deve estar muito atento na limitação da ação rescisória. Naqueles casos em que passou o prazo da ação rescisória, tem que estar consolidado, tem que estar com uma pá de cal naquele assunto. E, com isso, nós poderíamos estar até discutindo um outro ponto, que é o seguinte: a partir de quando nasceria esse direito do usufruto da ação rescisória? É da declaração de constitucionalidade ou de inconstitucionalidade? Há processualistas, inclusive no meio tributário, da mais alta suposição que defendem que é a partir dessa declaração que se contariam os dois anos. E há os que diriam, os da doutrina mais tradicional, que os dois anos são contados do trânsito em julgado daquela decisão. Eu sou conservador, acho que tem que ser pelos dois anos do trânsito em julgado da decisão original. Porque, se não (é quando caímos naquela hipótese que eu aventei), o trânsito em julgado de 1995 seria muito frágil, muito tênue. A declaração do STF num sentido ou em outro, em 2010, reabriria todos os processos anteriores, independentemente da data do trânsito em julgado. Vejam bem, há autores que sustentam: dois anos, a partir da decisão de 2010, para reabrir o processo de 1995. Não é como pensamos.

Dando prosseguimento, o segundo dos temas que já chegaram..... Pois não, Dr. Nelson, por favor.

Dr. Nelson (da plateia) [*Texto sem revisão do Autor*] – Obrigado, Prof. Renato. Eu queria sugerir à Mesa a discussão de um tema que me parece que está muito ligado à coisa julgada e naturalmente ao princípio da segurança jurídica, que é a prática que se tornou corrente, pelo menos aqui na nossa Justiça Federal, de processos repetitórios, em que, mesmo estando já em execução contra a Fazenda, algumas parcelas até já levantadas pela parte de tributos recolhidos indevidamente, por exemplo, durante a década de 90, o contribuinte se vê inviabilizado de continuar a levantar esses valores em razão de uma petição em geral atravessada pela Procuradoria dando notícia de execuções propostas contra esse mesmo contribuinte nos juízos dos executivos fiscais. E o que é pior, e me causa muita perplexidade, acho que é importante esse marco temporal, execuções relativas a créditos tributários que surgiram após, de fatos jurídicos tributários praticados muitos anos após o recolhimento indevido. Eu entendo que se, eventualmente, a execução já estava em curso, uma execução que foi proposta em 2005 de um tributo devido, que surgiu em 2003, e se pede posteriormente uma repetição de indébito, até tudo bem, viabilizar a sua execução, mas me parece que um recolhimento indevido, em razão de uma relação jurídica, uma suposta relação jurídica, da década de 90 e que hoje, depois de praticamente 20 anos, entre o processo de conhecimento, a liquidação dessa ação e o início da sua execução via precatório, ele ainda assim ver obstada a disponibilidade desses valores em razão de um suposto crédito, ainda, que nem fora discutido, e que vai ser usado para garantir essa execução mediante penhora no rosto dos autos, não sei, me parece que agride também a coisa julgada, que o contribuinte teve a seu favor, às vezes mais de uma década antes da propositura dessa execução fiscal, e obviamente deixa um ambiente de total insegurança em relação a esses valores. Finalmente, até ao princípio da igualdade, porque, por exemplo, FINSOCIAL, eu tenho, sei lá, 20 processos, desses 20 processos alguns correram mais rápido, outros não, alguns tiveram recursos especiais na época admitidos, outros não, em alguns a Procuradoria "comeu bola" e não impugnou cálculos. Então, na prática, como essa prática é recente e afronta a segurança jurídica, eu tenho metade de contribuintes que recolheram na mesma época e que tiveram a totalidade dos seus indébitos recolhidos, e outros não. Não sei, gostaria de provocar, e se V. Exa. teria uma opinião a respeito do tema. Obrigado pela oportunidade!

Coordenador da Mesa (Prof. Renato Lopes Becho) – Muito obrigado, Dr. Nelson! A Mesa já está provocada, com certeza. Dra. Juliana, por favor...

Dra. Juliana Furtado Costa – A questão que foi colocada pelo Dr. Nelson está até pior, se nós pensarmos no que hoje ocorre. Na verdade, o instituto da penhora no rosto dos autos existe. Ele está previsto no Código de Processo Civil, o que já viabiliza o que hoje a Emenda Constitucional 62 passou a autorizar. Eu sempre procuro transferir essa discussão para um outro lado: se eu estou numa relação de direito privado e alguém me deve e ao mesmo tempo eu devo para essa pessoa, certamente ninguém vai pagar nada para ninguém, nós vamos compensar os valores que estão ali para serem pagos e para serem recebidos. Então, a penhora no rosto dos autos nada mais é que isso: se a Fazenda tem um precatório a pagar, é possível que penhore aquele valor que seria pago no exercício seguinte, a partir de 1º de janeiro, para satisfazer uma dívida que o beneficiário do precatório tem com ela. O problema é que não há uma celeridade nisso. Então, o que acontece na prática? Muitos valores são pagos pela via do precatório, com aquele contribuinte devendo para a Fazenda Pública. Penso, porém, que cabe à Fazenda Pública correr atrás dos créditos que teria à sua disposição. É o papel de qualquer advogado em relação ao seu cliente. Com a Emenda Constitucional 62, bem recente, isso agora está na Constituição, ou seja: eu não preciso mais de penhora no rosto dos autos. Toda vez que for feito pagamento de um precatório, todos os entes públicos têm que ser ouvidos, para saber se aquele credor, que está para receber o precatório, não deve para alguém, para um ente público. De acordo com o teor da Emenda Constitucional 62, ela é autoaplicável, não necessitando de regulamentação. Se dever, a Fazenda informa, e o pagamento desses valores tem que ser sustado. Qual o problema que eu vejo nisso? É certo que essa compensação de precatórios é possível, e sempre entendi assim, até por conta de já existir a penhora no rosto dos autos. O problema é que existem créditos que podem estar em fase de discussão, que o contribuinte pode entender que ele já pagou e que a Fazenda Pública continua cobrando. É por isto que o CNJ está fazendo uma resolução para tentar medir as consequências dessa Emenda Constitucional, inclusive o Dr. Ives Gandra é quem é o responsável por essa regulamentação. Ocorre que o teor da Emenda já irá se aplicar para os precatórios a serem pagos em 1.1.2011, e as dúvidas permanecem. Apesar de esta medida ter um lado bom, porque você não paga para aquele que lhe deve, por outro lado, pode eternizar discussões judiciais que já estavam se encerrando. E aí eu creio que o Dr. Renato vai poder complementar, pela sua experiência diária, que eu não tenho dúvida de que os problemas sobre aplicabilidade dessa Emenda serão enormes. Então, ou sai uma regulamentação o mais rápido possível, ou em 1º de janeiro nós vamos ter um caos nos pagamentos dos precatórios. É assim que eu vejo.

COORDENADOR DA MESA (PROF. RENATO LOPES BECHO) – Obrigado, Profa. Juliana! Eu estou me sentindo como aquele personagem da televisão, Jovelino Barbacena. Eu estava escondidinho, vieram e lembraram do meu nome, aqui, como Juiz Federal. Eu vou responder como diria o personagem: "Quando eu era menino pequeno em Barbacena" – ao contrário do artista, eu fui menino pequeno em Barbacena, minha carteira de identidade prova... Este é um assunto, Dr. Nelson, o Sr. vê como realmente ele envolve todos os operadores do Direito, numa dimensão que talvez o próprio legislador não tivesse imaginado. Hoje, como Juiz das execuções fiscais, eu me deparo constantemente com pedidos dos exequentes para oficiar aos juízes cíveis requerendo a reserva do numerário da execução, e há pedidos até os mais interessantes possíveis, que têm que ser analisados caso a caso. Eu digo que o juiz das execuções fiscais não pode ser equiparado àquele juiz de segunda ou terceira hierarquia dentro do primeiro grau; tem que ser comparado com o juiz da execução criminal, onde cada processo é um processo.

Por exemplo, quando eu faço essa análise, se já existe penhora de dinheiro na execução fiscal, eu não ofício ao colega do Cível. Agora, se não existem bens a penhor, aí nós oficiamos aos colegas. Enfim, isso tem que ser tratado cada caso. Entretanto, no aspecto, para o juiz das execuções, o que acontece? Garantem o crédito tributário (ou o créditos em geral, não apenas o tributário) os bens passados, presentes e futuros. Passados, desde aqueles protegidos pela citação etc. É o caso do devedor contumaz, situação em que o contribuinte vai dilapidar o seu patrimônio quando ele já está respondendo a processo. Então, para esse também, os bens passados, os bens presentes e os bens futuros responderão pelo débito tributário.

Talvez seja uma difícil realidade, mas com a qual nós temos que nos acostumar. Eu tenho a grande honra de passar a palavra para o Prof. Gustavo Miguez de Melo, para suas considerações.

PROF. GUSTAVO MIGUEZ DE MELO [*Texto sem revisão do Autor*] – Eu tenho a honra muito maior de ser ouvido ainda mais por essa Mesa presidida pelo Dr. Renato, em nome de quem eu saúdo a todos os participantes que enriqueceram bastante o debate com diversas observações, analisando a questão sob ângulos diferentes, mas levantando mais alguns probleminhas.

Primeiro felicito o Dr. Renato por situar a questão como ela deve ser situada. A partir dos princípios [*truncado na gravação*] e do princípio do devido processo legal. E também, é claro, do direito à segurança.

Mas ponderando que no Direito a segurança é um direito individual. É do cidadão contra o Poder Público. Essa questão foi muito debatida no STF, porque os Estados que tinham repartição tinham o direito de receber recursos da União em face de certos tributos, como é conhecido e sabido de todos, e eles arguiram a inconstitucionalidade de uma lei que anistiou, que reduziu a cobrança do que teria sido devido no passado. E o STF, num voto do Min. Celso de Mello seguido pelo Tribunal, disse que não, esses direitos individuais são do cidadão contra o Poder Público.

Então, há uma diferença no tratamento da questão, se a coisa julgada favorece ao Poder Público ou se favorece ao indivíduo. Se favorece ao indivíduo, ele pode exercer esse direito plenamente, a meu ver. Segundo problema é se uma ação rescisória teria, ou não, objeto quanto a valores supostamente devidos no passado. O contribuinte se basearia numa lei cuja constitucionalidade não foi reconhecida na decisão; mais adiante, o Fisco, por exemplo, não recorreu para o STF ou o recurso, na época, não foi admitido, e a constitucionalidade veio a ser definida, vamos dizer, cinco anos depois. Qual seria o objeto da ação rescisória? Cobrar o passado. Entretanto, uma das causas de extinção do crédito tributário é a decisão passada em julgado. Então, extinto o crédito tributário, teria que recomeçar o período de lançamento, e ainda teria o prazo em que esse lançamento poderia ser realizado. Há uma porção de questões, se poderia ser renovado o lançamento, evidentemente, eu creio que não, porque a questão foi julgada.

Um dos aspectos do devido processo legal é que num dia ele se encerra e o contribuinte pode excluir do seu resultado. Essa questão inclusive está sendo debatida no STF, sei que há um parecer do Min. Rafael Mayer dizendo que, extinta a obrigação tributária, não tem mais o contribuinte que se preocupar com isso.

Coordenador da Mesa (Prof. Renato Lopes Becho) – Muito obrigado, Professor! Nós vamos, em alguma medida, reabrir um pouco esse tema, mas pedindo aos Colegas para nós não prejudicarmos os outros temas que já apareceram.

De minha parte, Prof. Gustavo, eu fico com muito receio quando eu ouço e aprendo com V. Sa., por exemplo, nessa questão da divisão da coisa julgada, dos efeitos dessa segurança jurídica, quando a favor do contribuinte ou contra o contribuinte. Em que dimensão?

Hoje, nós cada vez mais estamos nos afastando dos casos individuais. Cada vez mais estamos nos aproximando da justiça de massa. E a justiça de massa, me parece, é muito prejudicial. Quando nós vemos o Conselho Nacional de Justiça determinando, por exemplo, no meu caso, a redução de 20% das execuções fiscais, o julgamento de tantos processos que entraram num determinado ano, em parte eu vejo isso como uma medida muito vantajosa, acho muito correto o juiz ser cobrado para julgar um processo que está desde 2005 no seu escaninho. Como, com o passar do tempo, os processos por vezes ficam mais difíceis, ele é deixado de lado, dando-se preferência aos processos mais novos, mais fáceis de serem julgados. É um exemplo de parcela da atuação do CNJ que eu concordo.

Agora, quando eu vejo números, o juiz tem que julgar 70 mil feitos, como nosso Tribunal vai ter que fazer, 91 mil feitos até 19 de dezembro, o juiz das execuções tem que diminuir em 20%, isso me preocupa. E a explicação de V. Sa. reforça essa minha angústia. No futuro, não sei se nós vamos conseguir delimitar os objetos com tamanha precisão. Fico com receio de apenas ser ensinado algo assim: vamos ter segurança jurídica desde que, a qualquer tempo, o STF não decida a favor ou contra ou mude de opinião. É onde eu fico preocupado. Não sei se o Dr. Márcio gostaria de complementar.

Dr. Márcio Severo Marques – Eu creio que talvez exista uma diferença, no seguinte sentido. Quando se julga inconstitucional, normalmente a decisão favorece o contribuinte; mas eu concordo que, se você atribuir a possibilidade apenas no caso de ser favorável ao contribuinte, eu não sei em que medida isso atenderia ao princípio da isonomia, porque em determinados casos você pode estar cerceando um direito da Fazenda Pública de reabrir a discussão. Então, eu não tenho uma opinião formada a respeito deste assunto, mas quer me parecer que existe uma diferença quando primeiro se julga constitucional e depois inconstitucional e quando se julga primeiro inconstitucional e depois constitucional. Eu consigo vislumbrar algum direito do contribuinte se a segunda decisão for favorável a ele, julgando inconstitucional. Mas, se for desfavorável ... Não sei se ele poderia ainda discutir aquele valor em relação ao passado.

COORDENADOR DA MESA (PROF. RENATO LOPES BECHO) – Muito obrigado! Nós estamos espremidos e premidos pelo tempo, mas vamos prosseguir. O próximo tema que nos foi apresentado: as questões de embargos de declaração e as tentativas ou reduções de espaço para a propositura de embargos de declaração e a questão da aplicação das penalidades em casos de embargos de declaração não acolhidos. Profa. Carla, por favor, com a palavra.

PROFA. CARLA GONÇALVES – Bom, embargos de declaração, eu até começaria falando uma frase que ouço sempre do Prof. Aires Barreto, Presidente do IDEPE, com quem tenho a honra de compartilhar o convívio profissional há mais de 15 anos, dizendo que nos embargos de declaração você sempre vai para o "vale do arrependimento": se você opõe você se arrepende, se você não opõe também você se arrepende. Então, eu diria o seguinte: o que é que os embargos de declaração se tornaram? Eles são um recurso. Muito já se discutiu se eles têm natureza recursal ou não, porque nós opomos para o próprio órgão, que em princípio já teria esgotado a sua jurisdição. Afora essa questão da sua natureza jurídica, eles foram com o tempo, tomando formas delineadas pela própria jurisprudência como meio de coibição de subida de recursos. Eu creio que este é, hoje, o principal papel exercido pelos embargos de declaração. Então, nós tínhamos uma jurisprudência sedimentada, os embargos de declaração têm as hipóteses delineadas no art. 535 do CPC, e eu penso que elas deveriam se cingir a esses requisitos: quando eu tenho realmente omissão, quando eu tenho contradição, quando tenho obscuridade. Mas hoje em dia é muito mais que isso, exige-se o chamado prequestionamento, e aí é que nós vamos enfrentar as dificuldades. Se há uma decisão que está fundamentada, tendo abordado a questão ventilada no processo, ainda que não tenha falado explicitamente "o art. 1º", "o art. 2º", "o art. 3º", e essa decisão é tecnicamente suficiente para que possa ensejar quer a interposição de recurso especial, quer a de recurso extraordinário, desnecessários seriam os embargos de declaração. Mas hoje em dia é muito mais que isso: exige-se o chamado *prequestionamento explícito*. Exige-se que a parte prequestione que aquele artigo deveria ter restado explicitamente aduzido na decisão. E aí nós estamos diante de duas situações. Muitas vezes você opõe embargos de declaração de uma decisão que está técnica e absolutamente correta só para você ter a oportunidade de tentar subir seu recurso, porque você sabe que a decisão está correta, ensejaria o conhecimento de recurso especial ou extraordinário pelos dispositivos dos arts. 102 e 105 da CF, mas você não vai conseguir, porque sabe que no juízo de admissibilidade vai ser barrado. Então você opõe, e o que acontece? Vai ser prolatada uma decisão que provavelmente dirá: "Não, eu não tenho nada para dizer, ou seja, eu não vou acolher os embargos de declaração, para mim não há omissão, não há obscuridade, não há contradição" – e aí cabe ao advogado ter que alegar uma preliminar do recurso especial de negativa de vigência do art. 535. Isso para mim é despropositado, mas é a única forma com que se faz subir um recurso especial nessas circunstâncias. E, mais que isso, enfrenta-se um outro problema. Você tem o dever de recorrer, e muitas vezes você opõe embargos de declaração para prequestionar. Mas há a imposição de penalidades sob o rótulo de "protelatórios", "incabíveis". Ora, que paradoxo que nós estamos enfrentando: se, de um lado, eu não oponho os embargos de declaração eu não vejo meu recurso subir, mas se eu oponho eu levo uma multa por embargos meramente protelatórios? E mais: só posso recorrer se deposito a multa, é previsão do Código de Processo Civil.

Creio que a gente está enfrentando momentos muito difíceis, não só com os embargos de declaração, e eu até ousaria dizer com o próprio agravo regimental do STF. Hoje em dia, se você tem um recurso que não é conhecido de plano, deve interpor agravo regimental. Eu estou me colocando, aqui, na posição de advogada: você tem um dever perante o cliente de recorrer, você não pode deixar de recorrer, porque senão o cliente vai dizer: "Você tinha mais um recurso para interpor, e você não tentou". Primeiramente, eu tenho um recurso julgado por um órgão monocrático, porque só um ministro, porque só um juiz, só um desembargador, juiz convocado ou desembargador, é que vai proferir a decisão. Já seria contrário aos pilares do ordenamento jurídico. Se eu interponho o agravo regimental para que seja julgado pelo colegiado, eu tenho uma multa por ser o recurso ser considerado protelatório. Então, nós estamos enfrentando momentos difíceis. Os Tribunais mesmo deveriam colocar um prumo nessa questão, pois há uma nítida tensão entre princípios e regras, entre o princípio da segurança jurídica, entre o devido processo legal, tão propalado, aqui, pelo Prof. Renato, com a regra da celeridade, com a regra da meta.

Com todo respeito ao Poder Judiciário, com todo o atulhamento que ele enfrenta, eu creio que nós temos que ter parâmetros objetivos. Estes parâmetros não podem ser edificados sob o manto obscuro de racionalizar os processos, de fazermos interpretações dissonantes do que o Código de Processo Civil preceitua, do que a Constituição diz, para solapar os direitos do contribuinte. Assim, o STJ deve exercer o seu papel de guardião maior da lei, e o STF o de guardião da Constituição.

COORDENADOR DA MESA (PROF. RENATO LOPES BECHO) – Muito obrigado! Honestamente, me lembra o devido processo legal. Profa. Juliana, por favor.

PROFA. JULIANA FURTADO COSTA – Aqui eu vou relembrar o que Dr. Renato colocou. Creio que essa questão de metas atrapalha demais o bom andamento do Judiciário. Esta semana mesmo eu estava acompanhando o entendimento do STF com relação à admissão de recursos. A forma como o STF está procedendo com relação a este tema, exigindo que o artigo discutido conste do acórdão, acaba levando a que os recursos não sejam admitidos. E o objetivo é esse, é que os recursos não subam. Há 10 anos que sou Procuradora, há seis anos que eu trabalho no segundo grau, só fazendo recurso especial e extraordinário, e para mim muitas das discussões estão prequestionadas, independentemente de constar no acórdão, por exemplo, o artigo a que a questão se refere. De forma que, estando a questão discutida, caberia o recurso extraordinário. Diante da posição do STF, porém, é claro que me utilizarei de embargos de declaração para prequestionar o próprio dispositivo, mas acabo sendo multada pelo TRF, pois embargos declaratórios não se prestam para esta função. Ao passo que, se eu não prequestiono, meu recurso não é admitido no STF. E mais, o recente posicionamento do STF é no seguinte sentido: o prequestionamento tem que vir desde a apelação. Mas e aquela matéria que eventualmente surgir no acórdão e que você prequestiona para que ela fique mais clara? O STF não aceita, porque tem que estar desde o começo prequestionado. A questão que a Dra. Carla colocou, que o problema do prequestionamento se dá basicamente no segundo grau, está mudando com a atual jurisprudência do STF no sentido de que o prequestionamento tem que vir desde o começo. Assim, a probabilidade de aumento de embargos de declaração, inclusive em sentenças, é enorme, porque, se a matéria não estiver ali discutida, o STF não vai aceitar seu recurso lá na frente.

COORDENADOR DA MESA (PROF. RENATO LOPES BECHO) – Prof. Márcio.

PROF. MÁRCIO SEVERO MARQUES – Só um adendo. Essa questão do prequestionamento está contribuindo para a morosidade do Judiciário, porque, na verdade, uns embargos de declaração, que se fariam com duas páginas, se acabam fazendo quase como uma inicial, porque você tem que reportar a jurisprudência que autoriza você a embargar de declaração; aí você já muda o foco, que deixa de ser aquela discussão da omissão, para ficar discutindo se existe fundamento para você entrar com esses embargos de declaração. Eu creio que o contribuinte, realmente, "está entre a cruz e a caldeirinha", porque, ou ele embarga, explica muito bem, para não tomar multa, ou ele não explica muito bem, e corre o risco de tomar multa e o STF não julgar a questão dele.

COORDENADOR DA MESA (PROF. RENATO LOPES BECHO) – Quer falar?

PROFA. CARLA GONÇALVES – Eu só queria fazer uma observação, até na esteira do que a Juliana falou, e realmente isso tem acontecido: o prequestionamento desde a primeira instância. Isso até vai contra o próprio art. 515, § 1º, que diz que, ainda que a sentença não tenha enfrentado todas as matérias, você devolve tudo ao Tribunal. Ou seja, na sua apelação, e eventualmente em contrarrazões, você tem que devolver toda a matéria.

COORDENADOR DA MESA (PROF. RENATO LOPES BECHO) – Mas eu creio que os embargos de declaração ainda têm um belo futuro pela frente. Por exemplo, entendo que devemos trabalhar, academicamente, pelo reconhecimento do direito de os juízes entrarem com embargos de declaração. [*Risos na Mesa*]

Eu sustentei a primeira vez essa tese num congresso na Região Nordeste, com o meu querido amigo Prof. Eduardo Bottallo. Foi ele quem me apontou: há previsão na Lei do Processo Administrativo Federal para que o julgador de primeiro grau, ou o aplicador da decisão do processo administrativo, possa entrar com embargos de declaração.

Eu não sei vocês têm conhecimento da dificuldade de compreensão, em alguns – poucos – casos. Mas nós, juízes, muitas vezes também não sabemos como aplicar uma decisão de tribunal. E isso, na verdade, é sério, é difícil, e tem, por vezes, consequência. Eu, já, num determinado processo, fui – para dizer de uma forma elegante – vítima de alguma dúvida no Tribunal. A dúvida era se eu havia aplicado a decisão do Tribunal ou se eu tinha me insurgido contra a decisão do Tribunal. Mas o que aconteceu foi que eu apliquei o que eu entendi que o Tribunal tinha decidido. Eu, Juiz Federal de primeiro grau, e o Julgador instigado por uma das partes, que, por sua vez, interpretou de modo diferente, recorreu ao Tribunal ao argumento de que eu tinha descumprido a ordem recebida. A decisão do Relator foi: "Antes de submeter o tema à Corregedoria, diga o Magistrado (...)". [*Risos na plateia*] Por sorte minha, quando eu me expliquei ao Tribunal, a minha interpretação da decisão tinha sido a mesma interpretação do Desembargador. Mas, vejam bem, num primeiro momento ele não percebeu que eu tinha aplicado o que ele entendeu; só depois da minha explicação foi que ele reconheceu que o que eu tinha feito era plausível diante do texto da decisão. Esse é o primeiro caso que me motivou a, de fato, propor uma discussão coletiva: que os juízes de primeiro grau tenham um direito seriamente posto de entrar com embargos de declaração.

A segunda situação: existem decisões do Tribunal, de todos os Tribunais, que os juízes de primeiro grau não sabem como aplicar. A realidade é que nós, pensadores do Direito, temos que enfrentar essa realidade. É por isso que eu digo que creio que os embargos de declaração têm um grande futuro.

Na minha opinião, nós estamos numa época quase de revolução jurídica. Talvez uma época de reforma jurídica. Nós estamos alterando o nosso sistema. Vejam bem: nós queremos ter um sistema de controle judicial muito parecido com o ordenamento jurídico norte-americano. Nós precisamos encontrar uma forma de que o STF brasileiro receba em torno de 300 processos por ano. É isso que eles almejam. Essa proximidade com a Suprema Corte dos Estados Unidos da América do Norte. Entretanto, nós não temos a aplicação de base do sistema federal norte-americano. Qual é essa? O mais absoluto respeito ao julgamento dos juízes de primeiro grau.

Pelas notícias que eu tenho, incluindo o Governo dos Estados Unidos, para recorrer para o segundo grau se tem que demonstrar o acolhimento da sentença de primeiro grau. Vamos supor que acontecesse o seguinte: o juiz de primeiro grau dá sua decisão, dá sua sentença, e a parte, para recorrer ao Tribunal, qualquer parte, tem que demonstrar meios de satisfação da sentença. Ou seja: quem deve, quem foi condenado a pagar, tem que ir e tem que fazer o seu pagamento. Só que esse pagamento vai ficar *sub judice*. Depois disso ele vai recorrer. A regra tem que se aplicar ao Poder Público. Imaginem qual é o efeito. Eu trago esse tema ao questionamento do Congresso. Se nós respeitássemos as decisões de primeiro grau, precisaríamos ter a quantidade de recursos que temos? Eu deixo para análise dos Srs.

Nós temos somente mais três minutos. Infelizmente, temos que entregar o salão às 18h. Está escrito no bilhete que recebi: "Sem falta" – com exclamações. Temos uma das questões que talvez possa ser abordada. Foi-nos apresentada pelo Dr. Jorge: "Dada uma declaração de inconstitucionalidade, a repetição do indébito se dá quanto a todo o período da lei ou só nos últimos cinco anos?". A Mesa entende que, se ainda não for caso da ação rescisória, só dos últimos cinco anos, como muito bem apontado.

A outra, da Dra. Juliana, advogada: "Em certa ocasião, já proferida sentença, onde a parte dispositiva acatou todos os pedidos pelo contribuinte formulados na inicial, inclusive permitindo a repetição dos últimos 10 anos, entretanto, na fundamentação o juiz limita a repetição em apenas dois exercícios, sem quaisquer embargos declaratórios, transita em julgado a decisão. Pergunta-se: o que vale é a parte dispositiva ou a fundamentação?".

PROF. MÁRCIO SEVERO MARQUES – Bom, eu creio que nesse caso, específico, se ninguém embargar, vai valer a parte dispositiva; ele vai poder repetir os 10 anos. "Comida de bola" incrível! [*Risos na Mesa*] Eu creio que não dá para dizer que faz coisa julgada material a parte da fundamentação, nesse caso.

DRA. JULIANA FURTADO COSTA – Eu entendo que é a parte dispositiva, mas certamente quem sair prejudicado poderá discutir – o que poderá gerar uma briga boa, não é? A briga vai ser grande.

PROFA. CARLA GONÇALVES – Eu também concordo.

COORDENADOR DA MESA (PROF. RENATO LOPES BECHO) – Ah, que bom! Nós temos aqui várias questões. Recebemos uma sobre bloqueio, via BACENJUD, de contas de sociedades empresárias nas execuções fiscais. A questão é eventual conflito entre o Código de Processo Civil e a Lei de Execução Fiscal. Há também questão sobre o novo mandado de segurança, a impossibilidade de concessão de liminar para desembaraço aduaneiro. Alguém quer fazer alguma complementação em algum desses temas? Não?

Bom, 30 segundos para cada um, para suas últimas considerações. Vou dar a palavra primeiro à Dra. Juliana, depois para o Prof. Márcio e para a Profa. Carla.

DRA. JULIANA FURTADO COSTA – Eu queria agradecer ao convite para estar aqui. Agradeço aos meus ilustres Colegas de Mesa e a todos que nos ouviram e participaram desta Oficina. Para finalizar, somente queria complementar a posição do Dr. Renato, quanto ao futuro longo dos embargos de declaração, expondo um caso que eu vi na prática, de uma condenação em honorários por um acórdão, sobre o valor da condenação. Ocorre que a ação era declaratória, e, portanto, não havia condenação, mas não houve oposição de embargos de declaração. Na hora de executar os honorários não se sabia como executar, afinal não havia condenação. E, nesse caso, a solução encontrada foi pedir para o juiz do primeiro grau, na hora da execução da sentença, remeter o processo para o Tribunal, para que fosse esclarecido. O que se vai executar? É o valor da causa? É o valor da possível condenação que viria daquela declaração? Eu já sou adepta da sua teoria – viu, Dr. Renato? – de que juiz deveria ter direito a entrar com embargos de declaração.

Agradeço a paciência de todos. Muito obrigada! [*Palmas*]

Mesa Expositiva (D)

TRIBUTAÇÃO SETORIAL

PRESIDENTE DA MESA: PROFA. MARIA LEONOR LEITE VIEIRA
MEMBROS DA MESA: PROFA. BETINA TREIGER GRUPENMACHER,
PROF. LUIZ ROBERTO DOMINGO, PROF. CLÉLIO CHIESA,
PROF. EURICO MARCOS DINIZ DE SANTI

Setor de Telecomunicação

PROFA. BETINA TREIGER GRUPENMACHER – Vou falar inicialmente sobre a questão da locação de bens necessários à transmissão de mensagens via Internet e Intranet, e na sequência farei uma rápida abordagem acerca da imunidade das pessoas políticas de direito público em relação ao ICMS devido na conta telefônica – tema sobre o qual o STJ e o STF já se manifestaram, muito embora eu tenha algumas observações a fazer em relação ao mesmo.

No que diz respeito ao primeiro tema, da locação dos bens necessários à composição da infraestrutura para transmissão de mensagens via Internet e Intranet, há hoje uma pretensão de vários Estados da Federação no sentido de cobrar o ICMS da conhecida locação do *modem*, aquele equipamento necessário a operacionalizar a transmissão via Internet.

Isso acontece, por exemplo, no Estado do Paraná, Estado que pretende a cobrança do ICMS pela locação do *modem* – o que, de fato, não tem cabimento, porque, na verdade, a locação do *modem* não é fato jurídico tributário, não é fato imponível do ICMS-Comunicação, e esta cobrança então, vulnera o arquétipo constitucional do tributo.

Muito embora a Lei Kandir preveja que o ICMS-Comunicação incide sobre prestações onerosas de serviços de comunicação, o Convênio ICMS-69/1988 prevê incidir o referido imposto sobre serviços suplementares e facilidades adicionais que otimizem ou agilizem o processo de comunicação. Aparentemente, esse é o fundamento que os Estados adotam para cobrar ICMS sobre a locação de *modem*.

Na verdade, o ICMS-Comunicação enfrenta sempre uma grande dificuldade, que é o conceito de "comunicação". Em que sentido é possível, é admissível, a incidência do ICMS sobre os serviços de comunicação? Qual é o sentido do termo "comunicação" empregado no texto constitucional a autorizar a tributação por via do ICMS? Em que momento se dá a comunicação e é possível a incidência do ICMS?

Naturalmente, não é no seu sentido absolutamente genérico, porque agora, por exemplo, estamos nos comunicando e não há incidência de ICMS. É óbvio assim, simples assim. Mas os Estados, alguns Estados, inclusive o Paraná, não entendem dessa maneira. O que argumentam em seu favor é que a Constituição diz que o ICMS-Comunicação incide sobre todas as formas de comunicação, porque a Constituição refere genericamente quando afirma que compete aos Estados instituir imposto sobre circulação de mercadoria e serviços de transporte interestadual, intermunicipal e de comunicação. Realmente, na Constituição está genericamente consignado, mas é fato que a comunicação sujeita a tributação é aquela que se dá relativamente a um contrato oneroso em que há um transmissor e um receptor da informação, plenamente definidos.

Como expus anteriormente, por absurdo que possa parecer, por exemplo, no Paraná, temos cobrança de ICMS sobre *outdoors* e aquelas "plaquinhas" que ficam em cima do nome de rua, nas esquinas. A publicidade que se faz naqueles equipamentos o Estado considera ser uma forma de comunicação; ou seja: a empresa está, na concepção da autoridade fazendária estadual, comunicando que o MacDonald está a cinco minutos do local onde estou, sendo devido o ICMS.

Portanto, a disponibilização dos meios necessários à transmissão – como instalação de infraestrutura mecânica, eletrônica, técnica, como microfones, caixas de som etc. – não é, efetivamente, fato imponível do ISS. Há ainda um tema intimamente relacionado a esse, que é o da locação dos bens necessários à transmissão de mensagens via Internet. Os provedores de acesso utilizam-se da Internet e da locação desses equipamentos para prestar os seus serviços, daí a íntima relação entre os dois temas. Em relação aos provedores de Internet já está consolidado o entendimento jurisprudencial no sentido de que esses provedores realizam serviço de valor adicionado; são serviços que aumentam, potencializam, os efeitos da comunicação.

A Resolução ANATEL-73/1998, no seu art. 3º, diz não constituírem serviços de telecomunicações os serviços de valor adicionado, o que está também consignado na Lei 9.472/1997, art. 61, § 1º, que prevê que os serviços de valor adicionado não constituem serviços de telecomunicações. Então, o serviço realizado pelo provedor de acesso não caracteriza serviço de telecomunicação, porque é considerado como serviço de valor adicionado.

A Súmula 334 do STJ estabelece que o ICMS não incide sobre os serviços de provedor de acesso à Internet. Portanto, a matéria está sumulada, e a partir deste entendimento, de que o ICMS não incide em relação a serviço de provedor de acesso, é possível concluir que, com muito maior razão, a locação de um *modem* necessário à prestação deste serviço estaria afastada da tributação do ICMS-Comunicação. Até porque locação não é obrigação de fazer, é obrigação de dar, já assim definido pelo STF; e, portanto, não pode estar sujeita ao ICMS-Comunicação.

Outra questão importante, e argumento que é oposto em relação à pretensão do Estado, é que a base de cálculo do ICMS sobre a locação destes *modems* é, na verdade, o valor da locação, e não o preço do serviço. O que mais uma vez demonstra a inconstitucionalidade da cobrança, já que todos nós sabemos que a base de cálculo deve guardar íntima conexão com a hipótese de incidência do imposto, sob pena de inconstitucionalidade.

Mas aqui, por exemplo, no Estado de São Paulo, a postura da Administração Fazendária é no sentido de reconhecer a incidência desse tributo sobre a locação dos referidos equipamentos. Podemos ver no destaque, consignado numa decisão do TIT, entendimento no sentido de que a locação de equipamentos é parte integrante de um único pacote de prestação de serviços; ou seja, as empresas de telecomunicação têm que recolher ICMS sobre a totalidade das cobranças, não só sobre o serviço de transmissão de mensagens, mas também sobre a locação. Daí a relevância que este tema tem apresentado, sobretudo no âmbito fazendário. E por que digo "no âmbito fazendário"? Porque não há ainda uma definição da jurisprudência em relação a isso, não há decisões do STJ nem do STF – enfim, dos Tribunais Superiores – sobre a incidência, ou não, do ICMS-Comunicação em relação às locações destes *modems*, destes equipamentos.

A nossa preocupação é que tal entendimento não chegue ao STJ. Na minha avaliação não vai chegar, porque o STJ já decidiu que a locação de telefones celulares, por exemplo, não está sujeita à incidência do ICMS-Comunicação. Então, imagino que, por analogia ou na mesma linha, o STJ vá definir essa situação positivamente. Mas temos que nos manter atentos em relação à eventual decisão sobre a matéria.

Em relação ao outro tema que mencionei aqui, trata-se da questão que diz respeito à imunidade das pessoas políticas de direito público, suas autarquias e fundações quanto ao ICMS que vem cobrado nas suas contas telefônicas. Municípios, Estados, enfim, pagam as suas contas telefônicas, e nelas já vem incluído o valor do ICMS. Todos sabem que União, Estados e Municípios são alcançados pela imunidade constitucional recíproca. Então, em princípio, não podem suportar nenhum tipo de tributação por via de impostos, pelo menos por impostos. Em função disto, os Municípios têm, já há alguns anos, se dirigido ao Judiciário pedindo o reconhecimento da extensão da imunidade constitucional recíproca ao ICMS que suportam e que vem consignado na sua conta telefônica. O argumento, que me parece um tanto quanto sólido, juridicamente falando, e que atua em sentido contrário à pretensão dos Municípios e a favor da Administração Fazendária Estadual, é o de que as imunidades se aplicam ao contribuinte, ao destinatário constitucional tributário, e no caso do ICMS-Comunicação o destinatário constitucional tributário ou o contribuinte é a empresa de telefonia; como ela não é imune, e ela é a destinatária constitucional do tributo, a imunidade em relação ao ICMS incidente sobre o serviço de telefonia não pode ser reconhecida, e o imposto deve ser suportado pelas pessoas políticas de direito público, suas autarquias e fundações.

Trouxe aqui uma decisão do STF onde está consignado seu entendimento com relação ao tema em questão. Na hipótese enfrentada no citado aresto conclui-se que o ICMS não incide sobre o patrimônio, a renda ou serviços do Município, mas incide sobre o fornecimento do serviço de energia elétrica e de telefonia por ele consumidos. A decisão aqui referida adota como fundamento a ideia de que, de fato, o Município não é o destinatário constitucional tributário do ICMS-Comunicação, e, portanto, não faz jus ao reconhecimento da imunidade constitucional recíproca.

As imunidades devem ser – segundo é assente na doutrina e na jurisprudência – interpretadas ampla e analogicamente, disso ninguém discorda. Se partirmos de tal pressuposto, na minha concepção, devemos reconhecer imunidade às pessoas políticas de direito público, tanto no que diz respeito aos impostos que as alcançam diretamente como em relação àqueles que as alcançam indiretamente. O argumento do STF, como falei, é razoável, mas merece uma avaliação mais cuidadosa. Já, o STJ, ao decidir a matéria, manifestou o entendimento de que a imunidade de que trata o art. 150 da CF somente se aplica ao imposto incidente sobre serviço, patrimônio ou renda. Ou seja, vejam que os fundamentos do STF e do STJ são diferentes para negar a aplicação, reconhecimento, à imunidade. O STF, guardião da Constituição, diz que as imunidades só se aplicam aos contribuintes, aos destinatários constitucionais tributários. O STJ diz que a imunidade não pode ser reconhecida aos Municípios porque as imunidades só alcançam os impostos que incidem sobre patrimônio, renda e serviços. E o de comunicação é o quê? É um serviço. Serviço é. O argumento adotado pelo STJ também não se sustenta porque, como diz o Prof. Roque Carrazza, essa classificação em patrimônio, renda e serviços é uma classificação econômica, para os economistas todos os impostos ou são sobre o patrimônio ou sobre a renda ou sobre os serviços. O que não significa, por exemplo, que as pessoas políticas de direito público não possam invocar imunidade em relação ao IOF, por exemplo.

Enfim, como espero ter ficado demonstrado após esta breve exposição, o tema é extremamente importante tanto quanto à questão da locação do *modem* como no que tange à imunidade das pessoas políticas no que diz respeito ao ICMS-Comunicação. Ambos os temas merecem avaliação cuidadosa, sobretudo diante de decisões como estas que vimos aqui agora, decisões que me fazem lembrar sempre de uma fala do saudoso Prof. Geraldo Ataliba, que dizia que *pior que desconhecer a Constituição é simplesmente ignorá-la*. Muito obrigada!

Setor do Agronegócio

PROF. LUIZ ROBERTO DOMINGO – Primeiramente quero agradecer, na pessoa do Presidente da Comissão Científica, o Prof. Paulo de Barros Carvalho, e na pessoa do Presidente do IDEPE/Instituto Geraldo Ataliba, Prof. Aires Fernandino Barreto, o convite para participar deste *XXIV Congresso Brasileiro de Direito Tributário*. Quero cumprimentar meus Colegas de mesa, Dra. Maria Leonor, Dra. Betina, Dr. Clésio e Dr. Eurico.

A responsabilidade se avoluma diante das excelentes palestras que me antecederam e diante do tema "(In)Segurança Jurídica". O tema que me foi confiado nessa perspectiva é o da tributação no agronegócio. O termo "agronegócio" advém de *agribusiness*, utilizado pela primeira vez por John H. Davis e Ray A. Goldberg, economistas de Harvard (USA, 1957).

O agronegócio[1] envolve uma fase da cadeia produtiva – aquela primária, que se inicia com o fornecimento de bens para a propriedade rural, que fará a produção e, depois, a comercialização dessa produção rural. E esse conceito foi absorvido pela CF, no § 1º do art. 187[2] – que é o artigo que trata da política agrária e da política agrícola. Esse dispositivo traz a questão da inclusão, no setor do agronegócio, das atividades agroindustriais, agropecuárias, de pesquisa e florestais. Portanto, não é possível alargar demasiadamente o setor do agronegócio sob a justificativa de que, por conta do tipo de insumo utilizado na industrialização de algum produto, seja produção rural. Por exemplo, na fábrica de sapato. É sabido que o sapato é feito de couro, e nem por isso a fábrica de sapato pertence ao agronegócio. Ou seja, até o beneficiamento do couro podemos conceituar a atividade dentro do agronegócio. A partir da próxima fase dessa cadeia produtiva creio que não podemos alargar tão grandemente as fases dessa cadeia para que se incluam dentro desse conceito do agronegócio.

Bom, como já falado aqui, inclusive pela Dra. Betina, a tributação, do ponto de vista econômico, incide sobre renda, bens e serviços. E não é diferente na tributação do agronegócio. Portanto, teremos tributação sobre esses espectros da economia que incluem a infraestrutura, ou seja, a propriedade e os bens que participam da propriedade no agronegócio.

Então, vamos definir, aqui, o agronegócio como aquilo que acontece antes da porteira, dentro da porteira e depois da porteira – trazendo um pouquinho, aqui, da cultura rural. São as relações jurídicas que o produtor rural estabelece; portanto, é aquela relação da propriedade – relação jurídica atinente aos bens do qual ele é proprietário; os insumos adquiridos; a produção e comercialização dos bens produzidos e o resultado dessa atividade.

Portanto, nós temos aqui diversas questões atinentes exclusivamente ao agronegócio. No caso de insumos, a tributação dos materiais, da matéria-prima, produtos intermediários, a tributação da mão de obra no agronegócio, que ainda é muito complicada num País como o nosso, em que propriedades são ainda fiscalizadas por denúncia de escravidão. Na produção e comercialização temos algumas incongruências relativas ao IPI, por exemplo, em que alguns

1. Conceito econômico: *Agribusiness* – "a soma das operações de produção e distribuição de suprimentos agrícolas, processamentos e distribuição dos produtos agrícolas e itens produzidos a partir deles" (Davis e Goldberg, 1957).

2. "Art. 187. A política agrícola será planejada e executada na forma da lei, com a participação efetiva do setor de produção, envolvendo produtores e trabalhadores rurais, bem como dos setores de comercialização, de armazenamento e de transportes, levando em conta, especialmente: (...).

"§ 1º. Incluem-se no planejamento agrícola as atividades agroindustriais, agropecuárias, pesqueiras e florestais."

produtos da agroindústria são considerados não tributados/NT, ainda que sejam produtos industrializados. É o caso do beneficiamento da folha de fumo, que é classificado como NT mas um dia já foi tributado. Então, poderemos, aqui, discursar sobre diversos aspectos dessa tributação que envolve o agronegócio, a incidência do ICMS, a não cumulatividade, a "guerra fiscal", e até sobre o resultado, a depreciação acelerada dos bens do ativo fixo adquiridos, que pode ser feita em um ano, a questão do prejuízo fiscal cuja compensação pode ser feita integralmente, sem a limitação dos 30%.

Bom, a coisa que é mais ou menos comum a toda cadeia do agronegócio, que é o elemento central, é a propriedade, é a terra. Por isso eu elegi o imposto sobre a propriedade territorial rural/ITR como tema central desta palestra. Não que não haja outros temas relevantes, principalmente hoje, no âmbito do PIS/COFINS, do crédito presumido, por exemplo, na aquisição do leite, pelos produtores de leite, pelas indústrias de beneficiamento de leite, que quando adquirem de pessoas físicas podem fazer créditos presumidos; ou da indústria de soja... Há outros assuntos muito relevantes. Mas esse ponto do ITR me chamou a atenção porque foi objeto de julgamento quando a competência do ITR era da 3ª Seção (ou do 3º Conselho de Contribuintes), da qual faço parte.

O ITR constitucionalmente previsto com a outorga de competência para a União, como todo crédito tributário, como toda norma jurídica de incidência tributária, comporta essa análise da regra-matriz de incidência, ou seja, aquela regra que Geraldo Ataliba colocou no livro *Hipótese de Incidência Tributária* e que Paulo de Barros aperfeiçoou com a teoria da *Regra-Matriz da Incidência*. Portanto, nós temos o critério material do ITR, que é ser proprietário, ter posse ou domínio útil da terra, da propriedade rural, da propriedade não urbana, como está colocado na legislação.

O critério temporal é o primeiro dia de cada ano, o critério espacial é a localização do imóvel – ou seja, fora da área urbana. Aí temos algumas questões a serem discutidas, mas não viriam ao caso para o tema da nossa palestra. E o critério pessoal, o proprietário possuidor ou detentor do domínio útil. E a grande questão de que vamos tratar aqui é a questão do critério quantitativo, base de cálculo, principalmente – o valor venal do imóvel, mas o valor venal do imóvel, assim considerado, excluídas as benfeitorias, excluídos os demais acessórios da propriedade, permanecendo apenas o valor da terra nua. O valor da terra nua, avaliado pelo preço de mercado. Então, no art. 8º da Lei 9.393/1996[3] temos que é o preço de mercado no primeiro dia do ano. E como é que isso ocorre? Qual o processo que envolve essa avaliação do preço de mercado? É uma autoavaliação – ou seja: o contribuinte ao apresentar sua declaração de ITR, faz uma autoavaliação: "Eu acho que a minha terra vale tanto"; é assim que a legislação colocou. Não exige a legislação que o contribuinte faça prova da avaliação, porque, se ele tivesse que fazê-la, não seria autoavaliação, eu não sou um *expert* em avaliação de imóveis e muito menos um proprietário rural sabe quanto, na realidade, vale o imóvel dele.

Na verdade, hoje, poucos de nós sabemos quanto vale uma propriedade no Brasil. Tive ontem contato com um colega corretor de imóveis que me disse que o pai comprou um imóvel no Itaim, um apartamento de 2 quartos, e pagou 300 mil Reais, 4 meses depois vendeu o imóvel por 450

3. "Art. 8º. O contribuinte do ITR entregará, obrigatoriamente, em cada ano, o Documento de Informação e Apuração do ITR – DIAT, correspondente a cada imóvel, observadas data e condições fixadas pela Secretaria da Receita Federal.

"§ 1º. O contribuinte declarará, no DIAT, o Valor da Terra Nua – VTN correspondente ao imóvel.

"§ 2º. O VTN refletirá o preço de mercado de terras, apurado em 1º de janeiro do ano a que se referir o DIAT, e será considerado autoavaliação da terra nua a preço de mercado.

"§ 3º. O contribuinte cujo imóvel se enquadre nas hipóteses estabelecidas nos arts. 2º e 3º fica dispensado da apresentação do DIAT."

mil Reais. Quatro meses! Então, na variação de preços de um ano, como é que a lei poderia exigir que um proprietário de terras, que está preocupado em produzir, vender, em dinamizar a sua atividade, pudesse ficar preocupado com quanto vale o imóvel dele?

Na verdade, o valor desse imóvel comporta uma avaliação que ele (proprietário) julga que seria suficiente para sua venda. Mas não que esse valor seja a expressão do valor do mercado. Essa nota é importante, porque quando a legislação atribui ao sujeito passivo, ou, melhor, toda vez que a legislação atribui ao sujeito passivo a função da avaliação, ou para que ele faça, por exemplo, a classificação fiscal do produto, o teor, a natureza jurídica dessa declaração, se modifica.

Então, vamos fazer, aqui, uma comparação. O ITR antes da Lei 9.393/1996 estava submetido ao regime jurídico do lançamento por declaração. O contribuinte declarava o valor da terra; o Fisco, analisando a declaração, verificava a pauta de valores que era publicada anualmente pela Fazenda Federal e fazia a comparação entre o valor declarado e o valor do Valor de Terra Nua Mínimo/VTNm. No regime anterior o Fisco falava: "Eu sou responsável pelo lançamento; portanto, no mínimo, julgo como aceitável a terra nua no valor de tanto. Se você, contribuinte, ao receber a notificação, não concordar com isso, impugne e comprove que o valor está errado". Contudo, quando eu mudo o procedimento de lançamento, e ele passa a ser da modalidade de lançamento por declaração para a modalidade de lançamento por homologação, o valor atribuído pelo contribuinte como autoavaliação deve ser no mínimo aceito pela Fazenda. E, se não aceito, qual seria, então, a forma de contestá-lo?

Na classificação fiscal de mercadorias, muito própria, por exemplo, do imposto de importação, no registro da DI, quando o contribuinte diz que a mercadoria "x" é aquela com determinada classificação, cabe ao Fisco fazer a prova contrária. Analisar individualmente a mercadoria e verificar se a classificação não é outra. Reservadas as proporções, aqui eu entendo ser a mesma coisa. Não aceito o valor da autoavaliação feita pelo contribuinte, feita sob sua responsabilidade, caberia ao Fisco fazer prova de que o valor de mercado é outro, e não aquele declarado.

É assim que está no art. 14 da Lei 9.393/1996.[4] Ou seja, o Fisco fará lançamento de ofício quando perceber que há subavaliação ou informações inexatas. E aqui, então, o exercício da fiscalização, o exercício do lançamento de ofício, é obrigatório, vinculado. Deverá o fiscal ir à propriedade proceder à fiscalização, tomando tento com o valor da terra nua (e aqui o Fisco criou o SIPT, que é o Sistema Integrado de Preço de Terras), com a área total, a área tributável, o grau de utilização. Portanto, deverá o fiscal ir à propriedade e verificar: "Eu tenho aqui tanto de mata, eu tenho tanto aqui de preservação permanente, mata ciliar, declive acima de 45 graus, eu tenho tanto de área plantada; portanto, sobre esse imóvel eu farei o lançamento com um 'valor arbitrado' ou com um valor absorvido no SIPT de tanto".

O SIPT é um Sistema Integrado de Preços que a legislação criou para ser possível esse contraponto ao preço estimado do contribuinte. Na verdade, o SIPT é uma

4. "Art. 14. No caso de falta de entrega do DIAC ou do DIAT, bem como de subavaliação ou prestação de informações inexatas, incorretas ou fraudulentas, a Secretaria da Receita Federal procederá à determinação e ao lançamento de ofício do imposto, considerando informações sobre preços de terras, constantes de sistema a ser por ela instituído, e os dados de área total, área tributável e grau de utilização do imóvel, apurados em procedimentos de fiscalização.

"§ 1º. As informações sobre preços de terra observarão os critérios estabelecidos no art. 12, § 1º, inciso II, da Lei n. 8.629, de 25 de fevereiro de 1993, e considerarão levantamentos realizados pelas Secretarias de Agricultura das Unidades Federadas ou dos Municípios.

"§ 2º. As multas cobradas em virtude do disposto neste artigo serão aquelas aplicáveis aos demais tributos federais."

orientação para que o fiscal possa verificar se o valor declarado não está subavaliado; mas ele não é, em si, o desígnio da base de cálculo, ele não é, em si, o formador ou o cômputo utilizado para apuração da base de cálculo. O § 1º, como vocês podem ler, diz que essas informações de preços observarão os critérios estabelecidos no art. 12, § 1º, II, da Lei 8.629/1993,[5] e considerarão os levantamentos realizados pelas Secretarias de Agricultura dos Estados e dos Municípios.

Então, o SIPT é um grande banco de dados onde a Fazenda fará essa avaliação do preço, por hectare, das terras rurais, atendido o disposto na Lei 8.629/1993.

Bom, do que trata a Lei 8.629/1993? É a lei que fala da política agrária, da reforma agrária e desapropriação. A Lei 8.629/1993 diz que há justa indenização na desapropriação e que será feita de uma forma tal a garantir o valor de mercado. Ela dá a forma como é feita essa justa indenização. Portanto, pela Lei da Reforma Agrária – que disciplina a desapropriação –, traz-se para o ITR o valor do imóvel ao valor de mercado, e não mais aquele valor da autoavaliação, mas o valor real. E, para que você possa ter esse valor real, você precisa obter elementos como: localização do imóvel, aptidão agrícola, dimensão do imóvel, área ocupada, tempo da posse e outros dados. E, muito mais que isso, a alteração trazida pela Medida Provisória 2.183-56/2001 traz a necessidade de apresentação de um laudo técnico com anotação de responsabilidade técnica.

Portanto, o Fisco tem os instrumentos. E como é que funciona o Fisco? Como é a realidade dos fatos? A realidade fiscal é a seguinte: quando o fiscal percebe, por uma avaliação eletrônica, que o valor da terra está errado, ele intima o contribuinte para apresentar um laudo.[6] Depois de tudo isso que a gente conseguiu ver aqui na legislação, será que é esse o procedimento? Será que, apresentada a autoavaliação, caberia ao contribuinte apresentar um laudo para comprovar que sua autoavaliação está correta? De antemão já digo que avaliação do contribuinte estará errada; diante de um laudo técnico, a avaliação do contribuinte dificilmente estará correta. A gente verifica isso nos processos que são julgados lá no Conselho de Contribuintes, o atual CARF. A gente vê isso. Muito dificilmente acontece de a avaliação estar correta. Ocorre, às vezes, de a avaliação do contribuinte estar maior que o laudo técnico (então, o princípio da legalidade deve ser cumprido). E vamos mais longe: quando o SIPT é preenchido, conforme a Lei da Reforma Agrária, ele deve considerar a aptidão agrícola da propriedade, e os Municípios, quando informam à Receita Federal, colocam o tipo de propriedade, a qualidade da

5. "Art. 12. Considera-se justa a indenização que permita ao desapropriado a reposição, em seu patrimônio, do valor do bem que perdeu por interesse social. [*V. a Medida Provisória 2.183-56, de 24.8.2001*]

"§ 1º. A identificação do valor do bem a ser indenizado será feita, preferencialmente, com base nos seguintes referenciais técnicos e mercadológicos, entre outros usualmente empregados: I – valor das benfeitorias úteis e necessárias, descontada a depreciação conforme o estado de conservação; II – valor da terra nua, observados os seguintes aspectos: a) localização do imóvel; b) capacidade potencial da terra; c) dimensão do imóvel.

"§ 2º. Os dados referentes ao preço das benfeitorias e do hectare da terra nua a serem indenizados serão levantados junto às Prefeituras Municipais, órgãos estaduais encarregados de avaliação imobiliária, quando houver, tabelionatos e cartórios de registro de imóveis, e através de pesquisa de mercado."

6. Intimação da Fiscalização:

"Para comprovação do Valor da Terra Nua (VTN) Declarado:

"Laudo de avaliação do valor da terra nua do imóvel emitido por engenheiro agrônomo ou florestal, conforme estabelecido na NBR n. 14.653 da Associação Brasileira de Norma Técnicas – ABNT, com grau de fundamentação e precisão II, com anotação de responsabilidade técnica – ART registrada no CREA, contendo (...).

"A falta de comprovação do VTN declarado ensejará o arbitramento do valor da terra nua, com base nas informações do Sistema de Preços de Terras – SIPT da RFB, nos termos do art.o 14 da Lei n. 9.393/1996, pelo VTN/ha do Município de localização do imóvel para 1º de janeiro."

terra, as classificações possíveis e cada tipo de terra. Esses aqui estão alguns exemplificados.[7] Culturas, lavouras, eu não sei o que são solos superiores planos, nem solos regulares planos ou acidentados, mas há também outros ícones ou outros tipos de classificação, conotações de solos mecanizáveis e coisas assim. A questão é que, ainda que o fiscal disponha do SIPT com essas aptidões da propriedade, ele deveria, com base naquela – entre aspas – norma constante no SIPT, fazer a aproximação daquelas hipóteses normativas com o fato; ou seja, ele deveria ir à propriedade, verificar se houve a subsunção da hipótese "terras cultiváveis de padrão superior" e verificar se na propriedade fiscalizada haveria esse tipo de "terras cultiváveis", de forma a fazer a perfeita incidência da hipótese ao fato imponível. Isso não acontece. Como eu disse para vocês, o Fisco pede para o contribuinte comprovar aquela autoavaliação através de laudo.

E quando o Fisco não está abastecido das informações trazidas pelas Prefeituras, pelas Secretarias de Agricultura da Prefeitura ou Secretarias de Agricultura do Estado? Tecnicamente, ficaria o Fisco federal refém de um laudo, na forma da legislação agrária, na forma da legislação do ITR, como nós vimos; deveria o fiscal, então, providenciar um laudo e fazer a avaliação da terra nua, fazer a avaliação das informações prestadas pelo contribuinte, através de um laudo de um engenheiro agrônomo. Mas, creio, o Fisco entendeu que isso daria muito trabalho, e aí falou o seguinte: "Gente, fiscais, fiquem tranquilos; quando não houver valor no SIPT, nós vamos fazer o seguinte: nós vamos reunir os preços médios declarados por hectares das outras propriedades do Município, e vamos estabelecer um valor médio venal, através das outras declarações".[8]

Ora, não bastasse a ilegalidade de criar um critério que sequer foi cogitado na lei, o Fisco está fazendo uma avaliação da terra daquele contribuinte através da autoavaliação dos outros – o que é pior (assemelha-se um pouco àquela questão do FAP, que estamos analisando, uma questão que está sendo discutida, ou seja, o meu grau de risco depende do grau de risco do meu setor, não adianta eu investir em proteção individual, eu tenho que ir para o setorial, o que é um absurdo). É tirar a capacidade contributiva através da terra alheia; desloca o conteúdo valorativo da capacidade contributiva (para um terceiro), o que é um absurdo.

Portanto, a grande questão que eu pergunto é: dado o fato de haver subavaliação ou informação ou informações equivocadas do contribuinte na sua declaração, estaremos nós diante do arbitramento feito pelo Fisco ou da arbitrariedade feita pelo Fisco?[9] O princípio da estrita legalidade, sempre defendido em todos os Congressos, precisa ser escutado, o Fisco precisa escutar o que é isso. E não achar que vai resolver os problemas internos através de notas COSIT/COTIR, dizendo: "Fique tranquilo...". Não! Quando o Fisco não tiver o instrumento, ele terá que correr atrás disso. Se o Fisco não tem equipe para fis-

7. Aptidão Agrícola no SIPT:
"Cultura/Lavoura R$ 11.602,03
(Solos Superiores Planos)
"Cultura/Lavoura R$ 8.920,76
(Solos Regulares Planos ou Acidentados)
Pastagem/Pecuária R$ 10.468,32
Terra de Campo ou reflorestamento R$ 9.984,83
Campos R$ 8.729,34."

8. Nota COSIT/COTIR-330/2002: "O preço médio do hectare será obtido a partir dos valores informados nas declarações apresentadas para os imóveis localizados em cada Município".

9. Arbitramento ou Arbitrariedade
– Princípio da estrita legalidade
– SIPT – Imprescindível adequação da "aptidão agrícola" (H.i.) – dados informados pelos órgãos públicos, com a APTIDÃO AGRÍCOLA REAL DO IMÓVEL (fato imponível);
– Impossibilidade de fixação do valor do VTN pela média declarada pelos demais proprietários do Município, a Lei 9.393/1996 exige Laudo;
– Imprescindibilidade de Laudo Técnico de Avaliação;
– Princípio da Capacidade Contributiva.

calizar todas as propriedades rurais do Brasil (uma tentativa de solução foi essa de fazer os convênios com os Municípios), terá que procurar outros instrumentos para resolver esse problema.

O SIPT, ainda que pudesse ser válido, para ser efetivamente aplicável seria imprescindível, então, a adequação da aptidão da terra agrícola dos dados informados no SIPT com o dado da realidade, para fazer exata a subsunção.

É impossível a fixação do valor pela média declarada pelos outros proprietários. Seria ilógico, incabível e ilegal. Imprescindível a produção de laudo técnico de avaliação, porque o Fisco, os seus fiscais, não tem capacidade técnica para dizer o que é uma terra mecanizável, o que é um campo, o que é pasto, se a área ocupada por benfeitoria deve ser avaliada como campo ou como pasto, qual é o critério de avaliação. Só com uma análise técnica.

E, por fim, tudo isso para que sejam garantidos o princípio da capacidade contributiva e o princípio da estrita legalidade.

Essas são as palavras que eu queria trazer para vocês sobre a questão desse conteúdo. Eu tenho estudado muito qual é o conteúdo e qual é a natureza jurídica das declarações efetuadas pelos contribuintes. E eu tenho convicção de que eles mudam conforme o tipo de informação que o contribuinte é obrigado a prestar ao Fisco. Muito obrigado! [*Palmas*]

Setor de Comércio Eletrônico

Prof. Clélio Chiesa – Recebi a incumbência de falar sobre tributação do comércio eletrônico. Como o tema é bastante amplo, fui obrigado a fazer um corte metodológico. Assim, circunscrevi a análise do tema ao ICMS e ao ISS. Já iniciamos com a seguinte indagação: o que podemos demarcar como conteúdo desse denominado comércio eletrônico? Desde já podemos dizer que depende muito do conceito adotado, da amplitude que se faz nesse corte. Além dessa dificuldade enfrentada, o ICMS é um imposto complexo. É um imposto que era para ser muito simples, todavia não se consegue, nem na sua essência, chegar a um resultado satisfatório de aplicação. E por quê? Porque, na verdade, nós temos vários ICMS, cada Estado criou seu próprio imposto. Tais distorções provocam um abalo no sistema. E nós, então, temos aí uma dificuldade muito grande de operacionalização e aplicação do ICMS.

O desrespeito às diretrizes nacionais do ICMS, à legalidade e à própria Constituição é muito grande. Basta verificar, por exemplo, as inúmeras questões que nós temos com relação a créditos do ICMS, ou seja, o crédito que é uma decorrência do princípio da não cumulatividade deveria ser algo simples. Toda vez que eu tenho uma operação tributada, eu tenho crédito. Todavia, vocês sabem muito bem qual é a leitura que na maior parte das vezes se faz dos subsistemas estaduais: crédito é aquele que a lei complementar outorga, ou, mesmo, os convênios e os protocolos.

Hoje, a “Constituição” do ICMS é formada pelos convênios e protocolos. Vale dizer: o ápice do sistema, para os subsistemas estaduais do ICMS, acabam sendo esses convênios e protocolos. Essa subversão da hierarquia do sistema tem prejudicado muito a boa funcionalidade dos subsistemas estaduais. Além de todas essas dificuldades, as novas tecnologias têm agravado ainda mais essa situação. Os problemas crescem a cada dia. Por que estou dizendo isso? Porque agora a Internet desponta como um instrumento muito utilizado para a compra de produtos. As compras, que normalmente eram feitas pessoalmente ou via *fax*, passaram, boa parte delas, a ser realizadas por meio da Internet.

Muito bem. Com relação a isso eu creio que a maior dificuldade que nós temos está relacionada à questão da competência. Quem pode tributar? Porque nós temos várias categorias interagindo: nós temos o *site*, nós temos o vendedor, o local em que está a mercadoria – e esses elementos podem estar em Estados diferentes. E a quem cabe tributar? E nós temos também aquilo que se convencionou chamar de "produtos digitais", aqueles que você compra diretamente no *site*. O programa está à disposição – por exemplo, você vai lá, faz a compra, paga no cartão de crédito, e não há nenhum vendedor pessoa física. O comprador interage com um equipamento, com um *software* que está à disposição e realiza essa venda. Mas esse pode estar hospedado aqui, em outro Estado, ou ele pode estar até fora do País. A quem cabe tributar? É um fator que trouxe uma complicação a mais para o ICMS. Se o ICMS já tinha tantos problemas de aplicação, agora, tem mais um.

Além das compras que podem ser realizadas diretamente pela Internet, sem poder examinar os produtos que estão sendo adquiridos, há lojas que vendem os produtos pela Internet mas colocam uma unidade de cada produto em exposição para que os interessados possam vê-los antes de realizar a compra. São os chamados *showrooms*. Você vai lá, olha o produto – "Você quer comprar esse aqui?"; "Está bom", "Está aqui um equipamento, o Sr. pode entrar aí e fazer a compra pela Internet".

Muito bem, num caso como este, onde é devido o ICMS? Na loja onde estão em exposição esses bens que você compra via Internet ou no Estado onde está armazenado o produto vendido? O difícil nestes casos é manter o equilíbrio da distribuição do produto da arrecadação entre as unidades federativas, já que alguns poucos Estados concentram quase que a totalidade das vendas realizadas pela Internet, seja com ou sem *showrooms*.

Aqui, coloquei um gráfico [*referindo-se aos **slides***], só para vocês terem uma ideia. Vejam a importância do comércio eletrônico! Que comércio é este? A compra e venda de produtos por meio da Internet. Olhem a evolução do quadro! A projeção para esse ano, no Brasil, é de um crescimento ainda maior.

E aí, então, vocês imaginam a importância da definição dessa questão, em especial da competência. A definição de quem pode tributar.

Vamos à questão do conceito. Eu preferi trabalhar com um conceito bastante amplo de "comércio eletrônico" – ou seja, compreendendo tanto as operações feitas via Internet com produtos que têm suporte físico como também os que não têm uma base física, os chamados "produtos digitais", bens incorpóreos. Podemos dizer que os negócios realizados por meio da Internet são, entre outros, a comercialização de bens corpóreos, bens incorpóreos, prestações de serviços, provedores de acesso à Internet, a questão das hospedagens e a venda de programas de computador.

Hospedagem de *sites*, a Profa. Betina já falou sobre esse assunto, que é a questão da locação de espaço. Entretanto, só para registrar, parece-nos também que, de fato, no que diz respeito à locação dos espaços para armazenamento de *sites*, o evento ou o acontecimento, o negócio realizado, não é de compra e venda de produto, nem prestação de serviço. Assim, não há, aí, a incidência do ICMS nem do ISS, pelo menos não deveria.

Provedores de acesso. Partindo daquilo que a Profa. Betina destacou, o ICMS incide sobre serviços de comunicação, como sendo aquele evento suficiente para estabelecer o elo de comunicação entre um ponto e outro ponto. Conclui-se, evidentemente, que os provedores de acesso não atendem a esse pressuposto, e, portanto, não podem ser tributados por meio do ICMS.

Um dos maiores problemas que precisam ser resolvidos quanto à tributação do comércio realizado por meio da Internet é distribuição do produto entre os Estados envolvidos. Vejam vocês o seguinte: se há uma compra, uma operação interestadual, por meio da Internet, como é que se faz essa divisão do produto da arrecadação? Como mostrado no gráfico [*referindo-se aos **slides***], o que acontece é que aumenta cada vez mais esse volume. Muito bem, se é uma operação interestadual, nós sabemos, segundo o que a Constituição hoje estabelece, entre consumidor final e um comerciante localizado em outro Estado, a alíquota é a alíquota cheia, e o imposto é devido no Estado de origem. Isso é simples, a solução está prevista no próprio texto constitucional. Não podem subsistir dúvidas sobre isso. Não deveríamos ter nenhum problema em relação a este aspecto. No entanto, nós temos problemas práticos, operacionais. Ocorre que este novo instrumento está provocando um desequilíbrio na distribuição do produto da arrecadação, revelando que esse modelo precisa ser alterado. O que era bom à época da edição da Constituição de 1988 hoje não é mais. O sistema de repartição do produto está em xeque. Isso porque a cada dia aumentam mais as operações realizadas entre fornecedores e consumidores via Internet. Há uma tendência de a arrecadação dos Estados produtores crescer cada mais, em detrimento dos Estados consumidores. Os Estados prejudicados estão reagindo contra essa sistemática.

Qual tem sido a reação dos Estados prejudicados? Os Estados consumidores, boa parte deles, estabeleceram em suas legislações que quando você faz uma compra pela Internet acima de um determinado valor o produto é retido na barreira, e se exige o diferencial de alíquota. Ora, se é uma operação em que o ICMS já foi pago no valor integral (alíquota cheia no Estado de origem), nada mais é devido. Mas esta é uma provocação, penso eu, que vem sendo feita, é uma ilegalidade, sem dúvida nenhuma; mas é uma forma, talvez, de provocar uma rediscussão sobre esta questão, visando a buscar uma solução diferenciada, já que, sem dúvida nenhuma, a sistemática de repartição do produto da arrecadação atual provoca um desequilíbrio no pacto federativo.

Que soluções nós podemos adotar? Bem, os Estados já enfrentaram questão semelhante e adotaram uma solução que se encontra em funcionamento, apesar de ser questionável sua constitucionalidade. É o caso das chamadas vendas diretas de veículos novos ao consumidor final. Na compra e venda de veículos novos, mesmo quando a operação se dá entre a montadora e o consumidor final, o produto desta tributação é repartido. Vejam que, pela determinação constitucional, o imposto deveria só incidir no Estado de origem, e hoje é repartido.

Qual é a fonte legal, o fundamento, para esta repartição? Um convênio estabelecido entre os Estados. Então, talvez, para este problema, uma das alternativas seria, efetivamente, nós alterarmos as regras de repartição da receita e, evidentemente, modificarmos a questão da incidência do ICMS. Teríamos, então, que alterar a Constituição Federal, para que mesmo nas operações diretas para consumidor final seja aplicada uma alíquota diferenciada e o produto da arrecadação do imposto nas operações pela Internet seja repartido entre o Estado de origem e o Estado destinatário da mercadoria. Com isso realizaríamos uma reestruturação da repartição da receita. Essa modificação talvez possa conseguir restabelecer o equilíbrio na distribuição no produto da arrecadação.

Assim, em relação às operações realizadas diretamente via Internet com produtos corpóreos parece-me que a melhor solução é essa que já vem sendo adotada para os veículos novos, quando entregues pelas concessionárias, desde que não seja feita via convênios, mas mediante alteração da Constituição Federal.

Quanto aos outros produtos, aí, de fato, o problema é maior. Nas operações de compra e venda realizadas por equipamentos – a chamada "comercialização de produtos digitais" – onde é devido o ICMS? Porque vocês sabem que podem estar até nas nuvens, ou seja, muitas vezes o *site* pode estar hospedado em mais de um servidor, como uma forma de manter sempre o sistema funcionando. Caindo um servidor, entra outro. Um pode estar no Brasil, outro na China e outro nos Estados Unidos. Onde é devido? Vejam que há vários critérios que podem ser adotados, e a legislação não contempla expressamente essa situação. O descompasso da legislação em relação a essas novas tecnologias é evidente.

Há muitas discussões em torno disso, há várias propostas de solução para esse problema. Além disso, como vamos fiscalizar? Cadê o fiscal eletrônico? Ou seja: como é que nós vamos fiscalizar as operações com os produtos digitais? Não dá mais para retê-los na barreira, não dá mais para prender o caminhão transportador. Como é que vamos fazer? Então, é um desafio. É um desafio que o legislador vai ter que enfrentar. Terá que criar uma legislação específica. Todavia, enquanto ela não vem, há fatos ocorrendo, eventos acontecendo, e nós precisamos resolver esse problema.

Diante disso, vejam os Srs., recorrendo à legislação, o que nós temos? A Lei Complementar 87 estabelece que é devido o ICMS, tratando-se de mercadoria ou bem, no local do estabelecimento onde se encontra a mercadoria. Agora, tudo bem, então, há regras. Há, mas por que esse estabelecimento? Será que esse conceito contemplado pela Lei Complementar 87 pode ser aplicado a essa nova realidade? Nesse caso, o estabelecimento é o *site*, o local da operação se dá onde está o *site*, onde ele está, efetivamente, atrelado a um servidor ou onde está a empresa ou onde sai a mercadoria. Enfim, essa é a dificuldade de se definir.

Alguns autores apresentam como solução disso trabalhar com a ideia de que o *site*, como um conjunto de programas, tem que estar sempre hospedado em determinado servidor. Isso vai fazer com que ele tenha um elo físico, uma determinação geográfica. Então, teríamos que é onde está hospedado o *site*.

Bem, esta é uma proposta, mas acredito que, numa interpretação sistemática desses dispositivos, nós vamos chegar à conclusão que, em outras palavras, a lei complementar estabelece: "Tem que ser onde está o estabelecimento; se não der, será onde ocorre a operação; se nada disso for possível, pode ser em qualquer lugar". Brincadeira, não é exatamente assim. Mas é mais ou menos isso. Ou seja: diante dessa normatização, nós temos o local do estabelecimento ou vamos fazer a eleição, que é onde está hospedado o *site*, evidentemente; ou, então, adotar um outro critério. Eu acredito que talvez uma das soluções seria a eleição não do local onde está hospedado o *site*, mas onde se encontra registrado o estabelecimento que realiza a operação.

Juridicamente você não consegue abrir um estabelecimento – pelo menos não conheço legislações que permitam – respondendo à pergunta: "Qual é seu endereço?" com um "www". "Não, um endereço físico, um ponto geográfico, um determinado Estado, você tem que estar vinculado a uma determinada unidade da Federação."

Muito bem, eu posso escolher? Posso. Eu posso ter um descompasso, eu posso ter fraudes em relação a isso? Posso. Mas é um problema de fiscalização, um problema de fraude não é um problema de determinação do local da operação. Porque nesse aspecto eu posso ter uma empresa situada no Brasil onde o *site* está hospedado fora do País, e a operação continua sendo: eu compro, faço um *download* de um programa e, efetivamente, estou fazendo a operação aqui.

Mas, enfim, fica aí para a reflexão. Não é uma missão fácil, mas acredito que, apesar das dificuldades, nós temos elementos para solucionar a questão perante a legislação que hoje existe.

Uma outra questão, rapidamente, porque eu já recebi o meu "cartão amarelo", daqui a pouco vem o "vermelho", e em respeito ao tempo e aos demais Colegas – daqui a pouco nós vamos ter o *show*, não é o *showroom* aqui mencionado, mas o *show* do Prof. Eurico.

A modalidade de venda sem estoque local, ou seja, com *showroom* para mostrar os produtos e a venda concretizada pela Internet, vem crescendo cada vez mais, pois reduz o custo da operação. Não há necessidade de ficar transitando com a mercadoria, basta manter alguns produtos à mostra. E aí vem aquela dúvida que eu coloquei, vou tentar responder rapidamente, que é o seguinte: onde é devido o imposto? No Estado de origem, no Estado em que foi colhido o pedido ou nos dois Estados, mediante a repartição do produto da arrecadação, com aplicação de alíquota interestadual?

Bem, como nós já temos casos sobre a matéria julgados pelo Judiciário, eu fiz questão de trazer, depois esse material vai ficar com os Srs. [*referindo-se aos **slides***], trata-se de um caso em que uma empresa com matriz em São Paulo e filial em Minas Gerais colhia os pedidos pela filial e fazia a venda pela matriz. O ICMS foi recolhido para o Estado de São Paulo e o Estado de Minas Gerais também quis o ICMS e tributou. Qual foi o resultado dessa discussão? Decidiu o STJ que o local do fato gerador, na linguagem do Código Tributário Nacional, é o local onde ocorre a venda da mercadoria, e a venda efetiva da mercadoria foi realizada pelo estabelecimento situado em São Paulo, ainda que tenha havido uma intermediação por parte da filial.

Então, essa já é uma jurisprudência que sinaliza qual será solução a ser adotada para os casos semelhantes. Todavia, essa solução não resolve o problema da repartição do produto da arrecadação, do desequilíbrio do pacto federativo, com a concentração da tributação. Não há dúvidas de que é preciso, penso eu, ser reanalisada a questão e talvez, dentro da solução apresentada para as operações realizadas pela internet, reestruturarmos essa divisão. Eis a proposta: alterar a repartição do produto da arrecadação.

Rapidamente, só uma palavrinha, aqui, com relação, ainda, aos negócios feitos com bens incorpóreos, via Internet, como "venda" de músicas, "venda" de vídeos, programas de computador. E aí, além de todos aqueles problemas de localização, onde é devido e tudo mais, eu acredito que há um problema de materialidade. Mas, antes de falar sobre esse assunto, eu gostaria de comentar uma notícia que os Srs. já devem ter lido, pois um simpósio cujo eixo temático é a insegurança jurídica não poderia deixar de registrar essa decisão, que será publicada agora, dia 14, do STJ, sobre a questão do local onde é devido o ICMS. Os Srs. sabem que há muita discussão sobre o imposto de importação. Discute-se se é devido no local onde está o destinatário final ou onde se encontra o importador, em termos jurídicos. O STF já decidiu, mais de uma vez, que é onde está o importador, pessoa jurídica adquirente da mercadoria.

Qual a posição do STJ? Bem, vou contar o ocaso, mas me perdoem se estou fazendo uma leitura equivocada, pois não vi os autos. Vou comentar o caso porque envolve um problema de insegurança das decisões judiciais. Vejam vocês o seguinte, o que consegui compreender do acórdão. Talvez seja uma limitação da minha parte. Em uma empresa com matriz situada, salvo engano, em São Paulo e a filial em Minas Gerais, a matriz comprou um equipamento que seria destinado à filial sediada em Minas Gerais. A operação de importação foi realizada pela matriz, o ICMS foi pago em São Paulo. O Fisco de Minas Gerais autuou a filial, por entender que o ICMS deveria ter sido pago a ele. Resultado dessa discussão no Judiciário: o STJ decidiu que o imposto é devido a Minas Gerais. Qual o fundamento? Trata-se, segundo o STJ, de uma importação indireta. Bem, nós estamos diante de uma importação indireta, cujo conceito é aquele em que alguém importa por conta e ordem de terceiros, ou seja, na operação, a interposta pessoa jurídica realiza a operação não em nome próprio, mas em nome de quem está adquirindo o produto. Até aí tudo bem, mas o problema está no conceito de "importação indireta" construído no acórdão para decidir que o imposto seria devido a Minas Gerais. Vou deixar para os Srs. o trechinho do acórdão em que há a construção desse conceito. [*Referindo-se aos slides*] Foi decidido que o ICMS era devido em Minas Gerais porque, segundo os documentos juntados, a intenção da empresa, desde o início, era mandar o equipamento para Minas Gerais. Logo, é uma importação indireta. Bom, se isso é importação indireta, precisamos criar um sistema de controle das intenções das empresas, não é? [*Risos na plateia*]

Cada dia que passa aumenta minha convicção de que nosso sistema é excelente. Está muito bem estruturado. Porque balança, balança, mas não cai. Sofre ataques do Judiciário, do legislador ordinário, dos aplicadores do Direito, e continua firme. Já não tenho coragem de dizer aos meus alunos que o nosso sistema rege-se pelo princípio da legalidade. Não há mais legalidade, quase tudo é normatizado por meio de decretos, portarias, protocolos e outros instrumentos secundários. Não há estabilidade nas decisões judiciais. Cada hora se decide de uma forma. Não há uma continuidade nos fundamentos das decisões sobre a mesma matéria. Não há um comprometimento com as categorias fundamentais do sistema. Basta ler as decisões: aqui é um conceito, lá é outro, não se demarca o conteúdo dos conceitos utilizados, são utilizados os mesmos conceitos com conteúdos diferentes – e vamos que vamos, que é festa. O Brasil não é a terra do carnaval tributário, mas de todas as festas, São João e outras. É uma verdadeira bagunça.

Bem, diante dessa situação, o que nos resta é lamentar tudo isso e tentarmos registrar, sempre que temos a oportunidade, as principais decisões judiciais sobre a matéria tributária. Eu me lembrei de uma outra. Eu vou registrar – não ia dizer, mas vou, não sei se vocês acompanharam – a decisão do STF sobre *leasing*, se sobre as operações de *leasing* incide ou não incide o ISS. E há um argumento derradeiro na passagem de um dos votos, não vou nem mencionar nomes. Diz: "Analisei essa questão, cheguei à conclusão de que, definitivamente, deve incidir o ISS sobre *leasing* porque [*vejam os Srs. – invocando um argumento da linguagem coloquial*] quando vou ao banco eu não digo 'fazer um empréstimo', mas digo 'dar um empréstimo', 'tomar um empréstimo'". Vejam que, invocando um argumento da linguagem coloquial, decidiu pela incidência do ISS sobre o *leasing*, não é?

E há outros. Mas eu não vou tomar mais tempo dos Srs., acho que meu tempo já está quase esgotado. Mas, enfim, dando continuidade, e só para encerrar. Srs., olhem o exemplo do mapa. [*Referindo-se aos **slides***] Eu posso ter um comprador no Paraná, a empresa em São Paulo e a hospedagem do *site* no Ceará. Nesta situação, na compra de um programa de computador, onde incide o ICMS? Bem, naquela minha proposta, incidiria na empresa situada em São Paulo. Mas é importante que se registre o seguinte, só para fechar: se considerarmos que o evento do ICMS, efetivamente, é um negócio jurídico de compra e venda de mercadorias, e de bens, no caso da importação, e/ou, então, prestações de serviços interestaduais, como comunicação e transporte, a conclusão a que nós chegamos é de que nestas operações não incide imposto nenhum. E por que não incide imposto nenhum?

Tempo esgotado. Pronto. Está certo. Deixa eu correr, aqui...

Vocês dão risada – alegria, alegria –, porque não é com vocês! Brincadeira à parte, olhem só o seguinte: os Srs. sabem qual é a posição do STF a respeito dessa discussão sobre a tributação da comercialização de programas de computador? Não sabem? Na comercialização em grande escala, os chamados "*softwares* de prateleira", incide ICMS. Sob encomenda, ISS. Qual foi o critério? Vamos distribuir o pão, pelo produto, penso eu, porque outro critério não pode existir, eis que, qual a materialidade do imposto? Qual é o negócio que nós realizamos, de compra e venda de *software*?

Na maioria das vezes o equívoco cometido é rotular essas operações – como se fosse possível, em relação a programas de computador, fazer um único negócio, quando nós sabemos que nessa área há vários tipos de negócios. Você pode vender os "fontes", não vender os fontes, você pode fazer a cessão do direito de uso, você pode adquirir só o executável, você pode, ainda, junto com isso, dar assistência – tudo isso num único ou mais negócio. Assim, na hora de verificar qual imposto incide, é necessário que se examine o negócio jurídico realizado, não dá para separar e rotular as hipóteses como se fossem os únicos tipos de negócios possíveis. Eu posso vender os fontes? Posso. Posso vender só o executável? Posso. Posso realizar somente a locação de *software*? Posso. O Sr. já comprou o *Windows*? [*Dirigindo-se a um dos congressistas*] Não aquele da banquinha ali, não, esse não, [*risos na plateia*] pois a venda de tais cópias é crime. O Sr. comprou uma cópia legal? Bem, dependendo do sentido que o Sr. estiver utilizando, o Sr. comprou. Agora, se eu falar que isso é comprar o programa, entendido como um conjunto de ordens feitas, estruturadas, chamados de códigos-fontes, não! Porque o Sr. estaria milionário, e não estaria sabendo. Os "códigos-fontes" continuam sendo da *Microsoft*, certo? Isso é uma prova inequívoca do seguinte. Qual é o contrato que eu faço na "compra" de um *software*, via de regra? A "compra", que não é efetivamente uma aquisição de propriedade, é cessão do direito de uso de determinado programa. E a cessão de direito não é fato típico do ICMS.

E se eu encomendo um programa para minha empresa com especificações que eu defini, neste caso, qual o negócio realizado? Na maioria das vezes as empresas desenvolvem um programa sob encomenda para a sua empresa mas não transferem os "fontes", fazem um negócio onde lhe cedem o direito de uso daquele desenvolvimento – e, portanto, cedem só o executável para uso, não faz parte do negócio o próprio programa. Num caso como este, teria ocorrido uma compra e venda? Notem que não estou nem entrando na discussão sobre se eu tenho que ter, ou não, suporte físico para considerar aquele produto digital uma mercadoria. Se assim é, ou seja, mesmo que o programa tenha sido desenvolvido sob encomenda, mas o negócio realizado foi de cessão de direito de uso, sobre ele não incide ICMS, nem ISS. Arrisco dizer que quase todos os negócios jurídicos realizados no Brasil com direitos autorais são de cessão de direito de uso. Sendo assim, não incide ICMS, nem ISS.

Eu só queria deixar também esse acórdão, porque as decisões do STF sobre o assunto da tributação de *softwares* sob encomenda e os que são produzidos em grande escala, penso eu, não podem ser consideradas precedentes para a solução da tributação dos produtos digitais, porque, como registrado nesse acórdão, nesse recurso extraordinário que está aí, [*referindo-se aos **slides***] a decisão foi para aqueles produtos que tinham suporte físico. Para os demais, como está registrado na própria decisão, não pode incidir ICMS. Logo, parece-me que nem esses precedentes podem ser invocados para efeito de dizer que incide ICMS sobre a venda de programas em grandes escalas vendidos pela Internet, os chamados "produtos digitais", os quais não têm suporte físico, eis que a entrega é direta via Internet, sem qualquer suporte físico.

Rapidinho, aqui, só para concluir. Devo mesmo encerrar a minha apresentação, pois toda vez que menciono a palavra "rapidinho" já está sendo motivo de risos. [*Risos na plateia*] Eu gostaria só de registrar que a legislação que disciplina os negócios com programas de computador os caracteriza, se não houver disposição em contrário, como contratos de cessão de direito de uso. Nessa esteira, nos negócios com músicas, vídeos, *softwares* e demais direitos autorais, em que há a mera cessão do direito de uso, o único imposto passível de incidir é o que poderá vir a ser criado com base na competência residual – art. 154, I, da CF.

Srs., enfim, encerro por aqui minha apresentação. Obrigado! [*Palmas*]

Tributação, Reflexos Setoriais e Reforma Tributária Viável

PROF. EURICO MARCOS DINIZ DE SANTI – Coube-me falar sobre "Tributação, Reflexos Setoriais e Reforma Tributária Viável".

1. Introdução

Reforma fiscal não é um projeto de lei ou emenda constitucional, um pedaço de papel. É um processo de reconstrução de nossa identidade, que exige a tomada de consciência sobre fatos políticos, econômicos, jurídicos e crenças que definem o pacto federativo e determinam o papel do Estado e da participação do cidadão nos rumos das políticas públicas.

O Direito não é uma "varinha de condão" mágica que altera a realidade a partir de simples indicativo prescrito em documento legal, obrigando, proibindo ou permitindo condutas. Não cremos que a prática de burlar leis seja um esporte nacional, mas há no ar, aparentemente, essa percepção: uma ideia de ineficácia legal que se associa à ideia de impunidade. Culpar o sistema moral é simplista; pretender ensinar moral é, no mínimo, discutível. Será que precisamos de regras morais mais rígidas? Tornar o não pagamento de tributos e o desvio ou mal gasto de recursos públicos um tormento e infligir castigos ao pecador não parece ser a solução para nossos problemas fiscais.

Acreditamos que esse processo começa com a construção de uma base de informações confiável sobre dados a ser compartilhada por pesquisadores, formuladores de opinião e de políticas públicas. Não há sentido em discutir apenas modelos conceptuais e convicções pessoais. O êxito desse processo depende do debate público e aberto de suas premissas e de uma radiografia precisa do atual sistema. Trata-se, pois, de processo que há de ser informado pela ideia central da transparência que motive uma revolução criadora de cidadania fiscal: saber quanto se paga, por que se paga e, além disso, indagar sobre a oportunidade e qualidade dos gastos públicos.

Os caminhos parecem turvos, talvez seja momento de resgatar os laços com a Economia, a Política e, principalmente, com o direito financeiro, como vem insistindo há mais de duas décadas Ary Oswaldo Mattos Filho. Eis um caminho necessário: uma reforma fiscal que se conecte com outros saberes, pois tributação, orçamento e gasto público formam um só sistema e não podem ser pensados isoladamente: a carga tributária sobe porque sobem os gastos públicos. Impor racionalidade tão só no sistema tributário ajuda, mas não altera a equação da carga tributária demandada pelo sistema de gastos públicos.

1.1 Problemas no sistema tributário brasileiro: ausência de um "Fisco Nacional" e a presença dos três leões federados

Apesar das divergências entre modelos e propostas, há grande convergência entre especialistas e o próprio Governo sobre os problemas do sistema tributário brasileiro: (i) muitos tributos incidentes sobre as mesmas bases – seis tributos indiretos sobre bens e serviços (IPI, COFINS, PIS, CIDE, ICMS e ISS); dois tributos incidentes sobre o lucro (IRPJ e CSLL); (ii) alto custo de adequação das empresas no cumprimento de obrigações acessórias; (iii) insegurança jurídica gerada nos contenciosos administrativos e judiciais; (iv) incidência cumulativa da tributação indireta, onerando investimentos e exportações; (v) tributação excessiva da folha de salários, que prejudica a competitividade nacional, estimulando a informalidade e a formação de pessoas jurídicas "artificiais"; (vi) "guerra fiscal" entre Estados (ICMS *versus* ICMS); (vii) "guerra fiscal" entre Estados e Municípios (ICMS *versus* ISS); (viii) "guerra fiscal" entre Municípios (ISS *versus* ISS); (ix) "guerra fiscal" da União contra Estados e Municípios, utilizando e desvinculando contribuições e reduzindo a tributação sobre os impostos repartidos via Fundo de Participação dos Estados/FPE e Fundo de Participação dos Municípios/FPM; (x) "guerra fiscal" dos contribuintes contra União, Estados e Municípios como forma de escapar da alta carga tributária mediante "esquemas" legais alternativos de planejamento tributário; e (xi) "guerra fiscal" entre contribuintes, que desloca a competitividade para o custo tributário e induz mais planejamento tributário entre as empresas que concorrem entre si nos diversos segmentos da Economia.

1.2 Cada um por si, três contra a harmonização e transparência dos poderes fiscais e todos contra o contribuinte

Deveras, não há pacto em torno das soluções para esse "nó fiscal". Há, pois, generalizado ambiente de desconfiança entre as pessoas de direito público interno: União, Estados e Municípios. A impressão que se forma é que a concepção federativa desenhada pela Constituição de 1988 – elevada ao *status* de cláusula pétrea – criou um País fracionado entre os interesses fiscais federais, estaduais e municipais que encontra como único vértice comum o interesse sobre o patrimônio do mesmo contribuinte.

União, Estados e Municípios submetem-se à Constituição, ao Código Tributário Nacional e à Lei de Responsabilidade Fiscal. Contudo, tais estruturas normativas simplesmente delimitam pela negativa o poder de tributar individual de cada um desses entes, restando clara a ausência de uma instância nacional para coordenação e harmonização dos amplos poderes das múltiplas máquinas de arrecadação, cujo único interesse comum é acercar-se do patrimônio e da vida do contribuinte, de modo a exigir tributos das formas mais cômodas aos interesses dessas três esferas fiscais.

É este o cerco que caracteriza o *esporte fiscal da "caça ao contribuinte"* e cujo símbolo histórico adotado pela Receita Federal desde os tempos da ditadura – *em completa dissonância com a ideia da missão do Fisco no resto mundo* – é bem representativo: a figura de um animal que acompanha os passos do contribuinte assustado, um leão!

2. Percepções de uma pesquisa empírica sobre reforma tributária no Brasil

No decorrer do primeiro semestre do ano de 2010 o Núcleo de Estudos Fiscais/NEF da Escola de Direito da FGV dedicou-se a levantar percepções e informações de modo a identificar os "gargalos" institucionais da reforma tributária, bem como pensar alternativas viáveis para melhorar a qualidade do nosso sistema tributário. Nos itens subsequentes segue o registro das ideais coletivas que surgiram no decorrer de nossas discussões, enquadramento de problemas e registro de eventuais soluções.

2.1 Desinteresse político dos entes federativos na reforma tributária: ensaio sobre a cegueira

União, Estados e Municípios não têm interesse na reforma tributária. Acompanhando o debate e as várias propostas de reforma que surgiram nos últimos 20 anos, verificamos que a reforma tributária nunca foi uma prioridade para o Governo Federal. Além disso, Estados e Municípios tradicionalmente oferecem obstáculos a qualquer proposta de reforma que pretenda suprimir seus impostos ou alterar os critérios dos Fundos de Participação dos Estados e dos Municípios. Tal situação ficou bastante evidente na PEC 233: propôs-se um IVA nacional, mas sem alterar o ISS dos Municípios, e os Estados – especialmente São Paulo – foram os que abertamente travaram maior oposição às propostas de federalização do ICMS.

Percebe-se, enfim, que "reforma tributária" é uma expressão vazia, que só sobrevive em ambiente de cegueira. A complexidade do atual sistema e sua promiscuidade com o sistema político e econômico nos impedem de delinear seu contorno, de modo a identificar, precisamente, suas feições e seus reais beneficiários. Além disso, não há consenso sobre o que reformar: os pactos em torno da reforma desaparecem e se transformam em invencíveis resistências à medida que qualquer proposta se torna mais "visível" e objetiva.

Por outro lado, federações e confederações de empresários querem a reforma. Mas, segundo nossa percepção, estes grupos não conseguem coordenar seus interesses em torno de um único projeto, de maneira a se alinharem em torno de um esforço continuado para sua implementação; parecem agir em conjunto tão só em torno de demandas abstratas e circunstanciais sobre o tema, a exemplo do que ocorreu no movimento "Fora CPMF".

2.2 Desafios da "guerra fiscal": contra quem?

A "guerra fiscal", especialmente em relação ao ICMS e entre os Estados, é um tema praticamente constante em todos os discursos e propostas sobre reforma tributária. Contudo, detectaram-se na pesquisa algumas perplexidades: de um lado, percebeu-se que na experiência internacional o tema é visto muitas vezes como uma forma sadia de baixar a carga tributária sobre o contribuinte; de outro, consultadas as séries dos dados disponíveis na Secretaria do Tesouro Nacional sobre as receitas tributárias estaduais, verificamos que a receita tributária do ICMS só tem crescido. É claro que esse crescimento pode decorrer da expansão do PIB, eficiência da Administração Tributária ou outros fatores; contudo, também não se encontra prova empírica de que o expediente da "guerra fiscal", numa perspectiva sistêmica, tenha provocado perdas efetivas para os Fiscos Estaduais.

Proibir não é eficaz. Na medida em que os dispositivos que concedem incentivos à revelia do CONFAZ dependem da declaração de inconstitucionalidade pelo STF, os Estados sistematicamente burlam essa dinâmica: ora editando novas leis que garantam os mesmos incentivos depois de declarada a eventual inconstitucionalidade; ora mediante a revogação do diploma antes do julgamento de sua inconstitucionalidade, de forma que a ação direta de inconstitucionalidade perca seu objeto, para em seguida editarem nova lei concedendo o mesmo incentivo. Há ainda o problema de que muitos incentivos são concedidos de forma obscura, dificultando seu questionamento.

"Guerra fiscal": contra quem? Nessa tática de guerrilha é o contribuinte quem cai e sofre no campo de batalha: os Estados seduzem com incentivos ilegais que mobilizam os contribuintes para seus territórios, mas os outros Estados buscam caçar os efeitos de tais incentivos, normalmente relativos ao direito ao crédito do ICMS, causando dano direto aos contribuintes. Ou seja: na prática dessa "guerra fiscal" quem sempre sai perdendo é o contribuinte, que fica iludido por ilegalidades patrocinadas pelos próprios Estados, os quais fomentam a insegurança jurídica e subjugam o contribuinte a enfrentar juridicamente, ao mesmo tempo, o Estado que concede o benefício ilegal e o Estado que glosa o mesmo benefício em nome da legalidade. Ou seja, nessa "guerra fiscal", enquanto os Estados e o STF brincam no jogo da legalidade/ilegalidade, explorando as ineficiências do sistema de controle de constitucionalidade, quem "toma bala" é o contribuinte. Talvez isso explique o porquê do prolongamento dessa guerra sem nenhuma atitude efetiva por parte dos Estados ou do Senado Federal: não é problema deles, é problema do contribuinte!

2.3 Experiência internacional sobre reforma tributária: desmistificando mitos

Sistematicamente, somos seduzidos a resolver nossos problemas nacionais a partir da mítica experiência de modelos internacionais: o sistema tributário brasileiro possui problemas estruturais de falta de racionalidade, transparência e alto custo de adequação, mas os estrangeiros também. Nossa análise dos sistemas tributários da Alemanha, Canadá, Eslováquia, Estados Unidos, França, Índia e Reino Unido revelou que problemas estruturais não são exclusividades brasileiras: todos os Países possuem, em maior ou menor grau, problemas com sua tributação. O sistema indiano, por exemplo, também possui ineficiências com tributos cumulativos e separação de bases de cálculo. Os Países europeus possuem muitos problemas quanto ao IVA, por causa da diferença das regras nacionais, da persistência de isenções, guerras fiscais e de deslocamento das bases tributáveis quando o bem em questão é móvel. Nos Estados Unidos, além da caricatural dificuldade na apuração do imposto de renda, verificamos que também o *sales tax* é tão complexo que ensejou uma decisão da Suprema Corte que desobrigou as empresas que não tivessem presença física em outros Estados a recolher o imposto, porque seria um ônus muito grande sobre elas o conhecimento de todas as legislações da Federação Americana.

Outro importante mito superado na pesquisa foi verificar que experiências de reformas tributárias efetivamente transformadoras de um sistema existem, mas são raras. Dos Países estudados, apenas a Eslováquia conseguiu reformar consideravelmente seu sistema, adotando um sistema de *flat tax*. A Índia conseguiu adotar um imposto sobre consumo estadual não cumulativo – "conquista" que já obtivemos há muito tempo. O Canadá conseguiu harmonizar o IVA das Províncias e da Federação, mas a administração, na maioria dos casos, já era da Federação – e a adesão ao IVA harmonizado é meramente opcional. Nos Estados Unidos da América, também acusados de terem um sistema altamente complexo, a estrutura federativa dificulta qualquer proposta radical sobre alteração das competências estaduais. Reformas tributárias são feitos difíceis de obter. Verificamos, pois, confirmando as lições de Richard Bird, que reformas tributárias abrangentes só são possíveis (i) em momentos de radical crise, (ii) em Países em que o sistema tributário ainda se encontra em fase embrionária ou (iii) em Países em que a estrutura democrática encontra-se enfraquecida (ditaduras).

2.4 O engodo da não cumulatividade

A não cumulatividade é outra demanda sempre presente nos discursos sobre reforma tributária, em especial dos setores exportadores. Foi utilizada, recentemente, como o cavalo-de-batalha central na derrocada da CPMF.

Não obstante seja encarada como direito do contribuinte e até princípio constitucional, o fato é que, na prática, a não cumulatividade outorga mais complexidade ao sistema, menos transparência, e acaba funcionando como eficiente e silencioso instrumento para o aumento da arrecadação do Fisco. O Fisco se utiliza de tal expediente quando oferece isenções no meio da cadeia, restringe a tomada de créditos financeiros e difere em 48 meses o aproveitamento de créditos na aquisição de bens do ativo imobilizado. Enfim, na prática impositiva, nega o direito ao crédito em decorrência de sua própria ineficiência, declarando contribuintes inidôneos com efeitos *ex tunc*, ou, na "guerra fiscal", glosa créditos "legalmente" oferecidos por outros entes federativos. Além disso, assistimos atualmente à multiplicação dos regimes de substituição ou tributação monofásica que, em nome de facilitar a arrecadação, ignoram sobejamente a não cumulatividade.

Enfim, para quê serve, mesmo, a não cumulatividade?

3. Perspectivas jurídicas para superação do impasse sobre a reforma tributária no Brasil

Não há dúvida sobre a complexidade do impasse que envolve o tema da reforma tributária no Brasil: acumulam-se e acotovelam-se problemas de ordem histórica, política, econômica e social, aparentemente de difícil equacionamento. Além disso, constatamos que, definitivamente, não são jurídicos os problemas centrais que impõem resistência ao discurso sobre a reforma tributária.

Que fazer?

Acreditamos que o Direito pode ajudar. Neste tópico desenvolveremos algumas ideias e propostas de como o conhecimento das estruturas normativas pode ajudar a compreender e propor mudanças no processo propositivo da reforma tributária no Brasil.

3.1 O "ovo da serpente": Brasil Colonial e origens do extrativismo fiscal

Não há texto sem contexto. Nem Direito sem História. Não é possível entender nossas instituições, nem nossas leis, sem encontrarmos os devidos contextos históricos e culturais que dão fundamento e sustentação ao nosso sistema tributário: (i) Seria a distribuição da renda? (ii) A solidariedade? (iii) Ou a capacidade contributiva?

Kamer Daron Acemoglu – Professor de Economia Aplicada do *Massachusetts Institute of Technology*/MIT e vencedor do *John Bates Clark Medal*, prêmio dirigido a jovens economistas entre 30-40 anos e considerado o segundo mais importante prêmio mundial na área de Economia (nos últimos 20 anos, 40% dos premiados pela *John Bates Clark Medal* também ganharam o *Nobel* de Economia, entre eles Milton Friedman, Joseph Stiligtz e Paul Krugman) –, em denso estudo empírico sobre as origens coloniais e os efeitos no desenvolvimento econômico, conclui que diferentes tipos de colonização implicam distintos desenhos institucionais. De um lado, nas origens de Países como os Estados Unidos, Canadá e Nova Zelândia encontramos colônias de povoamento em que o Estado surgiu a partir da ordem social e que se tornaram modelos do respeito às instituições, à propriedade e à ideia de Estado de Direito. De outro, tantos outros Países da África e da América Latina que funcionaram como colônias de exploração em que o Estado surgiu, artificialmente, de cima para baixo, com o único objetivo de extrair riquezas sob o domínio da força da Metrópole, configurando o que Daron Acemoglu denomina de "extrativismo fiscal": sistema impositivo, em que o Estado utiliza a lei como instrumento de força para extrair riquezas da sociedade, submetendo os cidadãos ao risco da expropriação, desrespeitando o direito de propriedade e a ideia de Estado de Direito: é nosso Brasil Colonial e atual!

Extrativismo fiscal é o regime em que o Estado submete Sociedade e Economia num ciclo vicioso e autista em que a lei é utilizada como instrumento de poder de arrecadação de tributos, mas sem qualquer contrapartida jurídica vinculando tributação com o oferecimento de serviços públicos. Não se paga tributo para exercer direito sobre a prestação de serviços públicos, se paga porque a Constituição autoriza e a lei delega, silenciosamente, discricionariedade para o ato de aplicação do Direito: é o império do Direito com o obsessivo objetivo de arrecadar, arrecadar, arrecadar...

Características do extrativismo fiscal: (i) Estado ao estilo colonial centralizador, que elimina ou submete a comunidade local; (ii) indiferença em relação às políticas públicas que justificam o sistema tributário (distribuição de riquezas, solidariedade ou capacidade contributiva), sendo o objetivo do Estado a extração de riqueza das regiões ricas, a qual é apropriada pela burocracia e transferida para os aliados políticos do Poder, em geral elites das regiões pobres que se mantêm na lógica da exploração colonial; e (iii) tributação excessiva e sanções que penalizam aqueles que produzem e premiam aqueles que se apropriam da riqueza já produzida.

Alguma semelhança?

3.2 Transparência... Para quê? Para quem?

É certo que não cabe ao Direito resolver o imbróglio fiscal brasileiro, mas também não se justifica utilizá-lo como cúmplice dos problemas fiscais nacionais. Além de problemas já citados, como a indústria de ilegalidade fomentada pelos Estados na "guerra fiscal", a artimanha de burlar o controle de constitucionalidade, de toda promiscuidade que caracteriza o sistema tributário constitucional, do problema de bases impositivas comuns sendo partilhadas por três esferas distintas de competência, da manipulação de nomenclatura dos impostos, que, mascarados como "contribuições", permitem, em nome de uma destinação sempre difícil de se verificar, a criação de novos tributos estrategicamente não partilháveis com Estados e Municípios. Entre tais problemas jurídicos trágicos há, porém, outros mecanismos mais silenciosos, e talvez por isso mais danosos, pois comprometem a compreensão do sistema tributário nacional e inibem o temeroso exercício da cidadania fiscal, obstaculizado pela falta de transparência do sistema.

Um dos subterfúgios legais mais indignos é a chamada "alíquota por dentro". Segundo Clóvis Panzarini essa forma de cobrança vem desde 1967, tendo sido criada pelo Governo Militar para esconder a carga tributária: cobra-se a alíquota de 15% por dentro para ocultar a real alíquota de 17%; ou 25% por dentro, pela vergonha de tributar luz e telefone a 33% (1/3 do valor da conta). Não por acaso, nos debates técnicos sobre a definição da alíquota do IVA nacional, previsto na PEC 233, aventou-se a utilização da alíquota interna também para o IVA nacional não cumulativo, sob a alegação de que sem esse expediente a alíquota seria muito alta, induzindo a evasão fiscal... Será que se evita evasão fiscal com uma mentira institucional (em lei)?

Outra trama construída pelo Direito é a dualidade *contribuinte de direito e contribuinte de fato*. O contribuinte de direito é aquele definido pela lei tributária como responsável pelo pagamento do tributo; contudo, ele não paga o tributo economicamente: transfere o valor do tributo para o contribuinte de fato. Contribuinte de fato, no sistema brasileiro, é aquele que paga o tributo mas não sabe que paga nem é reconhecido pelo Direito como contribuinte: é o honroso papel que ocupam dezenas de milhões de brasileiros que arcam com a carga tributária no consumo, mas sem saber.

3.3 O "lançamento por homologação", devolvendo a competência administrativa para aplicar as leis tributárias ao seu titular de direito e expertise: o Fisco

Insegurança jurídica é um dos temas centrais que afetam contribuintes e empresários bem como tribunais, que não conseguem dar vazão aos múltiplos desenhos negociais propostos pelo contribuinte na tentativa de adequar sua carga tributária. Decorre da complexidade das leis, da promiscuidade da Constituição em tratar tão minuciosamente a matéria tributária como se fosse uma solução (quando, na verdade, é um grande problema para o STF, que demora às vezes 10 anos para encontrar uma solução) e de nosso sistema federativo, que reparte a competência tributária entre as três esferas.

Mas também decorre de um hábito, uma atitude, uma prática, que já se justificou no passado, mas que hoje reverte sua aparente facilidade em grandes e incontroláveis complexidades: refiro-me ao chamado "lançamento por homologação", ficção jurídica em que a Administração delega para o contribuinte o dever de interpretar e aplicar a legislação tributária, mas que fica sujeito à homologação (fiscalização) por parte do Fisco. Ou seja: o Fisco abre mão de interpretar e aplicar a legislação que cria, e passa essa obrigação para o contribuinte, que, além de ser obrigado a pagar o tributo, tem que entender de tributação ou contratar especialistas para ajudá-lo, mas fica sempre sujeito à posterior e incerta concordância do Fisco nos próximos cinco anos – prazo que o Fisco tem para confortavelmente decidir se a lei que ele criou "pegou" ou não, ou optar pela melhor interpretação, considerando os seus interesses.

Tal atitude gera grandes distorções no sistema: uma delas é o planejamento tributário, atividade incentivada pelo próprio Fisco, que obriga o contribuinte a pagar altos tributos, cria uma legislação complexa e obriga que o próprio contribuinte encontre uma saída legal satisfatória. Depois, se o Fisco não concorda, lavra um auto de infração, cobra o tributo que acha devido e aplica multas entre 75 e 150%. Incentiva o contencioso, mas a cada quatro anos oferece um plano de parcelamento irresistível (PAES, REFIS I, REFIS da CRISE) perdoando as multas e "só" exigindo o controvertido principal em 180 parcelas a perder de vista. É a indústria da incerteza e da ilegalidade patrocinada por esse esquema fiscal, vítimas de autuações bilionárias e que se sentem acuadas nos conturbados processos administrativos que se formam em torno do retórico valor de bilhões simbolicamente devidos ao Fisco, mas muitas vezes sem qualquer consistência legal: é tributo de tolo! Para não citar o susto da Petrobrás e a queda da secretária Lina Vieira e respeitar o sigilo das empresas autuadas (indevidamente ou não, nunca se sabe), fiquemos com o recente caso de ameaça de autuação da BM&F em 5,5 bilhões relativa à amplamente noticiada integração com a BOVESPA.

Não há sentido em obrigar o contribuinte a aplicar uma legislação tributária que, em razão da própria complexidade, o Poder Judiciário, encabeçado pelo STF, demora 10 anos para interpretar e oferecer uma resposta pontual sobre um artigo específico. Não há sentido em obrigar o contribuinte a aplicar uma lei complexa que o Fisco cria, para depois o Fisco culpar o contribuinte de aplicar a lei com fraude e cobrar multas de 150%: aplicar a lei de ofício é dever do Fisco, não do contribuinte.

Com os sofisticados sistemas de informação e o Sistema Público de Escrituração Digital/SPED do Fisco, cabe ao contribuinte apenas oferecer as informações: aplicar a lei é expertise do Fisco – que, aliás, é o criador dessa legislação. Pressuposto lógico é que quem cria uma lei saiba como aplicá-la.

A ideia, seguindo a experiência do Simples Nacional, é: o contribuinte paga o tributo, oferece todas as informações sobre o fato gerador, mas não pode ser obrigado a aplicar a lei. A obrigação de aplicar leis federais, estaduais e municipais é dos agentes públicos de cada esfera, que são treinados e passam por rigorosos concursos públicos para assumir essa complexa função. Não é obrigação do contribuinte que faz pão e vende leite na padaria entender sobre a não cumulatividade da PIS/COFINS ou saber sobre a substituição tributária para frente do ICMS!

3.4 Uma experiência internacional inspiradora, o Fisco servindo ao contribuinte, "Quill Corp. vs. *North Dakota": devolvendo a complexidade tributária ao seu criador*

Os Estados Unidos da América não veem o *tax competition* sob uma perspectiva necessariamente negativa. Dado que (i) os entes federados têm autonomia para determinação de seus próprios tributos, alíquotas e procedimentos e (ii) não há um sistema institucionalizado de transferências, de modo que a receita de cada ente depende da própria arrecadação, o ambiente seria de um *fair tax competition*.

O critério adotado para o *sales tax* nas transações interestaduais é o do destino, como de praxe (só o Brasil parece adotar tributação na origem, nos outros Países ou é critério de destino ou a competência para transação interestadual é federal). Foi na regulamentação desse imposto que a Suprema Corte dos Estados Unidos da América proferiu decisão de extrema importância para a reflexão sobre a reforma tributária no Brasil, na medida em que serve de exemplo para uma das ideias centrais da nossa proposta: a devolução da complexidade tributária ao Fisco.

Este julgamento determinou que os *remote sellers* (vendedores que utilizam Internet, serviços postais, entre outros) são isentos de recolher o *sales and use tax* para vendas em Estados que não possuam presença física de estabelecimento, pois a Suprema Corte entendeu que não é razoável obrigar que o contribuinte conheça e se subjugue à diversidade das legislações de todos os 50 Estados para os quais os contribuintes vendem e realizam seus negócios. Ou seja: decidiu-se que a complexidade não pode ser suportada pelo contribuinte, devendo ser devolvida aos Estados: para que possam cobrar o *sales tax*, o Congresso terá que harmonizar e unificar a cobrança relativa às transações interestaduais.

Essa decisão, somada ao fato de que as vendas pela Internet vêm aumentando substancialmente, faz com que bilhões de Dólares não sejam recolhidos e incentiva os Estados a despender efetivos esforços para uniformizar as legislações a respeito do *sales tax* via acordo celebrado entre os Estados (*Streamlined Sales Tax Agreement*) para viabilizar sua cobrança no futuro. Desta forma, embora 23 Estados (Arkansas, Indiana, Iowa, Kansas, Kentucky, Michigan, Minnesota, Nebraska, Nevada, New Jersey, North Carolina, North Dakota, Ohio, Oklahoma, Rhode Island, South Dakota, Tennessee, Utah, Vermont, Washington, West Virginia, Wisconsin e Wyoming) já tenham adotado a uniformização da legislação do *sales tax* ao aderirem ao *Sales Tax Agreement*, o Congresso ainda não tratou da questão, de modo que os *remote sellers* seguem isentos da obrigação de pagar este tributo.

Esta ideia de não deixar o contribuinte arcar com os custos da complexidade tributária, somada aos estudos desenvolvidos no NEF a respeito do Simples Nacional (abaixo), fez surgir a percepção segundo a qual o Fisco Brasileiro, que dispõe de um sistema extremamente desenvolvido de TI, pode – seguindo o exemplo americano – internalizar seus conflitos de competência, sua complexidade federativa e os demais diversos problemas do sistema tributário brasileiro: a complexidade é problema do Fisco, não do contribuinte.

4. Uma proposta diferente de reforma tributária: reconstruindo os laços nacionais do federalismo brasileiro e resgatando a dignidade do contribuinte

Sabemos, pela experiência internacional, que no mundo globalizado e democrático reformas tributárias abrangentes são praticamente inviáveis. Sabemos que, no Brasil, União, Estados e Municípios não querem a reforma tributária, sob o justificado medo de perderem receitas e competências. Sabemos que reforma tributária não reduz carga tributária: a carga tributária é alta porque a despesa pública é alta, e isso envolve uma complexa discussão sobre opções de modelo de Estado. Sabemos que, embora seja proposta de campanha de todos os candidatos à Presidência da República dos últimos 20 anos (quase toda nossa memória democrática), todas as tentativas e todos os esforços de reforma tributária naufragaram de modo retumbante. Sabemos que a Copa do Mundo de 2014 e os Jogos Olímpicos de 2016 irão requerer um esforço fiscal imenso para os maciços projetos de infraestrutura que esses eventos exigem e que a economia brasileira, em franca expansão, demanda.

Sabemos que o Brasil precisa de uma reforma tributária viável...

4.1 Reforma Tributária Simples/RTS: uma reforma tributária brasileira, aproveitando a experiência da expertise fiscal brasileira que inspira e serve de modelo para outros Países

O Simples Nacional/SN é um regime tributário diferenciado elaborado para micro e pequenas empresas/MPEs que visa à unificação da cobrança dos tributos federais, estaduais e municipais por uma única via. Foi criado pela Lei Complementar 123, de 14.12.2006, e sua vigência teve início em 1.7.2007. Ressalta-se que o SN veio a aumentar e aprimorar o regime Simples Federal (que não incluía tributos estaduais e municipais), tendo sido instituído pela Lei 9.317/1996 (conversão da Medida Provisória 1.526/1996). Entretanto, foram necessários muitos encontros para formatar um sistema que agregasse todos os tributos numa única guia e um programa gerador capaz de captar as peculiaridades de várias legislações, além daquelas impostas pela Lei Complementar 123.

O SN inaugura uma nova postura dos Fiscos. Por se tratar de lei nacional, é impositivo para todos os entes federativos (União, Estados e Municípios), substituindo os regimes especiais de tributação que existiam de maneira diversa nos entes federativos e forçando a interação entre os Fiscos, que – com o objetivo de evitar o repasse da complexidade da legislação tributária decorrente de várias redundâncias e conflitos de competências – inauguram a admirável postura: assumir, integrar e resolver os problemas das três esferas de tributação internamente antes de exigir o tributo do contribuinte. A regra é: o pagamento do tributo para o contribuinte dever ser simples, a complexidade é problema dos Fiscos.

No SN os três entes estão no mesmo nível hierárquico: Receita Federal, Fazendas Estaduais e Municipais são parceiras, reunindo inteligência, informação, esforços e recursos comuns. Não compromete as competências tributárias, pois as alíquotas podem ser mudadas a qualquer momento pela União, Estados e Municípios. Enfim, além de melhorar a vida do contribuinte o Simples aumentou os poderes de fiscalização de todos os entes federados. As informações sobre o Simples pertencem a todos: a chave do sucesso do Simples é o uso de ferramentas avançadas de TI.

O Simples – experiência nacional de sucesso – é um exemplar balão de ensaio para uma reforma tributária no Brasil. Ajudaria numa reforma à medida que já oferece um mecanismo em que os Fiscos internalizam as complexidades do sistema, resolvem a questão e entregam aos contribuintes *não* mais problemas, mas soluções. O Simples não é "simples" para os Fiscos. É "simples" para o contribuinte. Se há quatro anos fosse dito, aqui no Brasil, que todos os tributos iriam ser reunidos numa única guia que seria paga no banco e que, após dois dias, o dinheiro seria repartido entre os entes de forma automática, todos diriam que isso seria *impossível*... Uma loucura. Bem, hoje o SN já existe, é uma realidade, é criação brasileira. Conhece todos nossos problemas nacionais, mas reúne também toda inteligência, eficiência e sofisticação do Fisco Brasileiro: é o nosso paradigma de uma reforma tributária inteligente e eficiente, que não precisa copiar nenhum sistema, nem alterar nossa Constituição.

Não se trata de mais uma reforma de "leis", é uma mudança de visão sobre o sistema fiscal brasileiro, uma mudança de atitude. O Fisco, que é o grande *expert* em matéria tributária, deve aplicar a lei tributária. O contribuinte é contribuinte, tão só (e não é pouco) paga os tributos. O Fisco deixa de perseguir o contribuinte por aplicar erroneamente leis que ninguém entende, para assumir a postura de serviço público do cidadão, colaborando na harmonização da legislação da Federação e simplificando a vida de quem gera riqueza para essa Nação chamada Brasil.

4.2 Estratégia de implantação da RTS

A estratégia de implantação da RTS é "simples" porque já começou. Ela iniciou na década de 90 com o fim da inflação, com o treinamento e modernização da Receita Federal do Brasil e com a experiência da inflação e da CPMF, que tornaram o nosso sistema bancário um dos mais informatizados e sofisticados do mundo. Começou com a informatização da declaração de imposto sobre a renda: um *case* brasileiro de sucesso mundial. Iniciou com a Lei Complementar 105 e a "quebra" do sigilo bancário do contribuinte. Iniciou com a exitosa experiência do Simples Nacional/SN e se consolidou, agora, no final dessa década, com a implantação do Sistema Público de Escrituração Digital/SPED.

A RTS não depende de políticos. Trata-se de uma mudança de atitude da ação fiscal que resgata o sentido da unidade federativa e a dignidade do contribuinte. Sua viabilidade e continuidade de implantação e seu sucesso só dependem de um corpo de funcionários técnicos dos mais graduados e sofisticados dos quadros da República: os auditores fiscais.

Trata-se de mera integração das Administrações Tributárias, que, sem perder qualquer poder, apenas haverão de se colocar na contingência de trabalharem juntas no esforço comum de ajudar o contribuinte que já paga os impostos.

Nesta nova racionalidade, as unidades de sistematização não serão mais os tributos da União, dos Estados ou dos Municípios. Nessa nova reflexão nacional, o corte de ação exige o olhar pelo ângulo sistemático de cada setor da economia: importação/exportação, indústria, comércio, serviços, setor financeiro etc. Cuidando de um setor de cada vez.

Talvez, para o início, o mais fácil e convidativo seja o setor de importação e exportação. Na importação o desafio será a integração do IPI, II, PIS/COFINS, ICMS e outras taxas aduaneiras incidentes sobre o ato de importação. Tal harmonização despenderá de especial negociação e entendimento por parte dos Estados, a exemplo do recente acordo celebrado entre os Estados de São Paulo e Espírito Santo. No mesmo sentido, num segundo passo, caberá a harmonização entre União e Estados sobre os tributos incidentes sobre a exportação, resolvendo para o contribuinte os intrincados problemas dos vários regimes do PIS/COFINS na cadeia de exportação, bem como exigindo dos Estados um esforço federativo de cooperação e colaboração na lógica dos créditos do ICMS, para que barreiras fiscais entre Estados não prejudiquem a livre circulação de mercadorias. E... A "Reforma Tributária Simples" já começou!

4.3 Resumindo...

Na RTS não há mudança legislativa substancial ou necessidade de integração de bases de cálculo – a consolidação para o tributo devido para cada operação negocial é realizada pela própria Administração Tributária de modo integrado e harmonizado: o contribuinte apenas arrecada um único valor indicado sobre a respectiva operação negocial (compra e venda de mercadoria, aplicação financeira, prestação de serviço, industrialização etc.). União, Estados e Municípios ficam encarregados de resolver seus problemas internos de conflitos de competência serviços/mercadorias, "guerra fiscal" entre Estados, harmonizar redução de base de cálculo com redução de alíquotas, substituição para frente, para trás, diferimento etc.: cabe ao esforço integrado dos técnicos das três esferas fiscais encontrar as soluções que os contribuintes já realizam quando pagam os vários tributos, mas, agora, de forma concentrada. O contribuinte pagará os mesmos impostos. Mesma carga tributária. Cada ente federativo receberá os mesmos recursos. Tudo dependerá de um lançamento de ofício orientado pelas informações sobre os dados de cada operação, fornecidos em tempo real pelo Sistema Público de Escrituração Digital/SPED, viabilizado pela incomparável TI do Fisco Nacional, que exigirá o valor em uma única guia centralizada, em conformidade com a ampla coordenação de entendimentos da "vontade" integrada dos três Fiscos.

Se o contribuinte pagar o lançamento em dia, está extinta a obrigação tributária formalizada por esse ato de integração comum de aplicação da legislação tributária, e o sistema bancário fica encarregado de repartir, na boca do caixa, os montantes devidos para a União, Estados e Municípios. Caso contrário, se o contribuinte não concordar, poderá, sozinho ou com a ajuda dos seus advogados, impugnar, mediante o devido processo administrativo fiscal, que também deverá ser integral: nesse desenho, é interesse do Fisco aplicar a lei da forma mais clara e bem fundamentada, para evitar essas impugnações. O Fisco será incentivado a buscar a coerência e a fundamentação hierárquica de suas cobranças, sob pena de não receber o tributo (a complexidade da legislação passa a ser um problema do Fisco, não só do contribuinte).

A ideia simplória é devolver ao Fisco os reflexos da complexidade tributária que é produto da conveniência fiscal. Como n'*O Retrato de Dorian Gray*, de Oscar Wilde, a ideia é colocar o Fisco diante do próprio reflexo de sua teratologia de três cabeças: um sistema corrompido, redundante e repleto de conflitos! Por outro lado, a convivência fiscal dos próprios Fiscos no exercício de harmonizar a aplicação de suas legislações e partilhar o dinheiro da arrecadação iniciará um processo de diálogo que poderá encaminhar solução para as iniquidades dos Fundos de Participação dos Estados e dos Municípios (FPEs/FPMs). A proposta é usar a simplicidade e a transparência para devolver aos criadores os problemas da criatura. Será difícil?! Impossível harmonizar?! Impossível ao Fisco determinar a base impositiva de tantos tributos ao mesmo tempo. Bem, até hoje esse foi o "dever acessório" colocado como obrigação por parte de cada contribuinte individualizado e sujeito a penas de 75 a 150% sobre o tributo, além da pecha de sonegador para aqueles que não realizassem tal tarefa em dia e corretamente. Nessa nova Pasárgada, os Fiscos, em vez de pensar em diatribes para infernizar a vida do contribuinte, haverão de utilizar sua autoridade e sua inteligência para se entender: auditores fiscais estaduais, municipais e federais hão de trabalhar juntos, tornar-se mais próximos, talvez até amigos, criar confiança entre si e descobrir que União, Estados, Municípios, Empresas, PJs e "PJotinhas" não existem de verdade, são todas criações do Direito, criações de papel: só seres humanos trabalham, criam riquezas e pagam tributos para seres inexistentes.

Saímos das mãos dos políticos para técnicos altamente qualificados e organizados em sindicatos que se preocupam com o Brasil. Saímos da perspectiva colonial de encontrar uma solução no além-mar, encontrando solução nacional e inovadora. Saímos do sonho de reformas tributárias de papel, rejeitando o legalismo autista que pensa que o Direito é uma "varinha mágica": o fato é que mudanças radicais no sistema tributário legal podem ensejar experiências fiscais amargas que sempre serão sofridas, em última instância, pelo contribuinte. Saímos do plano legal abstrato e nos encontramos no plano concreto da aplicação do Direito, das práticas aduaneiras, industriais, comercias e financeiras que habitam o mundo real dos negócios globalizados. Saímos de um ambiente de insegurança jurídica e de animosidade contenciosa insana do contribuinte contra os aparatos dos Fiscos Federal, Estadual e Municipal para um ambiente de cooperação em que o contribuinte não precisa de advogados tributaristas para pagar seus tributos – o esforço integrado do Fisco oferece o serviço público necessário, interpretando e aplicando a legislação tributária.

Saímos de uma Federação de poderes individuais e mesquinhos para nos reencontrarmos no exercício da harmonização dos poderes fiscais federativos, reconstruindo nossa noção de nacionalidade além do futebol. Saímos de uma visão em que o contribuinte é visto como sonegador contumaz, por não aplicar "corretamente" uma legislação que ninguém entende, para uma visão em que o contribuinte exerce sua *expertise* no comércio, na indústria e nos serviços: não é obrigação do contribuinte ser *expert* em legislação tributária, assim como quem usa um computador para escrever não precisa ser *expert* em Informática – deixemos os problemas técnicos para os técnicos. Saímos de um sistema tributário extremamente complexo para um sistema muito mais simples e transparente: as complexidades ficam embutidas e são harmonizadas de forma centralizada pelo Estado, que garante, nessa perspectiva, igualdade e competitividade para todos os contribuintes (não é a liminar ou a assessoria de um grande escritório de Advocacia que fará a diferença no sucesso da minha empresa).

Enfim, saímos de onde nunca deixamos de estar, somos o que somos, escrevendo nossas próprias soluções. Reforma fiscal não é um pedaço de papel, é um processo histórico que já começou: estamos fazendo História!

CONFERÊNCIA

DIREITOS FUNDAMENTAIS DO CONTRIBUINTE E A PROPALADA REFORMA TRIBUTÁRIA

PROF. ROQUE ANTONIO CARRAZZA – *1.* Antes de tudo, quero deixar registrado que, para mim, é sempre uma grande honra participar dos Congressos Brasileiros de Direito Tributário. São eventos altamente científicos, nos quais, do entrechoque de ideias, acaba faiscando a verdade. Verdade que, segundo estou convencido, somente se alcança – como dizia Ortega y Gasset – fazendo refulgir e, por vezes, até mesmo arder as coisas.

Do contrário, isto é, assumindo uma atitude de conformismo para com o preestabelecido, não apenas permanecemos estáticos como regredimos – o que, convenhamos, desserve à causa da Ciência. Mas não é absolutamente o que aqui acontece. De fato, nos nossos Congressos, todos os participantes estão continuamente preocupados em refletir, em analisar as atuais tendências jurídico-tributárias, enfim, em subir a bordo da nave do pensamento, para descobrir novas porções do infinito.

2. Muito bem. Fui incumbido de falar-lhes sobre "Os Direitos Fundamentais do Contribuinte e a Propalada Reforma Tributária".

Começo por dizer que "reforma tributária" é expressão vaga, elástica, "de goma" (a expressão é de François Gény), tanto no que diz respeito à extensão (*Semântica*) como no que se refere à intenção (*Pragmática*).

Quanto à extensão, "reforma tributária" é expressão que vai da reforma constitucional tributária até a simples majoração de um dado tributo. Quanto à intenção, cada pessoa política, cada contribuinte, cada segmento da sociedade, lhe empresta um significado.

No mais das vezes, porém, quando se fala em *reforma tributária* invariavelmente se pensa em reforma constitucional tributária. Este tema está sempre na ordem do dia. De fato, desde que a Carta Magna entrou em vigor, há exatos 22 anos, só se fala nisso.

Mas será realmente necessária uma reforma constitucional tributária? A tributação vai mal por culpa da Constituição Federal? As emendas constitucionais que trataram do assunto (e não foram poucas) aumentaram a autonomia financeira das pessoas políticas (mormente dos Estados e Municípios) e tornaram mais efetiva a segurança jurídica dos contribuintes?

Estou mais do que convencido de que a resposta para cada uma destas questões é negativa. Todavia, para não ficar no plano das meras alegações, vou procurar demonstrar minha tese, começando por apresentar – evidentemente, com a possível brevidade – as principais características do nosso sistema constitucional tributário.

3. Ninguém ignora que as normas jurídicas de mais alto grau encontram-se na Constituição Federal e que, em matéria tributária, esta foi extremamente pródiga. Realmente, não conheço nenhuma outra Constituição no mundo que tenha descido a tantos detalhes, neste assunto.

Não é à toa que o saudoso Prof. Geraldo Ataliba fazia empenho no sentido de que no Brasil ninguém pode ser havido por conhecedor do direito tributário se não tiver palmilhado a Constituição Federal. Parafraseando o Mestre, nossa *Lei Maior Tributária* não é, como alguns imaginam, o Código Tributário Nacional ou algum eventual ato normativo que lhe faça as vezes; nossa Lei Maior Tributária é a própria Constituição Federal.

Assim, no Brasil, as pessoas políticas (a União, os Estados-membros, os Municípios e o Distrito Federal), enquanto tributam – isto é, enquanto criam *in abstracto* tributos –, se veem diante do seguinte dilema: ou praticamente reproduzem a Constituição Federal, e ao fazê-lo apenas recriam, num grau de concreção maior, aquilo que nela já se contém, ou, na ânsia de serem originais, acabam resvalando para o campo da inconstitucionalidade.

Dito de outro modo: os entes tributantes, no Brasil, encontram iluminado, no Texto Supremo, o caminho que podem validamente percorrer.

E isso é bom, porque os tributos, como não se ignora, são exigidos mediante atos de autoridade, isto é, sem que o contribuinte seja chamado a manifestar-se a respeito.

Ora, é justamente a Constituição, com seus princípios e regras, que mantém a ação de tributar dentro do chamado *Estado Democrático de Direito*.

De mais a mais, o tributo lanha dois valores muito caros a todos nós: o valor *liberdade* e o valor *propriedade*.

Valor *liberdade*: ninguém paga tributos com satisfação. Nunca se viu alguém perambulando feliz pelas ruas porque vai pagar tributos. [*Risos na plateia*] Pelo contrário, as pessoas pagam tributos contristadas; eu ousaria até dizer que o fazem sob protesto, só porque a ordem jurídica a tanto as compele.

Valor *propriedade*: não é necessário um grande esforço dialético para demonstrar que o tributo arremete contra o direito de propriedade, já que fica com uma parcela da riqueza privada das pessoas. Ora, o direito de propriedade é constitucionalmente protegido. É um direito fundamental, a teor do art. 5º, XXII, da Constituição da República. Aonde eu quero chegar? Simples: se o direito de propriedade foi consagrado na Constituição e se o tributo, num certo sentido, o lanha, segue-se que somente será válido se também ele deitar raízes no Diploma Magno.

4. Mas, afinal, o que fez a Constituição Federal de tão importante, de tão fundamental, em matéria tributária? Quatro coisas – dou-me pressa em responder.

Em primeiro lugar, deu competências para que as pessoas políticas, querendo, criem *in abstracto* tributos. Costumo dizer que a Constituição Federal traçou as fronteiras do campo tributário e o dividiu em faixas, dando uma para cada uma das pessoas políticas, de tal sorte que a União tem seus tributos; cada um dos Estados-membros, outros; cada um dos Municípios, ainda outros; e o Distrito Federal, sempre outros. A Constituição é, por sem dúvida, a *Carta das competências tributárias*: indica o que as pessoas políticas podem, o que não podem e o que devem fazer enquanto instituem seus tributos.

Por outro lado, a Constituição também classificou os tributos em espécies e subespécies. Portanto, nosso Diploma Supremo está comprometido com uma classificação jurídica dos tributos.

Que mais a Constituição fez? Traçou a regra-matriz, o arquétipo, a norma-padrão de incidência das várias espécies e subespécies tributárias. Atomicamente, todos os tributos encontram-se estruturados na Constituição. Em outros falares, mais técnicos, ela, direta ou indiretamente, sempre aponta a *hipótese de incidência possível*, o *sujeito ativo possível*, o *sujeito passivo possível*, a *base de cálculo possível* e, num certo sentido, até mesmo a *alíquota possível* dos vários *impostos*, das *taxas* (*de serviço* e *de polícia*), da *contribuição de melhoria* e das demais figuras exacionais que, no meu entender, podem ser reconduzidas a pelo menos uma dessas três espécies tributárias.

Estamos a notar, pois, que a classificação constitucional dos tributos não foi apenas *nominal*, mas também *conceitual*. Deveras, a Constituição Federal não se limitou a rotular os tributos (a chamar um de imposto, outro de taxa, outro de contribuição de melhoria; a chamar um imposto de *sobre a importação*; outro, de *sobre a exportação*; outro, ainda, de *sobre a renda* etc.). A Constituição sem dúvida fez isso, mas ela foi além, já que apontou o *regime jurídico* que cada espécie e subespécie tributária deverá necessariamente observar.

Tal medida nos protege enquanto contribuintes. Observem: um tributo criado fora de sua regra-matriz é um tributo inconstitucional, uma vez que agride o direito de propriedade, assumindo feições confiscatórias. É o caso de aqui lembrarmos que nenhum tributo pode ser utilizado como instrumento de confisco – como, de resto, vem estatuído, com todas as letras, no art. 150, IV, da CF.

E, por fim, a Constituição Federal limitou o exercício das competências tributárias por meio de uma série de princípios. Não tenho dúvidas em afirmar que, para os contribuintes, ela é mais importante enquanto limita o exercício das competências tributárias do que enquanto permite que as pessoas políticas tributem.

Observem os Colegas congressistas que a História registra, desde tempos imemoriais, a existência de Estados que não tinham uma Constituição (em sentido formal) e, no entanto, tributavam. Só que, naqueles idos, a tributação tinha uma conotação altamente pejorativa.

Tanto era assim, que Tertuliano, jurista romano, cunhou uma frase que atravessou os séculos: "O tributo torna vis os bens, e abjetos os homens a ele sujeitos". Por quê? Porque somente eram tributados os inimigos vencidos na guerra, ou a plebe.

Foi somente após o chamado *Constitucionalismo*, que nasceu das Revoluções Francesa e Norte-Americana, que visavam basicamente a instituir o governo das leis, e não dos homens, que se passou a aceitar, que, se, por um lado, o Estado, para sobreviver, precisava de recursos (e, portanto, carecia de tributar), por outro, os contribuintes tinham o direito de não serem expropriados, com tributos escorchantes.

A partir daí, entendeu-se que a tributação teria que ser levada a efeito em consonância com vários princípios, insculpidos na Constituição do País: o *princípio da legalidade*, o *princípio da igualdade*, o *princípio da proporcionalidade*, o *princípio da razoabilidade* – e assim por diante.

Também no Brasil estes e outros princípios constitucionais guiam a ação estatal de exigir tributos. Dito de outro modo, a tributação somente se mostra válida, entre nós, se observar os princípios pertinentes, inscritos na nossa Carta Magna.

Assim está estruturado o sistema constitucional tributário brasileiro. A meu ver, de modo bom e adequado.

Então, torno a indagar: será mesmo necessária uma reforma constitucional tributária? Reitero que *não*.

5. Uma das características da mentalidade brasileira é o encantamento retórico. Entre nós, as pessoas tendem a empolgar-se com expressões mágicas, do tipo "reforma constitucional tributária".

De fato, o Governo Federal está usando de toda sorte de artifícios e pressões para que venha aprovada, pelo Congresso Nacional, sua *proposta de emenda constitucional*, que altera substancialmente o *sistema tributário nacional*.

Para tanto, conta inclusive com os meios de comunicação, que não cessam de martelar a ideia de que sem a reforma constitucional tributária o Brasil é ingovernável. Mais e mais o povo, em sua boa-fé e simplicidade, acredita que a própria estabilidade econômica do País depende de radicais mudanças em nosso modo de tributar.

Estou consciente, pois, de que vou argumentar *in partibus infidelium*. Mas isso não me intimida, até porque minha preocupação com a justiça fiscal sobrepaira a exaltação cega das ideias governamentais.

Em resumo, mesmo navegando contra a corrente do uso, julgo de bom alvitre, enquanto estudioso da Ciência Jurídica, vir em defesa da Constituição e dos direitos e garantias dos contribuintes, que não podem ser amesquinhados por nenhuma emenda constitucional.

6. Insisto que sou contrário à reforma constitucional tributária. É que, a meu pensar, o sistema tributário brasileiro é intrinsecamente equilibrado e justo. Para que funcionasse a contento bastaria que a Constituição Federal fosse conhecida e bem cumprida – o que, infelizmente, não vem acontecendo.

Mas, se a tributação vai mal, o fenômeno se dá não por culpa da Constituição Federal, mas de seus aplicadores. Sendo mais específico, por culpa do Poder Legislativo, que não tem editado as leis (complementares e ordinárias) que dariam operatividade ao nosso sistema tributário. Por culpa do Poder Executivo, que não tem cumprido as leis tributárias e – pior – tem exorbitado da faculdade regulamentar, mediante decretos, portarias, atos normativos, instruções e, até, atos administrativos *stricto sensu*, que inovam inauguralmente a ordem jurídico-tributária. E – se me permitem o ousio – por culpa do Poder Judiciário, que, com frequência, ao invés de ser o garante da Constituição da República, acaba trocando a toga pela Pasta da Fazenda, e faz cálculos e projeções, deixando-se impressionar com argumentos financeiros, como se os direitos dos contribuintes fossem maiores ou menores dependendo dos valores monetários em jogo.

Enfatizo, para que não pairem dúvidas a respeito, que não sou avesso a uma reforma tributária, mas, sim, a uma reforma *constitucional* tributária. Na verdade, de há muito venho me batendo por uma reforma tributária em nível legislativo, que – esta, sim – daria cumprimento à Constituição, tornando mais justa e razoável a ação estatal de exigir tributos.

É certo que, se forem necessárias algumas alterações tópicas na Carta Magna, elas não só podem, como devem ser feitas. Nada é perfeito neste mundo, nem mesmo nosso sistema constitucional tributário. Que sejam feitas, porém, com parcimônia, com mão avara até, de modo a não atropelar *cláusulas pétreas*, máxime as que veiculam direitos fundamentais dos contribuintes e suas respectivas garantias.

7. Com efeito, sabe-se, de saber seguro, que o Congresso Nacional não está investido do *poder constituinte originário*, que lhe permitiria – este, sim – reformular a Constituição de fio a pavio, sem nenhuma peia ou empeço. Não. O Congresso Nacional encontra-se investido apenas do *poder constituinte derivado* (que, na lição escorreita de Gomes Canotilho, não é sequer *poder constituinte*, mas *poder constituído*). O Congresso Nacional pode emendar a Constituição, observados o *quorum* qualificadíssimo de três quintos, o sistema de votação bicameral e em dois turnos e, acima de tudo, as *cláusulas pétreas*, irremovíveis por meio de emenda constitucional.

É insofismável que para elaborar uma nova Constituição, ainda que só na parte tributária, seria preciso eleger, por sufrágio universal, direto e secreto, uma nova Assembleia Nacional Constituinte. Os atuais deputados federais e senadores não têm poderes para operar a ruptura da ordem constitucional, alterando as vigas mestras de nosso *edifício jurídico*. Podem, quando muito, sanar-lhe defeitos, por meio de emendas constitucionais, desde que – torno a insistir – não toquem nas *cláusulas pétreas*.

Melhor explicitando, a competência do Congresso Nacional para elaborar emendas constitucionais encontra limitações na própria Carta Magna. Vai daí que o *poder constituinte* do Congresso Nacional está subordinado à Constituição; por isso mesmo, é chamado de *poder constituinte derivado*. Em resumo, há limitações materiais e formais, expressas e implícitas, à competência congressual para votar emendas à Constituição. Tais limitações têm – repito – o nome técnico de *cláusulas pétreas*.

8. Muito bem. As principais *cláusulas pétreas* encontram-se enumeradas no § 4º do art. 60 da CF: "Não será objeto de deliberação a proposta de emenda constitucional tendente a abolir a forma federativa de Estado, o voto direto, secreto, universal e periódico, a separação dos Poderes, os direitos e garantias individuais".

Este rol – como querem nossos mais conspícuos constitucionalistas – é meramente exemplificativo. Existem outras *cláusulas pétreas* disseminadas ao longo do Texto Supremo.

Com efeito, também são *cláusulas pétreas* as que desdobram as acima enunciadas. Assim, exemplificando, para melhor esclarecer, seria inconstitucional, por ofensa a *cláusula pétrea*, proposta que visasse a eliminar a competência tributária dos Estados-membros. Caso emenda constitucional desse teor vingasse, os Estados-membros ficariam sem autonomia financeira, que é o pressuposto inafastável seja da autonomia política, seja, principalmente, da autonomia jurídica.

Aliás, o próprio vocábulo "tendente", insculpido no precitado § 4º do art. 60 da CF, leva a esta exegese.

9. Dentre as cláusulas pétreas figuram, sem dúvida, os princípios *da estrita legalidade tributária, da anterioridade tributária, da segurança jurídica da tributação, da não confiscatoriedade* etc. Todos eles protegem o contribuinte contra a avidez fiscal. E é justamente ela, a avidez fiscal, segundo estou convencido, que está a levar o Governo Federal a mobilizar-se para ver aprovada a reforma constitucional tributária.

Deveras, equivoca-se quem supõe que a proposta de emenda constitucional, que ora tramita no Congresso Nacional, visando a alterar o sistema tributário brasileiro é motivada pela preocupação com a segurança dos contribuintes e com a diminuição da carga fiscal que suportam. Visa, acima de tudo, a aumentar a arrecadação tributária.

Noutros termos, não foram os apregoados (embora não comprovados) defeitos do nosso sistema tributário que levaram o Governo Federal a empenhar-se nesta luta, até porque sua correção – como veremos mais adiante – passa ao largo de qualquer emenda constitucional.

Foram, sim, os interesses fazendários (meramente arrecadatórios) que nortearam mais esta tentativa de ver alterado nosso sistema constitucional tributário.

Depois, a reforma constitucional tributária que uns desejam não coincide com a reforma constitucional tributária de outros.

Vejam, a União quer a reforma constitucional tributária para aumentar sua arrecadação fiscal, ainda que em detrimento dos Estados-membros, dos Municípios e dos contribuintes.

Os Estados-membros, de seu turno, querem a reforma constitucional tributária também para aumentar a própria arrecadação fiscal, ainda que em detrimento da União, dos Municípios e dos contribuintes.

Já, os Municípios querem a reforma constitucional tributária também para aumentar a própria arrecadação tributária, ainda que em detrimento da União, dos Estados-membros e, sempre, dos contribuintes.

Por fim, os contribuintes (pessoas físicas ou jurídicas) querem a reforma constitucional tributária para diminuir o peso da carga fiscal que os assola. Isso somente poderá ser feito, por óbvio, diminuindo a arrecadação fiscal da União, dos Estados-membros e dos Municípios.

Como veem, Colegas congressistas, "a conta não fecha". Isso me faz lembrar célebre frase do notável romancista russo Antón Checov: "Quando se sugerem muitos remédios para um único mal, isso quer dizer que ele não pode ser curado". [*Risos na plateia*]

10. De qualquer modo, se admitirmos que a reforma constitucional tributária é inevitável, o correto e desejável seria que ela reduzisse a carga fiscal que magoa as costas dos contribuintes.

A carga fiscal no Brasil é absurdamente elevada: beira as raias dos 40% do Produto Interno Bruto. Creio que seja a maior carga fiscal do mundo. A propósito, recentemente eu fui corrigido por um colega que, conhecedor das estatísticas, me observou que a maior carga fiscal do mundo não é a brasileira, mas a sueca. Ele me elucidou que na Suécia a carga fiscal está na ordem dos 42% do Produto Interno Bruto.

Digamos que o meu colega tenha razão. Ocorre, porém, que não podemos comparar o incomparável. Vejam o retorno que o contribuinte sueco recebe do Estado e atentem para o retorno que o Estado Brasileiro dá para os seus contribuintes. Permitam-me um exemplo – que seria cômico, não fosse trágico: se o Rei da Suécia adoecer, será levado a um hospital público (até porque na Suécia não existem hospitais privados), será tratado e, a menos que seu mal seja incurável, recuperará a saúde. Já, se um de nós for ter a um hospital público, só por milagre sobreviverá. [*Risos na plateia*]

Sempre a respeito, vem-me à mente, agora, uma frase do Presidente Jânio Quadros – que, ideologias à parte, foi um grande tribuno: "O último fio de palha quebra o costado do elefante". Ora, estou mais do que convencido de que o costado do contribuinte brasileiro está já quebrado, em função dos excessos tributários.

Quem vai ao centro da cidade de São Paulo, na rua Boa Vista, encontra na lateral do prédio onde funciona a Associação Comercial um *Impostômetro*, máquina que mede, em tempo real, o montante dos impostos arrecadados no País. Nesta engenhoca há uma explicação terrífica: o contribuinte brasileiro (pessoa física ou jurídica) precisa trabalhar os cinco primeiros meses do ano só para pagar os tributos federais, estaduais e municipais que dele são exigidos. Trocando a ideia em miúdos, até o dia 31 de maio de cada ano tudo que as empresas faturam e tudo que as pessoas físicas recebem de salários vai para o pagamento dos tributos federais, estaduais e municipais. Isto é – para dizer pouco – altamente preocupante.

11. O governo das várias pessoas políticas, antes de aumentar, sem critério nem método, a carga fiscal, deveria atentar para a famosa *Curva de Lafer*. Não o nosso Celso Lafer, brilhante ex-Chanceler e Professor Titular da Faculdade de Direito da USP, mas, Arthur Lafer, Prêmio Nobel de Economia, Professor Emérito da Universidade de Stanford, nos Estados Unidos.

Pois bem. Arthur Lafer demonstrou, por meio de cálculos matemáticos sofisticados, que, quando se aumenta a carga fiscal, num primeiro momento, de fato, a arrecadação sobe mas, paradoxalmente, com o passar do tempo, ela vai diminuindo, produzindo-se uma acentuada curva decrescente (daí o nome "Curva de Lafer"). Por quê? Porque os contribuintes deixam de produzir, porque os contribuintes vão para a informalidade, porque os contribuintes passam a sonegar.

Ademais – sempre segundo as lições deste pensador –, a tributação escorchante compromete o crescimento da Nação, porque desestimula a criação de empregos e os investimentos e, de consequência, impede que se amplie o mercado consumidor.

12. Mas, para que minha fala tenha aspectos positivos, farei algumas propostas, que os Colegas congressistas, com inteira liberdade, aceitarão, por boas, ou rejeitarão, por inconsistentes.

Começo apresentando propostas para uma eventual reforma constitucional tributária.

Penso que uma reforma constitucional tributária séria deve passar pelo fortalecimento econômico dos Estados e, acima de tudo, dos Municípios.

Como já se disse, o indivíduo, antes de residir no País ou no Estado, mora no Município. O primeiro contato que tem com o Poder Público dá-se nesta pessoa política; é ali que residem seus familiares, seus vizinhos, seus amigos; é ali que estão a escola, a igreja, o hospital, o clube social, a agremiação desportiva, o cemitério onde estão sepultados os seus entes queridos. O Município, em suma, como ensinava Ruy Barbosa, é a *celula mater* da sociedade.

O ideal, pois, é que os Municípios tenham grande autonomia financeira. É isso que nós desejamos e era isso que desejava o grande e saudoso Prof. Geraldo Ataliba, que foi, sem dúvida, o grande campeão da causa do Municipalismo em nosso País.

Embora os Municípios tenham tributos próprios (o IPTU, o ITBI, o ISS, as taxas, a contribuição de melhoria, a contribuição de iluminação pública) e participem do produto da arrecadação de alguns impostos federais e estaduais – o que, em tese, lhes garantiria os recursos necessários para levarem avante suas atribuições constitucionais e legais –, na prática, isso é insuficiente.

Melhor seria que, numa eventual reforma constitucional tributária, os Municípios recebessem competência para instituir também os impostos sobre serviços de transporte interestadual e intermunicipal e de comunicação (hoje de competência dos Estados-membros), bem como tivessem deslocada para si a chamada competência impositiva residual, hoje pertencente à União (art. 154, I, da CF).

Também seria de bom alvitre que uma reforma constitucional tributária possibilitasse aos Municípios uma participação expressiva (que o Congresso Nacional definirá) no produto da arrecadação das contribuições sociais.

Com o aperfeiçoamento deste mecanismo de rateio ficaria sempre mais institucionalizado o verdadeiro espírito nacional, já que se criaria um sistema de compensação de riquezas e deficiências entre os Municípios.

Lamentavelmente, não é o que vemos na proposta de reforma constitucional tributária que ora tramita no Congresso Nacional.

13. Ainda no plano propositivo, seria ótimo se o *constituinte derivado* criasse dificuldades à instituição de contribuições (interventivas, corporativa e sociais), que, não tendo o produto de sua arrecadação repassado, pela União, às demais pessoas políticas, não permite o desenvolvimento harmônico de todas as regiões do País.

Como é fácil perceber, muito pode ser feito, por meio de uma reforma constitucional tributária, para a conjugação dos interesses do Fisco com os do contribuinte.

Mas é no nível infraconstitucional (legislativo) que realmente se podem resolver os grandes problemas tributários que nos afligem.

14. Penso que num País como o nosso, de tantas diversificações econômicas entre pessoas físicas e jurídicas, é imperioso que os impostos sobre a renda, as heranças e as doações tenham alíquotas, sistemas de deduções e abatimentos, isenções etc. muito mais trabalhados, de modo a atenderem – o que não se dá atualmente – às distintas capacidades econômicas dos contribuintes.

Também entendo que as leis que tratam das *contribuições sociais* devem primacialmente ter em mira não o aumento da arrecadação, mas a estimulação dos empregos. Atualmente, a legislação tributária, contrariando diretrizes constitucionais, onera sobremodo as empresas criadoras de empregos, o que as induz à *mecanização*, quando não à *terceirização*. Daí a necessidade premente de se desonerar, ao máximo, de contribuições, a *folha de salários*, adaptando, neste ponto, o plano legal aos princípios consagrados no Texto Magno. O Brasil é o único País emergente que tributa a oferta de empregos, a folha de salários – o que é um absurdo.

É preciso, por meio de uma tributação adequada, estimular a oferta de empregos, e não estimular a substituição do homem pela máquina. No ano passado, em Portugal, participei de um evento científico na Universidade de Lisboa, e conheci empresário japonês que se gloriava de que na sua empresa, onde havia 3.000 empregados, agora existem apenas 2, que, sozinhos, operam algumas centenas de robôs. Isso é muito triste, porque logo pensei: e o que foi feito dos 2.998 empregados, que agora estão a braços com o desemprego e, portanto, com a fome? O direito tributário pode e deve ser um instrumento adequado para fomentar o trabalho.

Voltarei a este assunto daqui a pouco.

15. Seguindo avante, entendo que é preciso, ainda, eliminar, o quanto possível, as *obrigações acessórias* (*deveres instrumentais tributários*) supérfluas e burocratizantes, que tanto entravam o progresso do País. Foi-se o tempo em que cumprir uma obrigação acessória era escriturar uma nota fiscal, era preencher um livro de registro de entrada de mercadorias, era emitir uma fatura. Hoje, não. Hoje está tudo computadorizado, o que implica ônus terríveis para a empresas, obrigadas a disponibilizar pessoal e espaço. Que permaneçam apenas as obrigações acessórias imprescindíveis.

E, principalmente, que, a pretexto de sancionar o descumprimento de obrigações acessórias, não se impeça ou, mesmo, restrinja as atividades dos contribuintes, interditando estabelecimentos, negócios ou instrumentos de trabalho.

16. Mudando um pouco de assunto, o mundo vem se preocupando, sempre mais, com a preservação do chamado *meio ambiente*, vale dizer, dos elementos naturais, artificiais e culturais que permitem a manutenção da vida não só do homem, como de todos os seres que habitam a Terra.

Ora, a Constituição Federal, ao cuidar dos direitos e garantias fundamentais, garantiu a inviolabilidade do direito à vida (art. 5º, *caput*), e, com isso, já sinalizou que o meio ambiente deve ser mantido sadio e ecologicamente equilibrado.

Mas a Carta Magna não se limitou a traçar um programa de ação a ser, um dia, desenvolvido e implementado. Pelo contrário, cuidou do assunto em múltiplos dispositivos que, direta ou indiretamente, mandam preservar o meio ambiente como forma, em última análise, de assegurar a dignidade da pessoa humana.

E o direito tributário também pode colaborar para manter e aprimorar a vida em nosso Planeta. De fato, também os instrumentos fiscais se mostram aptos à defesa do meio ambiente.

Nunca é demais lembrar que a atividade tributária não é um fim em si mesma, mas meramente instrumental, já que dá ao Estado os meios pecuniários de que necessita para atingir os fins que lhe são apontados pela Constituição e pelas leis.

A par disso, porém, os tributos prestam-se à consecução de outros objetivos, como se depreende da só leitura do art. 170 da CF, que, cuidando da ordem econômica, imprime ao Estado Brasileiro uma feição social e intervencionista.

Esta, de resto, é uma consequência natural de nosso *Estado Democrático de Direito*, que, mais que tributos justos, exige que se estimulem a criação e a proteção do emprego, a correção dos desequilíbrios sociais, a implantação de uma política urbanística adequada – e assim por diante.

Da concepção do tributo como meio de obtenção de recursos avançou-se para a ideia de que ele pode e deve ser utilizado para favorecer a realização dos mais elevados objetivos sociais, econômicos e políticos. Converteu-se, pois, num instrumento privilegiado de intervenção estatal, em ordem a melhorar a qualidade de vida das pessoas.

17. Deveras, de há muito se percebeu que a lei tributária é mais bem obedecida quando, em lugar de determinar condutas, vale-se de meios mais sutis de influenciá-las, outorgando aos contribuintes subvenções, isenções, créditos presumidos, bonificações etc. Com tais artifícios as pessoas ficam com a sensação de que são livres para conduzir seus negócios e tendem a fazer o que delas a Nação espera.

Estas intervenções de incentivo ou dissuasão são legítimas desde que, evidentemente, não "esgotem" a riqueza dos contribuintes ou os impossibilitem de manter atividades econômicas lícitas – hipóteses em que estariam a tornar confiscatório o tributo.

Por outro lado, ao utilizar a tributação para estimular comportamentos (comissivos ou omissivos) dos contribuintes, o Estado quase sempre obtém vantagens maiores do que se previamente arrecadasse as exações para, com o dinheiro assim obtido, aplicá-lo nos gastos públicos. Realmente, com a supressão das instâncias burocráticas a despesa estatal tende a diminuir, sem prejuízo do atendimento das exigências de estabilidade e avanço sociais.

18. Observo que, conquanto não haja artigos expressos na Constituição Federal que determinem a utilização dos tributos para atingir outros fins que não os meramente arrecadatórios, nela há um implícito reconhecimento da faculdade que o Estado tem de utilizá-los para "promover o equilíbrio do desenvolvimento socioeconômico entre as diferentes regiões do País" (art. 151, I, *in fine*), para "desestimular a manutenção de propriedades improdutivas" (art. 153, § 4º, primeira parte), para facilitar "a transmissão de bens ou direitos incorporados ao patrimônio de pessoa jurídica em realização de capital" (art. 156, § 2º, I, primeira parte), para garantir a "função social da propriedade" (art. 170, III), para ensejar "a redução das desigualdades regionais e sociais" (art. 170, VII), para dispensar "tratamento favorecido para as empresas de pequeno porte constituídas sob as leis brasileiras e que tenham sua sede e administração no País" (art. 170, IX), para favorecer "as operações de transferência de imóveis desapropriados para fins de reforma agrária" (art. 184, § 5º), para financiar "a seguridade social" (art. 195) – e assim por diante.

Sobremais, a Constituição, ao estatuir, por exemplo, que as pessoas políticas devem "proteger os documentos, as obras e outros bens de valor histórico, artístico e cultural, os monumentos, as paisagens naturais notáveis e os sítios arqueológicos" (art. 23, III) e "proteger o meio ambiente e combater a poluição em qualquer de suas formas" (art. 23, VI), que a educação é "direito de todos e dever do Estado" (art. 205), que o "Estado garantirá a todos o pleno exercício dos direitos culturais e acesso às fontes da cultura nacional, e apoiará e incentivará a valorização e a difusão das manifestações culturais" (art. 215), que é "dever do Estado fomentar práticas desportivas formais e não formais, como direito de cada um" (art. 217), que o "Estado promoverá e incentivará o desenvolvimento científico, a pesquisa e a capacitação tecnológica" (art. 218), que "todos têm direito ao meio ambiente ecologicamente equilibrado" (art. 225) e que a "família, base da sociedade, tem especial proteção do Estado" (art. 226), indiretamente obriga as pessoas políticas a ajustarem seus tributos a estes louváveis objetivos, que interessam à presente e às futuras gerações.

Milita no mesmo sentido o art. 170, VI, da CF, que, buscando conciliar a atividade econômica com a defesa do meio ambiente, determina "tratamento diferenciado conforme o impacto ambiental dos produtos e serviços e de seus processos de elaboração e prestação".

Saliente-se, a propósito, que as precitadas normas constitucionais e outras da mesma índole são de *aplicação efetiva* – e, portanto, impõem aos Poderes Públicos o dever de prestigiá-las de todas as formas, inclusive por meio da tributação.

Como se vê, não só é possível, como necessário e urgente, aperfeiçoar nosso sistema tributário. Para tanto, porém, basta alinhar a legislação aos princípios e regras insculpidos em nossa Constituição Federal.

19. Mas há ainda alguns aspectos que, a meu juízo, merecem ser destacados.

A Carta Magna brasileira garante às pessoas condições mínimas de existência digna, como se pode inferir da só leitura de seu art. 3º, IV, que aponta como um dos objetivos da República Federativa do Brasil "promover o bem de todos, sem preconceitos de origem, raça, sexo, cor, idade e quaisquer outras formas de discriminação".

Isso exige, mais que proclamações, uma ação positiva do Estado, capaz de garantir a todos uma existência digna, ou seja, condições de desfrutar dos progressos da Humanidade.

Os bens da Terra são abundantes. O problema é que são mal distribuídos. Uns têm bens demais; outros sucumbem à míngua.

Já se disse que todos viajamos na mesma nave. Só que alguns estão confortavelmente instalados na faustosa primeira classe, ao passo que outros habitam os fétidos porões.

Ora, o Estado tem o dever de, em cumprimento à Constituição, minimizar esta injustiça. Para tanto, deve adotar medidas que se mostrem capazes de atender às *necessidades vitais básicas* das pessoas com moradia, alimentação, educação, trabalho, saúde, lazer, vestuário, higiene, transporte e previdência social, entre outras.

Registre-se que o patrimônio nacional não é formado exclusivamente por seus bens materiais, mas, acima de tudo, pelas pessoas que vivem no País. Assim, quando privilegia a vida, a saúde, o lazer, a moradia, a previdência social etc. de seus habitantes, a própria Nação se enriquece.

Como não é difícil notar, a Constituição manda excluir determinados sujeitos ou situações do campo material de incidência dos tributos, de modo a preservar a dignidade da pessoa humana. Isso vem ao encontro da máxima dos antigos romanos: primeiro viver, depois pagar tributos (*primum vivere, deinde tributum solvere*). A tributação deve preservar o mínimo vital, deixando intocados os valores indispensáveis à habitação, ao vestuário, à alimentação e ao tratamento médico das pessoas de restrita capacidade econômica.

De outra parte, já em seu "Preâmbulo" a Constituição Federal consagra uma série de valores supremos, que devem ser constantemente perseguidos pela Nação. Dentre eles, merecem destaque, para os fins desta exposição, os *direitos sociais*, que vêm enumerados no art. 6º desse Diploma Supremo: "*São direitos sociais* a educação, a saúde, *o trabalho*, a moradia, o lazer, a segurança, a previdência social, a proteção à maternidade e à infância, a assistência aos desamparados, na forma desta Constituição".

Como se vê, a Constituição brasileira manda, por meio de uma série de normas, proteger e garantir o trabalho, em ordem a alavancar a dignidade da pessoa humana.

Pois bem. O nosso sistema constitucional tributário também está a serviço da ampliação do mercado de trabalho. Dispõe o art. 170, *caput*, da CF brasileira: "A ordem econômica, fundada na valorização do trabalho humano e na livre iniciativa, tem por fim assegurar a todos existência digna, conforme os ditames da justiça social, observados os seguintes princípios: (...)".

Portanto, os tributos devem estimular a criação, a proteção e a oferta de empregos.

20. Nessa linha, o art. 170 da CF prescreve, como há pouco lhes adiantei, que a ordem econômica deve fundar-se também na valorização do trabalho humano. Isso sinaliza, de modo inequívoco, que a atividade econômica no Brasil deverá ser exercida de modo a gerar empregos. E é aqui que entra a tributação. Esta não pode envolver exigências descabidas, que, tornando excessivamente onerosa a oferta de empregos, impeçam o atingimento desta meta.

Há de haver, pois, uma tributação voltada para os interesses das empresas geradoras de empregos – assunto que, de resto, é uma das grandes preocupações globais.

Deveras, no relatório "Tendências Mundiais do Emprego", que a Organização Internacional do Trabalho/OIT divulgou em janeiro/2009 a propósito da crise econômica mundial, foram alvitrados três cenários: o mais otimista estima que o crescimento do número de desempregados no mundo, nos próximos dois anos, será de 20.000.000 de pessoas; o médio, de 35.000.000 de pessoas; o mais tétrico, de 51.000.000 de pessoas.

Urge reverter este quadro – o que no Brasil pode ser feito desonerando, total ou parcialmente, de tributos (imposto sobre a renda, imposto sobre operações mercantis, impostos prediais, contribuições sociais etc.) as empresas que multiplicam o número de seus empregados.

O mesmo objetivo pode ser alcançado dispensando-se tratamento fiscal mais favorável às empresas que privilegiam a mão de obra, e não a mecanização – que, como é de compreensão intuitiva, diminui a oferta de empregos. A propósito, a CF brasileira, em seu art. 195, § 9º, determina que as contribuições sociais deverão ter alíquotas e bases de cálculo diferenciadas em razão "da utilização intensiva da mão de obra". Esta é uma diretriz salutar, que, lamentavelmente, não vem sendo seguida. Tanto não, que a Lei 10.666/2003, invocando o precitado § 9º, criou um adicional ao *seguro de acidentes do trabalho* para – pasmem – o financiamento de aposentadorias especiais. Espero que o Poder Judiciário, que já está sendo acionado, restabeleça o primado da Constituição.

Por igual modo, seria fundamental que se estimulasse, por meio de incentivos fiscais, a manutenção dos trabalhadores em seus empregos.

21. Sempre dentro do tema, a legislação deveria dar efetividade ao *princípio da seletividade*, seja do IPI, seja do ICMS. Estes tributos, nos termos da Constituição, devem ser seletivos em função da essencialidade, respectivamente, dos produtos industrializados e das mercadorias e serviços.

Em relação ao IPI, bem ou mal, o *princípio da seletividade* está sendo obedecido. Na semana passada ouvi uma palestra magnífica do Prof. José Eduardo Soares de Melo, proferida em curso de especialização que coordeno, justamente sobre o perfil constitucional do IPI, e S. Exa. demonstrou, "por A mais B", que o *princípio da seletividade*, em relação a este tributo, é levado em conta.

O mesmo, infelizmente, não podemos dizer do ICMS. E sabem os Colegas congressistas por quê? Porque a CF, em seu art. 155, § 2º, III, estabelece que o ICMS *poderá* ser seletivo em função da essencialidade das mercadorias ou dos serviços.

É o quanto basta para que alguns "juristas de água doce" pensem com os seus botões: se o ICMS poderá ser seletivo, então, poderá não ser seletivo. Com o aval destes "gramáticos", o ICMS, na prática, não é seletivo em função da essencialidade das mercadorias ou dos serviços.

Só que Ruy Barbosa, no século retrasado – portanto no século XIX –, já ensinava: "Sempre que a Constituição confere a uma pessoa política um poder, ela, na verdade, está lhe impondo um dever". Daí, de resto, a expressão "poder-dever". Enfim, adequadamente interpretado, o art. 155, § 2º, III, da CF determina que o ICMS, tanto quanto o IPI, deve obedecer ao *princípio da seletividade.*

Na prática, no entanto – repito –, o *princípio da seletividade* no ICMS não é obedecido. Eu diria até que é subvertido. Notem: ICMS sobre energia elétrica, alíquota de 25% (que, por força do esdrúxulo *cálculo por dentro*, se transforma em 33.33333... %); já, ICMS incidente sobre vendas de bebidas alcoólicas, alíquota, no Estado de São Paulo, de 18%; em outras unidades federadas, de 17%; no Estado de Minas Gerais, por força de subsídios, alíquotas de 12%, 8% e, até, 6%.

Eu sei que há controvérsias a respeito, até nos altos gabinetes governamentais, mas de um modo geral entende-se que a energia elétrica que ilumina os lares, que movimenta as indústrias, que possibilita o comércio, é muito mais essencial que a bebida alcoólica. [*Risos na plateia*]

E o Governo, o que faz? Para alavancar eventual reforma constitucional tributária, apregoa, por meio de seus arautos, que, com ela, as operações com produtos que compõem a *cesta básica* do trabalhador passarão a ser tributadas, por meio de ICMS, sob uma alíquota mínima, que será de 5%. Aí, sim, dizem estes mesmos arautos, haverá seletividade também em relação ao ICMS.

Nada mais equivocado. Para que o princípio da seletividade fosse observado também em relação ao ICMS não seria preciso mudar a Constituição, mas tão somente cumpri-la.

Aliás, vou além: se houvesse uma interpretação adequada da Carta Constitucional, as operações com os produtos que compõem a *cesta básica* do trabalhador deveriam ser totalmente desoneradas da carga econômica do ICMS. Deveras, se o preço do arroz, do feijão, da carne, do azeite etc. é levado em consideração para a fixação do salário-mínimo, e se este, como está estatuído na Constituição, é o mínimo indispensável para que uma pessoa, com seus dependentes econômicos, sobreviva ao longo do mês, segue-se que operações que giram em torno de tais produtos não podem ser alvo de tributação.

22. Já estou finalizando. Apenas peço mais alguns minutos, para tratar do Código de Defesa do Contribuinte.

Antes, porém, gostaria de responder a uma pergunta que me fizeram, aqui mesmo, durante este Congresso Jurídico: "Roque, você está apregoando a necessidade de diminuir a carga fiscal, mas, se isso acontecer, como é que o Estado vai atender aos seus encargos?".

Por meio de uma grande desburocratização.

Hoje, as estatísticas revelam que a burocracia no País despende 50 bilhões de Reais por ano, quantia que corresponde a 1,5% do nosso Produto Interno Bruto. A par disso, no Brasil, graças à burocracia, as empresas, para atender aos seus encargos fiscais, têm que despender 2.600 horas de trabalho, enquanto nos Países ditos desenvolvidos despendem apenas 216 horas de trabalho.

Para abrir uma empresa no Brasil são necessários 16 procedimentos. Nos Países avançados, apenas 6.

E para fechar uma empresa? No Brasil, em média, cinco anos. No exterior, em média, seis meses.

E o número de normas tributárias em vigor? Um milhão de normas tributárias de diversos escalões (legais, infralegais e, até – se me permitem um neologismo –, sublegais). O Prof. Paulo de Barros Carvalho, em sua conferência inaugural, fez uma feliz alusão ao "manicômio jurídico-tributário brasileiro", parafraseando Alfredo Augusto Becker. O "manicômio", que já existia nos idos de 1962, quando Becker deu à estampa o clássico *Teoria Geral do Direito Tributário*, ganhou um número ainda maior de recolhidos, de pacientes. É preciso dar alta a alguns desses pacientes, para que nós, contribuintes, possamos sobreviver.

23. Mas, como anunciei, é fundamental que se aprove, o quanto antes, o Código de Defesa do Contribuinte. Para quem eventualmente não sabe, sou um dos coautores do Anteprojeto, hoje Projeto, deste diploma, que ora tramita no Senado Federal: é o Projeto de Lei Complementar 646/1999. Os demais coautores são os ilustres Profs. José Souto Maior Borges, Paulo de Barros Carvalho, Eduardo Domingos Bottallo e Ricardo Lobo Torres. Faço questão de mencionar os nomes dos integrantes da Comissão, primeiro por uma questão de justiça e, depois, por prudência, para dividir equitativamente as "chibatadas", [*risos na plateia*] porque o Código de Defesa do Contribuinte está sendo denominado por alguns setores da Receita de "Código de Defesa do Sonegador". É a velha e conhecida tática de desqualificar, para melhor destruir.

Mas será que o Código de Defesa do Contribuinte merece essa pecha? *Data maxima venia*, tenho para mim que não, e que, portanto, as preditas "chibatadas" são injustas, porque, na realidade, o *Projeto* nada inova; antes, limita-se a explicitar o que, em termos de direitos fundamentais do contribuinte, já se encontra implícito na Constituição.

Em outros termos, o *Projeto* apenas desdobra os comandos constitucionais que protegem o contribuinte contra eventuais excessos fazendários. Sua filosofia não é proteger o mau contribuinte, mas possibilitar a convivência pacífica e legalitária – nunca o confronto – do bom contribuinte com o Fisco; tudo evidentemente, sem inviabilizar a tributação e o combate sem tréguas à sonegação fiscal e, claro, aos sonegadores.

É importante assinalar, ainda, que o *Projeto* se preocupa sobremodo com a justiça fiscal, que, para ser efetivada, necessita de regras, bem minuciosas, de direito positivo. A ideia que norteou os trabalhos da Comissão foi a de evitar que o contribuinte (pessoa física ou jurídica) se veja esmagado pela máquina fiscal. Deveras, pelo menos na minha óptica, o contribuinte está, em seus embates com a Fazenda Pública, numa situação de inferioridade. Sirva-nos de exemplo a dificuldade que têm as empresas de pequeno porte, que não possuem bons advogados para patrociná-las, de obter uma mera Certidão Negativa de Débito Fiscal.

Teoricamente não se discute que a relação que se estabelece entre o Fisco e o contribuinte é uma *relação de direito* (não *de poder*), pela idêntica subordinação de ambos à lei. Em termos práticos, porém, o contribuinte, quando se depara com a formidável pessoa política tributante, invariavelmente acaba levando a pior.

Pois bem. O Código de Defesa do Contribuinte pretende estabelecer uma real situação de igualdade entre o Fisco e o contribuinte.

Além disso, tem o objetivo de combater os meios indiretos para forçar o pagamento do tributo. Afinal, o controle da atividade dos contribuintes, por parte do Fisco, não pode destruir-lhes o patrimônio, inviabilizar-lhes o exercício de atividades econômicas, anular-lhes a liberdade.

Os objetivos "protetivos" da legislação não são estranhos ao nosso Direito. Tanto não, que estiveram presentes na edição, entre outros, do Código de Defesa do Consumidor e da Consolidação das Leis do Trabalho – diplomas que, como é pacífico e assente, muito têm concorrido para o progresso das instituições e para a pacificação das relações sociais.

Positivamente, o Código de Defesa do Contribuinte, caso aprovado (faço votos de que sim), será um importante instrumento de complementação da cidadania.

Eventuais equívocos que o *Projeto* contém (como obra humana que é, certamente apresenta defeitos) poderão ser corrigidos no cadinho dos debates parlamentares. Afinal, é para isso que serve o processo legislativo.

Não me parece, no entanto, que seja o caso de sustentar, como fazem alguns, que o Brasil não precisa de um Código de Defesa do Contribuinte. Vejam: a Espanha tem o seu; os Estados Unidos da América também; idem a Itália, a Bélgica e o Japão. São Países – observem os Colegas – nos quais sabidamente a tributação é levada a sério, sem nenhuma trégua ou concessão aos sonegadores.

Dizer que o Brasil não precisa de um Código de Defesa do Contribuinte me faz lembrar um triste episódio envolvendo o grande Lavoisier. Lavoisier, o renomado cientista, foi vítima do terror na Revolução Francesa. Explico-me melhor: foi condenado à guilhotina porque – pasmem – arrecadou tributos para o *Ancien Régime* e, por isso, foi considerado inimigo da democracia. Este deplorável acontecimento foi descrito no célebre livro de Anatole France, *Os Deuses Têm Sede*.

Não resisto à tentação de abrir, aqui, um ligeiro parêntese para dizer que Anatole France tomou por empréstimo esta expressão de Montezuma. Este, perguntado por Francisco Cortez do motivo pelo qual os astecas faziam tantos sacrifícios humanos, respondeu de pronto: "Porque os deuses têm sede".

Mas, retomando o fio do raciocínio, Lavoisier, condenado à morte pela guilhotina, não pediu clemência, como quase todos, em vão, faziam. Antes, limitou-se a pedir um prazo para que pudesse ultimar alguns experimentos científicos, que reputava importantes.

O Presidente do Tribunal Revolucionário, ao negar o pedido, não se pejou de proclamar: "A República Francesa não precisa de sábios".

Talvez a República Francesa não precisasse, à época, de sábios, mas o Brasil atual, este, sim, não só precisa (e muito) de sábios como carece, o quanto antes, de um Código de Defesa do Contribuinte.

Explicitando a Constituição, o Código de Defesa do Contribuinte fará com que realmente os tributos sejam instituídos e arrecadados sem lesionar a harmonia que deve existir entre os direitos do Fisco e os direitos dos cidadãos.

24. Concluo minha fala com uma exortação: não caiamos no engodo do *reformismo fiscal fácil*, ou seja, na ideia de que a reforma do nosso sistema tributário pode ser feita por meio de uma simples emenda constitucional, que, como uma panaceia, viria a resolver todos os nossos problemas neste setor. Este simplista modo de pensar apenas aumentará a insegurança da tributação.

O caminho a percorrer é, sem dúvida, outro.

Estou sempre mais convencido de que os contribuintes somente estarão protegidos em seus direitos fundamentais com a mudança racional das leis tributárias, que, explicitando a Constituição da República, dará operatividade e plena eficácia aos direitos e garantias dos contribuintes.

Há uma frase que deveria nortear os Poderes Legislativos das várias pessoas políticas quando enfrentarem o tema. Esta frase não é recente; antes, é antiquíssima. Data do século XII a.C. (tem mais de 3.000 anos, portanto). Foi dita pelo Rei hindu Mahabarata: "O Rei deve arrecadar os tributos do Reino, como o apicultor retira o mel dos favos: sem molestar as abelhas".

Sabia este sensato Rei que o tributo é meio, e não fim. Que não deve ser concebido para enriquecer o Estado, mas para propiciar o bem-estar de todos. Em linguagem atual, para prover de recursos as pessoas políticas e concretizar os direitos humanos.

E isso, no Brasil, será mais facilmente alcançado – estou plenamente convencido – mediante a edição de leis que deem cumprimento à Constituição Federal e a seus grandes princípios tributários.

Na verdade, os contribuintes somente estarão protegidos em seus direitos fundamentais com a mudança racional das leis tributárias, que reforçará o Estado Democrático de Direito no qual todos nós pretendemos viver.

Ao mesmo tempo em que felicito aos organizadores desse magnífico *XXIV Congresso Brasileiro de Direito Tributário*, agradeço a todos pela gentileza de me terem ouvido. Muito obrigado! [*Palmas prolongadas*]

Mesa Expositiva (E)

ISS E CONTRIBUIÇÕES

PRESIDENTE DA MESA: PROFA. HELGA KLUG DOIN VIEIRA
MEMBROS DA MESA: DES. ESTADUAL EUTÁLIO PORTO,
PROFA. FABIANA DEL PADRE TOMÉ,
PROF. FÁBIO SOARES DE MELO, PROFA. ANNA EMÍLIA CORDELLI ALVES

ISS na Construção Civil

DES. ESTADUAL EUTÁLIO PORTO – O direito tributário municipal é um tema atual e que tem despertado cada vez mais interesse dos operadores do Direito, diferentemente do que ocorria no passado, pois os tributos municipais não tinham muita importância econômica e não provocavam polêmica no campo jurídico. Não obstante, após a Constituição de 1988 os tributos municipais passaram a ter uma relevância maior, sendo cada vez mais objeto de estudo e com um aumento considerável de litigiosidade perante os Tribunais. Para vocês terem uma ideia, no TJSP existem três Câmaras especializadas em direito tributário municipal, com um grande volume de processos, dado o nível de conflito existente relacionado a esta matéria – ou seja, questões referentes a ISS, IPTU, ITBI, taxas, estão a todo momento sendo desafiadas nos Tribunais, o que demonstra que o contribuinte tem ficado atento também àquilo que ele está pagando, não só nas esferas estadual e federal, mas também na municipal.

O tema que fui incumbido de desenvolver refere-se ao "ISS na Construção Civil". Vou procurar abordar mais as questões práticas que as teóricas, porque estas todos nós, que temos formação jurídica, já conhecemos o suficiente para termos uma compreensão básica do seu significado. De sorte que: quais são os principais problemas que existem na área tributária municipal no que diz respeito ao ISS sobre construção civil? Para responder a esta questão, selecionei alguns casos que eu gostaria de discutir com vocês.

O primeiro ponto é saber se construção civil é serviço. A definição dada pela Lei Complementar 116/2003, ou mesmo pelo Decreto-lei 406/1968, bem como à luz da doutrina e da jurisprudência já está pacificado no sentido de que *construção civil* se insere na área de prestação de serviços. E quanto a isto não se têm mais dúvidas, porque é uma definição já ratificada pelo STF e pelo STJ e, no mesmo sentido, pelos Tribunais Estaduais.

Com isso, a construção civil está enquadrada na Lei Complementar 116/2003, que é a atual Lei do ISS, nos itens 7, 7.1, 7.2, 7.3 e 7.4, e engloba uma série de atividades, dentre as quais: serviços relativos a Engenharia, Arquitetura, Geologia, Urbanismo, construção civil, manutenção, limpeza, meio ambiente, saneamento e congêneres; Engenharia, Agronomia, Agrimensura, Arquitetura, Geologia, Urbanismo, Paisagismo e congêneres; execução, por administração, empreitada ou subempreitada, de obras de construção civil, hidráulica ou elétrica e de outras obras semelhantes, inclusive sondagem, perfuração de poços, escavação, drenagem e irrigação, terraplanagem, pavimentação, concretagem e a instalação e montagem de produtos, peças e equipamentos (exceto o fornecimento de mercadorias produzidas pelo prestador de serviços fora do local da prestação dos serviços, que fica sujeito ao ICMS); elaboração de planos diretores, estudos de viabilidade, estudos organizacionais e outros relacionados com obras e serviços de Engenharia; elaboração de anteprojetos, projetos, consoante expressão da própria norma.

Pois bem, sabendo do enquadramento da construção civil e de sua definição como serviço, apto a incidir o tributo, resta, então, definir a sua base de cálculo. E é nesta questão que, não raro, as controvérsias surgem; ou seja, a base de cálculo é uma grande geradora de polêmica em relação à prestação de serviço em geral – e não é diferente na construção civil. Pela definição abstraída da leitura do art. 7º da Lei Complementar 116/2003 vocês vão concluir que a base de cálculo é o preço do serviço – e isto parece óbvio. No entanto, resta saber o que é *preço do serviço*. Inclui material? Não inclui material? Enfim, quais são os itens que vão formar a base de cálculo da prestação de serviço?

Se vocês forem estudar a doutrina, vão identificar um inconformismo muito grande, porque a tendência da jurisprudência, especialmente do STJ, é englobar no preço não só o serviço efetivamente prestado, mas também todo o material usado na prestação do serviço. Então, a base de cálculo é formada não só pelo serviço, mas pela totalidade do preço cobrado – ou seja, o que se entende como base de cálculo é o preço bruto. Mas a doutrina tem insistido na tese contrária, isto é, no sentido de excluir da base de cálculo o material. Contudo, a jurisprudência do STJ é pacífica definindo que a base de cálculo é a totalidade do valor cobrado – noutro falar, todo o valor constante na nota fiscal deve ser somado para efeito de base de cálculo do tributo a ser pago.

Pois bem. Considerando que o material engloba a totalidade do preço, outra questão a ser levantada diz respeito aos materiais produzidos pela própria empresa, se eles podem ser deduzidos da base de cálculo. A interpretação que se dá é que, de fato, quando o próprio empreendedor produz esse material fora da obra ele pode deduzir da base de cálculo, porque estaria sujeito à incidência do ICMS. Então, quando ele mesmo produz o material, pode fazer a dedução.

De forma que o entendimento do STJ, diferentemente do que tem decidido o STF, é no sentido de que, quando o material é adquirido pela empresa, ele integra a base de cálculo, mas quando é produzido fora do canteiro de obra, neste caso, pode ser deduzido. Vejamos uma decisão neste sentido: "A orientação das Turmas que integram a 1ª Seção desta Corte firmou-se no sentido de que a base de cálculo do ISS é o custo integral do serviço, de modo que não é admitida a dedução dos valores correspondentes aos materiais utilizados e às subempreitadas. Desse modo, 'a tese de que não apenas os materiais produzidos pelo próprio prestador, mas também os adquiridos de terceiros, devem ser excluídos da base de cálculo do ISS não encontra respaldo no ordenamento jurídico, pois a regra legal que trata da incidência do ISS sobre serviços de construção civil é clara ao excluir apenas os materiais produzidos pelo próprio prestador fora do local onde prestados os serviços', de modo que, 'quando os materiais são produzidos pelo prestador no canteiro de obras ou quando são adquiridos de terceiros, como não há possibilidade de incidência de ICMS, devem ter seus valores mantidos na base de cálculo do ISS' (2ª Turma, AgR no REsp 1.002.693-RS, rel. Min. Castro Meira, *DJe* 7.4.2008)" (AgR nos ED no REsp 1.081.617-RS, 2008/0181338-7).

A polêmica gerada pela interpretação do STJ cinge-se ao fato de que o entendimento por ele esposado determina que se integre na base de cálculo todo o material empregado, exceto quando produzido fora do local da obra – o que raramente acontece. Mas a lei não diz isto de forma clara, pois, no caso específico da construção civil, consta do art. 5º, § 2º, da Lei Complementar 116/2003 que: "Não se incluem na base de cálculo do imposto sobre serviços de qualquer natureza: I – *o valor dos materiais fornecidos pelo prestador dos servi-*

ços previstos nos itens 7.02 e 7.05 da Lista de Serviços anexa a esta Lei Complementar" (grifos nossos).

Assim, num primeiro momento parece que, de fato, existe uma assimetria entre o que diz a lei e a orientação do STJ, vez que interpreta este Tribunal que a expressão "materiais fornecidos pelo prestador" refere-se somente àquele produzido por ele, e não ao adquirido de terceiros, pois este integra a base de cálculo. De sorte que são inúmeras as decisões neste sentido, ou seja: "A tese de que não apenas os materiais produzidos pelo próprio prestador mas também os adquiridos de terceiros devem ser excluídos da base de cálculo do ISS não encontra respaldo no ordenamento jurídico, pois a regra legal que trata da incidência do ISS sobre serviços de construção civil é clara ao excluir apenas os materiais produzidos pelo próprio prestador fora do local onde prestados os serviços" (AgR no REsp 1.002.693-RS, 2007/0258832-0).

Este entendimento também tinha ressonância nas instâncias estaduais, porém conflitava com o entendimento do STF, em que, em exame de um caso semelhante, à luz do Decreto-lei 406/1068, a Min. Ellen Gracie atribuiu repercussão geral sob o fundamento de que o STF tinha posição divergente daquela empregada pelo STJ e, com isso, afastou os materiais da base de cálculo do ISS em relação à construção civil, no seguintes termos: "Ademais, verifico que a matéria já se encontra pacífica no âmbito desta Corte no sentido da possibilidade da dedução da base de cálculo do ISS dos materiais empregados na construção civil" (Repercussão Geral no RE 603.497-MG). Não fazendo, com isso, distinção sobre se o material foi adquirido de terceiro ou produzido pelo próprio prestador – de modo que, ao que parece, o STF interpreta a lei de forma mais literal, ou seja, a norma infraconstitucional, ao admitir a exclusão do material do preço do serviço, não faz qualquer distinção, e, por isso, os materiais ficam excluídos da base de cálculo quando se trata de construção civil.

O segundo ponto que também gerou conflito, mas que hoje também já está equacionado, refere-se ao local do pagamento. À luz do Decreto-lei 406/1968, a despeito de já ter sido substituído em grande parte pela Lei Complementar 116/2003, indicava-se que o pagamento deveria ocorrer no local da sede da empresa – situação que, no geral, permaneceu também na nova lei, com algumas modificações. Com isso, criou-se a seguinte situação: a obra era realizada em um Município mas o tributo era recolhido em outro – qual seja, o da sede da empresa. E, com isso, não raro a empresa era cobrada também pelo Município onde o serviço fora prestado, situação que causava grande insegurança na hora do pagamento, atraindo a intervenção dos Tribunais. Porém, a jurisprudência, tanto à luz do Decreto-lei 406/1968 quanto da Lei Complementar 116/2003, pacificou o entendimento no sentido de que o pagamento é feito *in loco*, ou seja, no local da execução da obra, e não mais na sede da empresa.

Esta definição parece bem lógica, por dois motivos. O primeiro porque a empresa, ao realizar obra em determinado Município, utiliza todos os equipamentos urbanos locais, não sendo justo que na hora de recolher o tributo o faça na sede da empresa. O segundo argumento, à luz do que sustentou o Prof. Roque Carrazza, consiste no fato de que a lei tributária do Município-sede irradiaria seus efeitos sobre a localização do fato gerador, que era de outro Município.

O STJ tem julgado esta matéria da seguinte forma: "1. A competência para cobrança do ISS sob a égide do Decreto-lei n. 406/1968 era do local da prestação do serviço (art. 12), o que foi alterado pela Lei Complementar n. 116/2003, quando passou a competência para o local da sede do prestador do serviço (art. 3º). 2. Todavia, tratando-se de construção civil, seja antes ou após a Lei Complementar 116/2003, o imposto é devido no local da prestação do serviço (art. 12, letra 'b', do Decreto-lei n. 406/1968 e art. 3º da Lei Complementar n.

116/2003), e não na sede do estabelecimento do prestador" (REsp 1.137.840-BA, 2009/0082443-2).

Um terceiro ponto diz respeito à divisão da atividade em projeto, construção e fiscalização. Não raro, para estas etapas são contratadas empresas distintas, e, neste caso, a obra é tratada em sua universalidade e o local da execução será sempre aquele em que também deve ser pago o ISS. Com isso, no mesmo acórdão do STJ acima mencionado encontra-se definido que: "Mesmo que estabeleça o contrato diversas etapas da obra de construção, muitas das quais realizadas fora da obra e em Município diverso, onde esteja a sede da prestadora, considera-se a obra como uma universalidade, sem divisão das etapas de execução para efeito de recolhimento do ISS" (1ª Seção, REsp 1.117.121-SP, rela. Min. Eliana Calmon, *DJe* 29.10.2009, julgado sob o rito do art.543-C do CPC).

A quarta questão a ser levantada trata da construção realizada em imóvel próprio, pois é comum a empresa construir em terreno próprio, com recursos próprios, e depois efetuar a venda dos imóveis ou, mesmo, empregá-los para uso próprio. Nestes casos não existe incidência do ISS. Porém, a despeito de parecer óbvia esta questão, várias são as demandas enfrentadas pelos Tribunais tendo por escopo afastar a exigibilidade do ISS, cujo entendimento tem caminhado no sentido de que: "1. O incorporador imobiliário, tal como definido no art. 29 da Lei n. 4.591/1965, não pode, logicamente, figurar como contribuinte do ISSQN relativamente aos serviços de construção da obra incorporada. Com efeito, se a construção é realizada por terceiro, o incorporador não presta serviço algum, já que figura como tomador. Contribuinte, nesse caso, é o construtor. E, se a construção é realizada pelo próprio incorporador, não há prestação de serviços a terceiros, mas a si próprio, o que descaracteriza o fato gerador. É que os adquirentes das unidades imobiliárias incorporadas não celebram, com o incorporador, um contrato de prestação de serviços de construção, mas sim um contrato de compra e venda do imóvel, a ser entregue construído – Precedentes" (REsp 922.956-RN, 2007/0025179-8).

O quinto tema que trago para discussão centra-se na necessidade de pagamento da diferença de ICMS quando a empresa construtora adquire material de outro Estado para aplicar na obra. Nesses casos, quando há litígio, a jurisprudência também já é bastante clara no sentido de que não há, evidentemente, que se pagar essa diferença do ICMS, porque se trata de empresa prestadora de serviço, conforme fundamento extraído da seguinte decisão: "A aquisição de mercadorias por empresa prestadora de serviços de construção civil com fim exclusivo de serem utilizadas em suas próprias obras não está sujeita ao recolhimento do ICMS, mas, tão somente, do ISS, sendo, portanto, indevida a cobrança de diferencial de alíquotas de ICMS de bens e insumos adquiridos em outros Estados da Federação em consequência de operações interestaduais" (RMS 16.852-MT, 2003/0153277-8).

Por último, cabe abordar, aqui, a questão referente à empresa de concretagem e fornecimento de argamassa. A 2ª Turma do STJ, numa decisão recente do Min. João Otávio de Noronha, diz que não incide ICMS sobre o preço de fornecimento de argamassa para construção civil, serviço em relação ao qual há similaridade com a elaboração de concreto e enseja a incidência apenas do ISS. E, no que diz respeito à obrigatoriedade de pagar ISS sobre serviço de concretagem, a Súmula 167, também do STJ, já pacificou a questão, dizendo: "O fornecimento de concreto por empreitada, para construção civil, preparado no trajeto até a obra em betoneiras acopladas a caminhões, é prestação de serviço, sujeitando-se apenas à incidência do ISS."

Com isso, procurei, dentro da limitação do tempo conferido, abordar alguns tópicos referentes à construção civil sob o ponto de vista prático, trazendo à colocação alguns julgados dos quais, a despeito de demonstrarem uma tendência, não obstante, como o Direito é dinâmico e há sempre uma inteligência jurídica a todo momento questionando e trazendo novos elementos ao palco de discussão dos Tribunais, nunca se pode afirmar a sua definitividade, pois os entendimentos podem ser alterados à razão de novos argumentos e interpretações doutrinárias, fundados na realidade na qual estão inseridos os operadores do Direito.

Contribuições – Folha de Salários – Oneração Tributária

PROFA. FABIANA DEL PADRE TOMÉ – Boa tarde a todos! Agradeço ao Presidente do IDEPE, Dr. Aires F. Barreto, pelo convite para, mais uma vez, participar deste importante Congresso de Direito Tributário, com a oportunidade de ouvir e de trocar ideias com tão seleto grupo.

Quero aproveitar esta oportunidade para refletir um pouco sobre as contribuições, mais especificamente sobre aquela incidente sobre a folha de salários – ou, como podemos falar de um modo mais abrangente, sobre a folha de pagamentos. Digo que faremos algumas reflexões porque não pretendemos destrinchar os elementos que compõem essa folha de salários, nem iremos examinar a totalidade das contribuições sobre ela incidentes. Desejamos, simplesmente, trazer algumas ideias para que possamos pensar e repensar um pouco sobre o funcionamento do nosso sistema.

O fundamento de tudo isso não poderia ser outro senão a Constituição da República. Nas precisas lições do Prof. Geraldo Ataliba, do Prof. Roque Carrazza e do Prof. Paulo de Barros Carvalho, devemos sempre tomar o texto constitucional como norte. E não poderíamos adotar um ponto de partida diferente, porque, afinal, é lá na Carta Maior que encontramos a repartição das competências tributárias, que é uma repartição rígida, rigorosa. O constituinte foi minucioso, até mesmo exaustivo, ao relacionar o que a União, os Estados, o Distrito Federal e os Municípios podem ou não podem fazer, inserindo alguns impedimentos representados por imunidades e princípios que precisam ser observados por ocasião da instituição dos tributos.

Ora, no que diz respeito às contribuições previdenciárias, também, o caminho não poderia ser diferente. Cabe ao legislador, sempre, observar as determinações constitucionais. Eis o motivo pelo qual a Lei 8.212/1991 deve ser interpretada de modo a que seja compatível com os termos constitucionais. E também o Decreto 3.048/1999 há de ser interpretado de forma a que siga essa linha constitucional, respeitando os preceitos ali constantes.

Esses esclarecimentos iniciais são necessários para evidenciar que as contribuições para a seguridade social incidentes sobre a folha de pagamentos encontram previsão muito bem delimitada pelo texto constitucional. Em uma análise rápida e superficial, poderia até parecer que o constituinte, ao disciplinar as contribuições, não teria sido tão minucioso, restringindo-se a qualificá-las pela finalidade (social, de intervenção no domínio econômico e de interesse das categorias profissionais e econômicas). Desse modo, não indicou, expressamente, as possíveis hipóteses de incidência. E – registro – nem seria apropriado fazê-lo, visto que as particularidades da contribuição a ser instituída dependerão do contexto social e econômico. Exemplificando: se o legislador da União decide instituir uma contribuição para intervir no domínio econômico, a hipótese de incidência que deve eleger vai depender do domínio sobre o qual pretende intervir.

Mas eu quero chamar a atenção para as contribuições destinadas ao financiamento da seguridade social, que estão previstas no art. 195 da CF. No que diz respeito a essas contribuições o constituinte não quis dar azo à criatividade do legislador. Portanto, indicou taxativamente as possíveis bases de cálculo, as possíveis hipóteses de incidência dessas contribuições destinadas à saúde, à previdência e à assistência social.

Dentre as possíveis hipóteses de incidência e bases de cálculo referidas pelo texto constitucional, voltaremos nossa atenção para a que alude à "folha de salários".

Na redação original da Constituição as contribuições destinadas ao financiamento da seguridade social poderiam ser exigidas dos empregadores e incidentes sobre a folha de salários, faturamento ou lucro. Como o texto fazia menção a "empregadores" e "folha de salários", a linha de entendimento dos nossos Tribunais foi no sentido de que, em vista de tais restrições, não poderia haver incidência sobre valores que não configurassem salários, como é o caso dos pagamentos feitos a trabalhadores avulsos, autônomos, administradores. Por conta disso, a redação constitucional foi alterada, e a partir da Emenda Constitucional 20/1998 esta não alude apenas ao empregador como sujeito passivo, e sim ao "empregador, empresa, ou entidade a ela equiparada". Assim, independentemente de a pessoa jurídica possuir empregados (assim entendidos os trabalhadores habituais, com vínculo de subordinação, conforme definido pela Consolidação das Leis do Trabalho), esta passou a ser contribuinte das contribuições referidas no art. 195. Com isso, a base de cálculo também precisou ser alterada: a redação constitucional não indica apenas a "folha de salários", sendo estendida a incidência também para as remunerações pagas ou creditadas a pessoas físicas que prestem serviços sem vínculo empregatício, como é o caso dos trabalhadores autônomos. Atualmente a Constituição refere-se aos demais rendimentos do trabalho pagos ou creditados à pessoa física que preste serviço mesmo sem vínculo empregatício.

Quero chamar a atenção para essa nova abrangência dada à base de cálculo da contribuição para a seguridade social, registrando que, apesar da nova redação, não se tem uma incidência tão abrangente como às vezes se pretende. A redação foi alterada para que a citada contribuição não ficasse restrita aos pagamentos feitos a empregados com vínculo empregatício, atingindo também os demais rendimentos do trabalho. Neste ponto, vale registrar que esses "demais rendimentos", para serem tributáveis, precisam configurar remuneração do trabalho, quer dizer, remuneração de um serviço prestado. Portanto, não é qualquer valor pago ao prestador de serviço ou ao empregado que pode ser objeto de incidência da contribuição.

O termo "salário" possui definição mais limitada, por conta do art. 3º da CLT, que faz referência à remuneração pelo trabalho de alguém que executa atividade de forma habitual, com subordinação, pois é o que caracteriza o vínculo empregatício. Quanto aos demais rendimentos do trabalho, são também remunerações por atividades prestadas, são também contraprestações por serviços exercidos, de modo que em qualquer dessas duas hipóteses o que a Constituição exige é uma contraprestação pelo trabalho. Logo, seja em relação ao assalariado, seja em relação ao trabalhador autônomo ou avulso, somente pode ser base de cálculo da contribuição aquilo que remunerar o trabalho. Quaisquer outros valores não podem ser objeto de sua incidência.

Nessa esteira consolidou-se o entendimento dos nossos Tribunais. A exemplo disso, o STJ vem decidindo, reiteradamente, que as verbas indenizatórias não compõem a base de cálculo dessas contribuições. Adotando essa linha de raciocínio, podemos concluir que os valores pagos a título de férias indenizadas, aviso prévio indenizado, licença-prêmio indenizada, incentivo a programas de demissão voluntária, por exemplo, caracterizam uma forma de indenização, não se tratando, propriamente, de remuneração pelo trabalho executado ou pelo serviço prestado.

A despeito disso, existem, na atualidade, diversas polêmicas em relação ao assunto. E uma delas foi instaurada com um decreto. Há aí, portanto, um problema de legalidade, visto que decreto é diploma infralegal, com função apenas de regulamentar, de esmiuçar o que prescreve a lei, não podendo inovar ou dispor de forma contrária a qualquer previsão legal. Ocorre que o Decreto 6.727/2009, sem observar tal limitação, revogou um importante dispositivo do Regulamento da Previdência, que também é um decreto, mas que regula a Lei 8.212/1991. Desse modo, revogou um dispositivo que prescrevia que o aviso prévio indenizado não compunha a base de cálculo das contribuições para seguridade social. A partir disso, a Receita Federal do Brasil editou uma instrução normativa determinando como é que se calcula e o que compõe essa base de cálculo, ali estipulando: "Acrescente-se o valor do aviso prévio indenizado". Então, como é que fica essa situação? Aviso prévio indenizado, agora, compõe a base de cálculo das contribuições para a seguridade social? Quando falamos de aviso prévio não indenizado estamos nos referindo a uma circunstância em que se tem a execução de um trabalho, e, portanto, a remuneração para aquele mês. Mas tratando-se de aviso prévio indenizado dispensa-se o empregado e paga-se um valor que corresponde, quantitativamente, à sua remuneração, sem que, entretanto, o pagamento corresponda a qualquer prestação de serviço.

Façamos um pequeno exercício mental. Antes da Emenda Constitucional 20/1998 o texto da Constituição permitia tributar a folha de salários. Naquele contexto, o aviso prévio indenizado era salário? A resposta é: "não". Por quê? Porque o valor pago a esse título não remunera trabalho algum. Examinemos, então, como ficou o panorama jurídico após a Emenda Constitucional 20/1998 e antes do Decreto 6.727: ora, o aviso prévio indenizado continuou não remunerando trabalho – e, portanto, também não podendo ser objeto de tributação. E depois da edição do Decreto 6.727, que pretendeu revogar essa suposta isenção? Falamos em "suposta isenção" porque, embora possa parecer que o Regulamento da Previdência havia isentado o aviso prévio indenizado, ao prescrever que não seria tributado por contribuição previdenciária, não estamos diante de uma verdadeira liberalidade da Administração. A não incidência da contribuição para a seguridade social sobre valores pagos a título de aviso prévio indenizado é uma decorrência da atribuição constitucional de competências tributárias. Ao relacionar as possíveis bases de cálculo dessa contribuição a Carta Maior alude a "folha de salários" e a "rendimentos do trabalho". Por conseguinte, toda a legislação subjacente tem que tomar como norte esses conceitos constitucionais, os quais não podem sofrer alterações ou ampliações pela lei, e muito menos por decreto. Assim, mesmo após a entrada em vigor do Decreto 6.727 o aviso prévio indenizado não pode ser objeto de incidência das contribuições para a seguridade social.

Atualmente existem, ainda, outras discussões jurídicas sobre a base de cálculo da citada contribuição. E tal fator deve-se a uma retomada das reflexões sobre o conceito de "rendimento do trabalho". Partimos da premissa de que "rendimento do trabalho" é gênero que abrange toda e qualquer contraprestação monetária pela atividade laboral praticada. Com base nisso, examinemos a natureza jurídica de alguns dos valores percebidos pelo trabalhador.

Iniciemos pelo auxílio-doença. Durante os primeiros 15 dias de dispensa em virtude de problemas de saúde é o próprio empregador quem arca com os valores recebidos pelo empregado. Essas quantias, segundo entendimento da Receita Federal do Brasil, compõem a base de cálculo da contribuição para a seguridade social. No entanto, se pensarmos quais a natureza e a finalidade do auxílio-doença, abrangendo inclusive esses 15 dias, perceberemos que não se está diante de remuneração de trabalho. O pagamento de tais valores está previsto em lei, sendo um benefício, um direito social para assegurar àquele empregado que, durante um período em que está convalescente, tenha condições de sobrevivência. Então, isso não remunera o trabalho. Que trabalho está sendo prestado naquele instante? Nenhum. Pelo contrário, o empregado está em tratamento de saúde, em casa ou no hospital. Trata-se, portanto, de uma espécie indenizatória, não se sujeitando, por isso mesmo, à incidência da contribuição.

O mesmo podemos dizer do auxílio-acidente. O art. 86 da Lei 8.213/1991 menciona que o auxílio-acidente será concedido como indenização (vejam que o legislador emprega, expressamente, a palavra "indenização") ao segurado quando ele tiver sofrido aquelas sequelas que implicam a redução da sua capacidade laboral. Porém, o Decreto 3.048 prescreve que o valor mensal do auxílio-acidente integre o salário de contribuição. À evidência, estamos diante de um conflito normativo. A própria lei prescreve que o auxílio-acidente é uma indenização, já que o empregado não pode trabalhar como antes – não ocorrendo, desse modo, remuneração de trabalho algum. Não restam dúvidas de que o decreto, por ser veículo infralegal, não poderia dispor sobre a incidência em relação ao auxílio-acidente, contrariando prescrição legal. Padece, assim, de vício de legalidade, pois caminha em sentido oposto à Lei 8.213. Ademais, acaba, por via obliqua, afrontando o art. 195 da CF, que dispõe que a contribuição deve incidir sobre os rendimentos do trabalho – o que o auxílio-acidente, como visto, não é.

Sobre o salário-maternidade, é preciso ter em mente que a Lei 8.212/1991 estabelece que os benefícios da previdência social não integram o salário de contribuição. Nem poderia ser diferente, pois, se uma pessoa está gozando e recebendo um benefício da previdência social, isso se deve a alguma causa que tenha desencadeado uma impossibilidade ou uma redução laborativa. Agora, vejam que contradição: a própria lei reconhece que o salário-maternidade é um benefício da previdência social; por outro lado, dispõe que os valores correspondentes integram a base de cálculo das contribuições para a seguridade social. Ora, a mulher que deu à luz recentemente, diante desse direito ao afastamento para cuidar da sua prole, ela está trabalhando? Não. Então, como dizer que o salário-maternidade remunera uma atividade laboral?

Em todos esses casos, a dúvida sobre a incidência da contribuição pode ser resolvida com simples questionamentos, tais como: O valor pago remunera o trabalho? Que trabalho que está sendo remunerado? Está efetivamente desempenhando ou está afastado? Se está afastado, aquilo é uma espécie indenizatória, um benefício, mas que não se presta propriamente para figurar como rendimento do trabalho. Poderíamos ir até além, questionando outras hipóteses, como o adicional de insalubridade, o de periculosidade. O adicional de insalubridade, por exemplo, não configura contraprestação do trabalho, pois a atividade exercida é remunerada por meio do valor pactuado a título de salário. Esse adicional existe porque aquela atividade praticada pelo empregado pode causar-lhe algum dano à saúde ou à vida. Por esse motivo, entendo que esse valor previsto na legislação como adicional serve para compensar esse perigo, ou esse dano iminente, pelo qual o empregado passa. Nesse sentido, possui caráter indenizatório.

Esses são alguns problemas jurídicos que ainda não estão resolvidos. Pelo contrário, estava pacificado o entendimento de que os citados valores realmente deveriam compor a base de cálculo dessas contribuições, por serem direitos sociais, direitos previdenciários, direitos trabalhistas. Ocorre que recentemente têm sido feitos estudos mais aprofundados sobre o tema, e as novas reflexões, que partem da Constituição, dos conceitos de "salário" e de "rendimentos do trabalho", levam a conclusão diversa: só há remuneração se houver execução de trabalho e a respectiva contraprestação. Caso contrário não há suporte para a incidência tributária.

Um exemplo disso é o debate jurídico que se travou recentemente em torno do vale-transporte. A Lei 8.212 relaciona, no art. 28, § 9º, quais os valores recebidos pelo empregado que não integram o salário de contribuição, ou seja, não compõem a base de cálculo da contribuição para a seguridade social. A despeito disso, não podemos, jamais, nos esquecer de que essas disposições legais estão adstritas à previsão constitucional. Então, a Lei 8.212 não pode pretender incluir ou deixar de excluir algo que não se enquadre em rendimento do trabalho. Mas, ao mencionar o vale-transporte, essa legislação estipulou que não se inclui na base de cálculo o valor percebido a título de vale-transporte na forma disciplinada pela legislação própria, significando que o vale-transporte concedido por outros meios seria suscetível de incidência. Diante disso, e tendo em vista que a legislação que disciplina o vale-transporte prescreve que ele será fornecido na forma de um elemento não pecuniário, como créditos em um cartão ou *tickets* de papel, o entendimento do INSS e, posteriormente, da Receita Federal do Brasil é no sentido de que os valores pagos em pecúnia a título de vale-transporte configurariam base de cálculo da contribuição para a seguridade social. Depois de longa e exaustiva discussão a respeito desse assunto, com pareceres tanto de economistas – como Luiz Gonzaga Belluzzo –, de tributaristas – como Paulo de Barros Carvalho – e de professores de Direito do Trabalho tentando delimitar o que é “salário”, o STF, num recurso extraordinário, decidiu que a circunstância de o vale-transporte ser pago em dinheiro não altera o instituto em si. O fato de o empregador concedê-lo mediante um pedacinho de papel (*ticket*), um cartão de plástico que recarregue ou mediante a entrega do dinheiro correspondente não altera a natureza jurídica daquela figura, porque ela não se presta para retribuir o trabalho. Nem se alegue que tal atitude poderia implicar o pagamento de salário por via indireta, pois permanece o dever de fiscalização da autoridade administrativa, a fim de evitar atitudes fraudulentas. Corretíssima, portanto, a decisão da Suprema Corte.

Indo um pouco além, podemos aplicar o mesmo raciocínio para o vale-alimentação. A Lei 8.212 prescreve não integrar o salário de contribuição a parcela *in natura* entregue ao empregado a título de alimentação, assim como aquelas fornecidas mediante programas aprovados pelo Ministério do Trabalho e da Previdência Social. Diante disso, surge a questão: e se o vale-alimentação for pago em dinheiro? Será que nessas hipóteses o valor entregue a título de vale-refeição ou de vale-alimentação, muitas vezes estabelecido mediante acordos coletivos de trabalho, perderia sua natureza, e passaria a integrar o salário de contribuição? Nossa resposta é negativa. Ora, se demonstrado que determinada categoria tem direito ao vale-refeição ou vale-alimentação e a empresa, em vez de comprar cestas básicas (o que oferece, inclusive, dificuldade ao próprio empregado para levá-las para casa), entrega a correspondente quantia pecuniária, ao meu ver, nós podemos seguir a mesma linha de raciocínio aplicada ao vale-transporte. Não se trata de remuneração de trabalho, motivo pelo qual não pode ser incluído na base de cálculo das contribuições para a seguridade social.

São essas, Srs., algumas reflexões feitas a partir da Constituição. O exame de qualquer legislação a respeito de qualquer tributo tem que ser focado nos conceitos constitucionais. Nós não podemos desvirtuá-los. Muito obrigada! [*Palmas*]

ISS – Fatos Geradores e Bases de Cálculo

PROF. FÁBIO SOARES DE MELO – O tema que me foi proposto, “ISS – Fatos Geradores e Bases de Cálculo”, é extremamente amplo. Eu não tenho a menor dúvida de que no sistema tributário nacional o ISS tenha, hoje, um papel de extrema relevância, de extrema importância, por uma série de motivos.

O primeiro deles porque, dentro de uma ideia de política fazendária, de política de administração pública, o ISS representa, nas Municipalidades, a principal fonte de receita. E tanto isso é verdade, que esse horizonte quase infinito tem trazido inúmeras discussões jurídicas. Tantas discussões que, como o nosso ilustre Desembargador mencionou, hoje existem três Câmaras especializadas em julgamento de tributação municipal – não sei qual é o percentual de demandas relativas ao ISS, mas, sem sombra de dúvida, deve representar pelo menos uns 60% a 70% das discussões, não é mesmo? E mesmo com a criação, alguns anos atrás, do egrégio Conselho Municipal de Tributos, que tem por finalidade principal desafogar o Poder Judiciário, aumentar a arrecadação municipal e, também, controlar e verificar os requisitos de liquidez e de certeza na constituição do crédito tributário e exercer o controle de legalidade nos lançamentos de ofício em matéria tributária e, principalmente, em matéria tributária na esfera municipal, obviamente com uma maior especialização em matéria relativa ao ISS.

Pois bem. Procurarei abordar alguns temas tormentosos e intrincados, sem qualquer pretensão de conferir uma solução às aludidas questões, mas tão somente de trazer ao debate questionamentos com que no âmbito do nosso dia a dia da atividade profissional nos vemos deparados.

A primeira grande questão é sobre a própria competência e a materialidade do ISS, porque, por um lado, no texto constitucional de 1988 vamos ao art. 156, III, e encontramos a previsão da competência tributária, o legislador constituinte atribuindo competência para que os Municípios pudessem instituir o ISS, exceto aqueles devidamente sujeitos a tributação pelo ICMS,e aí, como complemento, "definidos em lei complementar". Esse é o ponto de partida, num plano constitucional, do fundamento de validade da competência do ISS.

Quando o art. 156, III, diz "definidos em lei complementar", somos obrigados a visitar, então, o art. 146 da CF de 1988, que traz as três funções essenciais da legislação complementar em matéria tributária, e dentre delas, na sua alínea "a", diz que compete ou que cabe à lei complementar definir os fatos geradores. Então, em princípio haveria verdadeira sintonia entre o art. 156, III, e o art. 146, III, "a", da Carta Política de 1988.

No entanto, não podemos desprezar – e aí, sim, a primeira grande tormenta relativa ao ISS – a previsão constitucional do art. 30, III, que é "o princípio da autonomia municipal", que reza o seguinte: "Compete aos Municípios: (...) III – instituir e arrecadar os tributos de sua competência, bem como aplicar suas rendas, sem prejuízo da obrigatoriedade de prestar contas e publicar balancetes nos prazos fixados em lei".

Desta forma, parece-me que esta é uma primeira questão, é um primeiro obstáculo, para todo e qualquer operador do ISS. Quem realmente possui a competência para instituir e legislar sobre o ISS? O ISS, sua materialidade, encontra-se ligado à lei complementar, à Lista de Serviços anexa à lei complementar, ao antigo Decreto-lei 406/1968, à Lei Complementar 56/1987 e à atual Lei Complementar 116/2003, ou às legislações ordinárias municipais teriam liberdade, com fulcro no "princípio da autonomia municipal", para regrar esta espécie tributária? E somos obrigados, em razão deste aparente conflito ou desta aparente antinomia no plano constitucional, a apreciar dois julgados do STF acerca da "taxatividade" ou da "exemplificatividade" da Lista de Serviços, com o fito de desvendar se realmente uma lei ordinária municipal poderia ultrapassar os limites daqueles serviços contidos na Lista anexa à legislação complementar. E aí eu trago os clássicos RE 77.183-SP e 75.952-SP, onde da sua conjugação temos a seguinte expressão: "a Lista de Serviços é taxativa, embora admita interpretação ampla e analógica". Parece-me que a leitura ou a conjugação destes dois recursos extraordinários não ajuda, não auxilia, não é mesmo? Ou não deixa, pelo menos, de forma clara e precisa, ou não nos traz efetiva segurança jurídica acerca de quais seriam esses limites para se cobrar o ISS, se no âmbito amplo ou no âmbito restrito. Então, essa era a primeira colocação que eu gostaria de trazer em matéria do ISS.

Especificamente sobre a materialidade, existem correntes que definem o que seja "serviço" de maneiras distintas. Eu acredito que, como o direito tributário é um direito de superposição, há obrigatoriamente a necessidade de examinarmos o art. 110 do CTN. E, por intermédio do art. 110 do CTN, buscar a definição do que seja "serviço", do que seja "prestação de serviço", nas lições clássicas do Prof. Geraldo Ataliba e do Prof. Aires Barreto (que – costumo brincar –, além de ser "o pai do ISS", também é "o pai do brilhante Paulo Ayres"), e, então, ter a legitimidade total sobre o tributo, que traz a seguinte definição: "o serviço seria aquele decorrente do esforço humano, prestado a terceiros, com conteúdo econômico, em caráter negocial, que caracterize uma obrigação de fazer", e aí, sim, no art. 110 do CTN, "sob o regime de direito privado".

É óbvio que numa relação de prestação de serviço obrigatoriamente devem estar identificadas as figuras do tomador, do prestador, do preço do serviço e de uma relação jurídica de direito privado.

Uma advertência necessária sobre a prestação de serviço é que nem tudo que se encontra na Lista de Serviços anexa à lei complementar ou, melhor, nem todos os serviços que estão listados na Lista anexa à lei complementar configuram materialidade desse tributo. E vamos abordar algumas dessas situações. Além de termos, primeiro, o conceito do que seja "serviço", na minha opinião esta definição do Prof. Geraldo Ataliba e do Prof. Aires Barreto é a definição que me parece mais apropriada, ademais, levarmos em conta a "teoria da preponderância". A essência, a finalidade daquele serviço, a finalidade daquela obrigação de fazer, porque muitas vezes nos deparamos com o fracionamento de um determinado serviço, também pela doutrina intitulado como "atividade-meio", e o "serviço-fim". Muitas vezes estamos diante de situações onde as Municipalidades acabam segregando um serviço complexo em uma série de atividades distintas e tributando cada uma delas de forma individual. Então, além do que seja, além de termos claro qual é o conceito, efetivamente, do "serviço", da prestação do serviço, devemos levar em conta a "teoria da preponderância" para tributar algo que não seja serviço na sua essência, que seja mera "atividade-meio" de um "serviço-fim".

A Lista de Serviços anexa à atual Lei Complementar 116/2003 traz uma expressão que a mim incomoda e "irrita" até de certa forma, que é "e congêneres", não é? Além de discutir, como se não bastasse, a natureza da Lista como "taxativa" ou "exemplificativa", o que vem a ser, qual é realmente o conteúdo semântico do vocábulo "congêneres"? Será que tudo que eu não consigo "encaixar" ou "enquadrar" dentro daquela relação de serviços eu poderia colocar dentro da expressão "congêneres"? Parece-me que a expressão "congêneres" configura, de certa forma, um "cheque em branco" para que a Administração Pública Municipal possa incluir em determinadas situações algo que não esteja taxativamente previsto na Lista de Serviços.

Esta é uma opinião pessoal, independente de ser "dono da verdade", porque a ciência se faz justamente com a troca de pontos de vista e de conhecimento jurídico. Mas me incomoda realmente essa questão do "congêneres". Acredito que ela é uma expressão "infeliz" dentro do contexto normativo.

A Lista de Serviços – e isso foi de certa forma abordado pelo ilustre Desembargador Dr. Eutálio – também traz a expressão "exceto o fornecimento de mercadorias, partes e peças, que ficará sujeita a tributação pelo ICMS". Então, da mesma forma, é importante, quando da análise da

Lista de Serviços, verificar que, se uma das funções das leis complementares, nos termos do art. 146, III, é dirimir conflitos de competência em matéria de legislação tributária, deveria haver determinada "lei única" que disciplinasse exatamente qual seria o campo de tributação do ICMS e qual seria o campo de tributação do ISS. Mas o fato é que eu tenho dois estatutos nacionais distintos para esses tributos – no âmbito do ISS, a Lei Complementar 116/2003; e no âmbito do ICMS, a Lei Complementar 87/1996, a Lei Kandir –, quando, na verdade, uma única lei complementar deveria dirimir e não deixar quaisquer dúvidas acerca do horizonte de tributação que acaba causando os intitulados "conflitos de competência".

Vamos examinar alguns itens específicos da Lista de Serviços anexa à lei complementar: sabemos que quando da edição da própria Lei Complementar 116/2003 houve o veto, pelo Presidente da República, da figura da "locação dos bens móveis", em virtude do julgamento pelo STF do RE 116.121-3, salvo engano de 2001, cujo Ministro Relator foi o ilustre Marco Aurélio de Mello, no caso da "locação de guindastes". Em virtude deste acórdão houve o veto, na Lei Complementar 116/2003, da previsão normativa que incluía na Lista de Serviços a tributação da "locação de bens móveis".

Mas será que podemos estender este conceito (e num outro congresso do IGA/IDEPE, numa determinada oficina acerca do ISS, houve essa colocação), num hotel ou num serviço de hospedagem, num *flat*, num *residencial service*, num *apart hotel*, se poderia dizer que esta atividade não estaria sujeita a tributação pelo ISS, ainda que prevista na Lista de Serviços, sob a ótica de que, se o STF disse que o ISS não incide sobre a locação de bens móveis, não poderíamos dizer que quando vamos a um hotel, que quando nos hospedamos num *flat*, o que ocorre é a "locação" de uma unidade imobiliária por um determinado período de tempo? Alguém vai dizer: "Não, mas tem o serviço de limpeza, tem o serviço de telefonia". Tudo bem, nos segregaríamos a base de cálculo. O que é efetivamente serviço é a guarda, a conservação, a rouparia, a telefonia; mas a hospedagem, o valor relativo à diária, não poderia ser tributada pelo ISS? Qual seria o limite de se estender realmente a questão desta locação para afastar a incidência do ISS?

Quando vou a uma academia de ginástica, será que esse tipo de atividade está sujeita a tributação pelo ISS, como uma atividade de recreação, de esporte, enfim, não me lembro exatamente o item da Lista de Serviços que enquadraria essa atividade como serviço, eu não poderia dizer que estou locando aparelhos esportivos? E, portanto, que aquela atividade não estaria também sujeita a tributação pelo ISS?

Serviços prestados "mediante cessão de direito de uso e congêneres". Parece-me que a "cessão de direito de uso", nos termos do Código Civil, ainda que exista previsão na Lista de Serviços anexa à lei complementar, não possa ser tributada pelo ISS, porque de "serviço" não se trata, dentro do conceito que eu entendo o mais apropriado sob o ponto de vista jurídico; não poderia estar sujeita a tributação pelo ISS.

O item relativo aos "serviços relacionados ao setor bancário, financeiro, prestados por instituições financeiras, autorizados a funcionar pelo Banco Central do Brasil". Aí existe uma série de decisões do STJ no sentido de que várias das atividades desenvolvidas pelas instituições financeiras não compreendem "serviço-fim". Seriam o quê, então? Atividade-meio, locação de cofre, emissão de talão de cheques, abertura de conta. E um voto extremamente importante, vejo aqui a presença do nosso querido amigo Prof. Nahuz, que foi o primeiro Presidente do Conselho Municipal de Tributos, onde tivemos um embate grande nas Câmaras Reunidas sobre um caso de "cadastro de instituição financeira", onde – salvo engano, da Caixa Econômica Federal – o auto de infração foi cancelado, por reconhecer que aquele cadastro não configurava um serviço-fim de uma instituição financeira. Um precedente importantíssimo no âmbito das Câmaras Reunidas do egrégio Conselho Municipal de Tributos de São Paulo. Depois, por intermédio do IGA/IDEPE, posso fornecer cópia dessa decisão, apesar de que hoje, até pelo princípio da eficiência, o Conselho Municipal de Tributos tem publicado todos os seus acórdãos na sua página na Internet.

Trago um outro exemplo aqui, a figura da "franquia" (*franchising*). Franquia configura materialidade do ISS, ou não? O *franchising* se enquadraria no conceito de serviço? Há inúmeras manifestações do Poder Judiciário no sentido de que a franquia não estaria sujeita ao ISS. E o que é que algumas autoridades administrativas municipais têm feito, sabendo que o Poder Judiciário tem se inclinado pela impossibilidade de tributação da franquia pelo ISS? Têm segregado este contrato "guarda-chuva" de franquia em várias atividades-meio – ou seja, não tributam a franquia ou *franchising* propriamente ditos, ainda que exista uma previsão na Lista de Serviços, mas eu lançam autos de infração sobre a atividade de treinamento, sobre a atividade de gerenciamento, sobre a atividade de consultoria, sobre a atividade de assistência, dentre outras. Desconsiderando o quê? O "serviço-fim", que não se tipifica, na minha modesta opinião e na de algumas manifestações do Poder Judiciário e de grande parte da doutrina, como um serviço típico tributável pelo ISS.

Um outro exemplo que eu também trago sobre o fato gerador é a "blindagem de automóvel". Quando eu vou blindar o meu automóvel, estou sujeito à tributação pelo ISS? Aquilo é um serviço ou, na verdade, aquilo é uma mercadoria, em conflito de competências entre o ICMS e o ISS? E aí um primeiro raciocínio que vem é o seguinte: se eu compro o automóvel diretamente da fábrica, se o veículo já sai da concessionária devidamente blindado, teríamos uma mercadoria, não haveria que se falar em serviço; mas, por outro lado, se eu retiro o carro da fábrica sem ser blindado e vou na Avenida Europa (onde se localizam as principais empresas de blindagem) e levo em qualquer uma daquelas lojas e peço para blindar o meu automóvel, aí, sim, eu estaria contratando um serviço de blindagem. Mas, espere aí, o que é que prepondera? É a especialidade técnica, é a *expertise*, é a capacidade de blindar o automóvel, ou, no final das contas, é um material com a segurança, com a proteção, é aquele vidro com aquela determinada milimetragem, aquela determinada medida? São questões tormentosas dentro do ISS.

O *software*. Sempre se discutiu se os programas de *software* estão sujeitos a ICMS ou ao ISS, e ficou sedimentado na jurisprudência e em grande parte da doutrina, para não dizer quase que a totalidade, que o "*software* de prateleira" estaria sujeito a tributação pelo ICMS, ao passo que o *software* sob encomenda estaria sujeito a tributação pelo ISS. Ao estudar o tema, parece-me que o *software* não estaria sujeito a tributação nem pelo ISS, nem pelo ICMS, porque eu não adquiro nenhuma mercadoria, nenhuma prestação de serviço: estou diante de uma "cessão de direito de uso" ou de uma "aquisição de licença de uso", que não poderia configurar materialidade a nenhuma dessas duas espécies tributárias.

O arrendamento mercantil, *leasing*, independentemente das últimas decisões proferidas pelo Poder Judiciário, também, sob o meu entendimento, não se tipifica como um serviço tributável pelo ISS. O arrendamento mercantil é uma figura mista, uma figura híbrida, hora é locação, hora tem opção de compra e venda, hora ele é compra e venda; mas a essência, o que se busca efetivamente quando se celebra um contrato de arrendamento mercantil, na minha opinião, seria um "financiamento". E aí, portanto, eu tenho a previsão específica de tributação pelo imposto relativo a operações de crédito, o IO/Crédito, não me parece que o *leasing* pudesse estar sujeito a tributação pelo ISS.

Um caso curioso, até aproveitando a colocação do ilustre Desembargador Dr. Eutálio, que eu gostaria de trazer, sobre a construção civil, uma situação específica que tive a oportunidade de analisar, é que determinada empresa paulistana (construtora) prestou um serviço da construção civil, uma "linha de transmissão", não me lembro se de telefone ou de energia elétrica, por vários Municípios do Nordeste. E o Fisco do Município de São Paulo lavrou auto de infração contra esse estabelecimento no Município de São Paulo, dizendo o seguinte: "O que vocês construíram lá se trata de 'instalação e montagem', e, sendo instalação e montagem, eu exijo o recolhimento do ISS aqui no Município de São Paulo". E nós, nesse caso, também lá no Conselho Municipal de Tributos fomos buscar esse conceito difícil e tormentoso de "construção civil", e verificamos que essas torres realmente configuravam construção civil, em razão da sua base fixa ao solo, e que o auto de infração deveria ser cancelado, porque, não sendo instalação e montagem, o tributo deixaria de ser recolhido para São Paulo e, caracterizando-se como construção civil, deveria ter sido recolhido para cada Municipalidade lá no Nordeste, e a empresa tinha recolhido realmente, proporcionalmente, o ISS. Então, era uma situação muito curiosa, e esse auto de infração foi cancelado.

Mas o que assusta e que causa mais insegurança jurídica sobre a questão da "sede do estabelecimento" ou do "local da prestação" nem é mais essa discussão, porque hoje todos estamos cansados da mesma, sendo que tínhamos a expectativa de que a Lei Complementar 116/2003 trouxesse uma solução, mas não trouxe, trouxe apenas 20 exceções, mas acabou não resolvendo o caso. Notamos que, na prática, tudo depende da "verdade material", das "provas", para poder realmente dizer qual é o Município competente – sem contar, agora, o "terror" do Cadastro Municipal, você tem que se inscrever no Cadastro, como se não bastasse Certidão Negativa de Débito, inscrição no CADIN etc., se não você não consegue prestar o serviço, passando a estar sujeito à retenção na fonte pelo tomador do serviço, o que traz um panorama de total insegurança jurídica.

Eu teria vários outros assuntos para falar, sobre a própria base de cálculo, sobre o ISS na importação e na exportação de serviços, no entanto, o tempo é curto. Mas aproveitarei, para finalizar, utilizando o ensejo aqui, a sugestão do nome do Congresso, do título do Congresso: "Tributação e (In)Segurança Jurídica".

Desta forma, gostaria de deixar apenas uma nova reflexão: será que, diante do percentual de autos de infração que são mantidos nos tribunais administrativos; da mudança da jurisprudência favorável aos contribuintes no âmbito do Poder Judiciário; das jurisprudências vintenárias favoráveis aos contribuintes nos Tribunais Superiores (STF e STJ) e respectiva modificação do entendimento jurídico em favor do Fisco; da figura dos "recursos repetitivos"; da possibilidade de ação rescisória; das "súmulas vinculantes"; e da figura do "recurso hierárquico" administrativo, será que há, realmente, no sistema tributário brasileiro um princípio ou um sobreprincípio da "segurança jurídica" em matéria tributária? Ou será que, diante deste quadro, a segurança jurídica existiria, sim, mas a favor dos interesses fazendários?

Essas eram as colocações que eu gostaria de fazer, agradecendo pela oportunidade conferida pela Presidência e pela Diretoria do IGA/IDEPE. Muito obrigado! [*Palmas*]

ISS – Consórcios Empresariais – Responsabilidades

PROFA. ANNA EMÍLIA CORDELLI ALVES – Dentro daquela ideia de que o direito tributário é um direito de superposição, conforme está previsto no art. 110, nós temos que buscar a natureza jurídica do consórcio empresarial. O consórcio empresarial está previsto na Lei das Sociedades Anônimas (arts. 278 e ss.). Quando nós lemos os autores que estudam a Lei das Sociedades Anônimas – o Prof. Modesto Carvalhosa, a meu ver, foi quem mais se dedicou ao estudo dessa matéria, ao profundo estudo desse consórcio empresarial –, constatamos que, apesar de estar inserido na Lei das Sociedades Anônimas, o consórcio não é uma sociedade, mas, sim, um contrato associativo entre empresas, que não possui personalidade jurídica.

O consórcio empresarial estava previsto no revogado CComercial, no art. 325, sob a forma do que se chamava, então, de "sociedade em conta de participação". A partir da noção de *sociedade em conta de participação*, evoluiu para o contrato social, com a diferença de que todos os sócios são ostensivos, ao contrário da sociedade em conta de participação.

Qual é a sua finalidade? A finalidade desses consórcios entre empresas é a consecução de um empreendimento que ultrapassa a capacidade técnica de cada uma das empresas. Então, na verdade, isso permitiu que as empresas menores pudessem se associar com empresas maiores e participar de grandes empreendimentos. Quer dizer, do ponto de vista econômico é uma oportunidade para que empresas menores possam se valer da experiência, dos recursos, de empresas maiores e, portanto, também participar ativamente do mercado econômico.

O consórcio empresarial é utilizado, basicamente, para execução de obras públicas e de grandes projetos de investimento. Na verdade, ele está até previsto na Lei de Licitações e depois também na Lei das Concessões de Serviço Público.

Então, seu objetivo é a agregação de recursos e capacitações técnicas visando à consecução de determinado empreendimento ou à contratação de serviços de obras com terceiros, de natureza temporária. Portanto, aí está a diferença entre o consórcio e outros grupos empresariais. Na verdade, o consórcio se forma para empreendimento temporário, que tem começo, meio e fim.

Então, reforcemos a ideia de que é um contrato entre empresas, sem personalidade jurídica e que expressa uma representação e uma administração – ou seja, as empresas consorciadas são representadas externamente por uma delas, que é a empresa-líder, ou mesmo por uma administração do consórcio. As decisões internas são tomadas mediante um mandato das consorciadas a uma dessas consorciadas ou a uma diretoria.

Hoje, o consórcio empresarial, obrigatoriamente, muito embora não tenha personalidade jurídica (e aí nós vamos percebendo que o consórcio empresarial é uma figura híbrida), tem que ter CNPJ. Quer dizer, a Receita Federal exige que o consórcio tenha CNPJ, muito embora não tenha personalidade jurídica. Portanto, esse consórcio vai ter autonomia administrativa em face das consorciadas. Ou seja, o consórcio não se confunde com as empresas consorciadas; ele tem uma direção própria, que vai ser feita ou por uma diretoria ou por uma das empresas, chamada consorciada-líder, e tem, ou pode ter, não necessariamente, mas pode ter uma autonomia patrimonial, o que se chama de "patrimônio apartado" ou "de destinação". O que é isso? É um patrimônio formado pelas empresas consorciadas, mas que se distingue do patrimônio de cada uma delas; quer dizer, o patrimônio de cada uma delas não se confunde com o patrimônio do consórcio.

Isso significa que os credores do consórcio não poderão cobrar dívidas das empresas; não poderão onerar o patrimônio do consórcio. As dívidas das empresas têm que ser pagas com seus patrimônios próprios.

Na verdade, quando nós falamos em consórcio vocês já devem estar pensando na figura da Sociedade de Propósito Específico/SPE, que, na verdade, segundo Modesto Carvalhosa, é o consórcio personificado. Vale dizer: a diferença entre o consórcio empresarial e a SPE é que o consórcio não possui personalidade jurídica, e a SPE sim.

A SPE é exigida pela Lei de Concessão para as grandes licitações, para as concessões de serviço público em geral. Muito embora o próprio consórcio participe da licitação, no momento de firmar o contrato as Administrações Públicas exigem que esse consórcio se transmude numa SPE. Por quê? Porque a SPE tem personalidade jurídica, e muitas vezes o Poder Público, diante do vulto do empreendimento, dá preferência a – digamos assim – tratar, negociar, com uma sociedade empresária, e não com um consórcio, que, na verdade, não tem personalidade jurídica.

Agora, é interessante dizer que, muito embora o consórcio não tenha personalidade jurídica, ele tem capacidade processual e tem capacidade negocial. Mais e mais nós vamos vendo que é uma figura híbrida. Muito embora não tenha personalidade jurídica, tem personalidade para negociar e para agir em juízo, ser autor e réu em juízo. Então, isso também é bem interessante.

A formalização do consórcio empresarial está lá no art. 279 da Lei das Sociedades Anônimas: a designação; qual é o empreendimento que vai ser objeto do consórcio; qual a duração desse consórcio; qual a obrigação e quais as responsabilidades de cada sociedade e das prestações específicas – isso tudo tem que estar no contrato. Normas sobre administração, sobre contrato de prestação, representação das associadas, a forma de deliberação dos assuntos, a contribuição de cada associado. Esse contrato vai ser levado a arquivo no Registro do Comércio; portanto, deve ser levado à Junta Comercial e deve ser publicada a certidão deste registro.

Interessante notar também que em alguns consórcios pode haver dominação de mercados. E como é que se apura a existência da dominação de mercado? Essa apuração vale-se de um critério objetivo, quer dizer: se aquele consórcio de empresas dominar 30% ou mais de mercado relevante, os seus atos constitutivos, a autorização para que ele exista, devem ser levados ao Conselho Administrativo de Defesa Econômica/CADE, dentro de 15 dias contados do contrato.

Então, posta assim essa questão da natureza jurídica do consórcio, nós vamos, agora, passar essas noções para o campo do direito tributário. Quer dizer, *será que o consórcio pode ser sujeito de obrigação tributária*? Para responder a essa questão vamos ao art. 126 do CTN, que nos diz que *a capacidade passiva tributária independe da capacidade civil*. Então, nós podemos afirmar que, ainda que não possua personalidade jurídica, o consórcio pode ser sujeito passivo tributário. Agora, nós temos que nos lembrar da interpretação desse art. 126 que foi posta magistralmente pelo Prof. Paulo de Barros Carvalho, que assim se expressa: quando o art. 126 diz que o sujeito passivo não precisa ter capacidade civil ele está se referindo à hipótese de incidência, ao antecedente da norma; agora, o consequente da norma, ou seja, o fato de alguém compor a relação jurídico-tributária, ser sujeito passivo, na relação jurídico-tributária, não está abordado pelo art. 126. Então – afirma aquele Professor –, *só poderá ser sujeito passivo aquele ente dotado de personalidade jurídica, com capacidade civil*, no nosso caso. Por quê? Porque ele diz o seguinte: se eu tiver um sujeito passivo sem capacidade civil, não haverá possibilidade de aplicação das cadeias de direito processual que dão significado e conteúdo de coatividade às aspirações fazendárias – ou seja, a Fazenda não teria como coagir, como exigir da pessoa sem capacidade – no caso, aqui, do consórcio –, não teria condições de exigir o pagamento do tributo.

Mas nós vimos que, muito embora a lei não atribua personalidade jurídica ao consórcio, atribui personalidade processual; ou seja, ele pode ir a juízo, e vai a juízo representando as empresas consorciadas que formam o consórcio, não como substituto processual, mas por força do art. 12 do CPC. Portanto, ele representam sim, em juízo as empresas que o formam, que o integram.

Questão da solidariedade. Como é que fica a solidariedade entre as empresas consorciadas e o consórcio? Está lá na Lei das Sociedades Anônimas que não se presume a solidariedade entre as empresas que compõem o consórcio, ainda que o consórcio tenha uma direção única (nós vimos que ele pode ter uma direção ou ser dirigido por uma das consorciadas). Prevalece, portanto, o princípio da limitação da responsabilidade de cada uma das consorciadas ao montante das obrigações assumidas no contrato consorcial. Então, o que vai definir o nível de solidariedade, se ela existe ou não, é nada mais nada menos que o próprio contrato, como vimos anteriormente, com todo aquele detalhamento que ele deve ter. A solidariedade, portanto, pode ser pactuada no contrato consorcial, ou por acordo das partes, ou por exigência do ente contratante. Em geral, a Administração Pública, quando contrata com um consórcio empresarial, exige a cláusula de solidariedade. Ela poderá exigir os tributos e o cumprimento das obrigações quer pelo consórcio, quer por qualquer uma das empresas consorciadas.

Tipos de consórcio. Nós temos o *consórcio operacional*, que é aquele criado para realizar atividade específica, ou seja, o consórcio vai exercer uma atividade operacional específica, e esse consórcio que nós chamamos de operacional, ou o chamado *consórcio instrumental*, é um consórcio que se forma para habilitar as consorciadas a contratar, com terceiros, serviços de obra, quer dizer, as próprias consorciadas, muitas vezes, não vão executar determinada atividade, mas contratar terceiros para que o façam.

A questão é: *por que as empresas se unem, e qual é o interesse da União, do ponto de vista tributário, no consórcio*? O consórcio empresarial é uma forma de planejamento lícito tributário. Por quê? Porque, se algumas empresas resolvem se unir e formam uma outra empresa, uma empresa nova, vamos ter tributação em cascata, porque a tributação vai ocorrer na empresa nova, e quando essa empresa repassar recursos para as empresas que a compõem, que seria o consórcio, nós teremos uma dupla tributação. *Isso não acontece com o consórcio, por quê*? Porque o consórcio implica uma única etapa de tributação. Quer dizer, quando é que vai haver a incidência dos tributos? Após a percepção das receitas pelas consorciadas. O tributo não vai incidir antes, no âmbito do consórcio empresarial, mas, sim, depois que essas receitas ingressarem nas consorciadas. Os tributos retidos em pagamentos feitos ao consórcio podem ser compensados. O valor do imposto de renda fonte sobre rendimentos do consórcio poderá ser compensado; portanto, há um benefício tributário, reconhecido pelo Poder Público, reconhecido pela Secretaria da Receita Federal, até como uma forma de estímulo de congregação de sociedades sob essa fórmula de consórcio empresarial.

E, agora, passando especificamente para tributação, pergunta-se: *o que existe de concreto em termos de tributação, hoje, no Brasil, do consórcio empresarial?* Para resumir, existe uma solução de uma consulta pela Receita Federal, de novembro/2007, em que, na verdade, ficaram definidos todos os procedimentos fiscais e as responsabilidades tributárias. Então, a Receita Federal considera as empresas, e não o consórcio, como contribuintes. Portanto, cada empresa vai apropriar individualmente as suas receitas e suas despesas e, sempre na proporção da sua participação, no rateio do empreendimento, vai computar essas receitas e despesas, a determinação do lucro real, lucro presumido, arbitrado, na respectiva declaração de imposto de renda, vai calcular as contribuições PIS, PASEP, COFINS, com base nas receitas apuradas. Os bens adquiridos pelo consórcio vão compor o ativo permanente de cada uma das empresas, na proporção da sua participação. Em regra, a emissão de documento fiscal é feita por cada empresa, na proporção de sua participação. A regra geral é sempre essa. Digamos assim, o cumprimento de obrigações pelas empresas, obrigações fiscais, é sempre proporcional. E mais, as obrigações acessórias ficam a cargo do próprio consórcio, mas exclusivamente como uma forma de auxílio ao Fisco na verificação e na constatação do efetivo cumprimento das obrigações fiscais pelas empresas. Isso com relação ao imposto de renda na fonte. Então, na verdade, nós vimos que a sistemática no direito positivo é uma sistemática posta pelo "ente" União, pela Secretaria da Receita Federal. Então, nós vamos ver também uma questão interessante, uma vez que essa resposta de consulta surgiu em 2007. Em 2008 nós temos uma instrução normativa da Secretaria da Receita Federal do Brasil que, sob pretexto de cuidar de aspectos fiscais, aspectos contábeis, acabou criando norma sobre o ICMS e sobre o IPI, impondo essas normas aos consórcios. Ficou estabelecido o quê? Que a regra geral de que as notas fiscais são emitidas pelas empresas, e não pelo consórcio (muito embora o consórcio possa ter uma direção própria, proporcionalmente à participação de cada empresa), pode ser superada. No caso do ICMS, no caso de venda de bens e serviços tributáveis pelo ICMS, o consórcio ficava autorizado, por essa instrução normativa, a expedir, a emitir, uma nota fiscal em nome do consórcio. Ou seja, a instrução normativa afasta a regra geral de que o consórcio não emite nota fiscal, e autoriza os consórcios a, no caso de bens, mercadorias e serviços tributáveis pelo ICMS, emitir a nota fiscal, sim, em nome do consórcio e com o registro no cadastro do consórcio. E, num artigo que foi publicado por um advogado do SINDUSCON ao apreciar a questão do ICMS e do ISS no âmbito da construção civil (*Valor Econômico*), ele fazia um comentário no sentido de que a legislação cuida do ICMS, cuida do IPI e, afinal, não autoriza que o consórcio possa emitir as mesmas notas fiscais quando se tratar de contratação de mão de obra. Ele demonstra que isso configura tratamento anti-isonômico, e que, portanto, a instrução normativa estava ferindo o princípio da legalidade também por esse motivo, e o princípio da isonomia, porque, na verdade, não autorizava os consórcios, ainda que autorizados pelas Prefeituras, a emitir notas fiscais, por exemplo, de contratação de mão de obra. E isso, diz ele, implicaria também uma distinção entre as próprias empresas consorciadas, porque você pode ter uma empresa consorciada exclusivamente prestadora de serviço, e que, portanto, não seria beneficiada tanto quanto seria uma empresa que estivesse vendendo bens ou serviços tributáveis pelo ICMS.

Em suma, o consórcio, apesar de não possuir personalidade jurídica, é considerado uma universalidade, podendo ser sujeito passivo de obrigação tributária; não é, a gente vê que não é, em algumas hipóteses apenas se abre uma possibilidade de que ele aja, nós vimos essa resolução, que é de duvidosa legalidade. Uma última coisa de que eu queria tratar é a questão da prestação de serviço no âmbito interno, de empresa consorciada para empresa consorciada, essa é outra questão. E, nesse sentido, o Prof. Roque tem um parecer em que ele aborda essa relação entre empresas, de grupo de empresas; não é bem o caso de consórcio empresarial, mas é alguma coisa que diz respeito. Ou seja, ele diz, assim como o Des. Eutálio Porto disse, que não existe a tributação do autosserviço. Quer dizer, aquele que constrói em terreno próprio para si mesmo não sofre a tributação, porque não tem conteúdo econômico. É o serviço prestado para si mesmo. Então, diz o Prof. Roque: "Quando uma empresa consorciada presta um serviço a outra empresa consorciada, no âmbito do consórcio empresarial, evidentemente que não deverá incidir o ISS, exatamente pelo mesmo motivo. Trata-se de serviços realizados conjuntamente, em benefício de um terceiro, este, sim, o tomador de serviço". E que nesta relação de realização de serviço tributável não existe o que ele chama de "relacionamento inter companhias.", ou seja, entre as sociedades consorciadas.

Então eram estas as ponderações que eu tinha a fazer sobre a matéria. Gostaria também de lembrar e homenagear aqui o Prof. Eduardo Bottallo, cuja presença nesta Mesa muito desejaria, não estivesse ele afastado por problemas de saúde. Este tema, inclusive, foi por ele sugerido. E, muito embora não tenha podido abordá-lo com o brilhantismo do nosso querido Professor, procurei fazê-lo com todo o carinho e toda dedicação, com a certeza, que é de todos, de que no ano que vem ele estará conosco aqui, nos dando belíssimas lições, como sempre o faz. Muito obrigada! [*Palmas*]

CONFERÊNCIA

INTERPRETAÇÃO DA LEI TRIBUTÁRIA E SEGURANÇA JURÍDICA

MINISTRO EROS GRAU

O título desta minha exposição é "Interpretação da Lei Tributária e Segurança Jurídica", mas comporta o seguinte subtítulo: "O voto que não deu tempo de dar [*risos na plateia*] no RE 566.621". Vou tomar um caso, e a partir desse caso tratar do tema. Para os que não estão lembrados, a Lei Complementar 118 diz que, para efeito de interpretação do inciso I do art. 168 do CTN, a extinção do crédito tributário ocorre, no caso do lançamento sujeito a homologação, no momento do pagamento antecipado de que trata o § 1º do art. 150. Depois o parágrafo disse assim: "Esta Lei [*a Lei Complementar 118*] – entra em vigor 120 (cento e vinte) dias após a sua publicação, observado quanto ao art. 3º [*esse que eu acabei de ler*] o disposto no art. 106, inciso I, do Código".

O que diz o art. 106, I? Que a lei se aplica a ato ou fato pretérito em qualquer caso quando seja expressamente interpretativa, excluída a aplicação de penas. E o art. 168 menciona cinco anos, prazo em que o contribuinte poderia pleitear a restituição de tributo.

Em suma, a interpretação conferida ao inciso I do art. 168 pelo art. 3º da lei complementar aplicar-se-ia retroativamente. Consegui brevemente situar o problema. O art. 3º dá uma interpretação, diz que dá uma interpretação ao art. 168, I, do CTN, e o art. 4º da lei complementar diz que ela se aplica retroativamente.

Essa interpretação briga com a interpretação corrente do STJ. A interpretação do STJ, em inúmeros recursos especiais, é de que, não tendo ocorrido homologação expressa, o direito a pleitear a restituição só ocorrerá após o transcurso do prazo de cinco anos, contados da ocorrência do fato gerador, acrescido de mais cinco anos, contados da data em que se deu a homologação.

Então, na verdade, o que se tinha, segundo a jurisprudência do STJ, eram 5 anos mais 5, 10 anos. A partir da Lei Complementar 118 se daria uma redução do prazo, de 10 anos para 5 anos. Está claro isso? Os Srs. relembram bem isso? Relembraram? Tem gente que não relembrou...

Muito bem, o que aconteceu nesse RE 566.621? No dia 5.5.2010 um Ministro ficou no seu gabinete fazendo qualquer coisa extremamente urgente e chegou tarde à sessão, bem tarde. Quando ele chegou, inclusive não sabia se entrava ou não entrava, faltavam poucos minutos para a hora do lanche. Aí, quando o "cara" entra, o Presidente diz: "V. Exa., como vota?". [*Risos na plateia*] Estava cinco a quatro. [*Risos na plateia*] Estava cinco a quatro, o Min. Joaquim Barbosa estava licenciado, e aí esse "cara" que entrou falou: "Peço vista". Era eu... [*Risos na plateia*] Então, qual foi o voto que prevaleceu? Prevaleceu um voto que afastava a retroatividade por cinco a quatro. Estava naquele momento, como está hoje, afastada a retroatividade. Se esse "cara" que chegou votasse no sentido contrário, ficava cinco a cinco, porém isso seria apenas antecipação de uma tragédia que veio a ocorrer depois. Mas eu não vou ficar falando a respeito dessas coisas de cinco a cinco. [*Risos na plateia*]

Muito bem. Esse processo ficou, então, com pedido de vista, até que o tempo passou, com a graça de Deus. E no processo será dado um voto por quem suceder esse "cara". Mas eu agora posso até dizer como é que seria esse voto, porque não estou preso mais por absolutamente nenhuma reserva. O argumento refutado, por cinco a quatro, é o de que o art. 3º da lei complementar seria dotado do caráter de interpretação. Quer dizer, o art. 3º da Lei Complementar 118 interpreta o inciso I do art. 168 do CTN.

Por isso eu vou desenvolver essa minha exposição falando sobre a interpretação para tentar mostrar, ao final desta digressão, que é inteiramente insustentável, é inteiramente insustentável, a afirmação da retroatividade do que seria uma interpretação, mas que na verdade não é uma interpretação. Pois não é uma norma, é um texto. Então, me permitam entrar na segunda parte desta exposição. Depois retomarei o ponto principal.

Os arquétipos teóricos que constituem a base do raciocínio dos juristas não são mais adequados à compreensão, nem mesmo à explicação da realidade. Por isso, é extremamente doloroso para um jurista admitir que há uma distinção entre a elaboração de texto normativo e a construção, produção, de normas jurídicas. É extremamente difícil aceitar a ideia de que uma coisa é o texto e outra coisa é a norma.

Vou repetir algumas coisas que tenho dito sempre, me perdoem se os Srs. já tiveram a desventura de me ouvir antes, mas vou repeti-las. Cícero dizia no *De Legibus* que o magistrado é a lei falante. A lei, o magistrado mudo. O Judiciário, no quadro da separação dos Poderes, seria apenas a boca que pronuncia as palavras da lei; o magistrado não é mudo, mas só diz o que a lei diz, e, por isso, toda a sua ação se esgota na subsunção, não é? A ideia de que primeiro se compreende o que a lei disse, depois se aplica, faz-se a subsunção, pega-se aquele enunciado e se coloca sobre um fato. No extremo a ideia da subsunção levou quase à proibição da interpretação, e na França conduziu a um momento que me parece extremamente importante, o momento da criação do *referée legislative*. Quer dizer: se a matéria é complicada o juiz não decide, pergunta ao Legislativo o que deve dizer. Por isso, a Corte de Cassação é atachada, vinculada ao Poder Legislativo até hoje.

Esse modelo é ainda – me permitam acusar – o modelo que determina a visão que a maioria de nós, juristas, tem da interpretação do Direito. Interpretar seria subsumir, seria fazer subsunção. Mas hoje sabemos (alguns o sabem, nem todos), a partir da nova Hermenêutica, que texto normativo e norma não se identificam, que a norma é produzida pelo intérprete. O que é *interpretação do Direito*? Não é a mera reconstrução do pensamento do legislador. A interpretação é uma relação entre duas expressões, a primeira, que porta um significado e é o objeto da interpretação; a segunda, que é a interpretação e cumpre, em relação à primeira, o objeto da interpretação, a função de interpretante.

Por isso é um erro afirmar que vamos interpretar uma norma. Não, a norma é o resultado da interpretação. Eu interpreto o texto, o artigo 3º, do Código Civil, o artigo 237 do Código tal, o artigo 3º da Lei Complementar 118. Esse é o objeto da interpretação, o texto. E da interpretação do texto nasce a norma.

Vou tentar explicitar isso de um modo singelo. Os que estudam as Artes fazem uma distinção entre as autográficas e as alográficas. As artes autográficas são aquelas nas quais não é necessária a intermediação de ninguém para que se obtenha emoção estética. Eu tenho aqui um quadro de Monet, eu olho, interpreto, compreendo, e aquilo produz em mim emoção estética. Eu leio um texto de prosa e obtenho emoção estética. A prosa e a pintura são autográficas. Porém, de repente eu me coloco diante dessa folha de papel, que tem aqui cinco linhas, uma clave, diante de uma partitura. Eu, que não sei nada de música, olho para isso e isso não me diz nada. A música é alográfica, não autográfica. É necessário que venha um intérprete e transforme a pauta musical em música. Às vezes o intérprete não é só um, é toda uma orquestra, uma orquestra e um regente. O teatro, a poesia – lógico, eu posso ler uma peça de teatro, mas ela não é completa se eu mesmo a leio –, a poesia também, a poesia foi feita para ser declamada. Nessas artes, as artes alográficas, também há interpretação, mas ela é feita mediante a intervenção, a intermediação, de um intérprete. Transformo o texto teatral em peça de teatro só depois que ela é representada, que ela é interpretada. A música idem. Nós estamos, aqui, diante de artes alográficas.

O que eu pretendo dizer é que o texto normativo, o Direito, é alográfico, e não autográfico. O texto, o preceito normativo, o enunciado normativo – deem o nome que quiserem –, não se completa no sentido nele impresso pelo legislador. A sua completude somente é realizada quando o sentido por ele expressado é produzido como uma nova forma de expressão pelo intérprete. O que significa que o sentido expressado pelo texto já é algo diverso do texto, é a norma jurídica.

Isso significa que o texto, texto normativo, visando à solução de litígios (porque ninguém leva um texto de lei para um momento de lazer, nem para um momento de intimidade, a não ser que seja doido), [*risos na plateia*] reclama um primeiro intérprete que compreenda e reproduza para que um litígio possa ser resolvido.

Por isso a interpretação do Direito é sempre mais que meramente interpretar para conhecer ou para obter satisfação, emoção estética. Ela é voltada à obtenção de uma decisão para problemas práticos. E, por isso, interpretação e aplicação não se realizam autonomamente, mas se completam, se compõem. O intérprete discerne o sentido do texto sempre a partir e em virtude de um determinado caso. Sempre, ainda que ele venha a uma sala de aula e esteja fazendo uma exposição didática, ainda que não o declare, no seu pensamento há sempre a hipótese de uma determinada situação à qual o texto há de se aplicar. Gadamer disse isso e muitos não perceberam. O sentido do texto é de ser lido a partir da realidade e em virtude de um determinado caso. Por isso podemos dizer que interpretar o Direito é concretar a lei em cada caso – vale dizer, aplicá-la. O jusfilósofo argentino Enrique Mari, meu amigo, dizia que existe uma equação entre interpretação e aplicação. Não são dois momentos distintos, porém uma só operação; interpretação e aplicação se superpõem.

Posso seguir adiante, então, dizendo que a interpretação do Direito é uma ação que opera a mediação entre o caráter geral do texto e sua aplicação particular. A interpretação do Direito opera a inserção do Direito no mundo da vida.

Eu parto, nós partimos de fórmulas linguísticas contidas nos textos, nos enunciados, nos preceitos, e aí alcançamos a determinação de um conteúdo normativo. A interpretação é meio de expressão dos conteúdos normativos das disposições, meio através do qual desvendamos as normas que estão contidas nas disposições, nos enunciados, nos textos.

De um tempo para cá comecei a usar um exemplo que me parece bastante simpático, ainda que dê a medida da minha idade. Lembro o bombom *Sonho de Valsa*, com aquele celofane e, depois, o papel alumínio. Desvendar o sentido normativo é algo assim como abrir o *Sonho de Valsa*. Vejam que eu não criei nada. Aquele autêntico *Sonho de Valsa*, que está dentro do papel celofane. O mesmo se dá com as normas que estão dentro dos textos. O intérprete desvencilha a norma do seu invólucro. O papel celofane é o texto, dentro dele está a norma. No fim da linha o intérprete autêntico de Kelsen, nós vamos chegar rápido lá. Por isso eu posso dizer, meus Amigos, que as normas resultam da interpretação dos textos. As normas resultam da interpretação dos textos. Vou dar um passo adiante, depois vou voltar.

O processo legislativo acaba no momento da sanção da lei. Aí começa um outro processo, o processo normativo. A minha afirmação, portanto, é a de que aparecem agora, bem nítidos e distintos, o enunciado e a norma, o texto e a norma. A interpretação é uma atividade que se presta a transformar disposições em normas. As normas resultam da interpretação. Portanto, o ordenamento é um conjunto de interpretações, é um conjunto de normas. Se eu tivesse aqui – não, eu queria um código, não este pedaço de papel, [*risos na plateia*] – (...) isto aqui é o Código, é a Constituição. Não é um conjunto de normas, é um conjunto de possibilidades de normas. Só haverá norma depois da interpretação. É isso que eu pretendo dizer, um conjunto de textos é apenas ordenamento em potência, é apenas a possibilidade de interpretações. Quem cria a norma é o intérprete. A norma preexiste potencialmente no invólucro do sonho de... Não, não é o *Sonho de Valsa*! [*Risos na plateia*] Ela existe potencialmente no invólucro do texto, encontra-se em estado de potência dentro do texto, e o intérprete simplesmente a desnuda. Eu vou voltar a outro exemplo, e pedir desculpas. Porque é sempre o mesmo exemplo, mas é muito bom, desculpem, modéstia à parte. Eu coloco aqui três blocos de mármore de Spezia, perto de Santa Marguerita, chamo três escultores e digo a eles: "Ó, aqui, vocês não são artistas para fazer, como diria Aristóteles, na *Ética*, o que vocês queiram, o que está dentro de vocês. Vocês vão fazer 3 *Vênus de Milo*". E, como eles são escultores mesmo, bons, eles fazem três *Vênus de Milo*, uma diferente um pouquinho da outra. Uma tem o nariz mais arrebitado, o braço da segunda é mais longo, mas são, seguramente, três *Vênus de Milo*, nenhuma *Vitória de Samotrácia*. O princípio da existência dessas três *Vênus de Milo* está na imagem da *Vênus de Milo*. Se eles forem – como são no meu exemplo – bons escultores, de verdade, e nós dissermos "Que beleza que você fez", eles dirão: "Não, eu não fiz, porque essas *Vênus de Milo* já se encontravam dentro do bloco de mármore, nós apenas" – ou "eu apenas", dirá cada um deles – "o desbastei, o bloco de mármore".

Permitam-me fazer um pequeno parêntese, depois eu retomo. Está explicado agora por que, no mesmo caso, o juiz da 1ª Vara dá a liminar, o juiz da 2ª Vara indefere a liminar e o juiz da 3ª Vara arquiva o feito. É a questão de se ter o nariz mais arrebitado, o seio mais caído... [*Risos na plateia*] Eu diria que aquele que não deu a liminar foi o que fez a pior das três *Vênus de Milo*. É que há sempre várias possibilidades de *Vênus de Milo*, como há várias possibilidades de norma, como há sempre várias possibilidades de decisão. Porque o Direito é uma prudência, e não uma ciência. Mas eu vou fechar o parêntese, e depois volto a esse ponto.

O que desejo dizer é o seguinte: assim como o mesmo texto pode dar origem a diferentes normas, aqui também o mesmo texto, a *Vênus de Milo*, deu origem a três *Vênus de Milo* diferentes. Eu vou fazer uma loucura. Vou fazer uma paráfrase a Kelsen e dizer o seguinte. dizer que uma dessas *Vênus de Milo* é fundada na obra grega não significa senão que ela se contém dentro da moldura que a *Vênus de Milo* representa. Ela não é ***a*** *Vênus de Milo*, é apenas uma das *Vênus de Milo* que pode ser produzida dentro da moldura da obra grega.

Vou a um passo adiante desta minha exposição. Explorando rapidamente essa coisa de o juiz da 1ª Vara decidir "assim", o da 2ª decidir "assado" etc. É que o texto normativo contém a norma, mas não completamente. A norma já está lá dentro, mas ela precisa, a norma, ser desvencilhada do texto. Acontece que esse desvencilhamento, que implica produção da norma, construção da norma, se dá no decorrer de um processo de concretização em que vou trabalhar a matéria jurídica. Caminho do texto até as normas jurídicas gerais e, se eu for juiz, vou, após as normas jurídicas gerais, até a norma de decisão. Só então se dá a concretização da norma. São dois momentos, o momento de construção da norma jurídica e, após, o momento da tomada de decisão, que pode ser razoável ou não, proporcional ou não. Apenas aí o momento da tomada de decisão.

Quando eu chegar ao fim desta exposição e confessar por que tenho medo dos juízes, voltarei a este ponto. Deixem-me chegar lá.

Eu quero dizer, agora, que a norma é construída no curso disso que se poderia chamar de processo de concretização do Direito, não a partir exclusivamente dos elementos do texto, mas também dos dados da realidade no quadro da qual o texto deve ser aplicado.

Quer dizer, a norma é determinada histórica e socialmente. Os textos normativos são formulados tendo em vista um determinado estado da realidade, mas é abstrato em geral e a realidade referida pela norma constitui o seu sentido. Portanto, se há uma mudança da realidade, também devo considerar essa mudança na construção da norma. A realidade é tanto parte da norma quanto o texto. O Código Penal é do início da década de 40. Está lá tipificado o atentado público ao pudor, não é isso? Uma mulher em 1945 vai à praia, ou à piscina, de maiô de duas peças cavado. Ela certamente será incomodada, ou poderá vir a ser incomodada. Estão de acordo que isso poderá chegar até os braços de um juiz? [*Risos na plateia*] Agora, imaginem. O texto é o mesmo. Imaginem uma mulher que vá à praia ou à piscina, hoje, de *topless* – não a mesma mulher, naturalmente. [*Risos na plateia*] Ela não será incomodada, ela não será incomodada. O texto é o mesmo, mas os dados da realidade são outros. É muito importante, neste ponto, considerarmos o seguinte: temos o texto e a realidade como um todo. É sempre dentro da realidade que há um determinado caso a ser considerado.

Prof. Roque Carrazza, eu vou cometer uma insanidade, agora. Agora vou tentar não fazer uma paráfrase, mas corrigir, emendar, Kelsen. Eu diria que a moldura da norma, de que fala Kelsen, na verdade é moldura do texto. Mas não é apenas moldura do texto, ela é moldura do texto e da realidade. É moldura do texto e da realidade. E é nessa moldura que se encontram as possibilidades de norma. Norma construída pelo intérprete, qualquer intérprete, só que, em última instância, o intérprete autêntico. Porque o intérprete autêntico é aquele que incorpora à sua compreensão um ato de vontade, não é? É o chamado intérprete autêntico. Ele constrói as normas e toma uma decisão. Essa tomada de decisão é que o caracteriza como intérprete autêntico.

Vamos fugir dessa história de chamar de intérprete autêntico o legislador. Porque o legislador não interpreta, o legislador produz textos, e a sua ação acaba, a sua ação termina, no momento em que se encerra o processo legislativo. Depois começa um outro processo, o processo de produção normativa.

O ato de vontade que só o juiz pode praticar é que peculiariza a interpretação autêntica. Eu diria, para poder dar um passo adiante – e já está começando a demorar esta minha exposição –, que é preciso compreendermos que há um entrelaçamento entre o mundo do ser e o mundo do dever-ser. Legal, ótimo, grande artifício didático. Eles entraram na Faculdade e lhes falaram do mundo do ser e do mundo do dever-ser... Isso não existe. Isso não existe, porque o mundo do dever ser se nutre do mundo do ser e se realiza e opera no mundo do ser. Se tentasse fazer um enunciado bonito, eu diria que interpretar o Direito é caminhar de um ponto a outro. Caminhar do universal ao singular, através do particular, conferindo a carga de contingencialidade que faltava para tornar plenamente contingencial o singular. Vale dizer: tomar, pôr, colocar na decisão que o intérprete autêntico formula toda a carga de importância, para a construção da norma jurídica que vem do texto e do mundo da vida.

A norma, Srs., é resultado da interpretação. O que a interpretação faz é operar a mediação entre o caráter geral do texto, do texto normativo, e sua aplicação ao singular.

Bom, compreendido isso, podemos nos situar diante de duas oposições que se manifestam no plano do Direito. A primeira entre a necessária tutela da segurança jurídica e da liberdade individual, de um lado, e, de outro lado, a função da interpretação no desenvolvimento do Direito. Paolo Grossi aponta essa oposição. Ele diz que são duas as forças que, em direções opostas, percorrem o Direito. Uma tendente à rigidez, à segurança jurídica – e, para tanto, eu não devo deixar que mude nada –, uma tendente à rigidez e outra, no desenvolvimento do Direito mediante a interpretação, tendente à elasticidade. E duas são as exigências fundamentais. Certeza e liberdade individual garantidas pela lei no sistema de Direito burguês (eu usei "burguês" sem nenhuma carga ideológica, só para referir o que chamamos de "Direito moderno", esse Direito que protege a liberdade e "vai para o espaço" no momento em que o juiz decide de acordo com o critério da razoabilidade, por exemplo, sem ter atravessado a praça, sem ser legislador) e sua continuamente necessária adequação ao devir social, às transformações sociais.

Você tem certeza e segurança jurídica na medida em que o texto vincule o intérprete. E você tem adequação do Direito ao devir social na medida em que dê mais liberdade ao intérprete para criar. Isso também nos leva a uma segunda oposição, a qual já me referi, a oposição entre a dimensão legislativa e a dimensão normativa do Direito. Se vocês tiverem a boa vontade de aceitar, apenas para efeito de argumentação, tudo que eu disse até agora, vocês compreenderão que efetivamente o processo legislativo termina num determinado momento, e a partir desse momento começa outro, o processo de elaboração da norma, que podemos, então, chamar de processo normativo.

Lógico que esses dois momentos não expressam uma cisão da dinâmica jurídica, como se ela fosse divisível, como se fosse possível partir o fenômeno jurídico em dois pedaços. Não, não é nada disso. O texto é desdobrado, pelo intérprete, no momento da interpretação, de modo que o processo que o Direito é na sua totalidade aí não se interrompe, aí apenas se completa.

Por isso, meus Amigos, é que tenho afirmado que o Direito é um organismo vivo, mas um organismo peculiar. Porque ele não envelhece, nem permanece jovem; ele é contemporâneo à realidade. O Direito é um dinamismo, e isso fazem os juízes: manter os textos adequados à realidade, adequá-los a realidade.

A plena compreensão disso, a plena aceitação disso, conduz à conclusão, sim, de que o Direito é, no seu último momento, o momento normativo, produzido pelo Poder Judiciário.

A partir deste ponto eu poderia seguir por inúmeras vertentes, porém desejo observar que a interpretação não é uma ciência, é uma prudência, o saber prático, a *phronesis* a que referia Aristóteles. A prudência é razão intuitiva que não discerne o exato, mas o correto. Não é saber puro. O desafio da ciência é não ter resposta para uma determinada questão. O cientista corta os pulsos quando não tem resposta para uma determinada questão. O desafio da prudência está em termos inúmeras, inúmeras, inúmeras respostas corretas para uma mesma questão.

Quando um intérprete produz normas jurídicas pratica a jurisprudência, não jurisciência. Atua segundo a lógica da preferência, não segundo a lógica da consequência. Situa-se na escolha entre várias possibilidades corretas. Note-se bem que não estou, com isso, justificando que algum juiz entenda que é razoável ou não razoável tal lei. Essa escolha tem de ser feita, como preferência, rigorosamente dentro do quadro fixado pelo texto. Quer dizer: a norma não é objeto de demonstração, é objeto de justificação.

Muito bem. Se a problematização dos textos normativos não se dá no campo da ciência, mas no campo da prudência, posso retornar ao exemplo que tomei há pouco, da pauta musical. Por acaso é a partitura da

Pastoral, a *Sexta Sinfonia* de Beethoven. Vocês perceberam que a *Sexta* regida por von Karajan é de uma beleza corretíssima? Sim ou não? Mas a *Sexta* regida pelo Zubin Mehta e com outras orquestras sinfônicas é também uma beleza, embora não sejam as mesmas. Mas são ambas autênticas, corretas. Lógico, eu não vou chamar, agora, o conjunto "Sepultura" para tocar a *Sexta Sinfonia*, [*risos na plateia*] porque, aí, também, seria demais. Não posso chamar, porque esse conjunto não é um intérprete autêntico! É disso que eu estou falando, percebem?

Srs.: não existe a única interpretação correta, quer dizer, verdadeira, da *Sexta Sinfonia*, assim como não existe uma única interpretação correta de um determinado texto normativo, uma resposta que sempre haja de ser aplicada. Dworkin inventou a figura do juiz Hércules, não é? Pois nem mesmo o juiz Hércules estará em condições de encontrar, para cada caso, uma única solução correta. Os princípios, os valores, o juiz Hércules, Ronald Dworkin e Robert Alexy estarão nas raízes do que acontecerá dentro de uns 50 anos, quando não houver mais liberdade, quando todos os que ainda viverem estiverem a correr o risco de serem presos a qualquer momento em função da ponderação entre princípios e valores pelos juízes do futuro. Mas deixo minhas implicâncias de lado...

Chego ao final. O que é *lei interpretativa*? Segundo Vicente Ráo – depois ele fraqueja um pouco, se contradiz um pouco, mas não vai nenhuma crítica a esse homem que foi um grande jurista, digo apenas grande jurista... –, lei interpretativa é a lei que não contém nenhuma disposição nova, não contém nenhum texto novo. É inócua. Para quê serve, se não contém nenhum texto novo, não há nada a interpretar? É uma lei, um texto que diz a norma que o texto anterior portava, portanto não pode retroagir. Nós não temos escapada. Ou não diz nada, ou diz o que um texto anterior devia dizer. Logo, não pode retroagir. Se a lei interpretativa diz uma das normas possíveis, para começo de conversa já se transformou em texto. Portanto, tem de ser interpretada. Mas, se ela diz uma das normas possíveis, está excluindo as demais normas possíveis, só pode ter vigência para o futuro. A União diz, em memoriais, nesse caso, que a do art. 3º da lei complementar é a única interpretação verdadeira. Isso, contudo, não existe, nós acabamos de ver.

O art. 106 do CTN de fato abre uma exceção à retroatividade. Isso não está em jogo, poderíamos até discutir a constitucionalidade disso. De qualquer modo, ainda que se admita sua constitucionalidade, isso só poderia ser em termos de admitir-se que ela se aplica no futuro – repito, no futuro – a ato ou fato pretérito. Quer dizer, desde a sua vigência, jamais desde a data do ato ou fato pretérito. Os Srs. percebem que estamos diante sempre de um texto novo? Porque a norma que se afirma nesse art. 3º por força da sua própria existência já não é mais norma, é um novo texto. O que é esse art. 3º? Das duas, uma: ou ele é inócuo (porque, se tivesse que alterar alguma coisa, teria de alterar o texto do inciso I do art. 168 e o do art. 150, § 1º; logo, é inócuo), ou confere novo sentido a esses textos, dizendo o que o Código Tributário Nacional estaria a dizer, e, portanto, inovando. Ora, se está inovando, não pode retroagir...

O segundo termo do enunciado desse título com subtítulo, o voto que não deu tempo de dar, fala da segurança jurídica. É meio temerário falar em segurança jurídica, em termos de direito tributário, nas vésperas de um concurso em que há três teses e duas tratam de segurança jurídica, não é? O concurso lá no Largo S. Francisco. Duas teses que tratam da segurança jurídica. Importa é que a segurança jurídica repousa sobre o direito positivo.

Coisa curiosa a vida. Eu era advogado, virei magistrado. Quando me transformaram em magistrado, disseram: "Lá vem um esquerdista"; outros disseram, mais claramente: "Lá vem um comunista para desordenar tudo isso". Após seis anos de judicatura verifico que sou o mais empedernido dos positivistas. Porque sei que apenas o direito positivo permite, em última instância, a defesa dos oprimidos e das classes subalternas. Sem a lei, estamos perdidos. Sem o direito positivo não há liberdade. Tenho medo dos juízes porque hoje, com essa coisa da ponderação, essa coisa de ponderar valores, essa coisa de tomar o critério da proporcionalidade e o critério da razoabilidade como se fossem princípios, ficamos inteiramente entregues à subjetividade de cada um deles.

Mencionei, no início desta minha exposição, dois momentos. No primeiro o intérprete autêntico compreende os enunciados, os textos, e formula as normas jurídicas com as quais vai decidir cada caso. No segundo momento decide o caso. Kelsen o disse. Nesse segundo momento o juiz aplica a pena de 7 anos, não de 11, porque é mais razoável. Nesse momento o juiz pode e deve trabalhar com o critério da proporcionalidade. Mas não deve, nem mesmo pode, usar o critério da proporcionalidade, nem o critério da razoabilidade, na fase de produção das normas jurídicas gerais. O juiz não participa legitimamente do processo legislativo, atua no processo normativo, apenas. Está claro isso? Essa distinção me parece fundamental.

Quando um juiz, ou tribunal, se afasta do Direito afirmado pelos textos normativos, do direito positivo, para tomar decisões conforme a razoabilidade ou a proporcionalidade, estamos perdidos. Precisamos rever muitos, muitos conceitos, acabar com esta história de princípios. Não existe diferença entre princípio e regra. Por isso vou reescrever um livro, o *Ensaio e Discurso*, a ser publicado com um subtítulo entre parênteses: "Esqueçam tudo o que eu escrevi sobre princípios". [*Risos na plateia*] Não existem princípios senão enquanto regras. Precisamos promover a defesa do direito positivo.

Voltando ao assunto. É nítido para mim que o art. 3º, de que falamos, não pode se aplicar retroativamente.

Quero agradecer a oportunidade de falar mais uma vez sobre interpretação, "vender o meu peixe". Agora estou começando a "vender um peixe novo", o da inexistência de distinção entre regra e princípio. Muito obrigado! [*Palmas*]

ENCERRAMENTO

PROF. AIRES BARRETO
Presidente do Instituto Geraldo Ataliba/IDEPE

XXIV CONGRESSO BRASILEIRO DE DIREITO TRIBUTÁRIO (À Guisa de Encerramento)

Resolvi à tribuna assomar,
e novamente discursar
a um auditório indulgente,
apesar de exigente.
Volto aqui muito contente,
a rimar pra tanta gente.

Foi fruto da cabeça dura, que teima,
e da pretensão, que em mim reina,
de falar ainda uma vez,
a esse auditório cortês.

Em Congresso do passado, vendo a minha ousadia,
Doin Vieira já me tinha advertido,
mas disse-o, com muita galhardia:
– "Aires, por você tenho grande estima.
Vejo que, mal e mal, aprendeu a rima,
mas nada entendeu quanto à métrica,
que prossegue, no mínimo, patética".

Ainda assim, volto, meio sem jeito,
com temor, mas alegre e satisfeito,
para discursar em poesia.
Pois, como ele nos dizia,
prosa nós ouvimos todo dia.

E, assim, sigo como o vate Doin Vieira,
de quem da bela poesia tento ir na esteira.
Mas, óbvio, sem alcançar sua classe altaneira,
mesmo que me esforçasse a vida inteira.
Então, se me regozijo e me ufano nesta hora,
é porque no mundo de hoje e de outrora
também se alegra o humilde camponês
quando, do rei, recebe as insígnias, uma vez.

Educação
– Viga Mestra do Povo e da Nação

Deixando isso de lado, quero deixar registrado
o meu protesto irado, aos demais bem avisado.
Urge uma solução para o tema da educação,
viga mestra do Povo e da Nação.

Valores destinados a uma boa educação,
bem aplicados na vida, desde a infância,
além de constituírem a nossa salvação,
serão menores que gastos com a ignorância.

Se há quem se apoie na falta de recursos
para a todos dar boa educação,
peço que os rios levem em seus cursos
esses grandes ignorantes de plantão.
Pois da educação se chega ao conhecimento,
do conhecimento chega-se à sabedoria,
e desta, para o nosso alento, atingimos o intento
de termos, sempre mais forte, uma sólida democracia.
Vamos batalhar por ela,
sem ficar parados na janela,
vendo e ouvindo o clamor do iletrado,
há tanto tempo marginalizado.

O primor das letras vamos ofertar,
vamos zerar o contingente analfabeto,
a milhões vamos ensinar,
com muito carinho e o nosso afeto.

Que as nossas pastas da Educação
não sigam pela contramão,
não deixem levar de roldão,
e manter na estagnação,
os que estão nessa situação.

É preciso ser discreto
e amar ao analfabeto,
dando a ele o tesouro,
para nós imorredouro,
do horizonte bonito
da sua vida futura,
e até ser erudito,
fruto de muita leitura.

Os Nossos Conferencistas

Falo, agora, um pouco de cada notável conferencista.
Começando pelo Presidente do nosso Congresso.
Eros Grau, Ministro, culto, simples, sem ser simplista,
dos poucos, aqui confesso, que a todos permite acesso.

Eros Grau, esse sapiente Ministro,
aposentou-se com louvor.
Retorna, porém, eu registro,
exercendo com ardor, e muito amor,
seu mister de professor.

E também se dê revista,
segue ainda como jurista,
é bom que nele se invista,
eis que é ótimo parecerista.

E, além de tudo isso, ainda muito lhe apraz
cuidar da arbitragem de cunho internacional,
matéria em que é versado e capaz,
sempre nos ensinando o caminho magistral.

Rodríguez Bereijo, o professor espanhol,
que, para nossa alegria, nos mandou o Velho Mundo,
deixou aqui evidente ser mesmo um mestre de escol,
com seu discurso didático, vigoroso, claro e profundo.

Agora, do nosso mestre me valho.
Sim. Dele que é Barros Carvalho,
que põe exemplo e dá lição,
em linguagem de perfeição.
Por isso, os seus escritos ganharam o Exterior,
Argentina, Espanha e também a Itália, ulterior,
leem ávidos os seus discursos, sempre de grande efeito,
escritos com muito jeito,
pelo nosso festejado filósofo do Direito.

Quero neste instante referir,
cuidar do conferencista, a seguir.
Sobre suas lições sempre me apraz refletir,
válidas que são, em todo o nosso porvir.
Sobre ele eu já disse, aqui nesta mesma sala:
– "É ele que agora fala. É ele Roque Carrazza".
Que perora como ninguém: sempre arrasa.
Rever suas orações é fazer que nunca se deve,
pois ele é um dos poucos que fala como se escreve.

E o nosso trovador, pela queda verberado,
até há pouco sofrido e acamado,
mas que já se recupera?
E cuja presença breve se espera,
com suas sábias preleções?
Receba, caro Bottallo, de todos, um forte abraço.
Ficamos em tempo de compasso,
saudosos de suas lições.

Ainda temos, aqui, o Estevão Horvath e a Leonor Vieira,
e também José Eduardo e Gonçalves, o nosso Lima,
reunidos em fieira,
com as estrelas lá de cima.
Todos de qualidades incontestes,
formando este conhecido Congresso.
Aqui passam muitos mestres,
aos quais os Senhores têm acesso.

E a nossa Ferragut, ela, Maria Rita,
sempre competente e expedita,
com muita dedicação, e até com o coração,
dá de seu tempo valioso,
e traz ensinamento precioso.

Desse grupo bem seleto, em que, com louvor figuram,
estão Misabel Derzi, Susy Hoffman, Betina e Ana Emília, competentes professoras;
Carla Gonçalves, Roberta Cintra e Simone Costa, dedicadas colaboradoras;
Marli Ferreira e Regina Helena, do 3º TRF, ilustres desembargadoras.

E a professora Beth Carrazza, que aqui vem desde menina,
e depois Helga Vieira, de braço com a Malvina,
e um belo grupo inteiro, ao lado do Balieiro,
e mais o Eurico de Santi, jovial e bem fagueiro, conquistando as mocinhas,
com seu modo lisonjeiro? [*Risos na plateia*]

De Paulo, o Barreto,
não vou falar, lhes prometo,
que ao pai não fica bem
tecer loas ao filho que tem. [*Agora, visivelmente emocionado*]

Mas refiro o Tácio Lacerda Gama,
Que já alcança o *hall* da fama,
junto com Maia, o Robson.
Vão eles tecendo suas teias,
ultrapassando barreiras.

Os dois, juristas-políticos,
centros de grandes conquistas,
juntos, dois verdadeiros míticos,
são, também, políticos-juristas.

Del Padre, menina cheia de bossa,
e o livreiro Doutor Oliveira Rocha,
essas fulgurantes estrelas,
aqui todos podem vê-las.

O Sidney Apocalipse,
sempre quer no temário,
em Congresso tributário,
e não há quem não pretenda,
se fale de imposto de renda.

Schoueri, Neder, Longo e Mariz de Oliveira,
atendendo ao seu pedido, juristas que são, de primeira,
discutiram acalorados sobre as garras do leão.
Argumentos variados, tomaram a tarde inteira,
sem acordo, quanto ao poder da fiscalização.

Soares de Melo quer falar do ICMS,
tema que o endoidece.
Ou, alternativamente, abordar questões
envolvendo as várias contribuições,
e quer deter-se um pouco mais
naquelas chamadas de sociais.

Não há tempo para lembrar outros nomes mais,
nomear tantos professores vitais,
para merecido registro nos anais,
aos quais dedicaram, com galhardia, seus avais.

Mas, todos, fiquem certos,
nos colegas bem despertos,
os nomes de todos "expertos"
estão gravados no peito,
num afeto bem estreito.

Às Mulheres Congressistas

É justo que se passe a cuidar, e com muita alegria,
desse grupo, por ora, quantificada minoria,
mas, desde logo, certamente, qualificada maioria,
sempre com participação alentada,
destas que são as mulheres Congressistas.
Belas e vistosas, presenças sempre benquistas.
Vamos abrir largo espaço, vamos lhes dar passagem.
Vamos, com muito carinho, prestar-lhes justa homenagem

Eis que são elas, congressistas,
que alegram o nosso evento
e desfilam competência, e sobremodo
inteligência.
Brilham a todo momento,
com sabedoria e eloquência.

São figuras primorosas.
São luminares, ditosas,
são todas muito formosas,
e disso nem são vaidosas,
ao contrário, corajosas.

Recebam todas, com respeito,
uma rosa em cada peito.
A, mais linda, bem ao jeito,
lembranças de cada feito.

Temas Versados no Congresso

Lembro logo: é preciso ter decência,
e respeitar a decadência,
e, cabendo, praticar uma boa ação,
decretando, incontinenti, a prescrição.

E que os mais perenes intentos
de obter justiça, afinal,
demarquem os lançamentos,
com a verdade material.

E, sem mais parafernália,
defina-se a obrigação tributária,
principal ou acessória,
com a verdade notória.

Deixar de fora o IPI
não é possível aqui,
esse imposto da União,
sobre certa produção.

E quanto ao IPVA,
quem sobre ele discorrerá?
E, depois de longa pausa,
quem falará sobre o *mortis causa*?
E, nossa, ainda resta, já o vi,
alguém para abordar o ITBI.

Cuidar do imposto rural
pode ficar para o final.
É tributo incendiário,
temido pelo latifundiário.

E versar o importação,
cuidar da exportação,
esses impostos das fronteiras,
que, aos ricos, dão olheiras.
São tributos bem em voga,
bons para o Sacha e Quiroga.

E no Município Capital, a tal segunda
administrativa instância?
O Colégio em que se prega a isonomia,
por acaso é paritário?
Que igualdade é essa, que se alardeia com
jactância?
Que isonomia mais esquisita, se o voto de
Minerva,
prestem muita atenção, pois isso é o que
enerva,
sempre é do Fisco, nunca do contribuinte,
que fica sempre solitário?
Se não se quer ser objeto de falatório,
por que não se cria um real contraditório?
Em que o contribuinte não se veja sem
valia,
sempre em luta de minoria?

Geraldo Ataliba
– O Mestre dos Mestres

Geraldo a tudo assiste. Lá do alto,
vê o que vai no asfalto,
e sorri, com felicidade,
sem resquícios de vaidade.
Aplaudindo a reunião,
nesta vigésima quarta versão.
Sempre a lhe prestar reverência,
por sua notável eloquência
e por seu total desapego
a qualquer irreverência,
bastava-lhe que se fizesse ciência.

O ausente, sempre presente,
o seu grande Presidente,
deste vitorioso Instituto,
que vinte e quatro vezes já deu fruto.

Geraldo morreu pelo IDEPE,
que cultivou desde moleque,
e com ele cresceu e feneceu.
Nele ensinou até ficar rouco,
cansado à exaustão. Ao atribuir-lhe seu
nome,
fez-se justiça. Mas isso foi muito pouco
pra quem ergueu o IDEPE, dando-lhe seu
coração.

Os Nossos Qualificados Congressistas

E os nossos Congressistas,
vindos de todos rincões.
Colaboram otimistas,
atuam em todas sessões.
Abrimos os nossos portões
a esses idealistas
da ciência, aos borbotões.

"Quebrando o Gelo"

Mas, agora, na volta ao lar,
muito cuidado. Não corram,
não queiram nunca abusar,
cuidem-se; vivam; não morram.
E você, meu amigo, dirija bem devagar,
nunca ande mais depressa
do que o seu anjo pode voar.

Vai um professor, de Direito, um grande mestre; feliz, assobiando,
com o livro que escreveu, como um tesouro, sobraçando,
passeando, sem pressa, a felicidade, à flor da pele, demonstrando.
Vendo a cena, outro tributarista, maldoso e cheio de ironia, a todos diz:
– "Eis que ali vai um professor feliz".
Vejam: na rua, segura o livro apertado; vai caminhando a esmo.
De mais obras ele não precisa: eis que aprende Direito por ele mesmo.

No Brasil, pra passaporte tirar,
e de concurso participar,
e até pra ter emprego, tem-se que apresentar
o título de eleitor.
Mas, se for para votar,
o título não tem valor.

Prece de Encerramento

Por derradeiro, Colegas, façamos uma prece.
Com o aspirante a poeta, que agradece.
Já que o seu discurso simples já fenece.
Pois até de novas rimas ele padece.

Oxalá possamos, na ciência, a vereda da Justiça trilhar sempre.
Oxalá possamos manter digna a posição que ocupamos.
E, pondo no coração esses anseios, seguir em frente,
recebendo a carícia paternal do Deus que amamos.

Peçamos, ao fim, para voltar mais amiúde,
em congraçamento aqui no Hotel *Maksoud*,
e, desde logo, com muita fé, ficar alertados,
para o XXV Congresso estão todos convidados.
Venham. Encontremo-nos aqui, alegres e abraçados.

Pois é chegada a hora de bater em retirada.
Do temário, discutimos tudo; não faltou nada.
Ganhamos o cansaço. Já nos falece o vigor,
é hora, então, de ir para o lar, as energias repor.
Eis que o sol se recusa a recolher o seu fulgor,
lutando para não se pôr no horizonte
enquanto não se encerra aqui defronte,
no seu vigésimo quarto anuário, bem marcado,
este Congresso Brasileiro de Direito Tributário.
Que agora, como me cumpre, dou por encerrado. [*A plateia, de pé, aplaude calorosa e prolongadamente*]

TESES APROVADAS NO XXIV CONGRESSO

Aspectos Materiais sobre a Responsabilidade Tributária dos Sócios e Administradores das Sociedades Limitadas

ANTÔNIO DE MORAES RÊGO GASPAR

Mestrando em Direito Tributário pela PUC/SP – Especialista em Direito Tributário pela FGV/RJ – Especialista em Direito Civil e Processual Civil pelo Centro Universitário do Maranhão – Advogado

1. Introdução

A norma tributária tem o objetivo de regular relações que envolvem prestações pecuniárias compulsórias, cobradas mediante atividade administrativa vinculada. Os sujeitos que participam dessas relações encontram-se atrelados por expressa determinação legal, o que afasta qualquer caráter negocial entre as partes.

O direito tributário corresponde a um subsistema positivado, cujo isolamento didático foi concebido apenas para a facilitação da aproximação cognoscente. Por isso, as normas que o compõem se entrelaçam com outros ramos do direito positivo, o que é salutar para que se possa proceder a um estudo mais completo e aprofundado sobre uma série de questões, especialmente as concernentes à responsabilidade tributária.

É justamente o que será feito neste artigo, em que se analisam os casos de responsabilidade tributária dos sócios e administradores das sociedades limitadas. Pelo próprio tema, percebe-se a necessidade de busca por conceitos que não se encontram na legislação tributária, mas sim no corpo legislativo cível, mais especificamente na parte em que trata de matéria empresarial.

Para que os sócios e administradores sejam responsabilizados por obrigações tributárias da sociedade que administram ou de que fazem parte é necessário que seja superada a separação patrimonial que vigora nas sociedades limitadas, numa nítida desconsideração da personalidade jurídica. Tais aspectos também demandam o cotejo entre a legislação cível e tributária, a fim de que os institutos aqui analisados sejam compreendidos em toda sua amplitude.

É de se ter em conta que as normas tributárias atuam em setor específico das relações humanas, o que faz com que o seu campo de atuação seja diverso do campo das normas cíveis. Mesmo assim, a configuração da pessoa jurídica, aspetos sobre sua dissolução e a posição dos sócios e administradores para com a sociedade fazem com que várias consequências tributárias sejam internalizadas pelo sistema do Direito.

Dessa forma, o presente trabalho abordará criticamente os seguintes aspectos: (i) conceito de sociedade empresária limitada; (ii) conceito de sócios e administradores; (iii) aspectos gerais sobre a sujeição passiva tributária; (iv) desconsideração da personalidade jurídica em matéria tributária; e (v) responsabilidade dos sócios e administradores, modalidade de responsabilidade tributária de terceiros.

2. Conceitos propedêuticos

2.1 Sociedade limitada

O termo "sociedade empresária", como se percebe à primeira vista, é formado por dois vocábulos que, em união, servem para designar um tipo específico de sociedade: aquela voltada para a exploração de atividades empresariais, econômicas. Assim, para se chegar a uma delimitação semântica que tenda à precisão, os termos serão aqui analisados separadamente, para que, em momento posterior, seja feito um encontro entre os seus respectivos conteúdos de significação, com o intuito de apresentar uma definição satisfatória do conceito de "sociedade empresária".

Quando duas ou mais pessoas atuam no sentido de desenvolver atividade econômica em conjunto, a composição dos respectivos interesses pode assumir diversas formas, indo de um simples acordo verbal até a formalização de uma sociedade. Nesses casos podem ocorrer variações no regime jurídico aplicável à união em questão, com reflexos, por exemplo, no campo tributário, determinante na apuração dos custos da atividade.

A criação de uma sociedade corresponde ao mais alto grau de comprometimento jurídico entre agentes exploradores de atividade econômica. O marco da sua existência é o registro em Junta Comercial, que corresponde à introdução de norma individual e concreta no sistema, em cujo antecedente encontra-se formalização da linguagem juridicamente competente, conforme está previsto nos arts. 45 e 985 do CC. De acordo com as premissas do construtivismo lógico-semântico, para que um fato seja reconhecido pelo Direito, deve ingressar no sistema conforme as regras internamente estabelecidas. Assim, afasta-se, desde já, qualquer teoria que repute a existência de pessoa jurídica desvinculada da sua criação formal, como acontece com a posição doutrinária que entende ser o marco inaugural da personalidade jurídica o início da exploração da atividade econômica, mesmo sem a devida inscrição. Andou bem, portanto, o atual Código Civil ao incluir em tópico referente às sociedades não personificadas aquelas sociedades não regularizadas perante os órgãos competentes, cujo regime jurídico encontra-se previsto nos arts. 986 a 990.

A sociedade regular possui patrimônio próprio e personalidade jurídica diferente das dos seus sócios. Logo, é titular de direitos e obrigações ínsitos à sua existência. Tais entes são sempre dotados de personalidade jurídica, apesar de este atributo não estar necessariamente ligado à limitação da responsabilidade dos seus integrantes, levando-se em conta que no Brasil existem sociedades em que os sócios respondem integralmente com o seu patrimônio, como ocorre no caso da sociedade empresária em nome coletivo.

Segundo Fábio Ulhoa Coelho,[1] a ordem jurídica, ao "personificar" um ente, dispensa a especificação de quais atos o sujeito personificado pode realizar, de modo que será permitida a concepção de quaisquer atos jurídicos, salvo se houver expressa vedação normativa. Desse modo, a personalidade jurídica inerente às sociedades empresárias corresponde a uma autorização genérica para a prática de atos jurídicos, respaldada pela separação patrimonial em relação aos seus sócios.

Aprofundando um pouco mais o estudo a respeito da sociedade empresária, convém assinalar que o adjetivo que a qualifica como "empresária" é relativo ao substantivo "empresa" e possui função especificadora do signo "sociedade". "Empresa" possui várias acepções, dentre as quais se encontram as seguintes: (i) pessoa jurídica; (ii) estabelecimento; (iii) instituição; (iv) empreendimento; e (v) atividade econômica organizada. A multiplicidade de sentidos deve-se ao fato de o Código Civil utilizar o vocábulo sob análise em diversas situações distintas, a teor do que se observa nos casos dos arts. 978 e 1.172. Com efeito, conforme assevera Paulo de Barros Carvalho,[2] o legislador vale-se de linguagem técnica, que se assenta sobre o discurso natural e não é fruto de um trabalho sistemático. Por isso, é comum que haja impropriedades e ambiguidades nos textos legais.

"Empresária" é sociedade que explora certa atividade econômica, e não os seus sócios, visto que, além de ambos possuírem personalidades jurídicas diversas, é a própria sociedade o agente atuante na economia. Essa tomada de posição privilegia o

1. Fábio Ulhoa Coelho, *Curso de Direito Comercial – Direito de Empresa*, 14ª ed., vol. 2, p. 10.

2. Paulo de Barros Carvalho, *Curso de Direito Tributário*, pp. 36-37.

princípio da autonomia da pessoa jurídica, um dos cânones do direito societário. Segundo Fábio Ulhoa, "empresário, para todos os efeitos de direito, é a sociedade, e não os seus sócios. É incorreto considerar os integrantes da sociedade empresária como titulares da empresa, porque essa qualidade é da pessoa jurídica, e não dos seus membros".[3]

Já que empresária é a sociedade, o que seria "empresa"? Em conformidade com a linha de raciocínio aqui exposta, Maria Rita Ferragut define *empresa* como "atividade econômica organizada, que visa à obtenção de lucros mediante o oferecimento, ao mercado, de bens e serviços, gerados mediante a organização dos fatores de produção, tais como força de trabalho, matéria-prima, capital e tecnologia".[4]

De acordo com as definições dos conceitos de "sociedade" e de "empresa", pode-se extrair claramente que "sociedade empresária" é a reunião protocolar de pessoas com o objetivo precípuo de explorar "profissionalmente atividade econômica organizada para a produção ou a circulação de bens ou de serviços" (art. 966 do CC). A respectiva criação deve ocorrer de acordo com as regras juridicamente determinadas, fazendo com que nasça ente dotado de personalidade jurídica distinta da personalidade dos seus sócios.

Especificamente sobre as sociedades limitadas, é de se dizer que estas fazem parte do gênero das sociedades empresárias. O regime aplicável é o previsto nos arts. 1.052 a 1.087 do CC, inclusive no que diz respeito à sua criação e dissolução. Na existência de alguma omissão legislativa, podem ser utilizadas, em caráter supletivo, as normas que disciplinam as sociedades simples ou anônimas, a depender de deliberação dos sócios em contrato social, conforme preceitua o art. 1.053.

3. Fábio Ulhoa Coelho, *Curso de Direito Comercial – Direito de Empresa*, cit., 14ª ed., vol. 2, p. 5.

4. Maria Rita Ferragut, *Responsabilidade Tributária e o Código Civil de 2002*, 2ª ed., p. 2.

Outro assunto de relevo refere-se à natureza da sociedade limitada, se de pessoas ou de capital. A resposta depende da análise do contrato social. Caso este coloque entraves para a transferência de quotas (alienação, sucessão etc.), a sociedade é de pessoas. Se o contrato não determinar qualquer óbice, a sociedade limitada será de capital. Tal distinção apresenta-se muito relevante para a configuração da responsabilidade dos sócios, e será retomada com mais profundidade em tópico específico. Quando o contrato social for omisso a respeito do tema, o *caput* do art. 1.057 do CC determina que a cessão total ou parcial de quotas seja aprovada por, pelo menos, um quarto dos titulares do capital social, de modo que a sociedade limitada será de pessoas se o contrato social não estipular a matéria especificamente.

Por fim, nas sociedades limitadas, a exemplo do que também ocorre nas anônimas, todos os sócios respondem de forma limitada pelas obrigações sociais. O máximo de perdas que os sócios podem experimentar relaciona-se com o valor do investimento que se propuseram a fazer, transferindo eventuais prejuízos aos respectivos credores, conforme apregoa o art. 1.052 do CC.

2.2 Sócios e administradores

Quando um grupo de pessoas físicas ou jurídicas resolve se organizar em forma de sociedade para a exploração de atividade econômica, há uma série de questões que devem ser tratadas. A primeira e, talvez, a mais essencial refere-se à formação do capital social, integrante do patrimônio da sociedade. Quem concorre para a formação do capital social é denominado de *sócio*, e tem o direito de participar dos lucros e sobras apurados pela sociedade.

Ainda assim, os agentes devem deliberar sobre quem vai ser o responsável pela administração da pessoa jurídica, a fim de estabilizar as expectativas comuns. Questões operacionais da pessoa jurídica, tais como contratação e dispensa de funcionários, fixação de salários, controle de caixa e contatos com clientes, devem obrigatoriamente ficar a cargo de alguém, chamado de *administrador*. Este possui uma série de deveres, previstos especialmente nos arts. 1.011, 1.013, 1.015, 1.017, 1.020, 1.021, 1.072 e 1.078 do CC. Entretanto, a análise de tais deveres não é o objetivo deste trabalho, motivo por que não serão tecidos comentários mais específicos sobre o tema.

Vale lembrar, ainda, que o administrador não tem que ser necessariamente um sócio. Pode ser alguém que não tenha cooperado na formação do capital social, mas escolhido pelos sócios para gerir os interesses da pessoa jurídica.

3. Responsabilidade dos sócios e administradores da sociedade limitada

3.1 Aspectos gerais sobre a sujeição passiva tributária

A relação tributária é o liame existente entre o Estado e o contribuinte, ensejado pelo consequente da regra-matriz de incidência tributária, cujo objeto é o pagamento de tributos para o sujeito ativo, dotado de personalidade jurídica. Nesse contexto é que o Estado invade compulsoriamente o patrimônio particular, pois é inegável a necessidade de arrecadar verbas para propiciar seu funcionamento até mesmo em níveis mais elementares, tais como o pagamento de pessoal, prestação do serviço de segurança, saúde etc. Portanto, o ente público busca tributar circunstâncias indicativas de riqueza, levando-se em conta o princípio da capacidade contributiva, contido no art. 145, § 1º, da CF, segundo o qual "os impostos terão caráter pessoal e serão graduados segundo a capacidade econômica do contribuinte". É nesse contexto que o Estado escolhe os eventos que deverão ser tributados, os quais, depois de ocorridos e vertidos em linguagem competente, ensejam uma relação tributária, cujo objeto é o pagamento pecuniário.

Aquele que pratica o fato descrito no antecedente normativo (fato jurídico-tributário) é quem deveria suportar o ônus de arcar com o pagamento do tributo. Esse é o entendimento do art. 121, I, do CTN, o qual define *contribuinte* como aquele que "tenha relação pessoal e direta com a situação que constitua o respectivo fato gerador". Sucede que os institutos jurídicos da substituição tributária e da responsabilidade tributária autorizam que a obrigação de pagar tributos ultrapasse a pessoa dos que realizaram diretamente o fato jurídico tributário, atingindo o patrimônio dos que dele participaram de forma apenas indireta.

Ingressando mais no tema, é de fácil percepção a existência de hipóteses em que a lei confere autorização para outras pessoas serem responsabilizadas pelo pagamento do tributo, desde que não tenham relação direta e pessoal com o fato gerador. Esse é o entendimento que se extrai da leitura dos arts. 121, II, e 128 do CTN.

Assim, conforme os comentários até agora elaborados, pode-se dizer que existem diversas modalidades de sujeição passiva. O contribuinte é aquele ligado diretamente à materialidade da norma tributária, que deve ser escolhido pela legislação tributária com base no princípio da capacidade contributiva. Além disso, quando outrem participa indiretamente do fato jurídico tributário, pode ser chamado para arcar com a obrigação tributária, nascendo, assim os institutos da responsabilidade tributária e da substituição tributária. Tais conceitos (especialmente o primeiro) merecem uma análise mais detida, porque contêm relevantes aspectos para o fenômeno da responsabilidade dos sócios e administradores das sociedades limitadas.

A figura do *contribuinte* está prevista na Constituição Federal e é determinada pela materialidade da norma jurídica que atribui competência para a criação de tributos, de forma que esta modalidade de sujeição passiva já se encontra constitucionalmente prevista. Portanto, as normas contidas no Texto Magno não são apenas critérios de baliza para o legislador ordinário.

Essa concepção de sujeito passivo constitucional encontra-se afinada com o disposto no art. 121, I, do CTN. Todavia, a letra da lei oferece um parâmetro apenas parcial para que se estude a sujeição passiva tributária, pois por vezes aquele que pratica o fato nem sempre é dotado de personalidade jurídica, o que conflita com a natureza da relação jurídica tributária prevista no consequente da regra-matriz de incidência, em que o sujeito deve ser possuidor de tal qualidade. Por esse motivo, Paulo de Barros Carvalho[5] faz a diferença entre: (i) "capacidade para realizar o fato jurídico", que corresponde à aptidão de algum ente, mesmo sem personalidade jurídica, de poder realizar fato jurídico tributário, caso em que se enquadram as sociedades de fato e os conglomerados econômicos; e (ii) "capacidade para ser sujeito passivo de obrigação tributária", relativa à possibilidade de se figurar no polo passivo da relação jurídica tributária instaurada no consequente da regra-matriz de incidência, conferida apenas àqueles dotados de personalidade jurídica.

Admite-se que a Constituição Federal não tenha dispositivos explícitos, tais como os arts. 22, 27, 31, 34, 42, 45, 51, 66 e 70 do CTN, que começam com a oração "Contribuinte do imposto é (...)". Mesmo assim, os preceitos do construtivismo lógico-semântico, segundo os quais a norma jurídica é construída pelo intérprete, permitem que se conceba, a partir das normas contidas no altiplano da Constituição, quem seriam os destinatários constitucionais do ônus tributário. Ora, quando art. 153, III, da CF autoriza que a União institua imposto sobre renda e proventos de qualquer natureza, segundo pensamos, quer dizer que só pode sofrer o encargo aquele que efetivamente auferiu a renda. O mesmo raciocínio deve ser aplicado quando é outorgada a competência para que os Municípios criem imposto incidente sobre a prestação de serviços, que, conforme vem sendo defendido, só pode ser suportado por aquele que realiza os fatos hipotética e conotativamente previstos na norma geral e abstrata. Esse pensamento encontra guarida nas lições de Renato Lopes Becho, que vê a escolha do sujeito contribuinte enquanto um corolário da supremacia hierárquica exercida pela Constituição dentro do sistema jurídico. Vamos às palavras do mencionado autor, *in verbis*: "Admitir que uma lei infraconstitucional possa fixar o sujeito passivo de um tributo previsto na Constituição é o mesmo de se dizer que uma lei ordinária pode mudar a Constituição, negando-se a supremacia desta sobre todo o sistema jurídico. Por exemplo, a se admitir que o sujeito passivo do imposto de importação seja o transportador, teremos a União invadindo a esfera de competência dos Estados, já que o ICMS incide, dentre outros fatos jurígenos, ou imponíveis, sobre serviço de transporte interestadual, ou então fere a competência municipal, se for causa da hipótese de incidência do ISS (transporte municipal)".[6]

Os sujeitos passivos constitucionais são, como o próprio nome sugere, colhidos do texto constitucional, por meio da verificação de quem realiza a materialidade da norma tributária, guardando uma relação direta com o fato jurídico-tributário. São esses os contribuintes. A modalidade de sujeição passiva em tela é informada pelo princípio da capacidade contributiva, previsto no art. 145, § 1º, da Constituição da República. O espírito da norma em questão aponta no sentido de que existem limites para que o Estado invada os bens dos particulares.

As considerações até aqui feitas merecem um arremate, a fim de que se continue o estudo da sujeição passiva, especialmente em sua modalidade indireta. Os conceitos de *sujeito passivo constitucional* e *contribuinte* se confundem. Com efeito, o sujeito passivo constitucional é

5. Paulo de Barros Carvalho, *Direito Tributário, Linguagem e Método*, 2ª ed., pp. 558-567.

6. Renato Lopes Becho, *Sujeição Passiva e Responsabilidade Tributária*, p. 77.

aquele que realizou a materialidade prevista em norma constitucional, tais como importar, exportar, auferir renda, ser proprietário de bem imóvel etc. Além disso, para ser caracterizado como contribuinte, deverá o sujeito ser dotado de personalidade jurídica, de modo a poder figurar no polo passivo da relação jurídica tributária. Apenas com a cumulação de tais características é que se terá a figura do contribuinte tributário. Outro não é o entendimento de Maria Rita Ferragut, cujo pensamento se alinha com a tese defendida neste trabalho, *in verbis*: "Contribuinte é a pessoa que realizou o fato jurídico tributário, e que cumulativamente encontra-se no polo passivo da relação obrigacional. Se uma das duas condições estiver ausente, ou o sujeito será o responsável, ou será o realizador do fato jurídico, mas não o contribuinte. Praticar o evento, portanto, é condição necessária para essa qualificação, mas insuficiente".[7]

Mas o que ocorre, então, nos casos em que outra pessoa é chamada para arcar com o ônus tributário, mesmo que não tenha praticado a materialidade da norma tributária? E os casos em que a legislação prevê a figura dos responsáveis e dos substitutos? Em suma: seria o CTN inconstitucional, em seus arts. 121, II, e 128? Todas essas questões devem ser debatidas neste momento. Inicialmente, afirma-se que, se a Constituição não previu tais modalidades de sujeição passiva, certamente não as proibiu.

Não obstante previsão constitucional no sentido de estabelecer a figura do contribuinte, por vezes a legislação infraconstitucional determina que outras pessoas ingressem no polo passivo da relação jurídica tributária, buscando sujeitos estranhos ao aspecto central da materialidade da norma. Terceiros alheios à materialidade do tributo apenas podem ingressar na relação jurídica tributária como devedores passivos caso descumpram um dever que lhes cabia observar ou por conta de atos lícitos que façam nascer deveres instrumentais. Assim, integram outro vínculo jurídico, típico de direito administrativo.

No primeiro caso, em que a sujeição passiva é determinada por atos ilícitos (sanção administrativa), o Código Tributário Nacional subdividiu o assunto em três espécies, quais sejam: (i) responsabilidade dos sucessores; (ii) responsabilidade de terceiros; e (iii) responsabilidade por infração. Aqui, a relação entre responsável e sujeito ativo, até por determinação expressa do art. 3º do CTN, não tem natureza de "obrigação tributária", mas sim sancionatória, causada pelo descumprimento de dever imposto pelo ordenamento. Dessa forma, pode-se defender a inaplicabilidade do princípio da capacidade contributiva, uma vez que este informa apenas a relação jurídica tributária formada entre o contribuinte e o sujeito ativo. É justamente esse o fenômeno verificado nos arts. 128 a 138 do CTN, que prescrevem circunstâncias em que os créditos tributários podem ser exigidos de outrem, a respeito das quais devem ser tecidos alguns comentários, a fim de que se compreenda a matéria com mais profundidade.

É inerente a todas essas perspectivas da sujeição passiva tributária a existência de "uma relação entre a obrigação tributária e o comportamento daquele a quem a lei atribui a responsabilidade".[8] Esse liame que liga o fato ao sujeito que lhe deu causa é chamado de *nexo de imputação*, definido por Paulo de Tarso Vieira Sanseverino como sendo o "nexo de atribuição (ou de imputação) que se deve estabelecer entre certo fato e determinado agente, para que ele possa ser considerado responsável".[9]

A *responsabilidade tributária dos sucessores* está prevista nos arts. 130, 131,

7. Maria Rita Ferragut, *Responsabilidade Tributária e o Código Civil de 2002*, cit., 2ª ed., pp. 29-30.

8. Hugo de Brito Machado, *Curso de Direito Tributário*, 31ª ed., p. 167.

9. Paulo de Tarso Vieira Sanseverino, *Responsabilidade Civil no Código do Consumidor e a Defesa do Fornecedor*, p. 157.

132 e 133 do CTN, que tratam: (i) da responsabilidade dos adquirentes de bens imóveis; (ii) das hipóteses de fusão, transformação e incorporação de pessoas jurídicas de direito privado; e (iii) das pessoas jurídicas ou naturais que adquiram outras pessoas jurídicas, fundos de comércio, estabelecimentos comerciais, industriais ou profissionais.

A *responsabilidade de terceiros*, regulada pelos arts. 134 e 135 da Lei 5.172/1966, corresponde à responsabilização dos sujeitos que integram indiretamente a ocorrência. As hipóteses previstas nos mencionados dispositivos de lei veiculam sanção pelos atos ilícitos de que forem culpados os responsáveis. É justamente aqui que se encaixa a responsabilidade tributária dos sócios e administradores, que depende de uma série de fatores, mais adiante estudados com maior riqueza de detalhes.

Já, a *responsabilidade tributária por infrações*, contida nos arts. 136, 137 e 138 do CTN, refere-se à responsabilização objetiva de terceiros, contemplando os casos em que as infrações sejam por lei penal consideradas como crimes ou contravenções e infrações decorrentes de dolo.

Nas três modalidades de sujeição passiva indireta é possível encontrar uma nota comum, caracterizada por um dever de colaboração de terceiro, indiretamente vinculado ao fato jurídico tributário, para com a Administração Pública, no sentido de facilitar a arrecadação desta. Desrespeitado tal dever, nasce responsabilidade pecuniária sancionatória (de caráter administrativo), cujo adimplemento extingue, a um só tempo, a própria relação sancionatória e a relação tributária existente entre contribuinte e Fisco. Por isso que Paulo de Barros Carvalho é peremptório na afirmação de que nos casos de responsabilidade tributária "repete-se idêntica problemática, pressupondo a lei um dever de cooperação para que as prestações tributárias venham a ser satisfeitas. Em caso contrário atua a sanção, que, por decisão política do legislador, é estipulada no valor da dívida tributária, e seu pagamento tem a virtude de extinguir aquela primeira relação".[10]

Outro caso de sujeição passiva indireta, diferentemente das hipóteses estudadas até agora, surge com a ocorrência de fatos lícitos que determinam que outra pessoa seja inserida no polo passivo da relação jurídica tributária. Estamos diante do fenômeno da *responsabilidade tributária por substituição*, em que o ônus tributário é repassado para outra pessoa que integra a cadeia produtiva. Seguindo senda trilhada por Paulo de Barros Carvalho,[11] a substituição tributária deve observar os seguintes requisitos: (i) o substituto absorve totalmente os débitos tributários e obrigações acessórias do substituído; (ii) o regime jurídico aplicável é o substituído; (iii) a legislação aplicável deve ser a vigente à época da ocorrência do evento; e (iv) devem haver mecanismos de ressarcimento do substituto.

Feito um panorama da sujeição passiva em matéria tributária, é possível inserir a responsabilidade dos sócios e administradores no gênero "responsabilidade de terceiros". Assim, encontra-se, pelo menos a título introdutório, traçado um arcabouço teórico sobre o qual repousará a análise da responsabilidade dos sócios e administradores da sociedade limitada, tema central do vertente trabalho.

3.2 Responsabilidade tributária de terceiros: o sócio e o administrador

3.2.1 Desconsideração da personalidade jurídica em matéria tributária

Conforme já mencionado anteriormente, o direito societário possui como regra a diferenciação entre a personalidade jurídica da sociedade em relação à dos sócios e acionistas. É o que a doutrina costuma chamar de "princípio da autonomia da pessoa jurídica". Além disso, como nos ca-

10. Paulo de Barros Carvalho, *Direito Tributário, Linguagem e Método*, cit., 2ª ed., p. 571.

11. Paulo de Barros Carvalho, *Fundamentos Jurídicos da Incidência*, pp. 210-211.

sos das sociedades limitadas, há uma separação patrimonial entre sócios e sociedade, que permite o melhor desenvolvimento das atividades empresariais.

Entretanto, há casos em que ocorre a relativização do mencionado princípio – circunstância, esta, que necessariamente deve ser prevista em lei, a teor do que dispõem os arts. 592, II, e 596 do CPC. No CC pode-se mencionar o art. 50, que trata de casos de abuso da personalidade jurídica, caracterizados por desvio de finalidade ou confusão patrimonial. Além disso, existem, ainda, outros dispositivos que determinam o ataque ao patrimônio dos sócios e administradores das sociedades limitadas, conforme se observa dos arts. 1.080 e 1.158, § 3º, do CC.

Se em seara cível é pacífica a possibilidade da adoção da desconsideração da personalidade jurídica, o mesmo ocorre em matéria tributária? Caso a resposta seja positiva, quais os requisitos necessários?

Esses questionamentos serão respondidos a partir de agora.

Muito se indaga a respeito da possibilidade do emprego de normas aplicáveis às operações cíveis em casos que envolvem matéria tributária. É justamente o que está sendo feito neste trabalho, e a temática circundará boa parte do estudo sobre a responsabilidade dos sócios e administradores aqui desenvolvida. Com efeito, Paulo de Barros Carvalho[12] defende que a autonomia dos ramos do Direito possui caráter meramente didático, em virtude da sua concepção de norma como construção humana, que pode levar em conta diversos suportes físicos diferentes. Exemplificativamente, cita a regra-matriz do IPTU, em que a hipótese normativa possui vários termos cujas definições devem ser buscadas no direito privado. É o que ocorre com os institutos da propriedade, domínio útil, posse, bem imóvel etc. Esse entendimento é referendado por Maria Rita Ferragut ao afirmar que "o Código Civil regula matérias não tratadas de forma específica pelo Código Tributário Nacional, mas que podem refletir nas relações jurídicas tributárias".[13]

Adentrando mais especificamente a responsabilidade dos sócios e administradores, existe entendimento doutrinário que afasta a possibilidade de adoção da teoria da desconsideração da personalidade jurídica nesses casos. Marçal Justen Filho é defensor de tal linha, e inicia seu raciocínio afirmando que "tributo não encontra fundamento nem na noção de ilicitude nem na ideia de comutatividade. Aquele que está obrigado ao pagamento da prestação tributária encontra-se em tal situação jurídica por exclusiva decorrência de, em última análise, ser portador de riqueza".[14] Mais adiante, o autor afirma que "a tipicidade característica do direito tributário exclui a incidência da desconsideração quando inexista expressa previsão normativa".[15] Ao analisar o art. 135 do CTN, Marçal Justen Filho é categórico ao dizer que tal regra "não teve origem nas concepções indicadas como 'teoria da desconsideração da personalidade jurídica'",[16] uma vez que o dispositivo veicula gênero de condutas abusivas, e não um comportamento fraudulento específico.

Esse não parece ser o entendimento mais acertado sobre a matéria. Com efeito, em âmbito tributário também podem ser encontradas exceções à separação patrimonial entre sociedade, sócios e administradores, causadas pela prática de ilícito previamente tipificado. A responsabilidade tributária dos sócios e administradores é classificada como *responsabilidade de terceiros* que praticaram atos abusivos da personalidade jurídica. Como será visto, tal circunstância não possui qualquer incompatibilidade com a teoria da desconsidera-

12. Paulo de Barros Carvalho, *Curso de Direito Tributário*, cit., pp. 13-15.

13. Maria Rita Ferragut, *Responsabilidade Tributária e o Código Civil de 2002*, cit., 2ª ed., p. 219.

14. Marçal Justen Filho, *Desconsideração da Personalidade Societária no Direito Brasileiro*, p. 107.

15. Idem, p. 110.

16. Idem, p. 111.

ção da personalidade jurídica, nem com o conceito de responsabilidade tributária adotado neste trabalho.

Utilizando-se de critérios objetivos de classificação, em que são considerados os requisitos autorizadores da desconsideração da personalidade jurídica, Fábio Ulhoa Coelho,[17] em artigo científico que trata especificamente sobre o tema, discorre sobre as teorias maior e menor da desconsideração da personalidade, a respeito das quais serão tecidos alguns comentários, a fim de determinar a que melhor se adapta à matéria tributária.[18]

A *teoria menor* trabalha com o pressuposto de que o simples não adimplemento do crédito perante terceiros seria suficiente para a desconsideração da personalidade jurídica, requisito para a consequente afetação do patrimônio dos sócios e administradores. Não há, assim, qualquer preocupação em se distinguir a utilização correta ou fraudulenta da pessoa jurídica, o que equivale à total extirpação do princípio da separação patrimonial.[19]

A *teoria maior da desconsideração*, por sua vez, é uma elaboração mais refinada que a menor. Foi construída por Rolf Serick, a partir da análise da jurisprudência norte-americana, na tentativa de encontrar os critérios gerais autorizadores do afastamento circunstancial da autonomia das pessoas jurídicas. Como resultado das suas pesquisas, quatro princípios são atribuídos à teoria maior: (i) pode ocorrer a desconsideração sempre que a pessoa jurídica for utilizada com abuso de forma, este entendido como o meio fraudulento utilizado para impedir a aplicação da norma jurídica; (ii) a simples prova de inadimplência por parte do devedor não é suficiente para a desconsideração; (iii) devem ser levadas em conta as pessoas físicas que agiram pela jurídica, a fim de servir de parâmetro sobre as características inerentes a esta, como, por exemplo, a nacionalidade; e (iv) se o ordenamento contiver previsão determinada para a realização de negócio jurídico entre sujeitos, cabe a desconsideração da personalidade de pessoa jurídica que o realiza com um de seus membros com o intuito de afastar a disciplina específica.[20]

Observa-se, assim, que a *teoria maior* veicula diversos preceitos que demonstram ser a desconsideração um recurso de caráter excepcional, de forma a não servir de questionamento a respeito da própria personalização da pessoa jurídica. Apesar de a construção em tela ver a desconsideração da personalidade como fruto de ilícito, este precisa ser qualificado pelo abuso de forma ou meio fraudulento, em nítida tentativa de preservação da separação patrimonial entre sócios e sociedade.

Além do ilícito qualificado, a desconsideração da personalidade jurídica deve ser vista como protetiva de credores não negociais. Estes são fruto de transações em que as partes não possuem liberalidade negocial, como ocorre no caso dos credores trabalhistas, dos consumidores e, até mesmo, do Fisco. Por outro lado, os credores negociais são aqueles em relação aos quais o negócio jurídico é celebrado de acordo com a liberalidade entre as partes envolvidas, motivo por que não devem ser abarcados tão intensamente por regras de desconsideração.[21]

No direito tributário a desconsideração da personalidade jurídica, no caso da responsabilidade dos sócios e administradores, possui dupla finalidade: impedir o

17. Fábio Ulhoa Coelho, "As teorias da desconsideração", in H. T. Torres, M. E. Queiroz e outros, *Desconsideração da Personalidade Jurídica em Matéria Tributária*.

18. Relevante discussão a respeito da aplicação das teorias maior ou menor da desconsideração da personalidade jurídica no Direito Brasileiro ocorreu no caso da explosão do *Shopping* Plaza Osasco, no âmbito do REsp 279.273-SP (STJ, 3ª T., rela. Min. Nancy Andrighi, j. 4.12.2003, *DJU* 29.3.2004, p. 230).

19. Fábio Ulhoa Coelho, "As teorias da desconsideração", cit., in H. T. Torres, M. E. Queiroz e outros, *Desconsideração da Personalidade Jurídica em Matéria Tributária*, pp. 266-267.

20. Idem, pp. 262-263.

21. Idem, p. 268.

abuso que pode advir da utilização descabida da personalidade jurídica e fornecer proteção ao credor não negocial – no caso, o Fisco. A utilização do instituto em seara tributária encontra guarida em parte significativa da doutrina, como se observa, por exemplo, no pensamento de Heleno Taveira Torres, segundo o qual "a desconsideração da personalidade jurídica, para os fins aplicação da legislação tributária, poderá ser praticada tanto quando esteja em presença de leis especiais, quanto na hipótese de aplicação de regra geral que a autorize".[22] Outrossim, em várias ocasiões o STJ defendeu a tese de que a responsabilidade tributária de terceiros corresponde a uma desconsideração da personalidade jurídica. Exemplo disso foi o tratamento dado em caso de responsabilidade dos sócios, o julgamento do AgR no AgR no REsp 881.911-SP.[23]

O princípio da legalidade (que em seara tributária assume a forma de estrita legalidade) impõe que a desconsideração da personalidade jurídica seja levada a efeito apenas em casos em que leis específicas disponham sobre o assunto. Isso ocorre nos arts. 134, VII, e 135, I e III, do CTN, que tratam da responsabilidade dos sócios e administradores.

Para a configuração da responsabilidade tributária dos sócios e administradores, além do inadimplemento tributário, é preciso que haja um abuso da personalidade jurídica, evidenciado pela prática de atos ilícitos. Por isso, percebe-se claramente a aproximação que a legislação brasileira possui com a teoria maior da desconstituição. Ademais, o caráter sancionatório de responsabilidade de terceiros autoriza raciocínio no sentido de que o pagamento de quantia advinda da desconsideração da personalidade jurídica tem o condão de dar cabo às duas relações que permeiam o instituto: a relação tributária entre o Fisco e o contribuinte e a de caráter sancionatório, travada entre Fisco e responsável tributário.

Por fim, vale mencionar que o excesso de poderes ou infração de lei, contrato social ou estatutos bem como a circunstância de a sociedade de pessoas estar em processo de liquidação (no caso da responsabilidade dos sócios), para entrarem no sistema jurídico, devem ser vertidos em linguagem competente, que integre o antecedente de norma individual e concreta. Para tanto, precisam ser constituídos com base em arcabouço probatório que, segundo Fabiana Del Padre Tomé, tem a função de "convencer o destinatário acerca da veracidade da argumentação de determinado sujeito, levando à composição do fato jurídico em sentido estrito".[24]

3.2.2 Responsabilidade dos administradores

A responsabilidade dos diretores das sociedades limitadas depende da conjugação de dois grupos de fatores. O primeiro grupo pode ser chamado de *aspecto subjetivo*, que se refere às pessoas que praticaram atos materiais para a realização da infração enquanto ostentavam a posição de administradores da sociedade. O segundo grupo, por sua vez, é o *aspecto objetivo*, que engloba os elementos tipificados no art. 135, *caput* e inciso III, do CTN, relativos ao excesso de poderes ou infração de lei, contrato social ou estatuto.

De início, pode-se identificar, pela simples leitura do *caput* do art. 135 do CTN, que a responsabilidade do administrador é pessoal. Isso significa que, diferentemente do que ocorre no art. 134, a configuração da responsabilidade dos administradores afasta a possibilidade de responsabilidade da pessoa jurídica administrada.

22. Heleno Taveira Torres, "Regime tributário da interposição de pessoas e da desconsideração da personalidade jurídica", in H. T. Torres e M. E. Queiroz e outros, *Desconsideração da Personalidade Jurídica em Matéria Tributária*, p. 57.

23. STJ, 1ª T., rel. Min. Luiz Fux, j. 6.5.2009, *DJe* 6.5.2009, p. 230.

24. Fabiana Del Padre Tomé, *A Prova no Direito Tributário*, 2ª ed., p. 71.

Tratemos, por agora, do aspecto subjetivo que envolve os indivíduos sujeitos à modalidade de responsabilização tributária ora estudada. Administradores, conforme já mencionado em tópico específico, são aqueles que praticam atos de gestão da pessoa jurídica, cuidando da parte burocrática do negócio. Segundo Renato Lopes Becho, "o administrador jamais poderia responder, em nome próprio, pelo não recolhimento de tributos em períodos de tempo em que não ocupou o cargo de administração".[25] Portanto, o administrador responde somente pelos atos praticados durante o seu período de gestão, uma vez que não existe, naquele conjunto de normas, qualquer regra que disponha em sentido contrário.

Noutro prisma de análise, o aspecto objetivo da responsabilidade dos administradores corresponde à prática de atos com excesso de poderes ou infração de lei, contrato social ou estatutos, a teor do que dispõe o *caput* do art. 135 do CTN.

A expressão "excesso de poderes" é conceito que carrega em si uma grande dose de vaguidade, em virtude da sua ampla abertura semântica e vasta utilização pragmática. A exploração do instituto poderia ser iniciada com a afirmação segundo a qual o excesso de poderes é caracterizado quando alguém "age além do que lhe seria dado fazer".[26] Ora, a quem é dada a possibilidade de limitar os poderes de outrem? Certamente apenas à lei ou àqueles que outorgaram os referidos poderes. É importante fazer outra pergunta, a fim de direcionar o esforço interpretativo da regra estudada: qual o instrumento hábil para a outorga de poderes para os administradores das sociedades limitadas? O contrato social.

Assim, propomos neste trabalho a seguinte construção da norma jurídica que possui como suporte físico o *caput* do art. 135 e seu inciso III: o administrador só pode ser responsabilizado quando agir com excesso de poderes. No caso da sociedade limitada tal excesso é caracterizado pela infração à lei ou contrato social.

O *excesso de poderes por infração do contrato social* deverá ser configurado por meio probatório que demonstre a existência de dolo, no sentido de atuar contra disposição expressa em contrato ou extrapolar os limites contratualmente previstos. Além disso, deve-se ter em mente a necessidade de a conduta em questão suscitar consequências fiscais, uma vez que apenas estas podem ensejar a incidência de norma tributária.

Já, o *excesso de poderes por infração à lei* se caracteriza pelo desrespeito a uma determinação legal que regule os atos de administração da sociedade. Interpretação em sentido diverso poderia levar à esdrúxula construção no sentido de que o simples não recolhimento de tributo (que também pode ser configurado como ilícito) determinaria a responsabilidade dos sócios. Renato Lopes Becho posiciona-se sobre o tema da seguinte forma: "Se assim fosse, qualquer infração à lei (devolução de cheque sem correspondentes fundos, aplicação de multa de trânsito, atraso no pagamento de duplicata, ou de qualquer outra obrigação) transferiria a responsabilidade para o administrador, com o quê teríamos o fim da personalidade jurídica da empresa".[27] O simples inadimplemento tributário como pressuposto de responsabilidade dos administradores aproxima-se da teoria menor da desconsideração da personalidade jurídica, que, conforme visto, não é o modelo adotado pela legislação brasileira.

Dessa forma, correto é o entendimento de Maria Rita Ferragut quando afirma que a violação de lei para fins do art. 135 do CTN seja "*toda proposição prescritiva vinculada ao exercício da administração*, cujo desrespeito implique a ocorrência dos fatos jurídicos tributários".[28] Independen-

25. Renato Lopes Becho, *Sujeição Passiva e Responsabilidade Tributária*, cit., p. 171.

26. Idem, p. 180.

27. Idem, p. 181.

28. Maria Rita Ferragut, *Responsabilidade Tributária e o Código Civil de 2002*, cit., 2ª ed., p. 129 (grifos do original).

temente da natureza legislativa (civil, administrativa, comercial etc.), pode-se afirmar que esta deve ter correlação com a atividade da administração da sociedade e ensejar repercussões na seara tributária.

3.2.3 Responsabilidade dos sócios

O *caput* do art. 134 do CTN estabelece como condição para a responsabilização dos sócios que estes tenham realizado intervenção ou se omitido em relação a certos deveres. São, portanto, requisitos, além dos requisitos gerais já discutidos quando tratamos da sujeição passiva em matéria tributária, os seguintes: (i) impossibilidade de o tributo ser exigido do contribuinte que realizou o fato jurídico-tributário; (ii) descumprimento de dever legal, que deveria ser observado.

Ao tratar da responsabilidade de terceiros o mencionado dispositivo legal dispõe da seguinte forma: "Nos casos de impossibilidade de exigência do cumprimento da obrigação principal pelo contribuinte, respondem solidariamente com este nos atos em que intervierem ou pelas omissões de que forem responsáveis". A redação apresenta-se confusa e abre margem para a seguintes questão: qual a natureza da responsabilidade atribuída ao terceiro, subsidiária ou solidária?

José Jayme de Macedo Oliveira[29] constrói seu entendimento afirmando que a responsabilidade em questão é de caráter solidário, mas aceita benefício de ordem. Ora, o benefício de ordem é característica típica da responsabilidade subsidiária. Logo, a atribuição de tal qualidade à responsabilidade solidária é de todo impossível. Posição mais sólida ostenta Sacha Calmon Navarro Coêlho,[30] que defende ser *subsidiária* a responsabilidade dos sócios, uma vez que o *caput* do art. 134 assegura que o patrimônio destes só será afetado depois de esgotados os bens dos contribuintes. Tal posição também foi adotada pelo STJ no julgamento do REsp 308.195-RS,[31] o que referenda ainda mais o ponto de vista estabelecido neste trabalho.

Voltando-se o olhar de forma mais profunda para a responsabilidade dos sócios, é de ver que ela encontra-se prevista no inciso VII do art. 134 do CTN, segundo o qual podem ser chamados na qualidade de terceiros responsáveis "os sócios, no caso de liquidação de sociedade de pessoas". Para a responsabilização dos sócios, além dos dois elementos citados no início deste tópico, o ilícito deve ser praticado em circunstância de liquidação de sociedade, desde que esta seja caracterizada como sendo de pessoas. Assim, é necessário que se faça uma incursão exploratória em relação a esses requisitos adicionais.

Tradicionalmente, faz-se a distinção entre sociedades de pessoas e de capitais – classificação, essa, que depende do grau de relevância pessoal que os investidores desempenhem na "vida societária". Sucede que tal critério esbarra no subjetivismo exacerbado, dificultando a aproximação científica em direção ao tema. Por isso, Fábio Ulhoa Coelho traçou como linha divisória entre tais modalidades societárias a possibilidade, ou não, de a entrada e a saída de investidores (sócios ou acionistas) serem definidas pelos investidores remanescentes. Em defesa do seu pensamento, aquele autor é peremptório ao afirmar que "a natureza da sociedade importa diferenças no tocante à alienação da participação societária (quotas ou ações), à sua penhorabilidade por dívida particular do sócio e à questão da sucessão por morte".[32]

Nas sociedades por ações (sociedades anônima e por comandita simples) a regra é que acionistas nelas ingressem livremente, bastando que para tanto estejam dispostos a empregar seus recursos finan-

29. José Jayme de Macedo Oliveira, *Código Tributário Nacional Comentado: Comentário, Doutrina, Jurisprudência*, 3ª ed., p. 134.

30. Sacha Calmon Navarro Coêlho, *Curso de Direito Tributário Brasileiro*, p. 664.

31. STJ, 1ª T., rel. Min. José Salgado, j. 24.4.2001, *DJU* 25.6.2001, p. 129.

32. Fábio Ulhoa Coelho, *Curso de Direito Comercial – Direito de Empresa*, cit., 14ª ed., vol. 2, p. 25.

ceiros. Da mesma forma, caso queiram sair da sociedade, basta que alienem suas ações para outrem. Nem se diga que o art. 36 da Lei 6.404/1976 muda a natureza das sociedades em questão, uma vez que entraves à livre alienação de ações das sociedades anônimas fechadas não se sujeitam ao arbítrio da administração ou dos demais acionistas.

Para que os sócios possam ser responsabilizados nos termos do art. 134, VII, do CTN, a sociedade deve ser sempre de pessoas. No caso das sociedades limitadas, que correspondem a uma significativa parcela de como se realizam incursões empresariais no Brasil, deve ser analisado o contrato social. Se este permitir a livre alienação de quotas, a sociedade é de capital, refugindo à tipicidade da norma tributária analisada. Caso contrário – se o contrato social puser entraves para o ingresso e a saída de novos sócios – a sociedade limitada tomará a configuração de sociedade de pessoas, que se amolda ao preceito legal.

Cabe ressaltar que, nos casos em que o contrato social for omisso, o *caput* do art. 1.057 do CC impõe condição no sentido de que a cessão total ou parcial de quotas a pessoas estranhas à sociedade não deva sofrer oposição dos titulares de mais de um quarto do capital social. Na hipótese de cessão a outros sócios não há necessidade de audiência dos demais. Logo, é lícita a seguinte afirmação: se o contrato social não possuir estipulação específica, a sociedade limitada é de pessoas, em virtude de a própria lei impor limitações ao ingresso de novos sócios.

Outro aspecto relevante na sistemática da responsabilidade tributária dos sócios, nos termos do art. 134, VII, do CTN, é a necessidade de o ilícito ser praticado em fase de *liquidação* da sociedade de pessoas. O vernáculo "liquidação", a que se refere o Código Tributário Nacional, quer dizer o conjunto de atos que antecedem a dissolução da sociedade. Entende-se, portanto, a dissolução como ato dissolutório, produto.

O plexo de regras que regem a dissolução da sociedade limitada encontra-se nos arts. 1.033 a 1.038 do CC, que tipificam uma série de causas dissolutórias, quais sejam: (i) vontade dos sócios (art. 1.033, II e III, do CC); (ii) decurso do prazo de duração, quando determinado (art. 1.033, I); (iii) falência (art. 1.044 do CC); (iv) unipessoalidade (art. 1.033, IV, do CC); (v) impossibilidade de realização do objeto social (art. 1.034, II, do CC); e (vi) extinção da autorização de funcionamento (art. 1.033, V).

Por sua vez, a liquidação (concebida como procedimento que culminará com a dissolução societária) tem início com a averbação no registro da pessoa jurídica da sua dissolução (art. 51, § 1º, do CC). Com isso a sociedade não perde de imediato a sua personalidade, mas opera apenas para a realização dos ativos (venda de bens da sociedade e cobrança de valores) e satisfação dos passivos financeiros (pagamento de credores). Após isso é feita uma divisão do acervo patrimonial restante, de acordo com a deliberação dos sócios. Finalizada a liquidação, poderá ser feito o cancelamento da inscrição da pessoa jurídica, nos moldes do art. 51, § 3º.

O desrespeito às normas que regulam o encerramento da pessoa jurídica enseja ilícito denominado de *dissolução irregular*, que fere os direitos do credor fiscal e possibilita a responsabilização dos sócios. Noutro giro verbal, caso os sócios paralisem as atividades empresariais sem maiores formalidades (dissolução de fato) ou deixem de cumprir os demais preceitos da Lei Societária, podem ser responsabilizados para fins do art. 134, VII, do CTN. Essa é, acertadamente, a posição pacífica do STJ, como se pode observar, exemplificativamente, no julgamento dos REsp 1.144.607-MG[33] e 975.328-RS[34].

33. STJ, 2ª T., rel. Min. Castro Meira, j. 20.4.2010, *DJe* 29.4.2010.

34. STJ, 2ª T., rela. Min. Eliana Calmon, j. 15.9.2009, *DJU* 30.9.2009.

Feitas essas considerações sobre a responsabilidade dos sócios prevista no art. 134, VII, do CTN, é de se observar que a sua natureza é de responsabilidade subsidiária, e somente poderá ocorrer se cumulados os seguintes requisitos: (i) impossibilidade de o tributo ser exigido do contribuinte que realizou o fato jurídico-tributário; (ii) descumprimento, por parte do sócio, de dever legal que deveria ser observado; (iii) deve ocorrer no âmbito das sociedades de pessoas (no caso das sociedades limitadas há exigência de análise do contrato social para a avaliação da sua natureza); e (iv) caracterização da dissolução irregular.

Outra hipótese de responsabilidade dos sócios é a contida no art. 135, I, do CTN, que determina serem "pessoalmente responsáveis pelos créditos correspondentes a obrigações tributárias resultantes de atos praticados com excesso de poderes ou infração de lei, contrato social ou estatutos" todas aquelas pessoas previstas no art. 134. Aqui é prevista a responsabilidade pessoal do sócio, que afasta a responsabilidade da pessoa jurídica e não conta com qualquer benefício de ordem em relação à afetação do seu patrimônio.

O inciso VII do art. 134 menciona a possibilidade de responsabilização dos sócios, o que nos leva a crer que, à semelhança do que ocorre com os administradores, os sócios também podem ser responsabilizados em função de incorrerem em excesso de poderes, consubstanciado pela infração à lei, contrato social ou estatuto – circunstâncias, essas, já devidamente analisadas em tópico anterior, quando se tratou da responsabilidade dos administradores.

Assim, o art. 135, I, do CTN se afasta do art. 134, VII, pelos seguintes motivos: (i) é hipótese de responsabilidade pessoal; (ii) não há necessidade de que ocorra no âmbito das sociedades de pessoas, o que autoriza a responsabilização dos sócios nas sociedades limitadas mesmo quando estas assumam a configuração de sociedades de capital; e (iii) não há necessidade de existência de qualquer processo de liquidação.

4. Conclusões específicas

4.1 Sociedade empresária é aquela formada pela reunião de pessoas com o objetivo de explorar atividade econômica. Dentre as várias formas de organização possíveis, a sociedade limitada se destaca, pela proteção do patrimônio dos sócios e administradores, os quais somente suportarão as dívidas societárias em casos especificamente delineados em lei. O regime jurídico aplicável é o previsto nos arts. 1.052 a 1.087 do CC.

4.2 *Sócio* é a pessoa física ou jurídica que concorre para a formação do capital social, integrante do patrimônio da sociedade. *Administrador* é quem cuida das questões operacionais da pessoa jurídica, e está submetido às disposições dos arts. 1.011, 1.013, 1.015, 1.017, 1.020, 1.021, 1.072 e 1.078 do CC.

4.3 Para que o patrimônio dos sócios e administradores possa ser afetado em função de dívidas da sociedade o Direito Brasileiro admite a desconsideração da personalidade jurídica, que pressupõe abuso de personalidade, o qual, no subsistema do direito tributário, pode ser configurado pela prática dos fatos hipoteticamente previstos nos arts. 134, VII, e 135, I e III, do CTN.

4.4 A sujeição passiva tributária é formada por duas figuras: o contribuinte e o responsável. O *contribuinte* é aquele que realiza a materialidade da norma tributária, sendo regulado pelo princípio constitucional da capacidade contributiva. O *responsável* é pessoa que tem contato apenas indireto com a materialidade da norma e é compelido a pagar quantia pecuniária em função de ter cometido ato ilícito, no sentido de não ter cooperado com a arrecadação fazendária. Os casos de responsabilidade dos sócios e administradores enquadram-se na categoria referente à *responsabilidade tributária de terceiros*.

4.5 A responsabilidade tributária do administrador encontra-se prevista no art. 135, III, do CTN, que prevê caso de responsabilidade pessoal e admite a afetação do patrimônio dos administradores quando estes agirem com excesso de poderes. No caso da sociedade limitada tal excesso é caracterizado pela infração à lei ou contrato social.

4.6 A primeira modalidade de responsabilidade dos sócios encontra-se no art. 134, VII, do CTN. É de caráter subsidiário e somente ocorrerá se cumulados os seguintes requisitos: (i) impossibilidade de o tributo ser exigido do contribuinte que realizou o fato jurídico tributário; (ii) descumprimento, por parte do sócio, de dever legal que deveria ser observado; (iii) deve ocorrer no âmbito das sociedades de pessoas (no caso das sociedades limitadas há exigência de análise do contrato social para a avaliação da sua natureza); e (iv) caracterização de dissolução irregular da sociedade, que traga lesão ao Fisco.

4.7 A segunda modalidade de responsabilidade dos sócios é a contida no art. 135, I, do CTN, que, tal como a responsabilidade dos administradores, também tem caráter pessoal, afastando a possibilidade de a pessoa jurídica ser responsabilizada. Além disso, requer atuação com excesso de poderes, configurado pela infração à lei ou contrato social, tratando-se de sociedades limitadas.

5. Resumo

O presente artigo tem o objetivo de estudar as nuanças materiais da responsabilidade tributária dos sócios e administradores de sociedades limitadas. Para tanto, tratou-se criticamente dos seguintes temas: (i) conceito de sociedade empresária limitada; (ii) conceito de sócios e administradores; (iii) aspectos gerais sobre a sujeição passiva tributária; (iv) desconsideração da personalidade jurídica em matéria tributária; e (v) responsabilidade dos sócios e administradores de sociedades limitadas, modalidade de responsabilidade tributária de terceiros.

A sociedade empresária é aquela formada pela reunião de pessoas que possuem o objetivo comum de explorar atividade econômica. Existem várias maneiras segundo as quais as sociedades podem ser configuradas. Dentre as mais usuais encontra-se a sociedade limitada, regulada pelos arts. 1.052 a 1.087 do CC. A sua característica precípua é a proteção do patrimônio dos sócios e administradores, que somente suportarão as dívidas societárias em casos especificamente delineados em lei.

Para que o patrimônio dos sócios e administradores possa ser afetado em função de dívidas da sociedade deve ocorrer a desconsideração da personalidade jurídica. Neste artigo foram trabalhadas duas teorias da desconsideração, a fim de descobrir qual a que se aproxima mais da sistemática adotada no Brasil em matéria tributária. A primeira corresponde à *teoria menor da desconsideração*, cujo único pressuposto é o inadimplemento em relação a terceiros. A segunda teoria é a *teoria maior da desconsideração*, que possui quatro princípios básicos: (i) pode ocorrer a desconsideração sempre que a pessoa jurídica for utilizada com abuso de forma, este entendido como o meio fraudulento utilizado para impedir a aplicação da norma jurídica; (ii) a simples prova de inadimplência por parte do devedor não é suficiente para a desconsideração; (iii) devem ser levadas em conta as pessoas físicas que agiram pela jurídica, a fim de estabelecer parâmetro sobre as características inerentes a esta, como, por exemplo, a nacionalidade; e (iv) se o ordenamento contiver previsão determinada para a realização de negócio jurídico entre sujeitos, cabe a desconsideração da personalidade de pessoa jurídica cujos membros o realizem com o intuito de afastar a disciplina específica.

Em matéria tributária, mesmo possuindo requisitos peculiares, o Direito Brasileiro se aproxima muito mais da teoria maior, uma vez que o mero inadimplemento não enseja a desconsideração da personalidade. Para que isso ocorra, os sócios e administradores devem incorrer em ilícito qualificado pelo abuso de personalidade, o qual, no subsistema do direito tributário, pode ser configurado pela prática dos fatos hipoteticamente previstos nos arts. 134, VII, e 135, I e III, do CTN.

Tais dispositivos veiculam modalidade de sujeição passiva chamada de responsabilidade de terceiros. Para se ter uma boa compreensão do que isso representa, deve ser feita uma análise geral a respeito da sujeição passiva tributária no Direito pátrio.

A sujeição passiva tributária é formada por duas figuras: o contribuinte e o responsável. *Contribuinte* é aquele que realiza a materialidade da norma tributária, sendo regulado pelo princípio constitucional da capacidade contributiva. *Responsável* é a pessoa que tem contato apenas indireto com a materialidade da norma e é compelido a pagar quantia pecuniária em função de ter cometido ato ilícito, no sentido de não ter cooperado com a arrecadação fazendária.

A responsabilidade tributária do administrador é prevista pelo art. 135, III, do CTN. Nesse caso, a responsabilidade é pessoal, o que afasta a responsabilidade da pessoa jurídica. A afetação do patrimônio dos administradores pode ocorrer quando estes agirem com excesso de poderes, caracterizado, no caso da sociedade limitada, pela infração à lei ou contrato social.

Já, a responsabilidade dos sócios pode ser analisada segundo dois dispositivos legais distintos. Primeiramente observa-se o art. 134, VII, do CTN, que veicula responsabilidade de caráter subsidiário. Para que seja configurada, o fato jurídico-tributário deve preencher cumulativamente os seguintes requisitos: (i) impossibilidade de o tributo ser exigido do contribuinte que realizou o fato jurídico-tributário; (ii) descumprimento, por parte do sócio, de dever legal que deveria ser observado; (iii) deve ocorrer no âmbito das sociedades de pessoas (no caso das sociedades limitadas há exigência de análise do contrato social para a avaliação da sua natureza); e (iv) dissolução irregular da pessoa jurídica, que traga lesão ao Fisco.

A segunda modalidade de responsabilidade dos sócios, por sua vez, é a contida no art. 135, I, do CTN, que, a exemplo da responsabilidade dos administradores, também tem caráter pessoal. Além disso, tratando-se de sociedades limitadas, deve ocorrer atuação do sócio com excesso de poderes, configurado pela infração à lei ou contrato social.

Essas foram, portanto, as principais questões suscitadas no artigo ora resumido. Vale mencionar que todos os objetivos deste trabalho foram alcançados, especialmente em relação à análise específica da responsabilidade tributária dos sócios e administradores. Tal instituto foi compreendido a partir da conjugação de normas contidas nos Códigos Civil e Tributário, com o quê se obteve uma compreensão ampla e precisa do objeto de estudo. Além disso, a modalidade de responsabilidade tributária em questão foi cotejada com duas teorias sobre a desconsideração da personalidade jurídica, cujo resultado operou-se no sentido de que a responsabilidade dos sócios e administradores relaciona-se de perto com a teoria maior da desconsideração.

Referências bibliográficas

BECHO, Renato Lopes. *Sujeição Passiva e Responsabilidade Tributária.* São Paulo, Dialética, 2000.

BECKER, Alfredo Augusto. *Teoria Geral do Direito Tributário.* 4ª ed. São Paulo, Noeses, 2007.

CARVALHO, Paulo de Barros. *Curso de Direito Tributário.* São Paulo, Saraiva, 2007.

__________. *Direito Tributário, Linguagem e Método.* 2ª ed. São Paulo, Noeses, 2008.

COELHO, Fábio Ulhoa. "As teorias da desconsideração". In: TORRES, H. T., QUEIROZ, M. E., e outros. *Desconsideração da Personalidade Jurídica em Matéria Tributária.* São Paulo, Quartier Latin, 2005.

__________. *Curso de Direito Comercial – Direito de Empresa.* vols. 1 e 2. 14ª ed. São Paulo, Saraiva, 2010.

COÊLHO, Sacha Calmon Navarro. *Curso de Direito Tributário Brasileiro.* Rio de Janeiro, Forense, 2009.

FERRAGUT, Maria Rita. *Responsabilidade Tributária e o Código Civil de 2002*. 2ª ed. São Paulo, Noeses, 2009.

JUSTEN FILHO, Marçal. *Desconsideração da Personalidade Societária no Direito Brasileiro*. São Paulo, Ed. RT, 1987.

MACEDO, José Jayme de Oliveira. *Código Tributário Nacional Comentado: Comentário, Doutrina, Jurisprudência*. 3ª ed. São Paulo, Saraiva, 2007.

MACHADO, Hugo de Brito. *Curso de Direito Tributário*. 31ª ed. São Paulo, Malheiros Editores, 2010.

QUEIROZ, M. E., TORRES, H. T., e outros. *Desconsideração da Personalidade Jurídica em Matéria Tributária*. São Paulo, Quartier Latin, 2005.

SANSEVERINO, Paulo de Tarso Vieira. *Responsabilidade Civil no Código do Consumidor e a Defesa do Fornecedor*. São Paulo, Saraiva, 2002.

TOMÉ, Fabiana Del Padre. *A Prova no Direito Tributário*. 2ª ed. São Paulo, Noeses. 2008.

TÔRRES, Heleno Taveira. "Regime tributário da interposição de pessoas e da desconsideração da personalidade jurídica: os limites do art. 135, II e III, do CTN". In: TORRES, H. T., QUEIROZ, M. E., e outros. *Desconsideração da Personalidade Jurídica em Matéria Tributária*. São Paulo, Quartier Latin, 2005.

__________, QUEIROZ, M. E., e outros. *Desconsideração da Personalidade Jurídica em Matéria Tributária*. São Paulo, Quartier Latin, 2005.

* * *

A Constituição do Crédito Tributário nos Processos de Glosa de Créditos de ICMS Decorrentes da "Guerra Fiscal"

LEANDRO MARTINHO LEITE

O presente trabalho consiste em um estudo científico das normas do direito positivo e do procedimento de constituição do crédito tributário nos lançamentos decorrentes da glosa de créditos do imposto sobre circulação de mercadorias e serviços/ICMS. Analisaremos a exigência de estorno de créditos de ICMS decorrentes de operações interestaduais provenientes de contribuintes sediados em Estados concedentes titulares de incentivos e benefícios fiscais, sem aprovação do Conselho Nacional de Política Fazendária/CONFAZ.

Como ponto inicial serão delimitados, de forma sintética, o objeto do estudo e o método científico de abordagem.

Na sequência serão desenvolvidas algumas considerações preliminares a respeito da sistemática de tributação do ICMS, em especial no que diz respeito ao regime não cumulativo, à sistemática de concessão de incentivos e benefícios fiscais e à forma de contestação de concessões irregulares.

O estudo prossegue tomando como empréstimo os planos de investigação semióticos desenvolvidos por Charles Sanders Peirce e Charles Morris, propondo-se uma análise da compatibilidade das normas do direito positivo que preveem a exigência (leis em sentido lato) correlacionadas aos procedimentos de exigência de estorno propriamente ditos (lançamentos), sob três diferentes enfoques: plano semântico, plano sintático e plano pragmático.

No primeiro plano será abordado, como pressuposto para a exigência de estorno dos créditos, o significado do termo "cobrado" trazido no art. 155, § 2º, I, da CF e nos arts. 19 e 20 da Lei Complementar 87/1996, que garantem o aproveitamento dos créditos de ICMS relativo às etapas anteriores de circulação das mercadorias.

Nesse mesmo tópico procederemos a um breve exame do termo "cobrado" sob a ótica da teoria das relações entre os sujeitos de direito. Objetivaremos, neste ponto, aferir a interdependência entre a relação jurídica dos sujeitos ativo e passivo da etapa anterior de circulação das mercadorias e a relação dos sujeitos ativo e passivo da relação jurídica na etapa posterior.

Partindo para o segundo plano proposto, seguiremos com uma análise sintática da compatibilidade das normas federais e estaduais que preveem o estorno dos créditos com o restante do sistema jurídico, em especial com os princípios constitucionais que preveem a tripartição de Poderes e o pacto federativo, bem como com as normas que instituem a competência para definição das alíquotas interestaduais do ICMS (Senado Federal) e a capacidade tributária ativa para exigência do imposto.

Mediante uma análise estrutural, objetivaremos concluir se tanto as normas gerais e abstratas (lei complementar, leis estaduais e decretos estaduais) como as normas individuais e concretas (lançamentos representados por autos de infração) encontram respaldo nas demais disposições normativas legais e constitucionais.

Finalizaremos esse capítulo de abordagem com uma análise do conteúdo material da Lei Complementar 24/1975 e sua compatibilidade com o atual sistema constitucional tributário.

Sob o terceiro aspecto proposto, utilizando um enfoque eminentemente pragmático, observaremos o procedimento que vem sendo adotado pelos órgãos integrantes da Fazenda Pública dos Estados na efetivação de lançamentos tributários (lavratura de autos de infração) positivando normas individuais e concretas em face dos contribuintes. Objetiva-se, sob este terceiro prisma, uma investigação tanto das normas gerais e abstratas como das individuais e concretas, com relação aos seus respectivos destinatários.

Mais que uma análise casuística, teremos como objetivo neste item, independentemente da legalidade e constitucionalidade das normas gerais e abstratas que preveem a exigência de estorno dos créditos, proceder à verificação experimental do procedimento adotado pelos Estados, confirmando se o mesmo encontra guarida em nosso ordenamento.

Considerando que todas as exigências fiscais de estorno de créditos de ICMS decorrentes da "guerra fiscal" pressupõem que a concessão dos incentivos ou benefícios tenha sido irregular e que o valor da eventual exigência deve corresponder ao montante do imposto correspondente à "vantagem econômica" ou "benefício" auferido na operação anterior, investigaremos: (a) a forma de declaração ou reconhecimento da suposta ilegalidade da norma concessiva do incentivo; (b) a forma de apuração do valor correspondente à "vantagem econômica" auferida pelos estabelecimentos remetentes das mercadorias.

Finalizaremos com a análise relativa aos limites para alteração dos lançamentos que eventualmente contenham tais falhas.

1. Introdução

A Constituição Federal do nosso País, ao delimitar as hipóteses de incidência tributária e fixar as respectivas competências para instituição dos tributos, optou por delegar aos Estados (aí e daqui por diante considerado incluído o Distrito Federal) o ICMS.

O imposto sobre consumo brasileiro é hoje uma das maiores fontes de custeio social do País, sendo estatisticamente confirmado como o tributo de maior impacto nas atividades empresariais.

Seguindo linha semelhante à adotada por vários Países, e com suas raízes no imposto sobre circulação de mercadorias/ICM, optaram os "constituintes originários" por utilizar a sistemática não cumulativa, com cobrança na origem.

Segundo essa sistemática, o imposto é devido ao Estado de origem das operações, permitindo-se a apropriação do crédito do imposto que incidiu anteriormente pelo contribuinte destinatário das mercadorias ou serviços, e assim sucessivamente, até a chegada dos produtos ao consumidor final.

Na ponta final, arca o consumidor com o total da carga tributária incidente sobre a cadeia, mediante pagamento do imposto "por dentro" (ou seja, embutido no preço do produto e calculado sobre o valor da operação incluindo-se o próprio imposto).

Especialmente no caso das operações interestaduais, nas quais o contribuinte remetente recolhe o imposto a um Estado e o contribuinte destinatário tem assegurado constitucionalmente perante outro Estado o direito ao crédito do imposto que incidiu sobre a operação anterior, a problemática tomou corpo substancial.

Como o tributo é devido ao Estado de origem das operações, todos os entes da Federação, pretendendo atrair para si a tentadora carga tributária que incide sobre tais operações, têm criado a mais variada gama de benefícios e incentivos objetivando atrair contribuintes para seus respectivos territórios.

Apesar de a Constituição Federal haver trazido diretrizes e previsto uma regulamentação específica para instituição de tais benefícios e incentivos (art. 155, § 2º, XII, "g", da CF, regulamentada pela Lei Complementar 24/1975), a incessante e desmedida busca de novas fontes de custeio pelos entes federados tem passado por cima da disciplina legal e constitucional que regula a matéria.

Já prevendo a possibilidade de ocorrência de tais atos ilegais pelos próprios Estados integrantes da Federação, os constituintes também trouxeram mecanismos para repelir eventuais violações às regras legais e constitucionais (ações diretas de inconstitucionalidade, reclamações e até intervenções federais).

Contudo, em razão da morosidade do Poder Judiciário e da malícia e prepotência dos entes federados, os mecanismos constitucionais de repressão não têm gerado os efeitos pretendidos.

Apesar da polêmica e complexidade da questão relativa à "guerra fiscal" ser questão que há muito preocupa os Poderes Executivo, Legislativo e Judiciário, até alguns anos atrás os contribuintes se mantinham numa posição de expectadores dessa disputa.

Especificamente no que diz respeito à "guerra fiscal", seu interesse estava limitado ao planejamento das atividades empresariais, mediante a definição dos locais para estabelecimento de filiais, direcionamento de operações industriais e comércio exterior, criação de centrais de distribuição e análise de outros fatores econômicos que viabilizassem suas atividades.

Contudo, em face da ineficácia das "armas constitucionais", como forma alternativa de contra-ataque à concessão ilegal e inconstitucional de incentivos e benefícios fiscais, diversos Estados desenvolveram mecanismos de restrição aos créditos do imposto originários de contribuintes localizados nos Estados concedentes.

Tais mecanismos de restrição aos créditos têm gerado grande apreensão aos contribuintes destinatários de mercadorias originárias de operações incentivadas, que se veem submetidos à discussão administrativa e judicial de vultosos lançamentos (autos de infração) nos quais o Estado de destino glosa o crédito do imposto que incidiu sobre as operações anteriores.

Objetiva o presente trabalho o desenvolvimento de uma análise científica tanto da legislação em que se fundamentam tais exigências como da sistemática que vem sendo adotada pelos Estados para a constituição do crédito tributário nos processos de glosa de créditos do ICMS decorrentes da "guerra fiscal".

Concluiremos com a demonstração da absoluta ilegalidade e da inconstitucionalidade tanto da legislação que prevê a referida restrição como da incompatibilidade dos procedimentos que vêm sendo adotados nas exigências individuais e concretas perpetradas pelos Estados.

2. *Dos planos de investigação semióticos*

Diversos são os possíveis métodos a serem utilizados no desenvolvimento de qualquer trabalho científico. Contudo, incontestável que a utilização de forma uniforme, de um método robusto de investigação, aliado à utilização de uma linguagem clara e objetiva, proporciona um discurso sólido.

No desenvolvimento do presente trabalho optamos pela utilização do modelo completo de investigação desenvolvido pela Linguística e pela Semiótica, enfrentando a mesma questão sob os enfoques semântico (relação dos signos com a ideia de realidade que estes exprimem), sintático (relação estrutural dos signos entre si) e pragmático (relação dos signos com os seus usuários).

Como objeto de análise teremos o conjunto completo do sistema de direito positivo, composto tanto pelas normas gerais e abstratas (Constituição Federal, leis complementares, leis ordinárias, decretos, instruções normativas, comunicados normativos etc.) como pelas individuais e concretas (autos de infração).

3. *Regime não cumulativo do ICMS e sistemática concessão de incentivos e benefícios fiscais*

3.1 Da sistemática não cumulativa

O imposto sobre circulação de mercadorias e prestação de serviços de transporte intermunicipal e interestadual e comunicações/ICMS, desde a época de sua instituição, está sujeito à sistemática não cumulativa.

Os incisos I e II do § 2º do art. 155 da CF assim dispõem:

"Art. 155. Compete aos Estados e ao Distrito Federal instituir impostos sobre: (...) II – operações relativas à circulação de mercadorias e sobre prestações de serviços de transporte interestadual e intermunicipal e de comunicação, ainda que as operações e as prestações se iniciem no Exterior; (...).

"(...).

"§ 2º. O imposto previsto no inciso II atenderá ao seguinte: I – será não cumulativo, compensando-se o que for devido em cada operação relativa à circulação de mercadorias ou prestação de serviços com o montante cobrado nas anteriores pelo mesmo ou outro Estado ou pelo Distrito Federal; II – a isenção ou não incidência, salvo determinação em contrário da legislação: a) não implicará crédito para compensação com o montante devido nas operações ou prestações seguintes; b) acarretará a anulação do crédito relativo às operações anteriores; (...)."

Tal orientação foi sistematicamente seguida pela Lei Complementar 87/1996, nos seguintes termos:

"Art. 19. O imposto é não cumulativo, compensando-se o que for devido em cada operação relativa à circulação de mercadorias ou prestação de serviços de transporte interestadual e intermunicipal e de comunicação com o montante cobrado nas anteriores pelo mesmo ou por outro Estado.

"Art. 20. Para a compensação a que se refere o artigo anterior, é assegurado ao sujeito passivo o direito de creditar-se do imposto anteriormente cobrado em operações de que tenha resultado a entrada de mercadoria, real ou simbólica, no estabelecimento, inclusive a destinada ao seu uso ou consumo ou ao ativo permanente, ou o recebimento de serviços de transporte interestadual e intermunicipal ou de comunicação."

Dentro de referida sistemática, o contribuinte que adquire uma mercadoria escritura em seus registros fiscais a respectiva operação, lançando a crédito o montante do imposto que incidiu sob a operação anterior e se encontra destacado no documento fiscal que representa a circulação.

Posteriormente, ao realizar uma operação de saída, o contribuinte escritura em seus registros fiscais a saída da mercadoria, lançando a débito o imposto que incide sob tal operação.

Ao final do período estipulado pela legislação local, o contribuinte apura em uma conta gráfica (normalmente denominada Livro Registro de Apuração do ICMS) o saldo correspondente à diferença entre os créditos e débitos, tornando-se credor de eventual saldo positivo ou devedor de eventual saldo negativo.

Como tanto as bases de cálculo como as alíquotas das entradas e saídas são diferentes, normalmente em cada etapa (à exceção das situações especiais como exportação, casos de isenção com garantia de crédito, venda com prejuízo e outras operações peculiares) remanesce um saldo de imposto a ser recolhido.

No que diz respeito às operações interestaduais realizadas entre contribuintes do imposto, dada a extensa territorialidade de nosso País e objetivando minimizar as diferenças econômicas entre as Regiões Sul e Sudeste e as Regiões Norte, Nordeste e Centro-Oeste, a CF, no inciso IV do § 2º do art. 155, delegou ao Senado Federal a competência para instituir as alíquotas interestaduais.

Isso foi feito por meio da edição da Resolução senatorial 22/1989, que fixou a alíquota interestadual em 12%, com exceção das operações originárias do Sul e Sudeste que destinem produtos ao Norte, Nordeste e Centro-Oeste, para as quais foi estabelecida uma alíquota reduzida de 7%.

O ponto crítico da questão surge justamente na questão relativa à concessão de incentivos e benefícios fiscais.

3.2 Da concessão de incentivos e benefícios fiscais

No momento da edição da Constituição Federal, já prevendo a provável disputa dos Estados pelas receitas relativas ao ICMS, o legislador constituinte delimitou no art. 155, § 2º, XII, "g", a forma para instituição de incentivos e benefícios fiscais.

Regulamentando a referida concessão de incentivos fiscais, quando da edição da Constituição Federal de 1988 encontrava-se vigente a Lei Complementar 24/1975.

Referida norma tratou sobre a forma mediante a qual poderiam os Estados conceder incentivos e benefícios fiscais, atribuindo ao órgão colegiado denominado Conselho Nacional de Política Fazendária/CONFAZ a competência para análise e aprovação dos mesmos.

Referido órgão, composto por representantes de todos os Estados, possui competência para aprovar quais incentivos e benefícios fiscais poderiam ser concedidos pelos entes da Federação, impondo limites, para evitar eventuais concessões desproporcionais.

Ocorre que, como na maioria das vezes inexiste consenso, a totalidade dos Estados cria a mais diversa gama de incentivos e benefícios, sem submetê-los à aprovação do CONFAZ.

Algumas vezes de forma enrustida e outras de forma escancarada, é disponibilizada aos contribuintes, mediante o cumprimento de certas condições e assunção de obrigações alternativas, a possibilidade de fruição de sistemáticas de tributação especiais, mediante a concessão de créditos presumidos, prazos especiais de pagamento e descontos no valor do imposto a ser recolhido.

Diante do claro regramento constitucional e legal, não há qualquer dúvida de que tais incentivos e benefícios são absolutamente inconstitucionais.

O ponto chave da questão é como podem os Estados contestar as sistemáticas ilegais de tributação inconstitucionais concedidas sem a aprovação do CONFAZ.

3.3 Mecanismos constitucionais de repressão à concessão ilegal e inconstitucional de incentivos e benefícios sem a aprovação do CONFAZ

Conforme previsão dos arts. 102, I, "a", e 103, ambos da CF de 1988, foi facultado aos Estados, através da propositura de ação direta de inconstitucionalidade, contestar qualquer ato normativo estadual seu ou de terceiro sempre que este guardar incompatibilidade com alguma norma constitucional.

Assim, encontra-se à disposição das pessoas jurídicas de direito público que se sentirem lesadas uma ferramenta própria para a contestação dos atos concessivos de "incentivos", "benefícios" ou "regimes especiais" que entendam ser incompatíveis com a Constituição Federal.

A Constituição Federal deve ser interpretada de forma integrada, sistemática e coerente.

Justamente por possibilitar aos Estados meios de contestar os atos praticados por outros entes federados, a Constituição excluiu de sua competência o poder de fazer valer seu direito por conta própria.

Contudo, dois problemas fundamentais têm dificultado a utilização de tal instrumento.

O primeiro ponto é a morosidade do Poder Judiciário em analisar as ações diretas de inconstitucionalidade propostas, que muitas vezes passam mais de uma dezena de anos paradas nos escaninhos do STF aguardando julgamento.

Um segundo ponto é a revogação dos atos legais concessivos dos incentivos ou benefícios na véspera do julgamento da respectiva ação direta de inconstitucionalidade. Apesar de maliciosa e até mesmo imoral, como a jurisprudência do STF considera desprovida de objeto a ação direta de inconstitucionalidade após a revogação da norma que está sendo contestada, essa artimanha tem sido rotineiramente utilizada pelos Estados.

Em que pese ao fato de o sistema disponibilizar outras ferramentas para defesa dos interesses dos entes federados que se sentem lesados (reclamação ao STF, ações baseadas na Lei de Responsabilidade Fiscal e até mesmo intervenções federais), na prática os tortuosos caminhos para se brigar de igual para igual têm sido evitados.

Com efeito, o que se verifica na prática é a adoção de duas posturas por parte dos Estados que estão na disputa dos contribuintes.

A maior parte dos Estados, diante da concessão de incentivos e benefícios ilegais e inconstitucionais, como contrapartida, opta por conceder outros não menos ilegais e inconstitucionais incentivos, em melhores condições que o Estado combatido.

Parodiando a problemática, trata-se de uma espécie de "chumbo trocado não dói". Ou seja: como forma de contestar concessões de incentivos ilegais do Estado vizinho concede-se um não menos ilegal e inconstitucional incentivo com "melhores condições", objetivando "roubar o contribuinte do outro Estado". Praticamente todos os Estados, em maior ou menor grau de amplitude, utilizam essa sistemática de disputa.

Ocorre que alguns Estados foram além e, ao invés de atacar os seus pares, têm se voltado contra seus próprios contribuintes.

Citem-se como exemplos as restrições trazidas por Minas Gerais,[1] Rio Grande do Sul,[2] São Pauto[3] e Mato Grosso.[4]

1. Minas Gerais, art. 28, § 5º, da Lei estadual 6.763/1975 (base legal para edição da Resolução 3.166/2001):

"Art. 28. (...).

"(...).

"§ 5º. Na hipótese do *caput*, não se considera cobrado, ainda que destacado em documento fiscal, o montante do imposto que corresponder a vantagem econômica decorrente de concessão de incentivo ou benefício fiscal em desacordo com o disposto na alínea 'g' do inciso XII do § 2º do art. 155 da Constituição da República."

2. Estado do Rio Grande do Sul, art. 16, II, da Lei estadual 8.820/1989: "Art. 16. Para efeito de apuração do montante devido a que se refere o art. 21, *não é admitido crédito fiscal*: (...) II – destacado em documento fiscal relativo a mercadorias entradas no estabelecimento ou a serviços a ele prestados, quando o imposto tiver sido devolvido, no todo ou em parte, ao próprio ou a outro contribuinte, por outra unidade da Federação, mesmo sob a forma de prêmio ou estímulo".

3. Estado de São Paulo, art. 36, § 3º, da Lei estadual 6.374/1989 (base legal para a edição do Comunicado CAT-36/2004):

"Art. 36. (...).

É justamente tais restrições que passaremos a analisar nos tópicos subsequentes.

4. Plano semântico. Do conceito do termo "cobrado" como pressuposto para o exercício do direito ao crédito do imposto

4.1 Do conteúdo semântico do termo "cobrado"

Aprofundando-se o conceito de "não cumulatividade", verificamos que, ao se estabelecer a possibilidade de compensação do valor "cobrado nas operações anteriores", dispôs a legislação que o crédito corresponderia não ao valor pago a título de imposto na operação anterior (*tributado*), mas sim ao valor cobrado que incidiu na operação anterior (*tributável*). Explique-se.

Conforme veiculado em tópico anterior, ao receber e dar saída às mercadorias os contribuintes não se obrigam perante o Fisco com o valor do imposto que incidiu e está destacado nos documentos fiscais de saídas, mas sim o saldo do imposto apurado em conta gráfica.

Nunca o valor do imposto destacado num documento fiscal corresponderá ao valor do imposto a ser pago ao Estado. O que deverá ser recolhido é a diferença entre os créditos e débitos.

"(...).

"§ 3º. Não se considera cobrado, ainda que destacado em documento fiscal, o montante do imposto que corresponder a vantagem econômica decorrente da concessão de qualquer subsídio, redução da base de cálculo, crédito presumido ou outro incentivo ou benefício fiscal em desacordo com o disposto no art. 155, § 2º, inciso XII, alínea 'g', da Constituição Federal".

4. Estado do Mato Grosso, art. 24, parágrafo único, da Lei estadual 7.098/1998:

"Art. 24. (...).

"Parágrafo único. Não será considerado cobrado o imposto, ainda que destacado no documento fiscal, quando a correspondente operação ou prestação tenha sido contemplada com subsídio, incentivo ou benefício de natureza fiscal, financeira ou creditícia, concedido em desacordo com o que dispõe o art. 155, § 2º, inciso XII, alínea 'g', da Constituição Federal."

Justamente em razão desta sistemática, quando um contribuinte recebe uma mercadoria numa operação habitual este não investiga o recolhimento efetuado pelo remetente.

Note-se que, se o eventual saldo devedor não é recolhido pelo contribuinte remetente, temos aqui a possibilidade de incidência não da regra-matriz do ICMS, sim de uma norma secundária que atribui ao Estado o poder de exigir deste contribuinte o imposto que não foi recolhido (que possui como antecedente o não pagamento do imposto).

Conforme será melhor investigado no tópico subsequente, o direito ao crédito do ICMS decorre da incidência de uma norma jurídica (norma que prevê o direito ao crédito) que não depende do adimplemento da obrigação tributária decorrente da operação anterior.

4.2 Da teoria das relações

A conclusão de que o direito ao crédito do imposto guarda relação com montante que incidiu na operação anterior (e não com o que foi pago) está pautada na premissa de que a relação jurídica entre o remetente de uma mercadoria e o Estado de origem é independente da relação jurídica entre o destinatário da mercadoria e o Estado de destino.

Verificado o fato jurídico-tributário da circulação da mercadoria, além das repercussões de ordem privada entre as partes, tem-se a verificação de duas consequências jurídico-tributárias independentes:

(a) De um lado, nasce entre o sujeito ativo do território do remetente (Estado do remetente) e o sujeito passivo lá estabelecido (contribuinte remetente) uma relação jurídica tributária, em razão da qual surge o dever jurídico de se recolher aos cofres públicos o imposto decorrente da operação efetivada.

(b) De outro lado, nasce outra relação jurídica em razão da qual surge para o destinatário da mercadoria (contribuinte destinatário) o direito de, respeitadas as limitações constitucionais e legais (isenção e não incidência), apropriar-se do crédito correspondente à aquisição, conforme valores destacados no respectivo documento fiscal.

Note-se que, apesar de ambas as relações jurídico-tributárias serem provenientes de um mesmo ato, após a efetivação deste as relações entre os contribuintes e os Estados tornam-se absolutamente independentes.

A relação jurídica existente entre o remetente de uma mercadoria e o Estado de origem em nenhuma hipótese pode se confundir com a relação jurídica estabelecida entre o destinatário da mercadoria e o outro Estado ao qual aquele esteja jurisdicionado.

Oportuno referenciar que o egrégio STJ, em casos análogos ao discutido no presente trabalho, vem caminhando exatamente no mesmo sentido:

"Processo civil e tributário – Violação do art. 535 do CPC – Inocorrência – *ICMS destacado nas notas fiscais emitidas pela fornecedora – Direito ao creditamento – Princípio da não cumulatividade* (...).

"1. O direito de crédito do contribuinte não decorre da regra-matriz de incidência tributária do ICMS, mas da eficácia legal da norma constitucional que prevê o próprio direito ao abatimento (regra-matriz de direito ao crédito), formalizando-se com os atos praticados pelo contribuinte (norma individual e concreta) e homologados tácita ou expressamente pela autoridade fiscal. *Essa norma constitucional é autônoma em relação à regra-matriz de incidência tributária, razão pela qual o direito ao crédito nada tem a ver com o pagamento do tributo devido na operação anterior.* (...).

"3. *O termo "cobrado" deve ser, então, entendido como 'apurado', que não se traduz em valor em dinheiro, porquanto a compensação se dá entre operações de débito (obrigação tributária) e crédito (direito ao crédito). Por essa razão, o direito de crédito é uma moeda escritural, cuja função precípua é servir como moeda de pagamento parcial de impostos indiretos, orientados pelo princípio da não cumulatividade.*

"4. Destarte, o direito à compensação consubstancia um direito subjetivo do contribuinte, que não pode ser sequer restringido senão pela própria Constituição Federal. Evidenciado resulta que a norma constitucional definiu integralmente a forma pela qual se daria a não cumulatividade do ICMS, deixando patente que somente nos casos de isenção e não incidência não haveria crédito para compensação com o montante devido nas operações seguintes ou exsurgiria a anulação do crédito relativo às operações anteriores (art. 155, § 2º, II).

"(...).

"6. *Nesse diapasão, não se afigura legítima a exigência de estorno dos créditos de ICMS, porquanto a empresa agiu no estrito cumprimento da regra-matriz de direito ao crédito, uma vez ter-lhe sido regularmente repassado o tributo pela empresa fornecedora quando da aquisição das embalagens personalizadas, consoante destacado nas notas fiscais – documentos idôneos para tanto –, gerando a presunção de incidência da exação na operação anterior.*

"7. *Deveras, a relação fiscal se estabelece entre o sujeito com competência tributária e o contribuinte, de sorte que o eventual crédito do Fisco em relação ao primeiro contribuinte do imposto não pode ser exigido de outrem, o qual, pela lei, não é seu substituto tributário nem sucessor* (...)" (1ª Turma, REsp 773.675-RS, rel. Min. Luiz Fux, j. 13.3.2007, *DJU* 2.4.2007, p. 239).

A concessão de eventual incentivo ou benefício fiscal em nada afeta o valor do imposto incidente sobre a operação. Trata-se de relação jurídica de direito independente entre o remetente e o Estado de origem, relacionada à redução da obrigação tributária.

Da análise das premissas traçadas, considerando que a concessão de eventual incentivo fiscal não se relaciona com o imposto que incidiu sobre as operações, mas sim com a obrigação tributária decorrente das mesmas, concluímos não ser possível, com esse fundamento, impedir o direito ao crédito pelo destinatário.

5. *Plano sintático. Da compatibilidade das normas que preveem o estorno dos créditos com as demais normas integrantes do sistema jurídico*

5.1 Princípio da tripartição de Poderes

A teoria da separação dos Poderes, ou tripartição, remonta a longa data, tendo sido idealizada por Aristóteles e difundida nos trabalhos de John Locke e Montesquieu.

Ao se estabelecer a forma de organização e divisão do poder em nosso País, a Constituição seguiu a tradicional sistemática de repartição de Poderes em Legislativo, Executivo e Judiciário.

Neste contexto, caberia exclusivamente ao Poder Judiciário proferir as decisões quanto à harmonia de uma norma com o restante do sistema jurídico.

Qualquer ato oriundo do Poder Legislativo ou Executivo Estadual que tenha por escopo infringir efeitos, ainda que indiretos, às normas jurídicas editadas por outros Estados violaria diretamente essa forma de separação de Poderes.

Tal procedimento não pode, em nenhum momento, ser admitido.

Caso um Estado se sinta lesado pela norma editada por outro, deverá recorrer aos meios legais que lhe estão disponíveis (conforme já mencionado, a ação direta de inconstitucionalidade).

Apenas o Poder Judiciário, nos termos dos arts. 97 e 102 da CF, possui competência para decidir sobre a compatibilidade das normas com o sistema jurídico vigente.

Ressalte-se que tal questão já foi inclusive objeto de pronunciamento pelo STF, que amparou integralmente tal entendimento.[5]

Com efeito, enquanto uma norma jurídica não for considerada inválida por ato do órgão competente – no caso, o STF –, não restará alternativa jurídica e moral aos demais Estados senão reconhecer a validade, vigência e eficácia da mesma, respeitando-a e cumprindo-a.

5.2 Pacto federativo

Em seu art. 18 a CF estabelece a organização político-administrativa da República Federativa do Brasil, prevendo que nosso País será composto pela União, os Estados, o Distrito Federal e os Municípios, frisando serem “todos autônomos”.

Tendo em vista que o art. 24 da Carta Política possibilita aos entes federados legislarem concorrentemente sobre direito tributário, qualquer norma estadual tendente a desautorizar a força normativa de norma de outro Estado fere frontalmente a autonomia especificada no já citado art. 18 da CF.

A harmonia entre os entes federados constitui a base de formação do Estado Brasileiro. A quebra dessa harmonia acarreta violação direta ao princípio federati-

5. MS 21.863-1/160, impetrantes: Estado do Espírito Santo e outros, impetrado: Governador do Estado de São Paulo, transcrição de intimação de decisão liminar: “Comunico que o Min. Sepúlveda Pertence, relator do processo em epígrafe, deferiu a liminar requerida para suspender, até decisão final do *writ*, os efeitos da Portaria CAT n. 85/1993 e da Resolução SF n. 52/1993, Devendo V. Exa., enquanto representante maior do Estado de São Paulo, abster-se de adotar e providenciar para que as demais autoridades que lhe são subordinadas se abstenham de adotar quaisquer medidas tendentes a impedir o creditamento integral do ICMS em operações interestaduais com mercadorias de procedência estrangeira remetidas por estabelecimentos localizados no Estado do Espírito Santo a estabelecimentos situados em território deste estado. Cordiais saudações – *Min. Octávio Gallotti*, Presidente do STF”.

vo, ato passível até mesmo de intervenção federal, nos termos do art. 34 da CF.

Permitir a manutenção de atos unilaterais de restrição ao direito ao crédito do ICMS incidente sobre a operação anterior, ainda que proveniente de estabelecimento titular de benefício ou incentivo concedido irregularmente, consistiria em retirar a autonomia do Estado concedente da benesse e, consequentemente, desrespeitar o princípio federativo – o que não pode ser permitido, sob pena de se dar o primeiro passo rumo à completa decadência e à desorganização social.

Nesse sentido, podemos referenciar a recente decisão da Exma. Min. Ellen Gracie que, de forma brilhante, tomando de empréstimo a lição do Min. Sepúlveda Pertence, nos ensina que: "inconstitucionalidades não se compensam".[6]

5.3 Competência para definição das alíquotas interestaduais do ICMS (Senado Federal)

Conforme exposto na introdução do presente trabalho, como forma de delegar ao Poder Legislativo a competência para delimitar uma melhor repartição do resultado da arrecadação do ICMS, a Constituição Federal atribuiu ao Senado Federal a competência para definir as alíquotas interestaduais do ICMS.

Mediante a edição da Resolução 22/1989, o Senado Federal, representando o interesse de cada um dos Estados, fixou a alíquota interestadual do imposto em 12%. Na hipótese de operações oriundas do Sul e Sudeste destinando mercadorias ao Norte, Nordeste e Centro-Oeste foi prevista pela Resolução 22 uma alíquota reduzida de 7%.

6. STF, MC 2.611-MG, Min. Ellen Gracie, trechos da Liminar:

"(...). É que o Estado de Minas Gerais, inconformado com a inconstitucionalidade de crédito de ICMS concedido pelo Estado de Goiás, teria glosado parcialmente a apropriação de créditos nas operações interestaduais, com isso ofendendo a sistemática da não cumulatividade desse imposto e a alíquota interestadual fixada pelo Senado, ambas com assento constitucional.

"(...).

"Há forte fundamento de direito na alegação de que o Estado de destino da mercadoria não pode restringir ou glosar a apropriação de créditos de ICMS quando destacados os 12% na operação interestadual, ainda que o Estado de origem tenha concedido crédito presumido ao estabelecimento lá situado, reduzindo, assim, na prática, o impacto da tributação.

"Note-se que o crédito outorgado pelo Estado de Goiás reduziu o montante que a empresa teria a pagar, mas não implicou o afastamento da incidência do tributo, tampouco o destaque, na nota, da alíquota própria das operações interestaduais.

"Ainda que o benefício tenha sido concedido pelo Estado de Goiás sem autorização suficiente em convênio, mostra-se bem fundada a alegação de que a glosa realizada pelo Estado de Minas Gerais não se sustenta. Isso porque a incidência da alíquota interestadual faz surgir o direito à apropriação do ICMS destacado na nota, forte na sistemática de não cumulatividade constitucionalmente assegurada pelo art. 155, § 2º, I, da Constituição e na alíquota estabelecida em resolução do Senado, cuja atribuição decorre do art. 155, § 2º, IV.

"Não é dado ao Estado de destino, mediante glosa à apropriação de créditos nas operações interestaduais, negar efeitos aos créditos apropriados pelos contribuintes.

"Conforme já destacado na decisão recorrida, o Estado de Minas Gerais pode arguir a inconstitucionalidade do benefício fiscal concedido pelo Estado de Goiás em sede de ação direta de inconstitucionalidade, sendo certo que este Supremo Tribunal tem conhecido e julgado diversas ações envolvendo tais conflitos entre Estados, do que é exemplo a ADI n. 2.548, relator o Min. Gilmar Mendes, *DJU* 15.6.2007.

"Mas a pura e simples glosa dos créditos apropriados é descabida, porquanto não se compensam as inconstitucionalidades, nos termos do que decidiu este Tribunal quando apreciou a ADI/MC n. 2.377, *DJU* 7.11.2003, cujo relator foi o Min. Sepúlveda Pertence:

"'2. As normas constitucionais que impõem disciplina nacional ao ICMS são preceitos contra os quais não se pode opor a autonomia do Estado, na medida em que são explícitas limitações.

"'3. O propósito de retaliar preceito de outro Estado, inquinado da mesma balda, não valida a retaliação: inconstitucionalidades não se compensam.'

"(...).

"6. Ante o exposto, *reconsidero a decisão anterior, conheço da ação cautelar e concedo medida liminar* para suspender a exigibilidade do crédito tributário em cobrança, nos termos do art. 151, V, do CTN, sustando, com isso, a execução e os respectivos atos expropriatórios."

Ao delegar ao Senado Federal a competência para definir as alíquotas do ICMS, se, de um lado, a Constituição Federal lhe concedeu tal poder com exclusividade, do outro, o retirou de todas as demais entidades integrantes do Estado Brasileiro.

Como efeito, ao limitar o direito ao crédito do imposto em uma operação interestadual, na verdade está o ente federado, de forma audaciosa e reprovável, invadindo o campo de competência destinado pela Constituição ao Senado Federal.

Justamente nesse sentido decidiu com brilhantismo o STF em julgamento plenário no qual se reconheceu a inconstitucionalidade de legislação mato-grossense que impunha a referida restrição.[7]

5.4 Capacidade tributária ativa para exigência do imposto

Conforme previsão constitucional, foi facultado aos Estados, mediante a propositura de ação direta de inconstitucionalidade, contestar normas que entendam violarem dispositivos constitucionais.

De outro lado, a Constituição retira dos Estados a força de impor sua vontade sem se valer dos instrumentos que o sistema disponibiliza.

A norma que prevê a restrição aos destinatários de mercadorias provenientes de estabelecimentos titulares de incentivos ou regimes especiais, limitando o crédito do imposto que incidiu sob tais operações, adentra a capacidade tributária ativa do Estado de origem.

Ao exigir para si o estorno de crédito, sob o argumento de corresponder a ato desonerativo praticado por outro Estado, está o Estado de destino apropriando-se de direito creditório que não lhe pertence.

Ainda que as normas concessivas de incentivos ou benefícios venham a ser julgadas inconstitucionais em sede de controle concentrado, em hipótese alguma poderia o Estado de destino exigir para si imposto que se encontra sob o manto da capacidade tributária ativa de outro Estado.

Tal situação pode ser confirmada mediante a análise da consequência do reconhecimento da inconstitucionalidade da norma concessiva de incentivo irregular.

Na hipótese acima descrita (reconhecimento da inconstitucionalidade da norma concessiva do incentivo), via de regra estaríamos diante de uma decisão *erga omnes* e com efeitos *ex tunc*. Tal decisão, em tese, poderia retroagir e afetar os atos anteriormente praticados com base na norma julgada inconstitucional.

Nessa situação, com a declaração de inconstitucionalidade, independentemente da viabilidade de exigência retroativa de toda a desoneração (em face das regras que disciplinam a boa-fé, a moralidade administrativa e os prazos de prescrição e decadência), estaria restabelecida a relação entre o Estado concedente da benesse e o contribuinte remetente das mercadorias.

Tanto a Constituição Federal como a lei complementar estabeleceram, respectivamente, a atribuição de competência tributária e condição de sujeito ativo ao Estado com jurisdição sobre o qual o contribuinte se encontra estabelecido.

Conclui-se, portanto, não possuir o Estado de destino das mercadorias capacidade tributária ativa para exigir para si imposto correspondente à desoneração perpetrada por outro Estado.

5.5 Incompatibilidade da Lei Complementar 24/1975 com o atual sistema constitucional (recepção)

Ao prever a instituição do ICMS, dispôs a CF em seu art. 155, § 2º, XII; "g":

7. STF, ADI 3.312-3-MT, rel. Min. Eros Grau, *DJU* 9.3.2007: "O Tribunal julgou procedente pedido formulado em ação direta ajuizada pelo Governador do Distrito Federal, para declarar a inconstitucionalidade do Decreto n. 989/2003, do Estado do Mato Grosso, que considera como não tendo sido cobrado o ICMS sempre que uma mercadoria for adquirida nos Estado do Espírito Santo, de Goiás, de Pernambuco e no Distrito Federal, e autoriza o crédito de 7% do valor da aquisição".

"XII – cabe à lei complementar: (...); g) regular a forma como, mediante deliberação dos Estados e do Distrito Federal, isenções, incentivos e benefícios fiscais serão concedidos e revogados".

Regulamentando a referida concessão de incentivos fiscais, quando da edição da Constituição Federal de 1988 encontrava-se vigente a Lei Complementar 24/1975, na qual se baseiam todas as normas posteriores que criaram as restrições aqui debatidas.

Referida norma tratou sobre a forma mediante a qual poderiam os Estados conceder incentivos e benefícios fiscais, atribuindo ao órgão colegiado denominado Conselho Nacional de Política Fazendária/CONFAZ a competência para análise e aprovação dos mesmos.

Até este ponto não se vislumbra qualquer incompatibilidade entre a Lei Complementar 24/1975 e a Constituição Federal, mas sim uma complementaridade entre elas.

A Lei Complementar 24/1975 trouxe o regramento de submissão de eventuais concessões ao CONFAZ.

Ocorre que a Lei Complementar 24/1975, editada com base no ordenamento constitucional anterior, foi além do que prevê a Constituição Federal de 1988, e estabeleceu hipóteses de restrição ao crédito do ICMS não previstas no texto constitucional: "Art. 8º. A inobservância dos dispositivos desta Lei acarretará, cumulativamente: I – a nulidade do ato e a ineficácia do crédito fiscal atribuído ao estabelecimento recebedor da mercadoria; II – a exigibilidade do imposto não pago ou devolvido e a ineficácia da lei ou ato que conceda remissão do débito correspondente".

Não é necessário grande esforço para perceber claramente que as disposições constantes do art. 8º da Lei Complementar 24/1975 não encontram fundamento de validade no texto constitucional.

Conforme tratado no tópico que tratou da não cumulatividade, além das únicas hipóteses constitucionais de vedação à apropriação do crédito serem a isenção e a não incidência (o que não é o caso, uma vez que o imposto incide sobre a operação), as relações jurídicas entre o remetente e Estado de remessa e destinatário e o Estado de destino são absolutamente independentes.

Ao atribuir uma nova hipótese de restrição ao crédito do imposto, o art. 8º da Lei Complementar 24/1975 trouxe disposição que foi além dos limites previstos pela Constituição Federal.

Dessa forma, no instante em que vigente a nova ordem constitucional, a norma em questão perdeu sua eficácia, por não haver sido "recepcionada" pelas novas disposições supremas.

Ainda que assim não o fosse, quando da edição da Lei Complementar 87/1996, lei instituidora do ICMS, novamente se estabeleceram taxativamente as hipóteses de restrição ao direito ao crédito do ICMS.

Mais uma vez, dentre as restrições trazidas pelos arts. 19 e 20 da Lei Complementar 87/1996 não se vislumbra a hipótese veiculada no art. 8º da Lei Complementar 24/1975, motivo pelo qual, ainda que esta não houvesse sido afastada pela Constituição Federal, estaria revogada pela nova lei instituidora do ICMS.

Independentemente da questão relativa à compatibilidade das normas que possibilitam tal procedimento de exigência de glosa do crédito do imposto com o texto constitucional e com a legislação complementar, dentro do escopo do presente trabalho, passaremos à análise da questão relativa à forma como isso se tem operado.

6. Plano pragmático. Da metodologia utilizada pela Fazenda dos Estados na exigência de estorno dos créditos

Com apenas algumas pequenas variações de enunciados, as normas que instituem a restrição aos créditos do imposto (cujas legalidade e constitucionalidade já foram discutidas) preveem que "não se considera cobrado, ainda que destacado em documento fiscal, o montante do imposto que corresponder a vantagem econômica decorrente da concessão de qualquer subsídio, redução da base de cálculo, crédito presumido ou outro incentivo ou benefício fiscal em desacordo com o disposto no art. 155, § 2º, inciso XII, alínea 'g', da Constituição Federal".

Partindo-se da premissa de que tal restrição encontraria amparo em nosso sistema de direito positivo, teríamos aqui duas premissas para a aplicação da referida disposição: (a) a necessidade de edição de uma norma que insira no sistema jurídico o reconhecimento de que a concessão de benefício ou incentivo foi irregular; (b) a apuração do valor correspondente ao benefício usufruído em razão da sistemática diferenciada de tributação.

6.1 Forma de exteriorização do "posicionamento" quanto à "inconstitucionalidade" da legislação que institui o incentivo ou benefício fiscal e do princípio da anterioridade

Quanto à forma de exteriorização da norma que instituiu no sistema jurídico a positivação da inconstitucionalidade dos benefícios discutidos, verifica-se que os Estados têm utilizado como instrumento a edição de "comunicado" e "resoluções" e "portarias".

Como fundamento para a utilização de tais "anomalias", argumentam os Estados que os mesmos teriam natureza meramente "informativa" da inconstitucionalidade das normas de origem de referida restrição ao crédito.

Trata-se de uma inversão extremamente curiosa de valores, através da qual tais Estados partem da "presunção de ilegalidade" das normas inseridas no sistema pelos outros Estados, e não de legalidade das mesmas.

Logicamente que, ainda que pudesse assim admitir, tais normas em hipótese alguma poderiam ser consideradas "informativas".

Na verdade, o que existe é a efetiva imposição de restrição ao crédito por ato administrativo meramente regulamentar.

Independentemente da forma com que se apresentem, tais normas têm função claramente prescritiva, importando submissão ao princípio da anterioridade (lembrando que, neste capítulo, tomamos como premissa a abstração da discussão relativa à legalidade e à constitucionalidade das referidas restrições).

Verifique-se, como exemplo, o caso do Estado de São Paulo, que, ao editar o tão combatido Comunicado CAT-36/2004, passou a autuar os contribuintes paulistas, exigindo-lhes o estorno de créditos relativos a operações realizados nos cinco anos anteriores à sua edição.

Como forma de demonstrar a função prescritiva (e não informativa) de tal disposição, indaga-se como poderiam os contribuintes, e até mesmo os próprios agentes fiscais de rendas, simplesmente passar a "presumir" ou "adivinhar" quais regimes especiais concedidos por outros entes federados seriam futuramente considerados irregulares pelo Estado de São Paulo.

Diante do exposto, além das diversas incompatibilidades já apontadas, verifica-se que a aplicação retroativa do entendimento exteriorizado nas referidas disposições viola o princípio da anterioridade.

6.2 Da forma de apuração do valor correspondente ao incentivo ou benefício que se pretende utilizar como fundamento para a exigência de estorno dos créditos

Conforme tratado no primeiro item deste capítulo, ainda que se admita a constitucionalidade das disposições legais que preveem a glosa de créditos decorrentes da "guerra fiscal", o limite de tal glosa seria justamente o montante correspondente ao "benefício" ou "vantagem econômica" auferido na origem.

Com efeito, para se apurar tal valor, no mínimo, teria o Estado que criou a restrição que: (a) analisar a sistemática individual e concreta da relação jurídica existente entre o Estado de origem e o remetente da mercadoria; (b) apurar como a operação foi tributada, chegando-se ao valor da efetiva carga tributária suportada pelo remetente; (c) comparar a carga tributária suportada com aquela a que hipoteticamente estaria a operação sujeita pela aplicação das alíquotas e bases de cálculo regulares do imposto.

Ocorre que, ao invés de proceder dessa forma, o Fisco da grande maioria dos Estados que criou a restrição exige o estorno do imposto com base em premissas sem qualquer subsídio probatório.

Na grande maioria das vezes os valores são exigidos sem sequer ser procedida a verificação da escrituração fiscal do estabelecimento remetente das mercadorias.

Tal proposição pôde ser empiricamente verificada, quando da edição da Lei paulista 13.918/2009. Trata-se de um "REFIS Estadual" concedendo aos contribuintes paulistas um "benefício" que lhes permitiria recolher o imposto relativo à glosa de créditos decorrentes da "guerra fiscal" com substancial redução de juros e multas.

Dispôs o art. 15 da referida norma:

"Art. 15. Os créditos do ICMS relativos a operações realizadas ao abrigo de incentivos fiscais e financeiros, vinculados ao ICMS, concedidos ou autorizados sem observância dos requisitos previstos no art. 155, § 2º, XII, 'g', da Constituição Federal e na Lei Complementar n. 24, de 7 de janeiro de 1975, referentes a fatos geradores realizados até 31 de outubro de 2009, poderão ser reduzidos da parcela do ICMS efetivamente recolhida nas etapas anteriores, nesta ou em outra unidade da Federação, desde que se efetue o recolhimento do valor remanescente em moeda corrente no prazo, forma de apuração e condições estabelecidos pelo Poder Executivo.

"§ 1º. O disposto neste artigo é opcional e deve ser exercido pelo contribuinte mediante requerimento específico que implica em confissão irretratável do débito fiscal e expressa renúncia a qualquer defesa ou recurso administrativo ou judicial, bem como a desistência dos já interpostos.

"§ 2º. O valor do débito fiscal apurado nos termos do *caput* deste artigo poderá ser recolhido: 1 – em parcela única, (...); 2 – em até 12 (doze) parcelas (...); 3 – em até 60 (sessenta) parcelas (...)."

Apesar de uma análise superficial levar ao entendimento de que estaríamos diante de uma enorme benesse concedida pelo Estado, um estudo mais apurado leva a outra conclusão.

Primeiramente devemos analisar quais o objetivo e o efeito da disposição constante do *caput* do referido art. 15 ao especificar que os créditos exigidos nos lançamentos relativos à glosa de créditos poderão ser "reduzidos da parcela do ICMS efetivamente recolhida nas etapas anteriores, nesta ou em outra unidade da Federação, (...)".

Referida disposição reconhece, de forma expressa, a hipótese de realização de lançamentos tributários exteriorizando exigências em valor superior ao "benefício" auferido na origem.

Logicamente que a formalização de um lançamento exigindo valor superior ao "benefício" ou "vantagem econômica" auferido na origem não encontraria guarida nem mesmo nas inconstitucionais normas que preveem a glosa de créditos.

Ao prever a possibilidade de que os créditos efetivamente pagos nas operações anteriores possam ser deduzidos dos valores exigidos nos lançamentos que tratam do assunto nada mais fez a legislação paulista senão confirmar a nulidade dos lançamentos nos quais esses valores não foram efetivamente apurados.

6.3 Limites para alterabilidade do lançamento

Conforme tratado no tópico anterior, verificada existência de nulidade material no lançamento, este não poderá ser revisado ou alterado, nem pelos tribunais administrativos, nem pelo Poder Judiciário.

A atividade de lançamento é privativa da autoridade fiscal (art. 142 do CTN), não podendo sua falha ser substituída por uma decisão administrativa ou judicial.

Com efeito, contendo o lançamento vício material na quantificação dos valores exigidos, deve o mesmo ser cancelado, somente se permitindo nova exigência através de novo ato de lançamento (desde que dentro do prazo decadencial de cinco anos).

7. Conclusões

7.1 Primeiro plano de investigação: conteúdo semântico do termo "cobrado"

(a) Em qualquer operação sujeita ao ICMS, pelo sistema de débito e crédito a que está sujeito o contribuinte, o imposto a ser pago ao Estado do qual a mercadoria é originária sempre corresponderá à diferença entre o total de créditos e débitos apurados na escrituração fiscal, e não ao valor do imposto que incidiu e está destacado no respectivo documento fiscal.

(b) O fato do Estado de origem, ao final de um período, não exigir o imposto correspondente à diferença entre os créditos e débitos apurados na escrituração fiscal ou o respectivo contribuinte de origem não pagá-lo não guarda qualquer relação com o direito de crédito do contribuinte destinatário para com o Estado de destino.

(c) Dentro das premissas traçadas, o termo "cobrado", trazido pela legislação constitucional (art. 155, § 2º, I) e pela legislação infraconstitucional (arts. 19 e 20 da Lei Complementar 87/1996), tem como significado: "o imposto que incidiu sobre a operação anterior e está destacado no respectivo documento fiscal".

(d) Como conclusão, considerando que sempre o valor a ser pago ao Estado de origem é decorrente do saldo negativo apurado na escrituração fiscal e que o pagamento, ou não, do referido saldo não influiu na relação jurídica entre contribuinte de destino e Estado de destino, a concessão de eventual "benefício" ou "incentivo" fiscal também não poderia influir no direito ao crédito do imposto pelo destinatário da operação posterior.

7.2 Segundo plano de investigação: compatibilidade sintática das normas que preveem a exigência de estorno dos créditos com as demais disposições legais e constitucionais

(a) Na divisão de Poderes eleita pelo Estado Brasileiro cabe exclusivamente ao Poder Judiciário pronunciar-se normativamente sobre a constitucionalidade das normas editadas pelos entes federados.

(b) A emissão de "juízo de valor e validade" sobre uma norma inserida no sistema por um ente da Federação emanada de outro órgão que não o Poder Judiciário violaria o princípio da tripartição de Poderes.

(c) O respeito recíproco à autonomia legislativa e à capacidade tributária ativa dos entes federados, propiciando a distribuição do exercício do poder coativo e capacidade financeira, é a base estrutural do pacto federativo.

(d) A emissão de juízo de valor por um ente da Federação da legislação editada por outro ente da Federação fere a estrutura do pacto federativo.

(e) A exigência por um Estado de tributo desonerado por outro, ainda que de forma irregular, caracteriza apropriação tributária indevida de receita que pertence ao Estado concedente da benesse, importando frontal violação à capacidade tributária ativa deste.

(f) Os incisos I e II e o *caput* do art. 8º da Lei Complementar 24/1975, ao permitirem que um Estado, sem pronunciamento jurisdicional, emita juízo de valor a respeito de uma norma editada por outro Estado, autorizando o mesmo a exigir para si a apropriação de créditos que correspondem a uma desoneração praticado pelo outro, não guardam compatibilidade com a estrutura proposta pelo texto constitucional vigente, em especial aos princípios da tripartição de Poderes, pacto federativo e não cumulatividade.

7.3 Terceiro plano de investigação: sistemática dos procedimentos de cobrança adotados pela Fazenda dos Estados em face dos contribuintes

(a) Presumindo-se como válidas, eficazes e vigentes as normas gerais a abstratas que preveem a exigência de estorno dos créditos (art. 8º, I, da Lei Complementar 24/1975 e normas estaduais que seguem no mesmo sentido), a efetiva exigência prescindiria de dois fatores cumulativos, quais sejam: (i) a edição de outra norma que "reconheça" e "insira" no sistema jurídico o reconhecimento da inconstitucionalidade da norma concessiva do incentivo ou benefício fiscal taxado de irregular; (ii) a apuração do montante que corresponda ao efetivo benefício ou incentivo usufruído pelo remetente das mercadorias, para que se chegue ao valor do respectivo estorno.

(b) Ainda sob a égide da premissa traçada no item anterior (validade das regras que preveem o estorno), independentemente do instrumento introdutor utilizado, o dispositivo que emite um "juízo formal de valor" a respeito da legislação editada por outro ente federado tem natureza eminentemente normativa (independentemente da forma da linguagem com que se apresenta, a função da mesma teria natureza prescritiva).

(c) Quanto à sistemática de apuração do valor passível de estorno, considerando que o ICMS em tese devido deveria corresponder à diferença entre todos os créditos e débitos do contribuinte remetente, a quantificação do "benefício" ou "vantagem" usufruído sempre deverá levar em consideração a diferença entre a "tributação habitual" e a "tributação diferenciada" proporcionada pelo norma que se "considera" inconstitucional ou ilegal.

(d) No caso de realização de lançamento, elegendo-se a base de cálculo em montante diverso do correspondente ao "benefício" ou "vantagem" proporcionado pela legislação concessiva que se "considera" inconstitucional ou ilegal, o auto de infração será passível de anulação por vício material, uma vez que indica base de cálculo diversa daquela prevista na respectiva hipótese de incidência.

(e) Em razão da natureza privativa da competência para se efetuar o lançamento (art. 142 do CTN), a alteração de elementos substanciais do mesmo, como a "base de cálculo", importa nulidade material do ato, que não pode ser convalidada em processo contencioso administrativo ou judicial.

(f) Conforme expressa previsão legal (art. 173 do CTN), no caso de anulação de lançamento por vício material a realização de novo lançamento, apesar de possível, estaria limitada pelo prazo decadencial de cinco anos, contados da realização da operação que deu ensejo à exigência.

* * *

Os Limites Quantitativos das Sanções Pecuniárias Decorrentes do Descumprimento de Deveres Instrumentais

MARIA ÂNGELA LOPES PAULINO
Mestranda pela PUC/SP – Especialista em Direito Tributário pelo IBET/SP – Graduada pela PUC/SP – Professora-Monitora de Direito Tributário no Curso de Graduação da PUC/SP e no Curso de Especialização em Direito Tributário da Faculdade de Direito da USP – Advogada

1. Relevância do tema

O Direito existe para manter a paz, a justiça e a segurança nas relações firmadas no convívio em sociedade. Serve como controlador da conduta humana, motivando e alterando o comportamento das pessoas.

No interior da linguagem jurídico-prescritiva a sanção cumpre papel fundamental para o sucesso dessa intervenção, na medida em que serve como expediente efetivo para que o destinatário da mensagem paute sua conduta dentro dos limites da licitude.

No âmbito do direito tributário, cujas normas jurídicas prescrevem deveres que visam, em última análise, à constrição do patrimônio dos contribuintes em favor dos cofres públicos, a função sancionatória torna-se indispensável, como bem realça Ives Gandra da Silva Martins: "Sem norma sancionatória ninguém cumpriria suas obrigações fiscais, ou muito poucos o fariam, ao contrário do que se vê nas normas de aceitação social, em que a norma sancionatória é apenas aplicável aos casos patológicos, como ocorre em relação ao direito à vida".[1]

Contudo, a previsão e a imposição das sanções tributárias encontram limites demarcados pelo próprio ordenamento jurídico.

Dentre outros fatores, a relevância do estudo das sanções administrativas tributárias sobrevém dos abusos na quantificação das multas, principalmente daquelas aplicadas pelo descumprimento dos deveres instrumentais, agravando-se a problemática diante da existência de posicionamentos dissonantes acerca de sua aplicabilidade nos domínios dos órgãos administrativos, no cumprimento de seu papel de controle de legalidade dos atos de aplicação de sanções, bem assim na esfera do Poder Judiciário.

2. Delimitação do objeto

Conhecer o sistema do direito positivo implica reduzir suas complexidades, refletindo a estrutura lógica da norma jurídica nada mais que o resultado de uma cisão metodológica, necessária para nos aproximarmos da linguagem-objeto.

A norma jurídica consiste no juízo hipotético-condicional formulado pelo exegeta a partir da valoração dos enunciados prescritivos da ordem posta. Na qualidade de significação de sentido deôntico completo, organiza-se, internamente, por meio de duas proposições, interligadas pelo functor deôntico neutro (*D*): a proposição hipótese (*H*), na posição sintática implicante, descreve um evento de possível ocorrência, e a proposição consequente (*C*), na posição de implicada, estabelece a relação (*R*) entre dois sujeitos (*S'* e *S"*), modalizada como obrigatória, permitida ou proibida. Em linguagem formalizada, temos: $D\ [H \rightarrow R(S', S'')]$.

O direito tributário comporta duas categorias de normas primárias, ambas regras de conduta, de natureza material: (i) a norma primária tributária, que, em sua acepção ampla, compreende tanto a norma

1. Ives Gandra da Silva Martins, *Crimes Contra a Ordem Tributária*, pp. 17-18.

instituidora do tributo quanto a norma prescritora de deveres formais; e (ii) a norma sancionatória, cuja proposição-hipótese descreve uma infração qualificada pelo descumprimento da obrigação tributária ou do dever instrumental exigidos pela norma primária.

O objeto do presente trabalho circunscreve-se apenas às normas primárias sancionatórias que veiculam sanção material, do tipo pecuniário, em função do descumprimento de deveres instrumentais, aplicada pelo próprio sujeito ativo, credor das formalidades que documentam a incidência tributária e titular do direito violado, em face do infrator, sujeito passivo e devedor da prestação instrumental.

Frise-se que o termo "sanção", ora empregado, não se confunde com aqueloutra *sanção processual*. Embora ambas configurem relações jurídicas sancionatórias, a sanção processual está prevista no consequente da norma secundária e consubstancia penalidade a ser aplicada pelo Estado-juiz em face do infrator. Acerca da distinção entre a sanção processual e a não processual, ensina o Prof. Lourival Villanova que "a sanção em nível pré-processual, que tem por pressuposto o não cumprimento de deveres ou obrigações principais, carece de eficácia coercitiva. Somente na norma secundária, que se diz norma sancionadora, o descumprimento é o pressuposto anti-jurídico que conduz à relação jurídica processual".[2]

Em resumo, a presente investigação propõe-se a estudar a sanção decorrente da ausência do cumprimento do objeto do vínculo jurídico instrumental, aplicada pela própria Fazenda Pública. Em outros termos, visa a investigar a penalidade pecuniária referente à inobservância dos deveres formais mediante os quais o sujeito passivo tem o dever de preencher declarações, realizar a contabilidade fiscal, emitir notas fiscais, escriturar livros, enfim, documentar, nas formas exigidas em lei, a ocorrência do fato previsto na hipótese da regra-matriz de incidência tributária.

3. A estrutura lógica da norma sancionatória aplicada em função do descumprimento de deveres instrumentais e seus conteúdos de significação

A Ciência do Direito dispõe-se a estudar a linguagem do direito positivo, descrevendo as suas normas jurídicas, transmitindo conhecimento e informações sobre como elas regulam as condutas humanas. Com o escopo de atribuir maior rigor ao discurso jurídico-científico, o ilustre Prof. Paulo de Barros Carvalho desenvolveu a concepção da *regra-matriz de incidência tributária*, cujo esquema metodológico é extremamente útil no estudo das infrações e sanções tributárias. A propósito, acrescenta o renomado Professor: "As normas jurídicas que põem no ordenamento sanções tributárias integram a subclasse das regras de conduta e ostentam a mesma estrutura lógica da regra-matriz de incidência".[3]

Adequando a estrutura lógica da regra-matriz de incidência tributária à norma sancionatória decorrente do desatendimento de deveres instrumentais, encontramos no suposto (i) o critério material – uma conduta transgressora do dever instrumental; (ii) o critério espacial – o local onde se reputa ocorrida essa conduta ilícita; (iii) o critério temporal – o momento em que se considera praticada a conduta infringente; e no consequente (iv) o critério pessoal – o sujeito ativo é o titular do direito subjetivo de exigir a penalidade cabível e o sujeito passivo o titular do dever jurídico de adimpli-la; e (v) o critério quantitativo – a base de cálculo da sanção pecuniária e a percentagem sobre ela aplicada ou a quantia fixa

2. Lourival Villanova, *Causalidade e Relação no Direito*, 4ª ed., p. 192.

3. Paulo de Barros Carvalho, *Direito Tributário, Linguagem e Método*, 1ª ed., p. 758.

ou, ainda, as delimitações do dever jurídico[4] (de fazer ou de não fazer). A quantificação, nesta última hipótese, vale para medir a intensidade deste dever.

4. A impropriedade lógico-semântica do art. 113 do CTN: inclusão das penalidades no conceito de "obrigação tributária"

Antes de adentrarmos o tema propriamente dito – penalidades pecuniárias (multas fiscais) pela inobservância dos deveres instrumentais –, cumpre-nos tecer, brevemente, algumas considerações sobre a incongruência lógico-semântica contida no art. 113 do CTN.[5]

A despeito dos esforços na produção de uma linguagem satisfatória, as falhas contidas na nomenclatura utilizada pelo legislador são corriqueiras e merecem ser toleradas, tendo em vista a composição heterogênea do Poder Legislativo, cujos membros possuem formações técnicas e acadêmicas das mais diversas, cabendo ao cientista do Direito flagrá-las e corrigi-las, imprimindo solidez e rigor na construção do discurso científico.

O legislador complementar, no § 1º do art. 113 do CTN, fraqueja no rigor da Sintaxe e da Semântica ao enunciar que a obrigação tributária tem por objeto "penalidade pecuniária", repetindo o mesmo erro no § 3º, ao converter as penalidades pecuniárias decorrentes do não cumprimento de deveres instrumentais em obrigação tributária.

À luz do conceito de tributo definido no art. 3º do mesmo diploma legal, o objeto da prestação tributária jamais poderá refletir sanção decorrente de ato ilícito; ou, melhor, a obrigação tributária não pode ter como objeto pagamento de penalidades pecuniárias, em afronta expressa à própria instituição do tributo.

O pagamento de tributo e aqueloutro de penalidade pecuniária compreendem relações jurídicas distintas, situadas no consequente de normas jurídicas diversas: a primeira, relação jurídica tributária (oriunda de fato lícito), situada na norma primária de incidência tributária; e a segunda, relação jurídica sancionatória (oriunda de fato ilícito), situada na norma primária sancionatória. Trata-se, enfim, de realidades jurídicas díspares que, no entanto, se assemelham pelo simples fato de ambas finalizarem o cumprimento de uma prestação patrimonial por parte do sujeito passivo em face do sujeito ativo. O tributo é devido pelo sujeito passivo na qualidade de contribuinte, ao passo que as penalidades são exigidas dele como sujeito infrator.

Da mesma forma, se a obrigação principal, nos moldes do *caput* do art. 113, consiste no pagamento de tributo, a penalidade pecuniária em razão de descumprimento de dever instrumental não pode ser enquadrada como "obrigação principal", tal como o fez o § 3º do referido dispositivo legal.

5. Finalidade das sanções aplicadas pela falta das providências formais destinadas a auxiliar na fiscalização e na arrecadação dos tributos

As sanções não constituem um fim em si mesmo, mas servem de instrumento para dar efetividade a outras normas jurídicas prescritoras de direitos e deveres. De forma geral, visam a desestimular a ado-

4. Nesta rubrica está incluída, por exemplo, a apreensão de mercadorias e documentos.

5. "Art. 113. A obrigação tributária é principal ou acessória.

"§ 1º. A obrigação principal surge com a ocorrência do fato gerador, tem por objeto o pagamento de tributo ou penalidade pecuniária e extingue-se juntamente com o crédito dela decorrente.

"§ 2º. A obrigação acessória decorre da legislação tributária e tem por objeto as prestações, positivas ou negativas, nela previstas no interesse da arrecadação ou da fiscalização dos tributos.

"§ 3º. A obrigação acessória, pelo simples fato de sua inobservância, converte-se em obrigação principal relativamente à penalidade pecuniária."

ção de condutas ilícitas; e, especificamente no âmbito do direito tributário, as sanções administrativas fiscais têm como objetivo propiciar o cumprimento da prestação pelo sujeito passivo, consistente em pagar tributo ou realizar deveres jurídicos formais.

Além dessa finalidade, de caráter geral, condizente ao desestímulo da prática de condutas reprováveis pelo ordenamento jurídico, podemos dividir as sanções administrativas tributárias segundo seu caráter finalístico predominante.[6] Se não, vejamos:

(i) *Reparadoras* (indenizatórias) – Sua aplicação objetiva atingir situação similar àquela que se verificaria caso o dever jurídico houvesse sido cumprido dentro do vencimento. Nas sanções de índole reparadora predomina o caráter indenizatório, pois finalizam uma reposição de prejuízos sofridos pelo erário. A incidência das penalidades neste caso prescinde da positivação de uma norma sancionatória individual e concreta pela autoridade competente, de tal sorte que o próprio sujeito passivo pode positivá-la.

(ii) *Punitivas* – Visam a reprimir a conduta delitiva praticada, assumindo caráter efetivo de punição; e, por isso, consubstanciam o modo por excelência de punir o infrator. Nesses casos é indispensável a expedição, pela autoridade, de norma constituindo a infração.

As primeiras, reparadoras, aplicam-se nos casos de infrações tributárias decorrentes de violação às normas primárias de incidência tributária, de conteúdo patrimonial; ou seja, são consequências fixadas na lei para o sujeito passivo que deixar de pagar o tributo no prazo de seu vencimento, assumindo nítido caráter reparador, tendo em vista ajustar os prejuízos sofridos pelo Fisco, retornando ao *status quo ante*.

Desfecho diverso se dá na hipótese de descumprimento de deveres instrumentais, em que inexiste patrimônio a indenizar, pois tais deveres refletem um fazer ou não fazer[7] por parte do sujeito passivo. A norma primária prescritora de deveres formais não institui obrigação de pagar uma quantia em dinheiro, a qual está estipulada em outra norma primária, a regra-padrão de incidência. Eventual descumprimento, pelo sujeito passivo, na realização dessas formalidades apenas pode dar ensejo à aplicação de sanções punitivas, servindo como "castigo" imputado ao infrator, sem qualquer cunho indenizatório. Nesse sentido é o parecer de Sacha Calmon Navarro Coêlho: "O conteúdo [*das penalidades impostas pelo descumprimento de deveres instrumentais ou formais*] é, evidentemente *punitivo*, muito embora seja a penalidade aplicada por autoridade administrativa, sem o concurso de lei penal e do juiz criminal. (...). À Administração fiscal importa o *cumprimento* dos deveres instrumentais que estatui em prol da *fiscalização* e *arrecadação dos tributos*. Aqui, a teleologia normativa define a natureza da sanção".[8]

As sanções punitivas também são aplicadas na configuração de infrações subjetivas (presença de dolo, fraude ou simulação) e sua imposição é de suma importância nestas hipóteses, pois reforça ainda mais a eficácia do mandamento normativo, desestimulando referidas condutas de alta reprovação.

6. Este critério da finalidade da sanção administrativa fiscal é também adotado por outros juristas, tais como Ângela Maria da Motta Pacheco (*Sanções Tributárias e Sanções Penais Tributárias*, p. 240) e Bernardo Ribeiro de Moraes (*Compêndio de Direito Tributário*, 2ª ed., 2º vol., p. 571).

7. "(...) notaremos a presença de deveres instrumentais que não se perfazem em normas individuais e concretas, consistindo, antes, em condutas de caráter omissivo, como o dever de tolerar ou de suportar a fiscalização. A linguagem aparecerá aqui tão somente em caso de inadimplemento da conduta atribuída ao administrado, ensejo em que o Fisco expedirá norma concreta ('auto de embaraço à fiscalização', por exemplo), em que o evento será relatado na forma competente" (Paulo de Barros Carvalho, *Direito Tributário, Linguagem e Método*, cit., 1ª ed., p. 765).

8. Sacha Calmon Navarro Coêlho, *Infrações Tributárias e suas Sanções*, p. 78.

6. *A quantificação das sanções pecuniárias em decorrência do descumprimento de deveres instrumentais. Limites lógico-jurídicos*

A sanção prevista em uma norma geral e abstrata é fruto de uma decisão política do legislador que faz um juízo de valor entre a gravidade da infração que se pretende coibir, reparar ou punir e o fim e a importância da medida sancionatória. É por verificar maior ou menor grau de gravidade na conduta ilícita que as sanções devem ser diferençadas qualitativa e quantitativamente.

Norberto Bobbio, em sua excelente obra *Teoria Geral do Direito*,[9] afirma que a sanção prescrita pelo direito positivo é organizada, institucionalizada, distinguindo-se das demais sanções normativas, marcadas pela inconstância e incerteza (exemplos: sanção social e sanção moral). É em decorrência dessa institucionalização que as sanções jurídicas devem ser proporcionais à gravidade da conduta ilícita, cabendo à lei discriminar critérios para tipificar em termos jurídicos o montante punitivo.

A institucionalização da penalidade evita que a uma mesma infração se imputem diversas formas de sanção a serem aplicadas por pessoas aleatórias, conferindo aos sujeitos de direito uma previsibilidade razoável em relação à resposta punitiva, proporcional à gravidade da falta cometida e aplicada por autoridade legitimada pelo sistema. Enfim, a sanção organizada e institucionalizada possibilita aferir com maior segurança em que medida a sanção será imposta e qual o órgão competente para tanto.

As autoridades competentes, no âmbito de suas funções estatais – legislativa, executiva e jurisdicional –, devem se ater aos limites lógico-jurídicos que norteiam a quantificação das sanções pecuniárias, demarcados nas normas jurídicas que formam nosso ordenamento, principalmente naquelas de suprema hierarquia, construídas a partir dos enunciados prescritivos da Constituição republicana.

Afronta o texto constitucional qualquer multa que comprometa princípios, direitos e garantias fundamentais – a saber: o princípio da proporcionalidade (art. 5º, LIV), o direito a uma existência digna (art. 1º, III), o direito à liberdade de trabalho e profissão (art. 5º, XIII), o direito à propriedade (art. 5º, XXII), a livre iniciativa, com os pressupostos da propriedade privada e da livre concorrência (art. 170, *caput* e incisos II e IV), o princípio da igualdade (art. 5º, *caput*), o princípio da justiça etc.

O poder punitivo por parte do Estado encontra nas normas constitucionais um limite intransponível para a fixação das sanções, restando vedada a exigência de multas por infrações tributárias que inviabilizam o exercício desses direitos garantidos pela ordem suprema, exceto se por ela mesma assim autorizado.

7. *O princípio da proporcionalidade e a graduação das multas*

O ordenamento, na qualidade de objeto cultural, é portador de valores, de modo que suas unidades normativas regulam condutas intersubjetivas com o fito de implementá-los. O princípio nada mais é que uma norma jurídica carregada de forte conotação axiológica, conforme atesta o magistério do Prof. Paulo de Barros Carvalho: "É o nome que se dá às regras do direito positivo que introduzem valores relevantes para o sistema, influindo vigorosamente sobre a orientação de setores da ordem jurídica".[10]

Os princípios constitucionais possuem um papel fundamental na interpretação e na aplicação do Direito, pois, dado seu papel sintático no sistema, traçam as

9. Norberto Bobbio, *Teoria Geral do Direito*, 3ª ed.

10. Paulo de Barros Carvalho, *Direito Tributário, Linguagem e Método*, cit., 1ª ed., p. 252.

diretrizes para a compreensão do direito positivo como um todo, influenciando muitos, se não todos, os preceitos normativos.

Mantendo coerência com o já explanado anteriormente, norma jurídica é sempre significação construída com base no suporte físico dos textos jurídicos. O intérprete atribui sentidos aos enunciados prescritivos quando percorre o ordenamento, sem restringir-se tão somente à literalidade do plano das expressões (plano sintático da linguagem). Os princípios, na qualidade de normas jurídicas, têm seus conteúdos significativos construídos pelo exegeta, mediante uma interpretação sistemática do direito positivo, o método interpretativo por excelência.

Em relação ao princípio da proporcionalidade, não há na Constituição sua formulação gráfica, ao contrário do que se observa com os princípios da igualdade e da legalidade, por exemplo. Todavia, a norma principiológica da proibição do excesso tem como base empírica o art. 5º, LIV,[11] da Carta Magna, conforme já consolidado pelo STF em diversas oportunidades.[12] À época do julgamento da SS 1.320, o Min. Celso de Mello fez a seguinte observação: "Quanto à plausibilidade jurídica da tese exposta pela parte impetrante, especialmente se se considerar a jurisprudência constitucional do STF, que já assentou o entendimento de que transgride o devido processo legal (CF, art. 5º, LIV) – analisado este na perspectiva de sua projeção material (*substantive due process law*) – a regra estatal que veicula, em seu conteúdo, prescrição normativa qualificada pela nota da irrazoabilidade. Coloca-se em evidência, neste ponto, o tema concernente ao princípio da proporcionalidade, que se qualifica – enquanto coeficiente de aferição da razoabilidade dos atos estatais (...) como postulado básico de contenção dos excessos do Poder Público".

De acordo com o princípio da proporcionalidade, a sanção deve manter-se adequada e necessária com o objetivo de sua imputação, sob pena de abuso e desvio de poder. A medida sancionatória será adequada se apropriada para atingir a finalidade pretendida e necessária quando for a menos gravosa disponível para garantir que o direito não seja violado.

Decorre do próprio papel instrumental da sanção o direito do infrator de se submeter a uma penalidade proporcional ao delito por ele praticado. É corolário da "teoria geral do direito das penas" que toda penalidade deve ser proporcional à gravidade do dano causado pelo ilícito.

Leciona Agustín Gordillo que uma medida é irrazoável, dentre outras situações, quando "não guarde uma proporção adequada entre os meios que emprega e o fim que a lei deseja alcançar, ou seja, que se trate de uma medida desproporcionada, excessiva em relação ao que se deseja alcançar".[13]

Com este mesmo entendimento acorda o Min. Luiz Fux do STJ, ao afirmar: "A atuação da Administração Pública deve seguir os parâmetros da razoabilidade e da proporcionalidade que censuram o ato administrativo que não guarde proporção adequada entre os meios que emprega e o fim que a lei almeja alcançar".[14] Nesse mesmo sentido já se manifestou a Corte Máxima do nosso Poder Judiciário, assegurando a "graduação de multa de acordo com a gravidade da infração e com a importância desta para os interesses da arrecadação".[15]

O princípio da proporcionalidade constitui baliza imposta pelo ordenamento na qual o legislador e o aplicador do Direito devem se pautar ao estabelecer sanções e

11. CF, art. 5º, LIV: "ninguém será privado da liberdade ou de seus bens sem o devido processo legal".

12. STF, ADI/MC 855 e na SS 1.320.

13. Agustín Gordillo, *Princípios Gerais de Direito Público*, pp. 183-184.

14. STJ, REsp 728.999.

15. STF, RE 57.904.

seus respectivos montantes. É neste contexto que o efetivo ingresso de recursos ao erário por meio da aplicação de penalidade, ainda que em prol do interesse público, não justifica sacrificar, a qualquer custo, outros bens e direitos do sujeito passivo tutelados pelo constituinte que assim pretendeu garanti-los, ao enunciar os princípios gerais da ordem econômica, a valorização do trabalho, a livre iniciativa, a propriedade privada e a observância do devido processo legal. Acerca da limitação dos bens jurídicos na aplicação de sanções é majestosa a conclusão de Helenilson Cunha Pontes: "Diante deste aspecto do princípio da proporcionalidade, o intérprete-aplicador do Direito verifica se a limitação sofrida por um bem jurídico constitucionalmente tutelado, como consequência de uma medida estatal (fundada na busca de um interesse público válido *a priori*), justifica-se concretamente diante dos objetivos gerais traçados no sistema constitucional. Investiga-se, concretamente, a existência de fundamento constitucional para o grau de limitação imposto a um bem jurídico constitucionalmente tutelado, como justificativa para a busca de finalidade protegida por outro bem constitucional".[16]

Com efeito, na imposição de multas pecuniárias é imperiosa sua adequação com o ilícito praticado, não podendo ser a penalidade excessiva relativamente à lesão causada ao erário e ao benefício obtido, com a conduta delitiva, pelo contribuinte. Não é por outro motivo que o legislador federal vedou a imposição de sanções desproporcionais à infração cometida, nos moldes do que dispõe o art. 2º, parágrafo único, VI, da Lei 9.784/1999:

"Art. 2º. A Administração Pública obedecerá, dentre outros, aos princípios da legalidade, finalidade, motivação, razoabilidade, proporcionalidade, moralidade, ampla defesa, contraditório, segurança jurídica, interesse público e eficiência.

16. Helenilson Cunha Pontes, *O Princípio da Proporcionalidade e o Direito Tributário*, p. 70.

"Parágrafo único. Nos processos administrativos serão observados, entre outros, os critérios de: (...) VI – adequação entre meios e fins, vedada a imposição de obrigações, restrições e sanções em medida superior àquelas estritamente necessárias ao atendimento do interesse público; (...)."

Em respeito a essa proporcionalidade entre a quantificação das multas pecuniárias e a gravidade da infração tributária praticada, é vedada, em qualquer hipótese, a imposição de multas decorrentes de descumprimento de deveres instrumentais calculadas com base na dimensão econômica do fato jurídico tributário (exemplo: valor da operação de circulação de mercadoria), bem como descabe multa formal na proporção do valor do tributo quando se está diante de hipóteses de inexigibilidade da exação tributária (isenção ou imunidade) ou, ainda que exigível, o *quantum* foi pago, sem acarretar qualquer prejuízo para os cofres públicos, conforme se verá mais adiante.

A multa adequada e necessária, à luz do princípio da proporcionalidade e, em última análise, do devido processo legal (art. 5º, LIV, da CF), é somente aquela que consista em um instrumento de maximização dos comandos legais – constranger a cumprir o dever jurídico, punir a conduta ilícita praticada ou reparar o dano causado –, mediante a menor limitação aos bens juridicamente protegidos – propriedade, livre iniciativa, liberdade de exercício da profissão, igualdade, dentre outros.

8. A aplicação de multas confiscatórias

O confisco configura, em termos gerais, uma punição consistente na adjudicação de bens ao patrimônio do Estado. Por consubstanciar uma punição, o ato confiscatório pressupõe, além de autorização pelo sistema do direito positivo, uma ilicitude, vale dizer, uma conduta tipificada como infração.

O constituinte permitiu, de forma expressa, o procedimento confiscatório na utilização de bens para o plantio de entorpecentes (art. 243, *caput* e parágrafo único) e na hipótese de aplicação da sanção penal (art. 5º, XLV e XLVI, "b").

É preciso ter em mente que na esfera das infrações e sanções tributárias não há que cogitar da aplicação do art. 150, IV,[17] pois a Carta Magna é expressa em determinar sua aplicação apenas às relações jurídico-tributárias, configurando uma limitação ao poder do Estado na instituição e na cobrança dos tributos. Todavia, nos autos da ADI/MC 1.075-DF o STF acolheu a tese jurídica no sentido de que o princípio do não confisco também abrange as multas fiscais: "(...). A proibição constitucional do confisco em matéria tributária – ainda que se trate de multa fiscal resultante do inadimplemento, pelo contribuinte, de suas obrigações tributárias – nada mais representa senão a interdição, pela Carta Política, de qualquer pretensão governamental que possa conduzir, no campo da fiscalidade, à injusta apropriação estatal, no todo ou em parte, do patrimônio ou dos rendimentos dos contribuintes, comprometendo-lhes, pela insuportabilidade da carga tributária, o exercício do direito a uma existência digna, ou a prática de atividade profissional lícita ou, ainda, a regular satisfação de suas necessidades vitais básicas. O Poder Público, especialmente em sede de tributação (mesmo tratando-se da definição do *quantum* pertinente ao valor das multas fiscais), não pode agir imoderadamente, pois a atividade governamental acha-se essencialmente condicionada pelo princípio da razoabilidade, que se qualifica como verdadeiro parâmetro de aferição da constitucionalidade material dos atos estatais. (...)".[18]

A despeito do entendimento da Corte Suprema, o preceito axiológico consagrado no dispositivo constitucional em comento não se aplica às relações sancionatórias, seja porque ele é expresso ao fazer referência apenas a tributos, seja pelo próprio aspecto teleológico das normas sancionatórias.

A previsão da vedação ao confisco faz-se necessária na exigência dos tributos na medida em que a obtenção de recursos para custear os gastos públicos por meio da tributação deve ser compatível com a livre iniciativa e com o direito à propriedade. "Como a atividade econômica constitui o suporte mais geral da tributação, bastaria a instituição de tributo confiscatório para impedir o seu exercício. Tem-se, pois, que a garantia do não confisco é na verdade um reforço, ou mesmo uma explicitação da garantia do exercício da atividade econômica."[19]

No que tange às multas fiscais, cuja aplicação sempre tem como pressuposto uma conduta ilícita, a vedação ao confisco não faz as vezes de uma garantia, porquanto proibir, em tons absolutos, a aplicação de multa confiscatória implicaria aquiescer com o exercício da ilicitude. Se a finalidade das sanções consiste em desestimular condutas reprováveis, admitir a incidência de multas com efeito de confisco em determinadas hipóteses torna-se medida imprescindível a fim de coibir e punir, efetivamente, a prática de ilícitos.

A propósito do tema, Hugo de Brito Machado ensina, acerca dos efeitos confiscatórios: "Porque constitui receita ordinária, o tributo deve ser um ônus suportável, um encargo que o contribuinte pode pagar sem sacrifício do desfrute normal dos bens da vida. Por isto mesmo não pode ser confiscatório. Já, a multa, para alcançar sua

17. "Art. 150. Sem prejuízo de outras garantias asseguradas ao contribuinte, é vedado à União, aos Estados, ao Distrito Federal e aos Municípios: (...) IV – utilizar tributo com efeito de confisco; (...)."

18. STF, Tribunal Pleno, ADI/MC 1.075, rel. Min. Celso de Mello, j. 17.6.1998, *DJU* 24.11.2006, p. 59, *Ement.* 02257-01/00156, *RTJ* 200-02/00647, *RDDT* 139/199-211, 2007, *RDDT* 137/236-237, 2007.

19. Hugo de Brito Machado, "Tributo com efeito de confisco", *RDDT* 166.

finalidade, deve representar um ônus significativamente pesado, de sorte a que as condutas que ensejam sua cobrança restem efetivamente desestimuladas. Por isso mesmo pode ser confiscatória".[20]

Não obstante a possibilidade de se imputar multas confiscatórias, sua aplicação, por configurar medida punitiva extrema, somente está autorizada em *casos excepcionais*, cuja *ilicitude* comprovada seja de *alta reprovação*. Mais adiante será demonstrado em qual situação de fato formal-delitiva as respectivas sanções podem atingir níveis confiscatórios.

A multa confiscatória – isto é, a sanção pecuniária que constranja substancialmente o patrimônio do sujeito passivo – é vedada pelo ordenamento sempre que sua exigência ultrapassar os limites da razoabilidade e da proporcionalidade para desestimular a conduta ilícita e punir o infrator. Nessas hipóteses, a subtração do patrimônio (o confisco), ainda que consubstancie sanção por ato ilícito, é desproporcional à infração cometida, violando também o direito de propriedade, preconizado no art. 5º, XXII, da Constituição republicana de 1988.

Foi com base nesse direito à propriedade, garantido no Texto Magno, que o jurista José Roberto Vieira, ao proferir voto no Conselho de Contribuintes, atualmente denominado Conselho Administrativo de Recursos Fiscais/CARF, admitiu, contrariamente à posição ventilada neste trabalho, a aplicação de um "não confisco genérico" às penalidades apenas naqueles casos em que a sanção é fixada em níveis excessivos: "(...). Direito administrativo sancionador – Não confiscatoriedade da multa e dos juros de mora. O princípio constitucional do não confisco (Constituição, art. 150, IV) é aplicável exclusivamente aos tributos, não se estendendo às penalidades e aos juros. É possível cogitar-se da aplicação de não confisco genérico às penalidades e aos juros, como decorrência da proteção constitucional ao direito de propriedade (Constituição, arts. 5º, XXII, e 170, II), contudo apenas em face de um exagero irrecusavelmente exorbitante. (...)".[21]

De todo modo, podemos concluir que as multas fiscais excepcionalmente podem ser confiscatórias, encontrando limites no próprio princípio da proporcionalidade, porquanto a dimensão pecuniária das sanções deve ser fixada dentro dos parâmetros de gravidade da conduta ilícita praticada.

É preciso ter em mente que aferir se uma multa é, ou não, confiscatória bem assim se a respectiva aplicação se deu na proporção da gravidade do ilícito praticado enfrenta dificuldades, na medida em que a forma adotada para o cálculo das multas varia de uma lei para outra: ora a prestação pecuniária é calculada com base em valores fixos, ora a base de cálculo das penalidades toma como referência o valor do tributo, ora corresponde a uma fração do conteúdo econômico do fato jurídico-tributário. Além do mais, os percentuais são fixados nos mais diversos níveis, atingindo, em casos extremos, 300% sobre a base de cálculo. Sem contar a diversidade dos suportes fáticos ocorridos no plano fenomênico. Disto decorre que na grande maioria dos casos a aferição do confisco somente é possível quando analisadas as peculiaridades do caso concreto. E ainda assim a subjetividade do aplicador estará fortemente presente.

A autora Ângela Maria da Motta Pacheco, na tentativa de melhor ilustrar o excesso de punição nas relações firmadas entre Fisco e contribuinte, esclarece: "Assim, se para cada infração cometida quanto à documentação fiscal tem de pagar, a título de multa, de 10% a 50% do valor da operação (ICMS) ou se tem de pagar a título de multa 100% ou 300% do valor do imposto, por ter cometido fraude, ou 300% sobre o valor da operação se deixar de emitir nota

20. Idem, ibidem.

21. Conselho de Contribuintes, Rec. 120.469, COFINS, rel. José Roberto Vieira.

fiscal, pode tranquilamente desistir de tudo e fechar suas portas, sem que jamais possa pagar as quantias cobradas".[22]

Porém, como dissemos, é impossível criar uma fórmula certa e infalível para a caracterização da multa confiscatória. A verificação empírica, diante do caso concreto, constitui a ferramenta mais precisa para o sujeito passivo. Não é a partir da multa, prevista na norma geral e abstrata, que o confisco se manifesta sem qualquer refutação. Pelo contrário, a aferição de uma multa confiscatória é muito mais certa quando da sua aplicação no caso concreto.

9. A dimensão econômica do fato jurídico-tributário a título de base de cálculo da sanção pecuniária pela não observância de dever instrumental

A legislação fiscal do Estado de Ceará que dispõe acerca do ICMS – Lei 12.670/1996 – fixa, em diversos dispositivos, percentuais calculados sobre o valor das operações quando do descumprimento, pelo sujeito passivo, de deveres instrumentais. Citemos alguns:

Art. 123, III, "a": multa de 30% do valor da operação se entregar, remeter, transportar, receber, estocar ou depositar mercadorias, prestar ou utilizar serviços sem documentação fiscal ou sendo esta inidônea.

Art. 123, III, "d": multa de 20% do valor da operação se emitir nota fiscal para contribuinte não identificado.

Art. 123, III, "m": multa de 20% do valor da operação se entregar, transportar, receber, estocar ou depositar mercadoria acompanhada de documento fiscal sem o selo fiscal de trânsito.

Art. 123, VIII, "l": multa de 5% do valor da operação se omitir informações em arquivos magnéticos ou nesses informar dados divergentes dos constantes nos documentos fiscais

A primeira consideração que há de ser feita é que na quantificação das multas pecuniárias decorrentes do descumprimento de deveres instrumentais, independentemente de cumprida, ou não, a obrigação tributária, o legislador não pode eleger, a título de base de cálculo da sanção pecuniária, a dimensão econômica do fato jurídico tributário, isto é, a base de cálculo *in concreto* do tributo (exemplo: valor da operação). Isso porque as multas pecuniárias em exame, na qualidade de penalidades pelo desatendimento a meras exigências formais, devem ser dimensionadas em função da gravidade da infração cometida pelo sujeito passivo, em respeito ao princípio da proporcionalidade.

Conforme já frisado, a relação tributária não se confunde com a relação sancionatória. Na primeira o valor da prestação (*quantum* do tributo) há de ser calculado na proporção do fato lícito, à luz da capacidade contributiva. Na segunda o valor da prestação (a multa pecuniária) deve ser calculado na proporção do fato ilícito, segundo a gravidade da infração. A base de cálculo deve mensurar sempre o fato descrito no suposto normativo: o fato lícito na norma de incidência tributária e o fato ilícito na norma sancionatória.

No mais, o fato ilícito que acarreta a aplicação de sanção pecuniária formal não é o não pagamento de tributo – o que se verificaria nos casos de sanções pelo descumprimento da conduta prescrita no consequente da regra-matriz de incidência –, mas a mera ausência de um dever procedimental, sem conteúdo patrimonial. Ainda que a falta deste dever acarrete, de forma indireta, prejuízo ao Fisco, a penalidade pecuniária deverá ser calculada proporcionalmente ao dano causado, que, comprovado, imprime maior ou menor gravidade à infração.

Uma multa formal calculada sobre a base de cálculo do próprio tributo, sem se

22. Ângela Maria da Motta Pacheco, *Sanções Tributárias e Sanções Penais Tributárias*, cit., p. 259.

realizar a quantificação da gravidade da falta cometida, implica nítida violação ao princípio da proporcionalidade, bem como enriquecimento sem causa por parte do Estado. Adverte o jurista Luciano Amaro: "A multa não pode ser transformada em instrumento de arrecadação; pelo contrário, deve-se graduar a multa em função da gravidade da infração".[23]

A gravidade da infração formal será medida em função das dificuldades enfrentadas pelo Fisco para fiscalizar e arrecadar o tributo. Daí por que a relevância do dever instrumental prescrito, no papel de permitir ao Fisco aferir a ocorrência do fato jurídico tributário, a sua dimensão econômica e, por conseguinte, o correto valor recolhido aos cofres públicos, há de ser um critério na fixação das multas formais.

Nem se alegue que o art. 113, § 3º, do CTN autoriza eleger a própria materialidade do tributo devido como base para o cálculo da multa decorrente de irregularidade formal, sob o fundamento de que, segundo a literalidade desse dispositivo legal, nos casos de descumprimento de "obrigação acessória" o *quantum* sancionatório converte-se no valor da prestação principal tributária.

Em item anterior denunciamos a impropriedade lógico-semântica contida nesse dispositivo da lei complementar, cabendo ao intérprete do Direito, na função de cientista ou de aplicador, corrigir os equívocos do legislador e mensurar o fato ilícito praticado, de modo a que a multa não funcione como instrumento eminentemente arrecadatório, dando a correta solução jurídica à situação fática delimitada.

A despeito do entendimento acima exposto, é corriqueira a aplicação de sanções pecuniárias decorrentes do descumprimento de deveres instrumentais sobre a base de cálculo do próprio tributo, sem observar a estrutura lógica das normas sancionatórias, como podemos observar na ementa do *decisum* proferido pela 4ª Câmara do Conselho de Contribuintes da Secretaria da Fazenda do Rio de Janeiro, *in verbis*: "ICMS – Arquivo magnético – Obrigação acessória, falta de apresentação – Multa formal proporcional – Período de atraso – Cálculo da multa. (...). A falta de entrega, ou da remessa eletrônica, do arquivo magnético relativo a determinado período implica multa formal proporcional à receita das operações não informadas, pelo simples descumprimento da obrigação acessória (...)".[24]

Extrai-se do teor do voto do Relator: "Na forma do art. 113, § 3º, 'a obrigação acessória, pelo simples fato de sua inobservância, converte-se em obrigação principal relativamente à penalidade pecuniária'. Isto posto, está certa a imposição de multa ao contribuinte, não importando, para o caso sob análise, a regular situação, ou não, quanto ao pagamento do imposto".

Em que pese à decisão administrativa *supra*, não podemos consentir com o entendimento nela esboçado, uma vez que fundamenta a legitimidade da exigência da multa formal sobre o valor da operação, alicerçada em uma interpretação literal do art. 113, § 3º, do CTN, tomando como base de cálculo para a quantificação da multa fiscal aquela definida na regra-matriz de incidência, cujo papel consiste em mensurar o crédito tributário.

O descumprimento do dever instrumental consiste em uma obrigação de fazer; e, quando descumprido, dá origem a uma relação sancionatória cujo objeto pecuniário – a multa – deve medir a gravidade do fato ilícito – a infração formal. Ao analisar, sob um enfoque crítico, a enunciação do referido dispositivo pelo legislador complementar, Sacha Calmon Navarro constatou as seguintes impropriedades elucidativas:

23. Luciano Amaro, *Direito Tributário Brasileiro*, 13ª ed., 2007.

24. Conselho de Contribuintes/ SEFAZ-RJ, Rec. 503.439, Acórdão 6.275, Auto de Infração 03.159460-9, rel. Cons. Antônio de Pádua Pessoa de Mello, sessão de 3.10.2007.

"*Por primeiro*, pretender que uma prestação de fazer (obrigação acessória) possa se transformar em prestação de dar (obrigação principal).

"*Em segundo lugar*, admitir que esta obrigação acessória, só porque descumprida, entre em processo de metamorfose.

"*Em terceiro lugar*, não perceber que o descumprimento da obrigação acessória é justamente a hipótese de incidência de outra norma, a sancionante, prevendo a penalidade a ser cominada ao infrator do dever.

"*Finalmente*, incidindo em irremediável contradição, querer que a prestação pecuniária compulsória chamada penalidade ou multa tenha a *mesma natureza de tributo* somente porque resulta em prestações de dar (o que importa, em verdade, é a *causa jurídica* de uma e outro)"[25] (grifos do autor).

10. Os suportes fáticos das infrações qualificadas como descumprimento de deveres instrumentais e a graduação das respectivas sanções pecuniárias

No campo das penalidades tributárias o tratamento isonômico e justo torna-se mais efetivo quando se colocam, em termos jurídicos, as circunstâncias fáticas do caso concreto a serem levadas em conta na imposição das sanções. Cabe à legislação, com base nas diversas classes de infrações tributárias, elencar fatos distintivos que atendam às especificidades das hipóteses sujeitas à aplicação de penalidades. "Afinal, todos sabemos que o real é irrepetível, não havendo, nem podendo haver, dois sucessos totalmente iguais."[26]

No que tange, especificamente, ao estudo das sanções pecuniárias impostas em razão do descumprimento de deveres instrumentais, é mister distinguirmos as seguintes situações, em ordem crescente, de acordo com o grau de gravidade da infração formal cometida: (i) descumprimento de dever instrumental, sem prejuízo para o Fisco; (ii) descumprimento de dever instrumental, com prejuízo para o Fisco e ausência de intenção fraudulenta; (iii) descumprimento de dever instrumental, comprovada a intenção fraudulenta de prejudicar o Fisco.

A distinção empreendida acima é de extrema importância, porquanto as peculiaridades do caso concreto devem ser levadas em conta na quantificação das sanções impostas, à luz da legislação vigente. Nesse diapasão é também o entendimento do STF: "Executivo fiscal – Graduação da multa. De acordo com a gravidade da infração e com a importância desta para os interesses da arrecadação, pode o Judiciário, atendendo às circunstâncias do caso concreto, reduzir a sanção excessiva, aplicada pelo Fisco (...)".[27]

O jurista Hugo de Brito Machado entende que, independentemente da situação fática verificada, todo e qualquer descumprimento de dever instrumental enseja a aplicação de multas com valores fixos:

"As penas pecuniárias, ou multas, podem ser divididas em dois grupos, a saber: as proporcionais ao valor da operação tributável, ou do imposto sonegado, e as fixas. Estas últimas geralmente estabelecidas em número de Unidades Fiscais, prática que se implantou em face da inflação monetária em elevados índices.

"As multas proporcionais são cabíveis nos casos em que tenha havido inadimplemento de obrigação principal, vale dizer, falta ou insuficiência do pagamento do imposto. As fixas são cabíveis nos casos de inadimplemento de obrigações tributárias acessórias. Na determinação da multa apli-

25. Sacha Calmon Navarro Coêlho, *Infrações Tributárias e suas Sanções*, cit., pp. 45-46.

26. Paulo de Barros Carvalho, *Direito Tributário, Linguagem e Método*, cit., p. 267.

27. 1ª T., RE 57.904, rel. Min. Evandro Lins, j. 25.4.1966, *DJU* 24.6.1966.

cável, em cada caso, portanto, é de grande importância saber se a infração consubstancia inadimplemento de obrigação tributária principal ou apenas de obrigação tributária acessória."[28]

Com as devidas escusas de estilo, não compartilhamos com o entendimento do autor no sentido de que qualquer sanção decorrente de descumprimento de deveres instrumentais seja quantificada em valores fixos. Em contrapartida, também não há que generalizar a aplicação de sanções proporcionais nestas hipóteses. A nosso ver, as sanções pecuniárias formais podem refletir tanto valores fixos quanto proporcionais à gravidade da infração em função do prejuízo causado ao Fisco e do benefício auferido pelo infrator. Verifiquemos cada uma das situações fáticas.

10.1 Mero descumprimento do dever instrumental, sem prejuízo para o Fisco

Inexiste prejuízo ao erário quando, mesmo que descumprido o dever instrumental, o tributo não incide – tal como nos casos de isenção e imunidade –, ou quando, não obstante abstendo-se de realizar as formalidades, o sujeito passivo efetuou o pagamento do tributo.

Se a infração não acarretou, de forma indireta, falta de pagamento da quantia devida a título de tributo mas se caracteriza como mero erro formal, a ilicitude cometida deve ser sancionada mediante a aplicação de multas com valores fixos, predeterminados, conforme o seguinte precedente administrativo: "No presente processo percebemos de forma transparente *a natureza meramente acessória da obrigação adimplida*, que não causou nenhum prejuízo ao Estado no que diz respeito ao recebimento do imposto devido; portanto deve-se aplicar a penalidade do art. 878, VIII, 'd',[29] do Decreto n. 24.569/1977"[30] (grifos nossos).

A pena pecuniária proporcional é descabida, uma vez que lhe falta correspondência com o valor do tributo a ser pago a fim de mensurar a pretendida proporcionalidade. Uma multa sobre o valor do tributo devido em decorrência da falta da providência formal, que não acarretou transtornos financeiros ao Fisco, não merece prosperar, mas somente naqueles casos de não pagamento do tributo ou de sua insuficiência ou, com muito maior razão, quando comprovado o intuito de burlar a fiscalização com o escopo de não recolher o tributo.

10.2 Descumprimento de dever instrumental, com prejuízo para o Fisco e ausência de intenção fraudulenta

Nestas situações é possível a dimensão da multa tributária em proporção ao valor do tributo. Isso porque uma mera omissão ou um ato que contrariou, de forma efetiva, os interesses arrecadatórios da Fazenda podem, sim, ser sancionados com uma multa graduada em função do valor devido a título de tributo. Salienta-se que a aplicação de multa proporcional ao valor do tributo não significa atribuir caráter indenizatório à penalidade; pelo contrário, visa a punir infração formal, cujo patamar da gravidade é *intensificado*, porquanto, além do descumprimento do dever instrumental, a conduta ilícita provocou *lesão à atividade de fiscalização e arrecadação tributárias*.

Com efeito, o castigo deve ser computado em proporção às dificuldades en-

28. Hugo de Brito Machado, *Aspectos Fundamentais do ICMS*, p. 225.

29. "(...); d) faltas decorrentes apenas do não cumprimento de formalidades previstas na legislação, para as quais não haja penalidades específicas: multa equivalente a 200 (duzentas) UFIRCEs; (...)."

30. 1ª Câmara do Conselho de Recursos Tributários do Ceará, Resolução 332/2003, sessão de 19.5.2003.

frentadas pelo Fisco para fiscalizar e arrecadar. Nessas hipóteses, a autoridade administrativa deverá comprovar a relação de causalidade entre o fato infringente formal e a lesão suportada pelo Fisco. Expliquemos melhor: a falta ou a erronia das informações prestadas pelo sujeito passivo à Administração Fazendária devem estar intimamente relacionadas com os embaraços e os obstáculos ao ato fiscalizatório e, por conseguinte, com o não pagamento do tributo ou a sua insuficiência, em detrimento da arrecadação.

Se apenas fosse admitida a imposição de multas formais fixas, sem correlação com o valor do tributo não pago, o respeito ao princípio da proporcionalidade restaria mitigado. Essa possibilidade repugna ao senso jurídico, na medida em que um sujeito passivo que deixe de cumprir um dever instrumental sem implicar substanciosos embaraços à fiscalização e falta de pagamento sofrerá a mesma penalidade a que se sujeitou outro contribuinte cuja omissão no dever causou dano efetivo aos interesses fazendários. Aceitar tal realidade é também negar os ditames principiológicos da igualdade e da justiça.

Além do mais, fixando-se apenas valores sancionatórios fixos, o respeito à máxima "quanto maior for a lesão arcada pela Fazenda Pública em decorrência do descumprimento da formalidade, mais grave será a infração" realizar-se-á com extrema dificuldade. Quais seriam os limites mínimos e máximos previamente fixados? Exemplificando: um contribuinte *A* deixa de cumprir um dever instrumental, obstaculizando a atividade da fiscalização e prejudicando o erário em torno de R$ 3.000.000,00, enquanto o contribuinte *B*, infrator da mesma conduta formal, traz dificuldades ao procedimento fiscal e acarreta prejuízo em torno de R$ 5.000.000,00. A despeito do grau de gravidade de cada infração, a multa pecuniária aplicada será a mesma, porquanto atingiu o limite máximo fixado na lei. Há, *in casu*, observância à proporcionalidade, à igualdade e à justiça? Com certeza não, pois a sujeição ao mesmo sacrifício sancionatório diante de condutas delitivas com consequências gravosas díspares é negar a isonomia garantida na Carta republicana.

Assim, retemos na memória a seguinte conclusão: o cálculo da multa formal tomando como ponto de partida o valor devido a título de tributo vai de encontro ao tratamento isonômico e proporcional. Isso porque o prejuízo efetivo arcado pelo erário público reflete a gravidade dos embaraços e obstáculos causados ao ato fiscalizatório em função do dever instrumental descumprido pelo sujeito passivo.

Da mesma maneira, a ausência de informação ou esta prestada de forma incorreta pelo sujeito passivo, sem intenção dolosa de recolher menos tributo, não podem ser punidas com a mesma intensidade em relação ao descumprimento de deveres instrumentais por aquele que o fez de má-fé, também em respeito ao princípio constitucional da igualdade.

No próprio Regulamento do ICMS paulista, aprovado pelo Decreto estadual 45.490/2000,[31] está prevista a possibilidade de redução ou relevação da multa quando a infração é praticada sem dolo, fraude ou simulação e não implique falta de pagamento de imposto. Com base nesse dispositivo há vários julgados administrativos[32] que reduzem as multas pelo descumprimento do dever instrumental quando a conduta ilícita não foi praticada pelo sujeito passivo dolosamente: "ICMS – *Dever instrumental* – Falta de comunicação de mudança de sede de estabelecimento. I – A mudança de sede do estabelecimento comercial deve ser comunicada à Adminis-

31. "Art. 527-A. A multa aplicada nos termos do art. 527 poderá ser reduzida ou relevada por órgão julgador administrativo, desde que a infração tenha sido praticada sem dolo, fraude ou simulação, e não implique falta de pagamento do imposto."

32. DRTC-III 6.314/1995; DRT-6 362.131/2007; e DRT-VI 268.809/2004.

tração no prazo estabelecido pelo RICMS. *Trata-se de dever instrumental cujo descumprimento importa a aplicação de multa. II – Infração cuja ocorrência não importou lesão aos cofres públicos, nem se mostrou maculada de fraude, nem de simulação, nem de dolo* – Contribuinte a respeito de cujo passado fiscal nada se disse – Aplicação do art. 92 da Lei n. 6.374/1989. III – *Recurso provido a fim de reduzir o valor da multa*"[33] (grifos nossos).

Com o mesmo entendimento, seguem precedentes do STJ confirmando a possibilidade de relevar a multa:

"Tributário – Importação – Guia de importação – Erro de preenchimento e posterior correção – Multa indevida. 1. A legislação tributária é rigorosa quanto à observância das obrigações acessórias, impondo multa quando o importador classifica erroneamente a mercadoria na guia própria. 2. A par da legislação sancionadora (art. 44, I, da Lei n. 9.430/1996 e art. 526, II, do Decreto n. 91.030/1985), a própria Receita preconiza a dispensa da multa quando não tenha havido intenção de lesar o Fisco, estando a mercadoria corretamente descrita, com o só equívoco de sua classificação (Atos Declaratórios Normativos COSIT ns. 10 e 12, de 1997). 3. Recurso especial improvido".[34]

"Tributário. (...). I – Apesar de a norma tributária expressamente revelar ser objetiva a responsabilidade do contribuinte ao cometer um ilícito fiscal (art. 136 do CTN), sua hermenêutica admite temperamentos, tendo em vista que os arts. 108, IV, e 112 do CTN permitem a aplicação da equidade e a interpretação da lei tributária segundo o princípio *in dubio pro contribuinte* – Precedente: REsp n. 494.080-RJ, rel. Min. Teori Albino Zavascki, *DJU* 16.11.2004. II – *In casu*, o Colegiado *a quo*, além de expressamente haver reconhecido a boa-fé do contribuinte, sinalizou a inexistência de qualquer dano ao erário ou mesmo de intenção de o provocar, perfazendo-se, assim, suporte fático-jurídico suficiente a se fazerem aplicar os temperamentos de interpretação da norma tributária antes referidos. (...)."[35]

10.3 Descumprimento de dever instrumental, comprovada a intenção fraudulenta de prejudicar o Fisco

Em conformidade com o asseverado no item anterior, a fixação da multa há de ser elevada diante de ilícitos dolosos e fraudulentos que repercutem contra os interesses da arrecadação. Nesse sentido já se manifestou o TRF-4ª Região: "(...) o percentual de 150% a título de multa nos casos de sonegação, fraude ou conluio é razoável, justamente porque se dirige a reprimir condutas evidentemente contrárias não apenas aos interesses fiscais, mas aos interesses de toda a sociedade. 6. Arguição de inconstitucionalidade do inciso II do art. 44 da Lei n. 9.430/1996, na redação original, rejeitada".[36]

Nestas hipóteses, em que resta comprovada a intenção fraudulenta, as sanções pecuniárias podem atingir nível de confisco. Isso porque não se trata de simples descumprimento de um dever, mas conjugado com a vontade do sujeito passivo de burlar o Fisco e, em última instância, contrariar o interesse público. O autor do ilícito assume o resultado provocado, pois contribuiu, conscientemente, para que ele se efetivasse.

Ainda que não haja uma previsão expressa e específica autorizadora de multa

33. 7ª Câmara Efetiva, DRTC-I 497.509/2000, rel. Antônio Augusto Silva Pereira de Carvalho, *DJ* 6.7.2006.

34. 2ª T., REsp 660.682-PE, rela. Min. Eliana Calmon, j. 21.3.2006, *DJU* 10.5.2006, p. 174.

35. 1ª T., REsp 699.700-RS, rel. Min. Francisco Falcão, j. 21.6.2005, *DJU* 3.10.2005, p. 140.

36. Corte Especial, AInconst 2005.72.06.001070-1, rel. Joel Ilan Paciornik, *DJE* 14.9.2009.

fiscal confiscatória na Constituição, uma interpretação sistemática dos seus enunciados nos leva à conclusão de que em hipóteses excepcionais de condutas ilícitas nefastas, com nítido intuito fraudulento, o ordenamento jurídico autoriza a imputação de multas com efeito de confisco. A supremacia do interesse público sobre o interesse do particular, frise-se, interesse, este, com finalidades contrárias a lei, torna imperiosa a aplicação de multas excessivas, pois a multa, aqui, cumprirá seu papel punitivo, repressor de condutas reprováveis, na sua maior intensidade, devendo representar um encargo extremamente significativo, ainda que subtraia o patrimônio de forma violenta. Entender de forma diversa é ser conivente com a impunidade. A corroborar o nosso entendimento é de rigor a menção do seguinte precedente: "(...). A sanção deve ser proporcional ao ilícito cometido e desestimular a sua prática, para que se realize sua função repressiva e punitiva. Os limites subjetivos dessas infrações (condutas dolosas) tornam os limites da proibição de efeito confiscatório mais permeáveis e elásticos do que se entenderia como razoável caso se tratasse de uma infração objetiva. Não se revela consentâneo com o ideal de justiça tributária penalizar em patamar semelhante o contribuinte que deixa de pagar ou de declarar o tributo, sem intuito doloso, c o contribuinte que sonega, frauda ou age em conluio. (...). Nessa senda, o percentual de 150% a título de multa nos casos de sonegação, fraude ou conluio é razoável, justamente porque se dirige a reprimir condutas evidentemente contrárias não apenas aos interesses fiscais, mas aos interesses de toda a sociedade".[37]

Se comprovado que o contribuinte dolosamente praticou a infração formal a fim de burlar o Fisco e não recolher o tributo, conclui-se que o mesmo consentiu em se abster de colaborar com o custeio das despesas do Estado, em favor do bem comum.

Os direitos e liberdades garantidos ao indivíduo pela Constituição devem ser exercidos de forma correta, sem repercutir negativamente na sociedade. Em contrapartida, caso seu exercício seja realizado dolosamente, com finalidades ilícitas, prejudicando a coletividade, nada mais justo que o sujeito passivo sofra sanções exorbitantes, ainda que o excesso de punição venha a obstaculizar o exercício pleno desses direitos e liberdades. Não se está negando que a livre iniciativa, a propriedade privada, a livre associação, dentre outras, constituem garantias fundamentais, mas sua essência "fundamental" resta mitigada quando desenvolvidas pelo indivíduo em detrimento de todos os demais. Nestes casos, uma multa excessiva que atinja o patrimônio de sorte a reduzi-lo está em consonância com os valores preconizados na Constituição: justiça, igualdade, supremacia do interesse público sobre o interesse privado, proporcionalidade etc.

Enfim, o exercício da ilicitude no âmbito do direito tributário, cujas normas visam à arrecadação e fiscalização de tributos em prol de uma coletividade, de um bem comum, se realizado dolosamente com o fito de não pagar o tributo precisa ser punido mediante sanção em seu maior grau de efetividade. E, sem sombra de dúvida, fixar penalidade pecuniária com efeito de confisco pode ser uma medida eficaz, desde que, bem analisadas e sopesadas as peculiaridades do caso concreto, o dolo e/ou a fraude estejam plenamente caracterizados na conduta do infrator.

10.4 Outras circunstâncias fáticas a serem levadas em conta na graduação das multas diante da ausência dos deveres formais

Além da existência de embaraços à fiscalização, de prejuízo ao erário e da pre-

37. TRF-4ª R., Corte Especial, AInconst 2004.72.02.0002877, rel. Joel Ilan Paciornik, j. 27.8.2009, data da publicação 14.9.2009.

sença da má-fé (dolo, fraude, simulação) na prática da infração formal, há outras circunstâncias de fato que também podem influir na mensuração das sanções pecuniárias, uma vez que refletem no grau de gravidade atribuído ao ilícito.

O legislador, ao discriminar os critérios legais de graduação das multas, e o aplicador das normas jurídicas em face do caso concreto têm o dever de levar em conta determinadas condições fáticas que, se comprovadas, servirão como atenuantes no cálculo da penalidade imposta. É nesse contexto que deve ser interpretado o art. 112 do CTN, *in verbis*: "Art. 112. A lei tributária que define infrações, ou lhe comina penalidades, interpreta-se da maneira mais favorável ao acusado, em caso de dúvida quanto: I – à capitulação legal do fato; II – à natureza ou às circunstâncias materiais do fato, ou à natureza ou extensão dos seus efeitos; IV – à natureza da penalidade aplicável, ou à sua graduação".

Constituem atenuações interpretativas, por exemplo, o momento da retificação das informações, caso fortuito ou força maior,[38] a primariedade do sujeito passivo na ilicitude, a forma como se deu publicidade à norma prescritora do dever e da sanção pelo seu descumprimento, conjugada ao nível de escolaridade do contribuinte ou à estrutura econômico-organizacional da pessoa jurídica.

Se após a notificação da multa o sujeito passivo cumpre o dever jurídico de pagá-la conforme determinado pela autoridade fiscal, a redução do *quantum* sancionatório atende aos princípios da proporcionalidade e da igualdade. Nada mais justo que conceder um benefício àquele sujeito passivo que cumpriu dentro do lapso temporal previsto no auto de infração a obrigação que lhe foi exigida, distinguindo tal conduta daquela em que o autor do ilícito, além de não corrigir a falta cometida, impugna o auto lavrado. Tal circunstância atenuante estava prevista no Regulamento da Previdência (Decreto 3.048/1999), no art. 291,[39] cujo comando encontrava apoio nos Tribunais, porquanto privilegiavam os valores pregados na Constituição: "Tributário – Ação anulatória de lançamento fiscal. (...) – Multa por descumprimento de obrigação acessória – Correção da falta cometida no prazo da defesa administrativa – Primariedade – Direito à relevação da pena. (...) a empresa procedeu às devidas retificações nas GFIPs, no prazo da defesa administrativa (fls. 20-21), tendo a multa atenuada em 50%, conforme o *caput* do art. 291 do Decreto n. 3.078/1899 (...)".[40]

Sem se ater à literalidade do mandamento prescrito no referido dispositivo federal, segue outro julgado priorizando as particularidades do caso concreto, em atendimento ao princípio constitucional da proporcionalidade: "Tributário – Obrigação acessória – Lei n. 8.212/1991, § 5º do art. 32 – Aplicação da multa – Proporcionalidade – Retificação das informações. (...). *In casu*, o contribuinte apresentou posteriormente as GFIPs com as informações retificadas, motivo pelo qual incide o

38. "(...). II – No caso, a embargante deixou de apresentar os documentos e livros contábeis relacionados com as contribuições previdenciárias à fiscalização. III – Contudo, os documentos contábeis estavam com o ex-contador, que agiu criminosamente, cometendo fraudes e extravios, sendo o mesmo processado e condenado, o que configura força maior ou caso fortuito, motivo plenamente justificável para descumprir a obrigação acessória. Portanto, a multa imposta é insubsistente (...)" (TRF-3ª R., 2ª T., ACi 1999.03.99.0990053, Des. Cecília Mello, j. 30.11.2004, data da publicação 28.1.2005).

39. "Art. 291. Constitui circunstância atenuante da penalidade aplicada ter o infrator corrigido a falta até o termo final do prazo para impugnação.

"§ 1º. A multa será relevada se o infrator formular pedido e corrigir a falta, dentro do prazo de impugnação, ainda que não contestada a infração, desde que seja o infrator primário e não tenha ocorrido nenhuma circunstâncias agravante" (revogado pelo Decreto 6.727, de 12.1.2009).

40. TRF-5ª R., 1ª T., ACi 315.948, Des. Federal Jélio Sílvio Ourem Campos, j. 20.11.2003, data da publicação 19.3.2004.

disposto no § 1º do art. 291 do Decreto n. 3.048/1999, devendo ser relevada a multa em relação aos meses de competência em que efetivamente foram sanados os vícios nas informações. O atraso de apenas dois dias após a apresentação da defesa administrativa para retificação das GFIPs é plenamente justificável no presente caso, tendo em vista a grande quantidade de informações, além de não ter havido falta de recolhimento de contribuições para a Previdência (...)".[41]

Por fim, diante da multiplicidade de normas editadas pela Administração Fazendária prescrevendo deveres instrumentais cuja desobediência acarretará sanções pecuniárias, outra circunstância relevante é a forma de conhecimento, pelo sujeito passivo, das novas prescrições formais. "Daí por que o desconhecimento da norma violada deve ser considerado como circunstância atenuante, desde que demonstrados a boa-fé do contribuinte e o caráter objetivo da ignorância (por exemplo, quando tratar-se de uma norma recém-editada ou à qual não se deu a necessária publicidade). O princípio da publicidade da atuação administrativa, com sede constitucional, impõe que se dê adequado conhecimento às normas administrativas que estabelecem deveres para os cidadãos".[42]

11. Conclusões

Seguem abaixo transcritas, em breve síntese, as conclusões elaboradas neste trabalho, segundo as premissas adotadas logo no início.

11.1 A linguagem do direito positivo, motivando e alterando as relações intersubjetivas, encontra na sanção um instrumento eficaz para cumprir a sua finalidade: manter a paz e a segurança nas relações firmadas no convívio em sociedade.

11.2 A sanção prescrita pelo direito positivo é institucionalizada, conferindo aos sujeitos de direito uma previsibilidade razoável em relação à resposta punitiva, proporcional à gravidade da falta cometida e aplicada por autoridade reputada competente pelo ordenamento.

11.3 Os deveres instrumentais compreendem vínculos jurídicos abstratos de índole não obrigacional que faz irromper meros deveres administrativos, cujo objeto prestacional consiste em um fazer ou não fazer, com o escopo de permitir à Administração Fazendária aferir a ocorrência do fato tributário, a quantificação da obrigação tributária e o seu correto adimplemento.

11.4 As sanções pecuniárias pelo desatendimento aos deveres formais têm natureza punitiva, desprovidas de caráter indenizatório, porquanto inexiste patrimônio a reparar.

11.5 A quantificação das sanções pecuniárias por parte do Estado encontra limites demarcados pela ordem posta, principalmente nas normas constitucionais, a saber: o princípio da proporcionalidade (art. 5º, LIV), o direito a uma existência digna (art. 1º, III), o direito à liberdade de trabalho e profissão (art. 5º, XIII), o direito à propriedade (art. 5º, XXII), a livre iniciativa, com os pressupostos da propriedade privada e da livre concorrência (art. 170, *caput*, e incisos II e IV), o princípio da igualdade (art. 5º, *caput*), o princípio da justiça etc.

11.6 O princípio da proporcionalidade, construído com base no art. 5º, LIV, da CF de 1988, impõe uma sanção pecuniária adequada para atingir a finalidade pretendida e necessária para garantir o direito violado, sacrificando ao menor custo os bens jurídicos do sujeito passivo, constitucionalmente tutelados.

41. TRF-5ª R., 1ª T., ACi 335.586, Des. Federal Marcelo Navarro, j. 2.10.2007, data da publicação 24.10.2007.

42. Eduardo Rocha Dias e Natércia Sampaio Siqueira, "Sanções administrativas tributárias: uma tentativa de enquadramento constitucional", in Hugo de Brito Machado (coord.), *Sanções Administrativas Tributárias*.

11.7 A multa é confiscatória quando a sua imposição excessiva resulta em perda substancial do patrimônio, restringindo o exercício de liberdades e direitos fundamentais.

11.8 Na esfera das infrações e sanções tributárias não se cogita da aplicação do art. 150, IV, da Magna Carta, seja porque o texto constitucional expressamente determinou que a vedação ao confisco constitui uma limitação ao poder estatal somente na instituição e cobrança de tributos, seja pelo próprio aspecto teleológico das sanções – desestimular condutas contrárias à lei. Com efeito, se na hipótese de incidência das normas sancionatórias figura um fato ilícito, não há lugar para a garantia da vedação ao confisco, uma vez que as multas, no cumprimento de sua finalidade, podem ser confiscatórias, representando um ônus significativo para o infrator. No mais, a supremacia do interesse público sobre o do particular que age com finalidades ilícitas justifica, em casos extremos, a aplicação de multa severa, ainda que subtraia o patrimônio de forma confiscatória, sob pena de fomentar a impunidade, em detrimento da arrecadação em prol de uma coletividade.

11.9 A multa com efeito de confisco é inconstitucional quando ausente a adequação entre a gravidade da infração cometida e a penalidade imposta. Tal circunstância, acima de tudo, configura um enriquecimento sem causa por parte do Estado.

11.10 Não há uma fórmula certa e infalível para caracterizar uma multa confiscatória e/ou desproporcional, tendo em vista a variedade de formas adotadas para o cálculo das sanções pecuniárias e a heterogeneidade das relações sociais. Daí a importância de se colocar, em termos jurídicos, as diversas classes de infrações tributárias e circunstâncias fáticas distintivas que atendam às especificidades das hipóteses sujeitas à aplicação de penalidades, em prol de um tratamento isonômico e justo. De todo modo, é preciso ter em mente que a aferição de uma multa com efeito de confisco é muito mais segura para o sujeito passivo quando analisadas as peculiaridades do caso concreto.

11.11 É inconcebível a aplicação de multas decorrentes do descumprimento de deveres instrumentais calculadas com base na dimensão econômica do fato jurídico-tributário, pelos seguintes motivos: (a) tais multas devem ser dimensionadas de acordo com a gravidade da infração, em respeito à proporcionalidade, (b) a relação tributária não se confunde com a relação sancionatória; e (c) a base de cálculo deve mensurar o fato ilícito na norma de incidência e o fato ilícito na norma sancionatória. Do contrário a multa se transformaria em instrumento de arrecadação.

11.12 Se o descumprimento do dever instrumental não acarretou prejuízos para o Fisco a infração deve ser sancionada mediante a aplicação de multas com valores fixos. As multas proporcionais ao valor do tributo justificam-se quando o Fisco enfrenta embaraços e dificuldades para fiscalizar o tributo cujo pagamento não foi realizado, prejudicando o erário público, e com muito maior razão se comprovada a intenção dolosa ou fraudulenta, por parte do sujeito passivo, de burlar a fiscalização a fim de não recolher a exação tributária. Nessas duas últimas hipóteses a autoridade administrativa deverá comprovar a relação de causalidade entre o fato infracional formal e a lesão suportada pelo Fisco.

11.13 A aplicação de multa proporcional ao valor do tributo devido não significa atribuir caráter indenizatório à penalidade. Pelo contrário, visa a punir infração formal cujo patamar da gravidade é *intensificado* porquanto, além do descumprimento do dever instrumental, a conduta ilícita lesou a fiscalização e a arrecadação tributárias. O prejuízo efetivo arcado pelo erário público reflete a gravidade dos embaraços e obstáculos causados ao ato fiscalizatório em função do dever instrumental descumprido pelo sujeito passivo.

11.14 Além de embaraços à fiscalização, de dano ao erário e de comprovação de má-fé por parte do sujeito passivo, constituem também circunstâncias fáticas que influem na quantificação das multas, atendendo ao disposto no art. 112 do CTN: caso fortuito ou força maior, o momento da retificação das informações, a reincidência, a forma de dar publicidade à multiplicidade das normas etc.

Bibliografia

AMARO, Luciano. *Direito Tributário Brasileiro*. 13ª ed. São Paulo, Saraiva, 2007.

ANDRADE FILHO, Edmar Oliveira. *Infrações e Sanções Tributárias*. São Paulo, Dialética, 2003.

BOBBIO, Norberto. *Teoria Geral do Direito*. 3ª ed. São Paulo, Martins Fontes, 2010.

CARVALHO, Aurora Tomazini de. *Curso de Teoria Geral do Direito (O Construtivismo Lógico-Semântico)*. São Paulo, Noeses, 2009.

CARVALHO, Paulo de Barros. *Curso de Direito Tributário*. São Paulo, Saraiva, 2007.

________. *Direito Tributário, Linguagem e Método*. 1ª ed. São Paulo, Noeses, 2008.

CINTRA, Carlos César Sousa. "Reflexões em torno das sanções administrativas tributárias". In: MACHADO, Hugo de Brito (coord.). *Sanções Administrativas Tributárias*. São Paulo: Dialética, 2004.

COÊLHO, Sacha Calmon Navarro. *Infrações Tributárias e suas Sanções*. São Paulo, Resenha Tributária, 1982.

DENARI, Zelmo. *Infrações Tributárias e Delitos Fiscais*. São Paulo, Saraiva, 1995.

DIAS, Eduardo Rocha, e SIQUEIRA, Natércia Sampaio. "Sanções administrativas tributárias: uma tentativa de enquadramento constitucional". In: MACHADO, Hugo de Brito (coord.). *Sanções Administrativas Tributárias*. São Paulo, Dialética, 2004.

GUIBOURG, Ricardo A., GIGLIANI, Alejandro M., e GUARINONI, Ricardo V. *Introducción al Conocimiento Científico*. Buenos Aires, Eudeba, 2000.

MACHADO, Hugo de Brito. *Aspectos Fundamentais do ICMS*. São Paulo, Dialética, 1997.

________. "Tributo com efeito de confisco". *RDDT* 166. São Paulo, Dialética.

________ (coord.). *Sanções Administrativas Tributárias*. São Paulo: Dialética, 2004.

MARTINS, Ives Gandra da Silva. *Crimes Contra a Ordem Tributária*. Caderno de Pesquisas Tributárias, coedição CEEU/Ed. RT, 1995.

MARTINS FILHO, Ives Gandra da Silva. *Da Sanção Tributária*. 2ª ed. São Paulo, Saraiva, 1998.

MORAES, Bernardo Ribeiro de. *Compêndio de Direito Tributário*. 2ª ed., 2º vol. Rio de Janeiro, 1994.

PACHECO, Ângela Maria da Motta. *Sanções Tributárias e Sanções Penais Tributárias*. São Paulo, Max Limonad, 1997.

PONTES, Helenilson Cunha. *O Princípio da Proporcionalidade e o Direito Tributário*. São Paulo, Dialética, 2000.

SANTI, Eurico Marcos Diniz de. *Lançamento Tributário*. 2ª ed. São Paulo, Max Limonad, 1999.

SIQUEIRA, Natércia Sampaio, e DIAS, Eduardo Rocha. "Sanções administrativas tributárias: uma tentativa de enquadramento constitucional". In: MACHADO, Hugo de Brito (coord.). *Sanções Administrativas Tributárias*. São Paulo, Dialética, 2004.

VILLANOVA, Lourival. *Causalidade e Relação no Direito*. 4ª ed. São Paulo, Ed. RT, 2000.

________. *Estruturas Lógicas e o Sistema de Direito Positivo*. São Paulo, Noeses, 2002.

* * *

O Papel do Comunicado CAT-36/2004 na Glosa Unilateral dos Créditos do ICMS: uma Expressão do Princípio Federativo

VALÉRIO PIMENTA DE MORAIS

1. Introdução: um panorama da disfunção e da insuficiência verificadas nos preceitos normativos da Lei Complementar 24/1975 e do papel do Comunicado CAT-36/2004

1.1 Delimitação do trabalho: da possibilidade de obstação do crédito do ICMS, decorrente de benefícios fiscais à margem da Constituição, diretamente pela Administração Tributária

Com o presente tem-se como principal pretensão alinhar razões que afastem o entendimento de que há a necessidade prévia de acesso ao Judiciário para que a Administração Tributária, em específico a paulista, decalcada, exemplificativamente, por todos, no Comunicado CAT-36/2004, possa promover a glosa unilateral de créditos oriundos de benefícios auferidos à margem da disciplina constitucional própria do ICMS – convênio-CONFAZ. Nessa medida, as razões que suportam a atividade da Administração Tributária, que aqui se farão presentes, revelam-se, diversamente, como expressão do *princípio federativo*, nos estreitos limites da previsão constitucional,[1] vindo a alinhar-se, ainda, com a atuação do STF decidindo os casos da "guerra fiscal" entre os Estados e o Distrito Federal.

Neste toar, a razão que procuraremos contrapor encontra-se, por todos, na doutrina do Prof. Marco Aurélio Greco, que, a partir de um conceito de Federação aplicável ao Brasil, entende pela exclusividade do Poder Judiciário no sentido da ineficácia de normas produzidas por entes federativos, sob pena de agressão ao próprio pacto federativo. Colaciona-se, no ponto, o quanto cuidado por esta doutrina: "A Constituição Federal consagra uma Federação solidária em que todos os Estados estão em posição de igualdade, o que impede sejam adotados atos unilaterais de bloqueio ou neutralização da eficácia da legislação alheia. *O Poder Judiciário é a Instituição nacional competente para editar decisões que inibam a eficácia de quaisquer leis ou atos normativos estaduais. Antes do seu pronunciamento em ação proposta pelo Estado que se julgar afetado (ação direta de inconstitucionalidade ou ação cível originária), qualquer ato unilateral estadual que impute à legislação alheia a pecha de violadora da Constituição ou da Lei Complementar 24/1975 agride o pacto federativo*"[2] (grifos nossos).

1.2 Um panorama da disfunção e da insuficiência verificadas nos preceitos normativos da Lei Complementar 24/1975

Aponta-se, já por nossas razões, como premissa fundante o frágil equilíbrio oferecido pelo sistema de controle da constitucionalidade, em resposta, reprimindo, anulando e obstando atos normativos de entes federativos, em específico dos Estados e do Distrito Federal, interessando-

1. Conforme a disciplina estampada no art. 18, *caput*, c/c o art. 25, ambos da CF de 1988, delineando, em linhas gerais para o momento, a autonomia dos entes federativos, na justa medida dos limites constitucionais.

2. Marco Aurélio Greco, "ICMS – Glosa unilateral de créditos por operações interestaduais – A posição do Estado de São Paulo – Lei estadual 6.374/1989 e Comunicado CAT-36/2004 – Necessidade de prévio acesso ao Poder Judiciário", *RDDT* 148/110, p. 131.

-nos para os limites do referido trabalho o quanto se relaciona com o imposto sobre circulação de mercadorias e sobre prestações de serviços de transporte interestadual e intermunicipal e de comunicação/ICMS – de competência dos referidos entes federativos – Estados e do Distrito Federal –, em contraposição aos preceitos constitucionais de regramento de benefícios fiscais, incorporados nas disposições do art. 155, § 2º, XII, "g", da Constituição da República Federativa do Brasil de 1988.

No ponto, portanto, nesta ordem de valores, revela-se inafastável a conclusão de que estamos diante de uma lacuna axiológica, apesar do pronunciamento repressivo normativo estabelecido pela Lei Complementar 24/1975, no alcance do seu art. 8º, de que se faz transcrição:

"Art. 8º.- A inobservância dos dispositivos desta Lei acarretará, cumulativamente: *I – a nulidade do ato e a ineficácia do crédito fiscal atribuído ao estabelecimento recebedor da mercadoria; II – a exigibilidade do imposto não pago ou devolvido e a ineficácia da lei ou ato que conceda remissão do débito correspondente*.

"Parágrafo único. Às sanções previstas neste artigo poder-se-ão acrescer a presunção de irregularidade das contas correspondentes ao exercício, a juízo do Tribunal de Contas da União, e a suspensão do pagamento das quotas referentes ao Fundo de Participação, ao Fundo Especial e aos impostos referidos nos itens VIII e IX do art. 21 da Constituição Federal" (grifos nossos).

Resta percorrer, em passo antecedente, a cadeia de validade que dá à Lei Complementar 24/1975 o núcleo de constitucionalidade, encontrando o arrimo de seu lastreamento constitucional. Assim, disciplina o art. 155, § 2º, XII, "g", da CF de 1988, invocando a normatividade própria de lei complementar, que cabe àquela tipologia normativa a forma de regulação mediante a qual os Estados e o Distrito Federal promoverão a deliberação de isenções, de incentivos e benefícios fiscais, em sua concessão e revogação.

Desta feita, com a entrada em vigor da Constituição Federal de 1988, o apelo constitucional apontava para que lei complementar disciplinasse um ponto essencial do federalismo fiscal, cuidando, em sentido amplo, da forma com que os benefícios fiscais seriam agregados ao sistema tributário, à vista da harmonização dos entes federativos.

Numa linha sumarizante, o legislador infraconstitucional não deu vazão a todas as necessidades legislativas concebidas e inauguradas com o novo corpo constitucional, o que também se revelou presente no ponto cuidado da disciplina própria do art. 155, § 2º, XII, "g", da CF de 1988.

Como ponto de superação, com pauta ainda na disciplina da ordem constitucional do art. 34, *caput*, do ADCT, que evidencia a manutenção do sistema tributário da Constituição de 1967, restou, então, todo o espaço para o fenômeno constitucional da recepção, uma vez que a referida Lei Complementar 24/1975 já se encontrava vigente e eficaz, sinalizando, ainda, que os embates entre os entes federativos propulsores da "guerra fiscal" não se revelam uma novidade.

Conforme apontado, a recepção do mecanismo de comando e controle encartado pela Lei Complementar 24/1975 não se mostra de todo eficaz, uma vez que se tem pronunciado, apesar do intenso exame da constitucionalidade promovido pelo STF sobre atos normativos, tradutores de benefícios introduzidos pelos entes federativos, uma evidente intensificação do fenômeno da "guerra fiscal", com a atuação dos Estados e do Distrito Federal na oferta de benefícios à margem da disciplina própria da Lei Complementar 24/1975, pautando-se na justificativa da atração de investimentos, que, de sua parte, trariam pretensamente elementos de estabilização social e econômica para os referidos entes.

Reforça-se, portanto, o que se conceitua como lacuna axiológica retratada pela disciplina normativa da Lei Complementar 24/1975, uma vez que, apesar da existência de norma regendo uma situação fática, paradoxalmente, a referida disciplina revela-se em evidente descompasso, seja com pauta na injustiça da regra, seja com pauta na sua insuficiência, no caso, com nítido pronunciamento na dinâmica dos entes federativos no sentido do seu descumprimento, importando a utilização de benefícios fiscais à margem da disposição constitucional, que se concretizou, ou ao menos deveria se concretizar, com os preceitos normativos da referida lei complementar.

Nesta linha, não é outra a posição que se pode colher em nossa melhor doutrina: "Zitelman limita o reconhecimento da existência de lacunas não só aos casos não previstos pela lei, mas também aos casos que, embora previstos e regulados, *não são totalmente disciplinados pela norma, que se revela imprecisa ou indeterminada* no tocante a certo ou certos momentos da disciplina"[3] (grifos nossos).

No mesmo toar o sempre presente escólio da Profa. Maria Helena Diniz: "Três são as principais espécies de lacunas: (...) (3ª) axiológica, ausência de norma justa, isto é, *existe um preceito normativo, mas, se for aplicado, sua solução será insatisfatória* ou injusta"[4] (grifos nossos).

Desta forma, a lacuna no ordenamento jurídico, de uma forma geral, diante do anseio de completude sistêmica, que se torna mais evidente na sua conceituação dinâmica, pode ser retratada como a aferição da incompletude normativa para a disciplina do comportamento. Há que se ter presente que esta incompletude pode se manifestar pela insatisfação na previsão normativa.

Diante da riqueza da doutrina, fazemos presentes a lição do Prof. Tércio Sampaio, na qual nos arrimamos: "(...). No caso da lacuna, conforme Engisch, *esta incompletude é ainda insatisfatória*. Trata-se da negação do 'satisfatório', isto é, do que é suficientemente feito. Este segundo termo é importante. Nem tudo que é completo é também insatisfatório. (...). *Quando dizemos, portanto, que a lacuna é uma incompletude insatisfatória, exprimimos uma falta, uma insuficiência que não deveria ocorrer*"[5] (grifos nossos).

Portanto, neste cenário promove-se a justificativa da consideração da previsão normativa, plasmada pela Lei Complementar 24/1975, como pronunciamento de uma lacuna axiológica. Assim, no plano infraconstitucional inegavelmente há uma norma revelando aspecto sancionatório do comportamento de concessão de benefícios fiscais à margem da moldura constitucional; contudo, tal previsão não se revela suficiente para o contingenciamento das condutas dos entes federativos postos em análise.

Restam, assim, como resultado do sistema jurídico assim considerado, em repercussão constitucional, o desatendimento satisfatório da normatização prevista no art. 155, § 2º, XII, "g", da CF de 1988 e a geração, decorrente, da lacuna axiológica, com a ameaça e corrosão do pacto federativo.

Não é outra a conclusão que pode ser extraída quando cotejamos o extenso número de decisões de nossa Suprema Corte, que, por todos, vazada na ADI 1.308-RS, da relatoria da Min. Ellen Gracie, julgamento pelo Tribunal Pleno, em 12.5.2004, é reveladora, conforme parecer produzido pela Procuradoria-Geral da República, da sempre presente pauta da matéria guerreada ("guerra fiscal" lastreada na violação do quanto normatiza a Lei Complementar

3. Vicente Ráo, *O Direito e a Vida dos Direitos*, 4ª ed., p. 498, nota 318.

4. Maria Helena Diniz, *Lei de Introdução ao Código Civil Brasileiro Interpretada*, 7ª ed., p. 99.

5. Tércio Sampaio Ferraz Jr., *Introdução ao Estudo do Direito: Técnica, Decisão, Dominação*, 2ª ed., pp. 218-219.

24/1975) e da devida repressão promovida naquela sede judicante. Ou seja, afere-se que a tão frequente pauta revela a lacunosidade axiológica do preceito normativo em questão. Remetemos, então, ao julgado: "Como bem ressaltou o parecer da Procuradoria-Geral da República, 'o STF *já arrostou, em diversas oportunidades*, o tema versado nesta ação direta, *manifestando-se, sempre*, definitivamente ou cautelarmente, no sentido da *inconstitucionalidade da concessão unilateral, por Estado-membro ou pelo Distrito Federal, de isenções, incentivos e benefícios fiscais relativos ao ICMS – para o quê a Constituição da República impõe a observância da lei complementar específica e a celebração de convênio intergovernamental* (art. 155, § 2º, XII, alínea 'g')" (grifos nossos).

1.3 Do papel do Comunicado CAT-36/2004 como exemplo trazido de ato administrativo

O que se concebe, em suma, é que a pronúncia e a provocação constantes do Poder Judiciário sobre o tema da obstação dos mecanismos da "guerra fiscal" com pauta na repressividade da Lei Complementar 24/1975 estão a revelar a sua insuficiência na tradução de um sistema tributário hígido (sendo, pois, manifestação de uma lacuna axiológica, onde – frisa-se, uma vez mais – o aparato normativo se faz presente, corporificado na disposição da Lei Complementar 24/1975, porém, não se revela suficiente a produzir o quanto destinado constitucionalmente).

De forma extremada, mas, contudo, de grande revelação do quadro conflituoso, e apontando a insuficiência do mecanismo de comando e controle estabelecido pela Lei Complementar 24/1975, o projeto de lei junto à Câmara dos Deputados sob n. 1.635/2007, de autoria do deputado João Dado, do PDT/SP, introduz no campo do processo legislativo a discussão da criminalização da "guerra fiscal". Cria-se a hipótese – no caso, de todo questionável – do reforço, pelo direito penal, ao vigente sistema de controle e comando estipulado.

A intensidade da proposta plasmada no mencionado projeto de lei vem a alinhar-se no uso do direito penal diante da incapacidade do Estado de formular e adequar as suas políticas públicas, o que, inexoravelmente, inclui a higidez do sistema tributário, evitando-se o colapso imanente pela "guerra fiscal". O que, em verdade, mostra-se de todo criticável, à vista de o Estado possuir instrumental de ordem constitucional apto à referida missão institucional.

Em sentido contrário, parece-nos esta colocação arribar-se no sempre presente escólio do Prof. Luigi Ferrajoli, grande doutrinador do garantismo penal, alinhando razões para a fragmentariedade do direito penal, que se aportam no ponto, a evidenciar que a melhor tutela não seria a do escopo penal, mas, sim, por nossa consideração, alinhada com a garantia do federalismo fiscal no equacionamento da "guerra fiscal", a ser ainda cuidado ao longo deste trabalho:

"Finalmente, *uma política penal de bens tem justificação e credibilidade somente quando é subsidiária de uma política extrapenal de proteção dos mesmos bens*.

"(...).

"Tem-se dito que uma investigação deste tipo é mais que problemática, *devido à impossibilidade de atestar os êxitos oriundos da utilização do direito penal, isto é, os males que prevê, e não apenas os fracassos, ou seja, os males evitados e os custos da pena*"[6] (grifos nossos).

Reforça-se, num outro giro, que a jurisprudência do egrégio STF, num sem-número de vezes, já se pronunciou pela in-

6. Luigi Ferrajoli, *Direito e Razão: Teoria do Garantismo Penal*, "Prefácio" da 1ª ed. italiana de Norberto Bobbio, 2ª ed., vários tradutores, pp. 434-437.

constitucionalidade de comandos normativos de entes federativos que abrigassem benefícios fiscais em contrariedade ao plano constitucional. Contudo, tal conjunto decisório não se revelou como um comando forte o suficiente para que os mesmos entes federativos não continuem a promover a prolação de novos preceitos normativos, muitas vezes com o mesmo teor do recém-declarado inconstitucional por nossa Suprema Corte.

O que se infere, do plano da atuação do Poder Judiciário, em específico da Suprema Corte, no trato da "guerra fiscal" é que os mecanismos de controle de constitucionalidade revelam-se, mesmo que aplicados, insuficientes e disfuncionais, havendo de se ter, no mínimo, em coadjuvação a atuação de outros Poderes de Estado no sistema de controle da constitucionalidade normativa, numa verdadeira linha daquilo que podemos chamar de *reforço da normatividade*, formulando-se na interpretação constitucional empreendida pela Administração Tributária paulista.

Com base precipuamente na análise promovida pelo Prof. Elival da Silva Ramos, pode-se nuclear as disfunções localizadas no controle de constitucionalidade brasileiro, que, efetivamente, relacionam-se com a realidade da "guerra fiscal". Desborda de sua análise uma conclusão em todo preocupante, contudo, a revelar o papel a ser assumido pelos operadores do Direito, de uma forma ampla, no sistema de controle da constitucionalidade brasileiro: "Em suma, em abono da tese segundo a qual os sistemas de controle de padrão estadunidense não se ajustam adequadamente a Constituições de perfil social-democrático podem ser apontadas inúmeras e graves disfunções do atual sistema brasileiro de fiscalização da atividade legiferante. *É evidente que o projeto de democracia social desenhado pela Constituição de 1988 não depende apenas do sistema de controle da constitucionalidade dos atos e omissões legislativas.* Não se afigura questionável, contudo, que se trata de um obstáculo a mais a superar nessa empreitada e que, pelo *caráter eminentemente normativo-institucional*, pode ser ultrapassado com rapidez e até relativa facilidade, *dependendo do grau de consciência a seu respeito que venham a adquirir as lideranças políticas e os operadores do direito*"[7] (grifos nossos).

A toda evidência, por nosso juízo, parece emergir do quanto se discute o que a doutrina passou a denominar como uma medida de "direito fundamental à efetivação da Constituição", uma vez que a estrutura constitucional tributária hígida pode ser aferida como um direito fundamental, de forte conotação de direito social. Logo, a emanação do Comunicado CAT-36/2004, como ato administrativo, é reveladora do mandamento constitucional, no estabelecimento de um sistema tributário do ICMS *em atendimento aos anseios do federalismo*, a par da normatividade expressa da Lei Complementar 24/1975. Assim, faz-se presente, em alinhamento doutrinário de suporte, o escólio do Prof. Dirley da Cunha Jr.: "Para nós a efetividade constitucional não pode ficar reduzida a simples princípio hermenêutico, de orientação do intérprete na operacionalização das normas constitucionais, merecendo, pois, um tratamento mais proeminente e consentâneo com sua importância para a supremacia da Constituição e sua pretensão de plena eficácia. Desse modo, *propomos considerá-lo como um direito fundamental, acionável e exigível judicialmente como os demais, que impõe ao Estado e ao particular porventura obrigado um dever jurídico de prestar algo, positiva ou negativamente*"[8] (grifos nossos).

Assim, neste ambiente de franca disfunção e insuficiência, a par da atuação do

7. Elival da Silva Ramos, *Perspectivas de Evolução do Controle de Constitucionalidade no Brasil*, p. 342.

8. Dirley da Cunha Jr., *Controle Judicial das Omissões do Poder Público: em Busca de uma Dogmática Transformadora à Luz do Direito Fundamental à Efetivação da Constituição*, 2ª ed., pp. 264-268.

Poder Judiciário, sobreleva apontar o inegável fato de que, diante do vigente sistema de comando e controle estribado pela disciplina normativa da Lei Complementar 24/1975, como resposta ao apelo constitucional, tem-se revelado de todo insuficiente, fazendo com que se alinhe, dentro da ordem dos princípios constitucionais e do criticável uso do direito penal em busca da criminalização de condutas, a atuação do Poder Executivo, na promoção de mecanismos, com reveladora pauta no *princípio federativo* para obstar e, por fim, traduzir um sistema constitucional tributário pleno e capaz de estabilizar o pacto federativo – e, como tal, nesta medida estrita, vislumbra-se o papel desempenhado pelo Comunicado CAT-36, de 29.7.2004, que cuida do esclarecimento aos contribuintes paulistas do ICMS sobre a impossibilidade de aproveitamento dos créditos do ICMS provenientes de operações ou prestações amparadas por benefícios fiscais não autorizados por convênio celebrado nos termos da Lei Complementar 24/1975.

Nestes termos, *dentro de um plano de interpretação constitucional* promovida pela estrutura da Administração Tributária, que, em essência, revela-se um dos papéis aferíveis na produção do Comunicado CAT-36/2004, há que se ter como premissa que o processo de interpretação da Constituição revela-se aberto, alcançando, indubitavelmente, a própria Administração, onde o Poder Executivo deve dar cumprimento ao preceito constitucional (em caso da harmonia fiscal dos entes federados) nas situações jurídicas concretas de sua dinâmica institucional.

Assim, no ponto, relevante a lição do Prof. Luís Roberto Barroso, com expressivo amparo no escólio de Peter Häberle, apontando pela comunhão dos atores sociais na interpretação do mandamento constitucional, no sentido inequívoco de conferir legitimidade ao ato produzido pela Administração Tributária paulista na sua defesa do sistema tributário, de estatura constitucional: "No desenvolvimento de suas ideias, assentou Häberle que a interpretação constitucional é um *processo aberto* (...). Não há, assim, um elenco cerrado, *numerus clausus*, de intérpretes da Constituição. (...). Nas palavras textuais do autor alemão: 'Todo aquele que vive no contexto regulado por uma norma e que vive com este contexto é, indireta ou, até mesmo, diretamente, um intérprete dessa norma. O destinatário da norma é participante ativo, muito mais ativo do que se pode supor tradicionalmente, do processo hermenêutico. Como não são apenas os intérpretes jurídicos da Constituição que vivem a norma, não detêm eles o monopólio da interpretação da Constituição'"[9] (grifos do autor).

O argumento que aqui se desenvolve representa um apelo ao intérprete da Constituição, que pode perfeitamente alinhar-se com as lições do Prof. Inocêncio Mártires Coelho, tendo em vista uma interpretação integradora do texto constitucional, nos seguintes termos: "Precisamente por isso afirma Gomes Canotilho, em síntese admirável, que *o princípio do efeito integrador, como tópico argumentativo*, não assenta numa concepção integracionista de Estado e da Sociedade – conducente a reducionismos, autoritarismos, fundamentalismos e transpersonalismos políticos Zitelman limita –, antes *arranca da conflitualidade constitucionalmente racionalizada para conduzir a soluções pluralisticamente integradoras*"[10] (grifos nossos).

Assim, a Administração Tributária, *considerada essencialmente como aplicadora da Constituição*, deu preferência, em sua interpretação, diante do problema jurídico-constitucional estratificado na patente corrosão do pacto federativo pelas demais unidades federativas propaladoras de

9. Luís Roberto Barroso, *Interpretação e Aplicação da Constituição: Fundamentos de uma Dogmática Constitucional Transformadora*, 6ª ed., p. 120.

10. Inocêncio Mártires Coelho, *Interpretação Constitucional*, 2ª ed., pp. 135-136.

incentivos fiscais à margem da prescrição constitucional, àquilo que favoreça a integração social e a unidade política, por meio da harmonização, em última análise, da competência de tributar, revelando inequívoca contribuição para o princípio federativo.

Tal conclusão encontra respaldo na manifestação, em fundamentação *obter dictum*,[11] do colendo STF quando da análise da ADI/AgR 3.350-6-SP, julgamento de 28.8.2008, da relatoria do Min. Gilmar Mendes, que cuidou de promover eventual controle abstrato de constitucionalidade do mencionado comunicado. Nesta decisão entendeu-se, de um lado, que o referido comunicado não apresentava normatividade suficiente para que se promova controle de constitucionalidade; porém, por outra banda, não apontou qualquer vício nos pressupostos normativos e constitucionais que lhe dão suporte (daí dizer-se, então, presente em fundamentação com conteúdo *obter dictum*), o que nos faz entender da sua validade no ordenamento jurídico.

De grande envergadura, ainda em defesa ao que tudo se fez presente, tem-se a análise da decisão proferida pelo colendo STF no julgamento do RE 463.079-MG, em julgado de 17.11.2009, que em suas razões entendeu como válida a ação fiscal estadual no sentido de vedação de créditos oriundos da propalada "guerra fiscal", não tangenciando, em qualquer sentido, a necessidade de prévio controle concentrado de constitucionalidade da norma que promoveu o benefício fiscal à margem do mandamento constitucional, com a tradução do quanto se concebe por "crédito *constitucionalmente* garantido". Colacionamos, no ponto, excertos da decisão referida:

"Trata-se de recurso extraordinário (art. 102, III, 'a' e 'c', da Constituição) interposto de acórdão prolatado pelo TJMG que considerou válida a anulação de créditos relativos à não cumulatividade do ICMS.

"(...).

"Conforme decidido pelo STF, a concessão dos benefícios fiscais de isenção ou de redução da base de cálculo *implica o reescalonamento dos créditos tributários gerados para o adquirente da mercadoria ou do serviço* (RE n. 174.478-ED, rel. Min. Cézar Peluso, Tribunal Pleno, julgado em 14.4.2008, *DJe*-97, 29.5.2008). O mesmo modelo se aplica às operações interestaduais (cf. o RE n. 596.469, rela. Min. Cármen Lúcia, *DJe*-45, de 9.3.2009, e o RE 423.658-Ag, rel. Min. Carlos Velloso, 2ª Turma, julgado em 22.11.2005, *DJU* 16.12.2005). Ademais, *o valor do crédito constitucionalmente garantido ao adquirente sofre a influência de eventuais benefícios concedidos ao contribuinte que dá saída à mercadoria ou que presta o serviço*.

"(...).

"'Questão insuscetível de ser solucionada sob invocação do princípio em causa, que, diferentemente do que entende a recorrente, *visa tão somente a assegurar a compensação, em cada operação relativa à circulação de mercadoria, do montante do tributo que foi exigido nas operações anteriores, seja pelo próprio Estado, seja por outro, de molde a permitir que o imposto incidente sobre a mercadoria, ao final do ciclo produção/distribuição/consumo, não ultrapasse, em sua soma, percentual superior ao correspondente à alíquota máxima prevista em lei, relativamente ao custo final do bem tributado* – Havendo, no caso, sido convertido em incentivo o tributo que deveria ser recolhido pelo vendedor da matéria-prima, e *fora de dúvida que a inadmissão do crédito, no Estado de destino, não afeta a equação acima evidenciada* – Recurso não conhecido' (grifei – RE 109.486, rel. Min. Ilmar Galvão, 1ª

11. *Obter dictum*, na conformidade do escólio de Fredie Didier Jr., consiste no argumento posto de passagem, consubstanciando juízo acessório e que não apresente relevante e substancial influência para a decisão (in *Curso de Direito Processual Civil*, 2ª ed., vol. 2, pp. 350-352).

Turma, julgado em 31.3.1992, *DJU* 24.4.1992). Dessa orientação não divergiu o acórdão recorrido" (grifos nossos).

Cuidou, em nosso sentir, de uma decisão com pauta expressa no princípio da não cumulatividade, não havendo que se falar, para a sua proteção, no manejo de anterior ação de declaração de inconstitucionalidade. Ou seja, o princípio da não cumulatividade preserva-se pela autuação fiscal por parte da Administração Tributária, não havendo necessidade de socorrer-se no processo constitucional de controle de normas.

Assim, em extensão ao quanto decidido pelo colendo STF no referido recurso extraordinário, temos, no nosso caso, a mesma dimensão valorativa: a preservação da não cumulatividade faz-se, diretamente, por ação direta do Fisco, exteriorizada por meio de auto de infração.

Outro ponto, plenamente aplicável, do quanto se faz análise da decisão do Pretório Excelso gira no fato de que as notas fiscais, como as que suportaram as operações aqui cuidadas pela ação fiscal paulista em litígio, *são plenamente imprestáveis para qualquer formulação decorrente de creditamento a ser conduzido pelo autuado*, vistos retratarem um valor de crédito não recolhido e fictamente destacado nos documentos fiscais. Nestes termos, destaca-se o excerto: "Por fim, a matéria versada nestes autos não se refere à eficácia social ou à efetividade da relação jurídica tributária ('recolhimento ou não do valor, posto que devido no montante global'). Como se lê no acórdão recorrido, *a redução da carga tributária teria ocorrido no campo da grandeza potencial tributada*: 'Assim, a pretensão da apelante, impetrante, de deduzir a título de crédito valor *não recolhido e ficticiamente destacado na nota fiscal*, é de todo improcedente, sobretudo porque sobejamente conhecido e declarado, posto que previsto em norma do Estado tributante, remetente, o valor de fato ali recolhido, referentemente a tal operação. *O crédito do ICMS há de ser no exato valor da exação tributária.* Se se busca, no Estado de origem, burlar tal regra constitucional – não cumulatividade – por expedientes inclusive reprováveis de 'guerra fiscal', conferindo mecanismos normativos para que se lance na nota fiscal valor não real ao efetivamente cobrado e pago no Estado do remetente, *quebrada está a veracidade do dado lançado naquele documento, não servindo o mesmo como lastro para efeito da contabilidade escritural por meio do qual se cumpre a regra da não cumulatividade do ICMS*" (grifos nossos).

Adensando-se, ainda mais, faz-se presente inequívoca decisão exarada pelo TJSP, por todos, na forma da ACi 994.08.165010-3, datada de 13.4.2010, da lavra do ilustre Des. Luís Francisco Aguilar Cortez, em que se recorta trecho de expressão, para o que tudo aqui se cuida, em conclusão que se compartilha: "Evidentemente, *o Estado não necessita propor ação direta de inconstitucionalidade contra a legislação estadual de outro Estado para que possa aplicar a sua legislação*, no âmbito da sua competência, editada nos limites da Constituição" (grifos nossos).

2. Do federalismo fiscal: uma síntese

Há que se estabelecer um plano inaugural das atuações dos entes federativos no escopo tributário, sobejamente do ICMS, e para tal temos que apontar, mesmo que em linhas gerais, a expressão do que se pode conceituar como federalismo, e mais especificamente na sua manifestação do federalismo fiscal.

O Estado Federal, partindo da etimologia da palavra *foedus*, no sentido de apontar "aliança", "pacto", revela-se como fórmula de organização do Estado, e não de governo, a partir do século XVIII, revelando-se, portanto, como fenômeno político moderno.

A manifestação do federalismo no Brasil apresentou outro vetor de valor, e, como tal, ingressamos na classificação que empreende os traços básicos do que doutrinariamente se denomina "federalismo por agregação" (identificado na manifestação inaugural do federalismo dos Estados Unidos de 1787, oriundo das 13 Colônias Britânicas instaladas na América do Norte), em contraposição ao "federalismo por segregação" (identificado em nossas raízes do federalismo).

Nestes termos, entende-se por "federalismo por agregação" o resultado de Estados preexistentes, em superposição; ao passo que no "federalismo por segregação", pelo mandamento constitucional, geram-se Estados-membros, em subposição. Assim, fazemos presentes as lições do Prof. Manoel Gonçalves, retratando a diferenciação: "Em casos como dos Estados Unidos, da Alemanha, da Suíça, o Estado federal *resultou de uma agregação (federalismo por agregação) de estados que a ele preexistiam. O Estado federal veio superpor-se a tais Estados*. Noutros, como no Brasil, *o Estado Unitário, em obediência a imperativos políticos (salvaguarda das liberdades) e de eficiência, descentralizou-se a ponto de gerar Estados que a ele foram 'subpostos' (federalismo por segregação)*"[12] (grifos nossos).

Entre nós a envergadura federativa expressa-se, portanto, com o advento da República, em especial com a Constituição de 1891, em que se aponta, mesmo que em traços mínimos, a dualidade caracterizadora de uma estrutura federal: a associação de uma estrutura constitucional rígida, a par de um órgão constitucional incumbido do controle de constitucionalidade, aqui na reveladora atuação do STF.

Em compasso com estes estreitos termos encontramos guarida na doutrina do Prof. Nestor de Freitas Porfírio Jr. em resposta, com amparo na doutrina de Michel Temer, à questão formulada de quando determinado Estado possuiria uma estrutura federal: "Quando é que efetivamente podemos afirmar que determinado Estado possui uma estrutura federal? Segundo Michel Temer, os pressupostos básicos de tal caracterização seriam a *rigidez constitucional* e a existência de um *órgão constitucional* incumbido do controle da constitucionalidade das leis"[13] (grifos do autor).

Por seu turno, detendo-nos na manifestação do federalismo no Brasil, em José Afonso da Silva colhemos uma pronunciada síntese da forma do Estado Brasileiro em sua origem e sua historicidade, com destaque ao federalismo nominal da Constituição de 1967: "O Brasil, como vimos, assumiu a *forma de Estado Federal* em 1889, com a proclamação da República, o que foi mantido nas Constituições posteriores, embora o federalismo da Constituição de 1967 e de sua Emenda 1/1969 tenha sido apenas *nominal*. A Constituição de 1988 recebeu-a da evolução histórica do ordenamento jurídico. Manteve-a mediante a declaração constante do art. 1º, que configura o Brasil como uma *República Federativa*. Vale afirmar que a *forma do Estado Brasileiro* é a *federal*, (...)".[14]

Um Estado Federal, expressão de uma aliança, em decorrência de um lastro constitucional, pauta-se numa série de características, em que o acoplamento dos entes federativos se manifesta. No ponto, amparamo-nos na doutrina de Dalmo Dallari no apontamento de oito de suas características fundamentais:

"(i) A união faz nascer um novo Estado e, concomitantemente, aqueles que aderiram à Federação perdem a condição de Estados (no caso da espécie de federalismo por agregação, que não é o modelo brasileiro).

12. Manoel Gonçalves Ferreira Filho, *Curso de Direito Constitucional*, 23ª ed., p. 45.

13. Nestor de Freitas Porfírio Jr., "Federalismo, tipos de Estado e conceito de Estado Federal", in José Maurício Conti (org.), *Federalismo Fiscal*, p. 7.

14. José Afonso da Silva, *Curso de Direito Constitucional Positivo*, 32ª ed., p. 99.

"(ii) A base jurídica de um Estado Federal é a Constituição, não um tratado, uma vez que este revela-se limitado.

"(iii) Na Federação não existe direito de secessão, não podendo os entes federativos retirarem-se do pacto constitucional.

"(iv) Somente o Estado Federal apresenta soberania, de forma que os entes federativos perdem a sua soberania, com manutenção, contudo, de autonomia.

"(v) No Estado Federal as atribuições da União e as das unidades federadas são fixadas na Constituição, por meio de uma distribuição de competências; [*essa característica toma toda relevância no presente trabalho,* ***uma vez que a "guerra fiscal" revela-se pela fricção das competências tributárias, em detrimento da força normativa constitucional***]

"(vi) A cada esfera de competências se atribui renda própria (uma vez mais, a relevância da apontada característica, dado que para o cumprimento de seus encargos há que se ter em vista uma fonte de recursos suficientes, que pode ser corrompida pela dinâmica da "guerra fiscal", quando da produção de benefícios fiscais à margem do mandamento constitucional, acenando, em decorrência, para o desequilíbrio entre os entes federativos).

"(vii) O poder político mostra-se compartilhado pela União e as demais unidades federadas.

"(viii) Os cidadãos do Estado que adere à Federação adquirem a cidadania do Estado Federal e perdem a anterior (característica válida, parece-nos, para o federalismo por agregação)."[15]

Dentro desse núcleo de características apontadas, pode-se, então, partir para uma conceituação de "Federação", em linhas básicas, como a união de entes ou coletividades regionais, dotadas de autonomia – o que a doutrina, conforme indica José Afonso, cuida como "Estados Federados", "Estados-membros" ou simplesmente "Estados".[16]

É importante aviar, frente ao que se colhe na doutrina e jurisprudência, que o federalismo é expressão de garantia da liberdade e como esteio fundante da promoção da democracia. Por todos, neste conteúdo de liberdade e democracia essenciais, Carlos Mário da Silva Velloso, trazido nas razões articuladas de petição inicial da ADI 2.250-DF, relator o Min. Carlos Britto, pendente de julgamento de mérito:

"Estado Federal é, na verdade, forma de descentralização do poder, de descentralização geográfica do Estado. Constitui técnica de governo, mas presta obséquio também à *liberdade*, *pois toda vez que o poder centraliza-se num órgão ou numa pessoa tende a tornar-se arbitrário*. O conceito de Constituição material para o revolucionário francês, aliás, consistia apenas nisto: na garantia dos direitos e na descentralização funcional do poder, conforme está inscrito no art. 16 da Declaração dos Direitos do Homem e do Cidadão de 1789, estabelecida a descentralização do poder como garantia do respeito à liberdade.

"A combinação da descentralização funcional do poder com a descentralização geográfica ou territorial deste amplia, significativamente, o sistema de proteção à liberdade e à *prática da democracia*. Celso Bastos lembra que 'a Federação se tornou, por excelência, a forma de organização do Estado Democrático' e que nos Estados Unidos, hoje, '*há uma firme convicção de que a descentralização do poder é um instrumento fundamental para o exercício da democracia. Quer dizer, quanto mais perto estiver a sede do poder decisório daqueles que a ele estão sujeitos, mais probabilidade existe de o poder ser democrático*'."

O que se tem em vista na manifestação do federalismo, e configurador de sua essência, por outro ângulo, revela-se no acoplamento entre duas ou mais entidades

15. Dalmo de Abreu Dallari, *Elementos de Teoria Geral do Estado*, 19ª ed., pp. 218-219.

16. José Afonso da Silva, *Curso de Direito Constitucional Positivo*, cit., 32ª ed., p. 99.

na configuração constitucional: a União e as referidas coletividades regionais autônomas, com papéis constitucionais distintos. À União, resultado da reunião das partes componentes, resta-lhe, sobremaneira, a manifestação da soberania, de outra ponta, às coletividades regionais resta-lhes a sua expressão de autonomia.

Uma vez mais, em José Afonso da Silva encontramos o alinhamento: "(...). A *União* é entidade federal formada pela reunião das partes componentes, constituindo pessoa jurídica de direito público interno, autônoma em relação aos Estados e a que cabe exercer as prerrogativas da soberania do Estado Brasileiro. Os *Estados-membros* são entidades federativas componentes, dotadas de autonomia e também personalidade jurídica de direito público interno. (...)".[17]

Nestes termos, faz-se primordial discorrer sobre a distinção entre *soberania* e *autonomia*, para um melhor entendimento do federalismo. Assim, por *soberania* deve-se entender a ordem de poder estatal incontrastável, que não apresenta qualquer vínculo de subordinação. De outro lado, por *autonomia* há que se ter presente autodeterminação, com independência, porém dentro de uma clara linha demarcatória, emanada daquela. Nestes precisos termos o escólio do Prof. Sampaio Dória trazido na obra do Prof. Manoel Gonçalves: "Na clara lição de Sampaio Dória: '*O poder que dita, o poder supremo, aquele acima do qual não haja outro, é a soberania. Só esta determina a si mesma os limites de sua competência.* A autonomia, não. *A autonomia atua dentro dos limites que a soberania lhe tenha prescrito*"[18] (grifos nossos).

Frente ao ponto de influência no que se cuida no presente trabalho, necessário se faz brevemente determo-nos no ponto da autonomia federativa. Assim, em seus elementos básicos podem ser traduzidos em dois: (i) existência de órgãos governamentais próprios; (ii) estipulação de competências próprias.

Há que se lembrar que sua configuração encontra lastro nos mandamentos constitucionais; assim, os limites de expressão são limitados. Revela-se no ponto nosso interesse pelo manifesto rompimento dos limites constitucionalmente determinados quando os entes federativos empreendem concessão de benefícios fiscais à margem dos convênios interestaduais. Colhe-se, então, a manifesta ofensa ao pacto federativo, encartado na disposição do art. 155, § 2º, XII, "g", da CF de 1988.

Trazemos uma vez mais, pela eloquência da posição, o quanto o Prof. José Afonso disseca neste importante ponto de nossa argumentação: "A *autonomia federativa* assenta-se em dois elementos básicos: (a) na *existência de órgãos governamentais próprios*, isto é, que não dependam dos órgãos federais quanto à forma de seleção e investidura; (b) na *posse de competências exclusivas*, um mínimo, ao menos, que não seja ridiculamente reduzido. *Esses pressupostos de autonomia federativa estão configurados na Constituição* (arts. 18 a 42)"[19] (grifos nossos).

Resta, do que se cuidou até o presente, que a tessitura constitucional, pela perspectiva federativa, empreendeu limites demarcatórios à autuação dos entes federativos subnacionais, como franca manifestação de sua autonomia, de atuação determinada pela soberania constitucional. Assim, inafastável é a conclusão de que na seara de benefícios fiscais do ICMS qualquer estipulação promovida unilateralmente, em desrespeito à determinação do preceito constitucional da necessidade de convênios interestaduais, é reveladora de uma dinâmica corrosiva do desenho de nosso federalismo na ordem da Constituição Federal de 1988.

17. José Afonso da Silva, *Curso de Direito Constitucional Positivo*, cit., 32ª ed., p. 100.

18. Manoel Gonçalves Ferreira Filho, *Curso de Direito Constitucional*, cit., 23ª ed., p. 41.

19. José Afonso da Silva, *Curso de Direito Constitucional Positivo*, cit., 32ª ed., p. 100.

Para reforço ao que se pretende concluir alinhamos a posição do Prof. Daniel K. Goldberg ao cuidar do federalismo fiscal emoldurado pela Constituição Federal de 1988: "*A Constituição Federal de 1988 desenhou um federalismo fiscal bastante rígido, amparado em (i) competências tributárias exclusivas para todas as pessoas jurídicas de direito público interno*, (ii) transferências constitucionais mandatórias (cf. arts. 157 a 162 da CF, que disciplinam o mecanismo de transferências fiscais), (iii) transferências verticais voluntárias para os fins mais diversos, a exemplo dos fundos de desenvolvimento regional, (iv) determinações *a priori* de destinações orçamentárias por todos os entes, a exemplo do que ocorre com a educação, (v) autonomia financeira e orçamentária para os entes federativos, relativizada com a Lei de Responsabilidade Fiscal"[20] (grifos nossos).

Desta feita, o pacto federativo vem a ser instabilizado, no tocante à "guerra fiscal", sobretudo, conforme cuidado, no rompimento dos limites constitucionais postos à autonomia do ente federativo subnacional, quando torna permeável a competência tributária exclusiva de seu par, em sensível manifestação do que consideramos uma ofensa ao "dever fundamental de pagar impostos", conforme será posteriormente visto.

Promovendo-se, por fim, uma retomada da disciplina constitucional em que se encontra inserido o Comunicado CAT-36/2004, como exemplo vivo de ato administrativo da Administração Tributária, tem-se, diante do que se aferiu na abordagem do federalismo, que a regulação de concessão e revogação de benefícios fiscais por meio de convênios revela-se como ponto de proteção da harmonia federativa, uma vez que ao se evitar o regramento desuniforme prestigia-se, em contrapartida, a distribuição de competências num Estado Federal. Nestes precisos termos a lição do mestre Aliomar Baleeiro, apontada na lição do Prof. Leandro Paulsen: "Essa invenção brasileira, a dos convênios interestaduais, resulta do princípio da não cumulatividade do ICMS e da necessidade, *em um Estado Federal, de se evitarem as regras díspares, unilateralmente adotadas (concessivas de benefícios, incentivos e isenções), prejudiciais aos interesses de uns, falseadoras da livre concorrência e da competitividade comercial e, sobretudo, desagregadoras da harmonia político-econômica nacional*"[21] (grifos nossos).

O que se procurou apontar, indubitavelmente, caminha para a conceituação da expressão de nosso federalismo como da modalidade cooperativa, rompendo com a contradição do federalismo dualista, em que os níveis de governo se encontram em posição de atrito, se considerarmos a validade de benefícios fiscais à margem da disposição constitucional. Nestes precisos termos, é o quanto alcançamos na lição do Prof. Dalmo Dallari, que, em conclusão, acena à presença da solidariedade e da integração como elementos de garantia do pacto federativo: "(...). Outro argumento é justificadamente o que se refere à maior dificuldade para a concentração do poder, o que, em última análise, também favorece a democracia. Além disso, argumenta-se que o Estado Federal, preservando as características locais, *ao mesmo tempo promove a integração, transformando as oposições naturais em solidariedade*"[22] (grifos nossos).

Assim, não podemos, também dentro do que abordamos em federalismo, deixar de pronunciar que o quanto se põe em prova é o traço da efetividade constitucional. O que se observa, e este, essencialmente, revela-se como o esteio fundamental em

20. Daniel K. Goldberg, "Entendendo o federalismo fiscal", in José Maurício Conti (org.), *Federalismo Fiscal*, p. 28.

21. Leandro Paulsen, *Direito Tributário: Constituição e Código Tributário à Luz da Doutrina e da Jurisprudência*, 11ª ed., p. 392.

22. Dalmo Dallari, *Elementos de Teoria Geral do Estado*, cit., 19ª ed., p. 220.

qualquer análise de Constitucionalismo, é que o desenho do pacto político, corporificado com a Constituição, há que ser permanentemente sujeito a guarda, sob pena de um rompimento da estrutura federativa. Em outras palavras, o pacto político é, em suma, a concretização do pacto federativo, expresso no corpo constitucional. Prega-se, então, a efetividade constitucional, com a atuação dos entes federativos no cumprimento da determinação presente na Constituição de 1988.

Com esta leitura entendemos a preciosa lição do Prof. Sérgio Resende de Barros, em análise da efetividade constitucional e do cumprimento dos papéis institucionais (que acolhemos como a apontar para os entes federativos, ou até mesmo o próprio pacto federativo): "*A efetividade é o penhor da robustez do Constitucionalismo. Aqui se fala em efetividade constitucional, em cujo processo as instituições cumprem um papel relevante. Quando referida a instituições jurídicas, a efetivação resulta na efetividade constitucional.* O que leva a questionar se o meio institucional, embora corretamente formalizado, atinge efetivamente o seu fim institucional"[23] (grifos nossos).

Alfim, por todos, não é outro o entendimento alinhado alhures, conforme se faz presente na *doutrina da legalidade principiológica*, apontando, inequivocamente, para o dever constitucional de ação trazido à Administração Tributária, aferida por Alexandre Santos de Aragão:

"A isto poderiam ser dados vários nomes: legalidade formal axiológica, legalidade material leve ou, o que preferimos, simplesmente *legalidade principiológica*, no sentido de as atribuições de poderes pela lei, por sucintas que sejam, serem pelo menos conexas com princípios que possibilitem o seu controle; princípios aqui considerados em seu sentido amplo, abrangendo finalidades, políticas públicas, *standards* etc. Trata-se, portanto, de *uma visão neopositivista do princípio da legalidade, resultado de um sistema constitucional tendencialmente principialista.*

"(...).

"Nesta senda, o Tribunal Supremo espanhol se pronunciou no sentido de que 'afirmar que a atividade da Administração Pública é vinculada apenas quando o ato está regulado por uma lei ou regulamento equivale a cair em um puro formalismo jurídico e desconhecer que, à margem destas normalizações formais, *a ação da Administração se rege por fins teleológicos inescusáveis e por princípios indestrutíveis que regram sua conduta com tanto ou mais vigor que as disposições legais*'"[24] (grifos nossos).

Ou seja: antes de configurar uma violação, o óbice formulado ao creditamento à margem do CONFAZ, promovido pela Administração Tributária paulista, *cremos cuidar-se de atendimento teleológico ao mandamento constitucional do princípio federativo, em evidente avanço da função administrativa contemporânea, com relevante papel institucional na efetivação da Constituição.*

3. Da "guerra fiscal" e as disfunções no sistema de controle de constitucionalidade. Apontamentos essenciais da sua dinâmica no escopo do ICMS

A expressão "guerra fiscal", em nota explicativa, é reveladora, de sua parte, do embate das estruturas constitucionais dos Estados Federados e do Distrito Federal, especificamente no tocante à expressão tributária, em que os referidos entes lançam mão de mecanismos em práticas competitivas na busca de investimentos privados. A ordem de incentivos perfaz-se em nítido rompimento ao preceito constitucional en-

23. Sérgio Resende de Barros, *Contribuição Dialética para o Constitucionalismo*, pp. 178-179.

24. Alexandre Santos de Aragão, "A concepção pós-positivista do princípio da legalidade", *RDA* 236/51, pp. 62-64.

tabulado pela Constituição Federal de 1988 ao reger o "Sistema Tributário Nacional".

Nesta linha, lançam os ejetores dos benefícios questionados o argumento do desenvolvimento regional e da livre iniciativa, associados com pretensa ofensa à autonomia dos entes federativos, acenando para algum suporte constitucional, que, em última medida, pode ser levado a contraste quando da apreciação do princípio da proporcionalidade (atuando, ao menos nos parece em linhas gerais, na fricção dos princípios da livre iniciativa, desenvolvimento regional e autonomia federativa, em contraponto com o princípio do pacto federativo).

O STF apresenta, como já dito, posição firme ao cuidar da questão de que a exigência de convênios entre os entes federativos não se revela como ofensiva à autonomia dos Estados ou do Distrito Federal. Por todos, na precisão do julgamento da ADI 3.246-PA, da relatoria do Min. Carlos Britto, julgamento pelo Tribunal Pleno em 19.4.2006: "As regras que impõem um tratamento federativamente uniforme em matéria do ICMS *não representam um desrespeito à autonomia dos Estados-membros e do Distrito Federal.* Isto porque *o próprio art. constitucional 18, que veicula a autonomia dos entes da Federação, de logo aclara que esse princípio da autonomia já nasce balizado por ela própria, Constituição*" (grifos nossos).

Apesar das incontáveis decisões do Poder Judiciário com este perfil, os benefícios à margem da previsão constitucional têm se multiplicado, parece-nos a justificar as identificadas disfunções do sistema de controle de constitucionalidade.

Com base precipuamente na análise promovida pelo Prof. Elival da Silva Ramos,[25] podemos nuclear as disfunções localizadas no controle de constitucionalidade brasileiro. O que fazemos, a par do que se apontou no parágrafo antecedente, a evidenciar, mesmo que de forma sucinta, a marca das disfunções e problemas no controle de constitucionalidade no Brasil. Afinal, parece-nos que tais dissintonias contribuem mais para a lacunosidade infraconstitucional que se apontou, em ponto anterior, na análise da prescrição normativa da Lei Complementar 24/1975.

Assim ingressamos na dissecação promovida pelo referido Catedrático, promovendo uma abordagem de dois de seus pontos: a desuniformidade das decisões declaratórias de inconstitucionalidade e a competência recursal do STF, conduzente esta a afastá-lo da sua missão constitucional de "guardião da Constituição", vindo a contribuir, em nossa perspectiva, como um elemento impediente de maior força normativa da Constituição ou de sua eficácia.

Inegavelmente, em virtude das disfunções e problemas do controle de constitucionalidade, necessária se faz a promoção de apontamentos iniciais, em retrocesso, procurando delimitar o plano de atuação da denominada "guerra fiscal" (que em nosso sentir reflete-se, também, como um dos produtos das disfunções e problemas do controle de constitucionalidade brasileiro), no escopo constitucional de nosso federalismo fiscal, *in casu*, vazado no Comunicado CAT-36, de 29.7.2004.

O núcleo da questão revela-se na colisão entre os entes federativos, no presente caso os Estados-membros e o Distrito Federal, nas suas pautas normativas de concessões de benefícios fiscais, em relevo as isenções do ICMS, à margem do comando constitucional que erigiu, na dinâmica própria do federalismo fiscal dimensionado, que tais benefícios só teriam existência e validade na conformidade de celebração de convênios entre os entes federativos referidos no âmbito do CONFAZ.

Historicamente o sistema tributário constitucional brasileiro toma os contornos de um federalismo fiscal a partir da Emenda Constitucional 18/1965, a qual delimitou a discriminação das competências tributárias da Federação, assim como

25. Ob. cit., pp. 333-42.

a forma de distribuição das receitas tributárias entre União, Estados, Distrito Federal e Municípios.

Nestes termos a precisão do escólio do Prof. Hugo de Brito Machado em sua festejada obra: "Não obstante significasse, originariamente, reunião ou conjunto, a palavra 'sistema' modernamente significa o *conjunto organizado de partes relacionados entre si e interdependentes*. No Brasil só se pode afirmar a existência, no plano constitucional, de um sistema tributário tomada a palavra 'sistema' em sentido moderno, a partir da Emenda Constitucional 18, de 1965"[26] (grifos do autor).

Dentro deste sistema tributário destaca-se a tributação do ICMS, de verdadeira índole federalista, uma vez que se revela como a principal fonte de arrecadação destinada aos Estados e ao Distrito Federal. Cuida-se de um tributo da modalidade de valor agregado, incidente, em regra, no momento da venda de mercadoria ou da prestação de serviço, incorporado ao preço da operação.

Seu desenho constitucional encontra suporte sobremaneira na disposição do art. 155, II, da CF de 1988, com especial destaque ao princípio da não cumulatividade, também cuidada pela doutrina como técnica de arrecadação, que se operacionaliza com a apropriação de créditos oriundos de entradas tributáveis, essencialmente de mercadorias, no estabelecimento do contribuinte, que serão utilizados, posteriormente, para o abatimento da saída tributável.

Justamente no princípio/técnica da não cumulatividade é que vai se operar o mecanismo nefasto da "guerra fiscal", uma vez que sua dinâmica tem como pressuposto o imposto – ICMS – anteriormente cobrado nas operações anteriores pelo mesmo ou outro Estado ou pelo Distrito Federal, na conformidade do art. 155, § 2º, I, da CF de 1988.

A norma isencional de determinado ente federativo, justificada por atração de investimentos pretensamente salutares à sua economia, estabelece, *sponte propria*, benefício fiscal a determinada atividade ou setor da economia local, contrariando e banalizando frontalmente a norma constitucional cuidada no art. 155, § 2º, XII, "g", da CF de 1988, que, de sua parte, atribui à lei complementar (recepcionada na forma da Lei Complementar 24/1975) a regulação pela qual os entes federativos se pronunciarão acerca de possíveis incentivos ou benefícios fiscais.

No ponto relembram-se, como já delimitado anteriormente, a disfunção e a ineficácia dos preceitos normativos presentes na Lei Complementar 24/1975, revelando-se, como aferido, em nosso sentir, na nítida lacuna axiológica no sistema normativo.

Assim, em prosseguimento, cuidando da "não cumulatividade" constitucionalmente prevista quanto às operações de entrada isentas ou submetidas à não incidência, o mesmo dispositivo constitucional, em seu § 2º, II, "a" e "b", prescreve que as referidas operações não gerarão crédito a ser utilizado para compensação com o montante devido nas operações ou prestações seguintes, à exceção de disposição contrária da legislação, bem como será anulado o crédito relativo às operações anteriores.

Uma breve análise do leque de benefícios fiscais, dentro da multirreferida "guerra fiscal", consiste na manutenção de parte do crédito pelo contribuinte beneficiado, quando este realiza operação interestadual de venda de mercadorias, promovendo, em última medida, uma devolução às avessas da carga tributária, com sérios comprometimentos à estrutura constitucional do ICMS, em sua carga de valor federativa.

Nesta estreita medida, entendemos a corrosão do quanto disciplina a Constituição Federal de 1988, na exata força normativa e efetividade do artigo próprio da regência do ICMS – art. 155 -, pela atuação

26. Hugo de Brito Machado, *Curso de Direito Tributário*, 31ª ed., p. 287.

oblíqua da produção legiferante dos entes federativos, oportunizadores da "guerra fiscal", revelando, quer-nos parecer, ainda, numa perspectiva diversa, o rompimento do "dever fundamental de pagar impostos", na específica conceituação que fazemos presente do Professor da Faculdade de Direito de Coimbra, José Casalta Nabais, num inquietante contraponto aos direitos fundamentais (ou ao menos pretenso), em que o imposto não pode ser traduzido como um mero atributo da atuação de qualquer ente federativo. Assim, os entes federativos emanadores de benefícios fiscais à margem do mandamento constitucional, bem como os seus beneficiários, violam o dever fundamental de pagar o ICMS. Fazemos presente excerto da doutrina de destaque referida: "Como dever fundamental, o imposto não pode ser encarado nem como um mero *poder* para o Estado, nem como um mero *sacrifício* para os cidadãos, constituindo antes o contributo indispensável a uma vida em comunidade organizada em *Estado Fiscal*. Um tipo de Estado que tem na subsidiariedade da sua própria acção (econômico-social) e no primado da autorresponsabilidade dos cidadãos pelo seu sustento o seu verdadeiro suporte. Daí que se não possa falar num (pretenso) *direito fundamental* a não pagar imposto"[27] (grifos do autor).

Assim, por outras palavras, o "dever fundamental de pagar impostos" mostra-se atingido com a corrupção do sistema tributário do ICMS, que se baliza no já mencionado princípio/técnica da "não cumulatividade", pela atuação dos entes federativos, por seu poder legiferante, na concessão de benefícios fiscais inconstitucionais, fazendo com que a oneração da cadeia de imposição do ICMS seja respondida na estrutura tributária de outro ente federativo, sendo, em si, a expressão da cumulatividade (que desnatura a própria natureza tributária do ICMS).

Uma vez mais, na lição do Prof. José Casalta Nabais colhemos alinhamento de que os "deveres fundamentais" apresentam, em essência, como destinatários os legisladores, que devem traduzir o comando constitucional. E que, no ponto, o Poder Legislativo do ente federativo emanador do benefício fiscal inconstitucional descumpre o "dever fundamental" ao produzir o referido benefício em contraste com a Constituição: "*Deste modo, os deveres fundamentais dirigem-se essencialmente ao legislador. Este está vinculado quanto ao 'se' e quanto ao conteúdo definido ou concretizado na Constituição*. Esta deixa-lhe, por via de regra, uma ampla margem de liberdade relativamente tanto à sua conformação como à sua sancionação"[28] (grifos nossos).

Em linha de reforço ao que se expôs, concluímos, à vista da produção do ato administrativo – Comunicado CAT-36/2004 –, e diante da inequívoca função concretizadora do mandamento constitucional de um sistema tributário hígido, em garantia à harmonização e preservação do pacto federativo, que o Estado apresenta o dever de atuação para este desiderato, dando-lhe efetividade. No ponto, arribamo-nos na doutrina do Prof. José Eduardo Faria, ao promover uma leitura, em crítica ao tradicional direito administrativo dos manuais, da evolução do Poder Executivo, não apenas como mero prestador de serviços básicos, mas sim com a multiplicidade de funções – o que para nós, em última instância, alcança a efetividade normativa da Constituição, ao fazer apontamento à garantia da "continuidade da certeza jurídica": "Dito de outro modo: como *a 'Administração Pública' nos Estados intervencionistas é um aparato burocrático que procura programar ele próprio os instrumentos jurídicos e as normas de que necessita*, nem sempre esses manuais são sensíveis aos problemas de compatibilização entre uma governabilidade condicionada por crises estruturais profundas, *que exigem um am-*

27. José Casalta Nabais, *O Dever Fundamental de Pagar Impostos*, p. 679.

28. Idem, p. 677.

plo raio de ação por parte do Executivo, e uma ordem legal efetivamente capaz de propiciar essa governabilidade garantindo ao mesmo tempo a continuidade da certeza jurídica"[29] (grifos nossos).

4. Da conclusão: o Comunicado CAT-36/2004 como expressão do princípio federativo na "guerra fiscal"

De tudo o que foi até aqui desenvolvido, evidencia-se o relevante papel que assume o Comunicado CAT-36/2004, por todos, como ato administrativo fazendário, no óbice à multirreferenciada "guerra fiscal", uma vez que, com balizas assentadas no ordenamento constitucional, plasmado, sobretudo, no art. 155, § 2º, XII, "g", da CF de 1988, bem como em preceito de ordem econômica constitucional, no art. 170, IV, da CF de 1988, que cuida da livre concorrência, traduz-se como um elemento de cooperação e diálogo entre a Administração Tributária de São Paulo e o contribuinte paulista, conforme sua nota de declaração, que aponta para a necessidade de esclarecimento ao contribuinte e de orientação à Fiscalização, com a finalidade ressaltada de ser um mecanismo de equalização da "guerra fiscal" e expressão do princípio federativo.

Nesta medida, em reforço, alinhamos com a doutrina da Profa. Regina Helena Costa, que, conclusivamente, revela a realização do valor da supremacia do interesse público, no caso presente, na defesa da higidez do sistema tributário constitucional, *próprio de nosso modelo federativo*, dentro da premissa que se construiu de que o Comunicado CAT-36/2004 pode ser entendido como um ato da Administração Tributária de São Paulo adequado à vedação de créditos do ICMS à margem dos preceitos constitucionais, sendo esta a sua "realização de valores", promovendo, em última análise, a adequação do comportamento frente ao mandamento constitucional: "Representa limite objetivo destinado à realização de diversos valores, podendo ser apresentado com a seguinte formulação: *as leis tributárias devem ser exequíveis, propiciando o atingimento dos fins do interesse público por elas objetivado, quais sejam, o adequado cumprimento de seus comandos pelos administrados, de maneira simples e eficiente, bem como a devida arrecadação dos tributos*"[30] (grifos da autora).

Tudo a justificar o Comunicado CAT-36/2004 como expressão do princípio federativo, promovendo, assim, de forma decorrente, a praticabilidade tributária, mantendo, por sua parte, a efetividade constitucional.

Nestes termos, há que se registrar uma nota característica do presente trabalho, no sentido de que nos alinhamos com o entendimento de que os princípios revelam, de forma imanente, uma normatividade com finalidade determinada; e, nestes termos, identificamos no Comunicado CAT-36/2004 uma forma de expressão do relatado princípio ou regra. Assim, uma vez mais contamos com a doutrina precisa do Prof. Humberto Ávila, que, em obra de relevo, cuida da conceituação dos princípios, que em nosso entender (conforme nossas inserções no referido texto) é reveladora para sua aferição:

"Como se vê, os princípios são normas imediatamente finalísticas. (...).

"(...). A instituição do fim [*vedação à "guerra fiscal"*] é ponto de partida para a procura dos meios. [*No caso, Comunicado CAT-36/2004*] Os meios podem ser definidos como condições (objetos, situações) que causam a promoção gradual do conteúdo do fim. (...)."[31] [*Reforço, na linha de esclarecimento ou orientação na confor-*

29. José Eduardo Faria, *Direito e Economia na Democratização Brasileira*, p. 124, nota 12.

30. Regina Helena Costa, *Praticabilidade e Justiça Tributária*, p. 93.

31. Humberto Ávila, *Teoria dos Princípios – Da Definição à Aplicação dos Princípios Jurídicos*, 11ª ed., p. 79.

midade do "Preâmbulo" do Comunicado CAT-36/2004, na obstação da "guerra fiscal"] (comentários nossos).

5. Resumo

Assim, em síntese, com o que foi cuidado, permitimo-nos inferir alguns pontos conclusivos – todos a justificar o Comunicado CAT-36/2004 como a expressão do princípio do federalismo.

5.1 A denominada "guerra fiscal" revela-se, por nossas aferições, como indiscutível resultado das disfunções e problemas identificados, também, no controle de constitucionalidade brasileiro, não restando dúvida do quanto se extrai do mandamento constitucional de acoplamento dos entes federativos subnacionais, em preservação do pacto federativo.

5.2 O postulado do federalismo fiscal, de sua parte, apresenta evidente papel de estruturação da realização das normas constitucionais.

5.3 Ainda, no ponto do federalismo, representa instrumental de grande relevo para a proteção de direitos fundamentais (lembramos o "direito fundamental à efetividade da Constituição" presente na obra do Prof. Dirley da Cunha Jr., apontando, ainda, a par disto, os deveres fundamentais; como a doutrina do Prof. José Casalta Nabais, de que cuidamos, na referência "ao dever fundamental de pagar impostos"). Assim, permite-se, além do controle dos atos emanados do Poder Público, sob o signo da discricionariedade, o que se revela mais importante em nossa investigação, o de funcionar como medida de interpretação da norma constitucional ao caso concreto, propiciando sua melhor realização finalística ou de decorrência do sistema (e parece-nos não ser outra a melhor acepção para o Comunicado CAT-36/2004, à vista de sua assentada natureza não normativa, a de servir de instrumento de interpretação para a realização do verdadeiro alcance do princípio federativo na seara tributária do ICMS).

5.4 Neste ambiente, em que o papel destinado ao Estado não é o de mero prestador de serviços básicos, exige-se do Poder Executivo um amplo raio de atuação, dentro de uma ordem legal efetivamente capaz de assegurar a governabilidade, com garantia da continuidade da certeza jurídica. Com esta acepção, a Administração Tributária paulista produziu o Comunicado CAT-36/2004, apontando para a normatividade capacitante do princípio federativo, presente no art. 155, § 2º, XII, "g", da CF de 1988, traduzindo, ainda, a certeza jurídica dentro do sistema tributário do ICMS.

5.5 Traduzindo, ainda, a força normativa constitucional[32] (com amparo na principiologia – princípio federativo), a Secretaria da Fazenda do Estado de São Paulo, por meio de sua Coordenadoria da Administração Tributária, em cumprimento à sua "tarefa constitucional", produziu o Comunicado CAT-36/2004.

5.6 Alinha-se tal ato administrativo fazendário paulista, ainda, com a chamada "doutrina da legalidade principiológica", em que o óbice formulado ao creditamento do ICMS, originado à margem do CONFAZ, cuida-se, nesta instância, no atendimento teleológico ao mandamento constitucional, presente no princípio federativo.

5.7 Nesta medida – em que, a toda evidência, o Estado de São Paulo não necessita propor ação direta de inconstitucionalidade contra a legislação de outro ente federativo para que possa aplicar a sua legislação, que foi editada nos estreitos limites da Constituição –, têm-se eloquentes precedentes de nossos Tribunais judiciários. Por todos, como já cuidado: na ADI/AgR 3.350-6 SP (mesmo que de forma, em nosso sentir, *obter dictum*); no RE 463.079-MG (em que se tem presente o conceito de

32. Conforme o escólio de Konrad Hesse, traduzindo que a força normativa da Constituição alcança-se com a atuação e consciência dos "responsáveis pela ordem constitucional", no caso a Administração Tributária (Konrad Hesse, *A Força Normativa da Constituição*, p. 19).

"crédito constitucionalmente garantido"); e na ACi 994.08.165010-3, do TJSP (que trouxe, em fortes cores, a desnecessidade de o Estado de São Paulo propor ação direta de inconstitucionalidade contra a legislação de outro ente para que possa aplicar sua legislação, que veda o creditamento do ICMS nascido da "guerra fiscal", uma vez que se lastreia na própria formulação constitucional).

Portanto, nestes estreitos termos, expôs-se que o Comunicado CAT-36/2004 pode ser identificado como uma forma de equalização na "guerra fiscal", sendo expressão, em última análise, do princípio federativo.

E, nesta medida, em sentido diverso da doutrina de relevo, entendemos que a Administração Tributária está constitucionalmente habilitada para a produção de atos unilaterais, com o conteúdo de evitar o creditamento do ICMS promovido à margem do quanto disciplina o texto constitucional.

Referências bibliográficas

ARAGÃO, Alexandre Santos de. "A concepção pós-positivista do princípio da legalidade". *RDA* 236/51. Rio de janeiro, 2004.

ÁVILA, Humberto. *Teoria dos Princípios – Da Definição à Aplicação dos Princípios Jurídicos*. 11ª ed. São Paulo, Malheiros Editores, 2010.

BARROS, Sérgio Resende de. *Contribuição Dialética para o Constitucionalismo*. Campinas/SP, Millenium Editora, 2007.

BARROSO, Luís Roberto. *Interpretação e Aplicação da Constituição: Fundamentos de uma Dogmática Constitucional Transformadora*. 6ª ed. São Paulo, Saraiva, 2004.

BRASIL. *Constituição da República Federativa do Brasil, de 5 de Outubro de 1988*. Disponível em *http://www.planalto.gov.br/ccivil_03/Constituicao/Constituiçao. htm* (acesso em 10.12.2009).

————. *Lei Complementar 24, de 7 de Janeiro de 1975*. Disponível em *http://www.planalto.gov.br/ccivil_03/Leis/LCP/Lcp24.htm* (acesso em 10.12.2009).

————. *Supremo Tribunal Federal. ADI 1.308/RS, Julgamento 12.5.2004, Tribunal Pleno*. Disponível em *http://www.stf.jus.br/portal/jurisprudencia/listarJurisprudencia.asp?s1 =(1308.NUME.%20OU%201308.ACMS.)&base=baseAcordaos* (acesso em 10.12.2009).

————. *Supremo Tribunal Federal. ADI 2.250-DF, Julgamento pendente*. "Petição inicial" disponível em *http://www.stf.jus.br/portal/peticaoInicial/verPeticaoInicial.asp?base=ADIN&s1=2250&processo=2250* (acesso em 10.12.2009).

————. *Supremo Tribunal Federal. ADI 3.246-PA, Julgamento 19.4.2006, Tribunal Pleno*. Disponível em *http://www.stf.jus.br/portal/jurisprudencia/listarJurisprudencia.asp?s1=(3246.NUME.%20OU%203246.ACMS.)&base=baseAcordaos* (acesso em 10.12.2009).

————. *Supremo Tribunal Federal. ADI/AgR 3.350-6-SP, Julgamento 28.8.2008, Tribunal Pleno*. Disponível em *http://www.stf.jus.br/portal/jurisprudencia/listarJurisprudencia.asp?s1=(3350.NUME.%20OU%203350.ACMS.)&base=baseAcordaos* (acesso em 10.12.2009).

COELHO, Inocêncio Mártires. *Interpretação Constitucional*. 2ª ed. Porto Alegre/RS, Sérgio Antônio Fabris Editor, 2003.

COSTA, Regina Helena. *Praticabilidade e Justiça Tributária*. São Paulo, Malheiros Editores, 2007.

CUNHA JR., Dirley da. *Controle Judicial das Omissões do Poder Público: em Busca de uma Dogmática Transformadora à Luz do Direito Fundamental à Efetivação da Constituição*. 2ª ed. São Paulo, Saraiva, 2008.

DIDIER JR., Fredie. *Curso de Direito Processual Civil*. 2ª ed., vol. 2. Salvador/BA, Editora Juspodium, 2008.

DINIZ, Maria Helena. *Lei de Introdução ao Código Civil Brasileiro Interpretada*. 7ª ed. São Paulo, Saraiva, 2001.

FARIA, José Eduardo. *Direito e Economia na Democratização Brasileira*. São Paulo, Malheiros Editores, 1993.

FERRAJOLI, Luigi. *Direito e Razão: Teoria do Garantismo Penal*. "Prefácio" da 1ª ed.

italiana de Norberto Bobbio. 2ª ed., vários tradutores. São Paulo, Ed. RT, 2006.

FERRAZ JR., Tércio Sampaio. *Introdução ao Estudo do Direito: Técnica, Decisão, Dominação*. 2ª ed. São Paulo, Atlas, 1994.

FERREIRA FILHO, Manoel Gonçalves. *Curso de Direito Constitucional*. 23ª ed. São Paulo, Saraiva, 1996.

GRECO, Marco Aurélio. "ICMS – Glosa unilateral de créditos por operações interestaduais – A posição do Estado de São Paulo – Lei estadual 6.374/1989 e Comunicado CAT-36/2004 – Necessidade de prévio acesso ao Poder Judiciário". *RDDT* 148/110. São Paulo, Dialética, 2008.

HESSE, Konrad. *A Força Normativa da Constituição*. Trad. de Gilmar Ferreira Mendes. Porto Alegre/RS, Sérgio Antônio Fabris Editor, 1991.

MACHADO, Hugo de Brito. *Curso de Direito Tributário*. 31ª ed. São Paulo, Malheiros Editores, 2010.

NABAIS, José Casalta. *O Dever Fundamental de Pagar Impostos*. Coimbra, Livraria Almedina, 2004.

PAULSEN, Leandro. *Direito Tributário: Constituição e Código Tributário à Luz da Doutrina e da Jurisprudência*. 11ª ed. Porto Alegre/RS, Livraria do Advogado/ESMAFE, 2009.

PORFÍRIO JR., Nestor de Freitas. "Federalismo, tipos de Estado e conceito de Estado Federal". In: CONTI, José Maurício (org.). *Federalismo Fiscal*. Barueri/SP, Manole, 2004.

RAMOS, Elival da Silva. *Perspectivas de Evolução do Controle de Constitucionalidade no Brasil*. Tese para inscrição em concurso de Professor de Direito Titular junto ao Departamento de Direito de Estado. São Paulo, USP, 2005.

RÁO, Vicente. *O Direito e a Vida dos Direitos*. 4ª ed., anotada e atualizada por Ovídio Rocha Barros Sandoval, São Paulo, Ed. RT, 1997.

SÃO PAULO. *Governo do Estado de São Paulo, Secretaria da Fazenda, Comunicado CAT-36, de 29 de Julho de 2004* (Esclarece sobre a impossibilidade de aproveitamento dos créditos de ICMS provenientes de operações ou prestações amparadas por benefícios fiscais de ICMS não autorizados por convênio celebrado nos termos da Lei Complementar 24, de 7.1.1975). Disponível em *http://info.fazenda.sp.gov.br/NXT/gatewaydll?f=templates&fn=default.htm&vid=sefaz_tributaria:vtribut* (acesso em 10.12.2009).

________. *Tribunal de Justiça do Estado de São Paulo, ACi 994.08.165010-3, da comarca de São Paulo*. Disponível em *http://esaj.tj.sp.gov.br/cjsg/getArquivo.do?cdAcordao=4441702&vlCaptcha=XhiYq* (acesso em 10.8.2010).

SILVA, José Afonso da. *Curso de Direito Constitucional Positivo*. 33ª ed. São Paulo, Malheiros Editores, 2010.

* * *

INSTITUTO GERALDO ATALIBA – IDEPE

Instituto Internacional de Direito Público e Empresarial

Presidente: Prof. Aires Barreto

XXV CONGRESSO BRASILEIRO DE DIREITO TRIBUTÁRIO

Tema: SISTEMA CONSTITUCIONAL TRIBUTÁRIO

19, 20 e 21 de outubro de 2011

PRESIDENTE DO CONGRESSO

MICHEL TEMER (VICE-PRESIDENTE DA REPÚBLICA)

Palestrantes e Conferencistas Convidados

Vice-Presidente da República – Michel Temer

Ministro da Justiça – José Eduardo M. Cardoso

Ministros do Supremo Tribunal Federal

Ministros do Superior Tribunal de Justiça

Ministros do Conselho Nacional de Justiça

Desembargadores Federais e Estaduais

Aires F. Barreto

Alcides Jorge Costa

Betina Treiger Grupenmacher

Eduardo Domingos Bottallo

Elizabeth Nazar Carrazza

Eurico Marcos Diniz de Santi

Estevão Horvath

Fabiana Del Padre Tomé

Fábio Soares de Melo

José Artur Lima Gonçalves

José Eduardo Soares de Melo

José Souto Maior Borges

Maira Leonor Leite Vieira

Maria Rita Ferragut

Misabel de Abreu Machado Derzi

Paulo Ayres Barreto

Paulo de Barros Carvalho

Regina Helena Costa

Roque Antonio Carrazza

Sacha Calmon Navarro Coêlho

Valdir de Oliveira Rocha

(e outros convidados)

CONFERÊNCIAS
TEMÁRIO

- ISS: o Conceito de Serviço e a Jurisprudência do STF
- ICMS: Sujeição Passiva na Importação por Conta Própria, por Conta e Ordem e por Encomenda
- IRPJ e CSLL: Apuração da Base de Cálculo
- FUNRURAL: Análise de sua Constitucionalidade e da Legitimidade para Restituição
- Não cumulatividade do PIS e COFINS: Limitações à Dedutibilidade e Controvérsias Jurisprudenciais
- Contribuições Previdenciárias e os Programas de Participação dos Trabalhadores em Lucros e Resultados das Empresas – Análise Constitucional e Previdenciária – Jurisprudência Judicial e Administrativa
- Atividades Confrontantes das Incidências do IPI, ICMS e ISS
- "Guerra Fiscal" – Panorama Atual
- Tributação de Lucros Auferidos no Exterior
- Tributação do Setor Financeiro
- Simulação e Negócio Jurídico Indireto
- Sonegação Fiscal e Crime Contra a Ordem Tributária
- Responsabilidade Tributária de Sócios, Gerentes e Administradores
- Tributação de Fundos de Investimento
- Atualidades do Processo Judicial Tributário
- Compensação Tributária: Novas Regras e Medidas Judiciais
- Sanções Tributárias: Requisitos e Limites à Imposição de Multas
- Ação Rescisória Tributária, Coisa Julgada e Segurança Jurídica
- Irretroatividade Tributária na Constituição, na Lei e na Jurisprudência
- Recursos Respectivos no STJ, Repercussão Geral no STF e os Efeitos nas Esferas Judiciais e Administrativas
- Planejamento Tributário – A Tese da Prevalência da Substância sobre a Forma
- As Nulidades no Processo Administrativo Fiscal
- Venda de Ações da Empresa a Dirigentes e seus Possíveis Reflexos Fiscais

TEMAS PARA MONOGRAFIA

- ICMS na Importação
- Planejamento Tributário
- Compensação Tributária: Procedimentos e Limites
- Não cumulatividade do PIS e COFINS
- Ação Rescisória Tributária, Coisa Julgada e Segurança Jurídica

* * *

RDT 113

XXIV CONGRESSO BRASILEIRO DE DIREITO TRIBUTÁRIO

CONFERÊNCIAS: **El Significado Jurídico del Deber Constitucional de Pagar Impuestos** – Álvaro Rodríguez Bereijo; **Método e Interpretação da Linguagem do Direito Positivo** – Paulo de Barros Carvalho; **Direitos Fundamentais do Contribuinte e a Propalada Reforma Tributária** – Roque Antonio Carrazza; **Interpretação da Lei Tributária e Segurança Jurídica** – Min. Eros Grau. ***MESAS DE DEBATES***: ***(I)*** – **Sistema Tributário – Segurança Jurídica**; ***(II)*** – **Planejamento Tributário**. ***MESAS EXPOSITIVAS***: ***(A)*** – **Impostos Federais**: Destinação Jurídica e Financeira – Critérios e Limites; Tipicidade e Praticidade Tributária – Harmonização; IR – Restrições à Dedutibilidade; Importação – Superposição de Tributos. ***(B)*** – **Processo Administrativo e Judicial**: Inovações Tributárias – Transação, Execução Administrativa, Protesto e Processo Eletrônico; Sanções Tributárias – Pena de Perdimento de Mercadoria; Desconsideração da Empresa e do Negócio Jurídico. ***(C)*** – **ICMS**: Substituição Tributária – Operações Internas e Interestaduais; Responsabilidade dos Sócios e Administradores (Passado, Presente e Futuro); "Guerra Fiscal" – Riscos e Cautelas; Crimes Tributários. ***(D)*** – **Tributação Setorial**: Setor de Telecomunicação; Setor do Agronegócio; Setor de Comércio Eletrônico; Tributação, Reflexos Setoriais e Reforma Tributária Viável. ***(E)*** – **ISS e Contribuições:** ISS na Construção Civil; Contribuições – Folha de Salários – Oneração Tributária; ISS – Fatos Geradores e Bases de Cálculo; ISS – Consórcios Empresariais – Responsabilidades. ***OFICINAS***: **Processo Administrativo Tributário**; **Processo Judicial Tributário**. ***Teses Aprovadas no XXIV Congresso***

MALHEIROS EDITORES

Revista de Direito Tributário

72

M